U0619683

上海教育丛书

学习研究

协奏曲

徐崇文 著

上海教育出版社

SHANGHAI EDUCATIONAL
PUBLISHING HOUSE

《上海教育丛书》历届编委会

1994 年至 2001 年

主　　编　吕型伟

副 主 编　姚庄行　袁　采　张民生　刘元璋（常务）

编　　委　于　漪　刘期泽　俞恭庆　江晨清　陆善涛　陈　和
　　　　　樊超烈

2002 年至 2007 年

主　　编　吕型伟

副 主 编　姚庄行　袁　采　张民生　刘元璋　夏秀蓉　樊超烈

编　　委（以姓氏笔画为序）

　　　　　于　漪　王厥轩　尹后庆　冯宇慰　刘期泽　江晨清
　　　　　陆善涛　陈　和　俞恭庆　袁正守

2008 年至 2014 年

顾　　问　李宣海　薛明扬

主　　编　吕型伟

执行主编　夏秀蓉

副 主 编　姚庄行　袁　采　张民生　尹后庆　刘期泽　于　漪

编　　委（以姓氏笔画为序）

　　　　　王厥轩　王懋功　仇言瑾　史国明　包南麟　宋旭辉
　　　　　张跃进　陈　和　金志明　赵连根　俞恭庆　顾泠沅
　　　　　倪闽景　徐　虹　徐淀芳　黄良汉

《上海教育丛书》编委会

顾　　问　姚庄行　袁　采　夏秀蓉　张民生
　　　　　于　漪　顾泠沅
主　　编　尹后庆
副 主 编　俞恭庆　徐淀芳
编　　委（以姓氏笔画为序）
　　　　　王　浩　仇言瑾　史国明　孙　鸿
　　　　　苏　忱　杨振峰　吴国平　宋旭辉
　　　　　邵志勇　金志明　周　飞　周洪飞
　　　　　郑方贤　赵连根　贾立群　缪宏才

总　序

　　建设一流城市,需要一流教育。办好教育,最根本的是要建设好教师队伍和学校管理干部队伍。

　　在长期的教育实践中,上海市涌现了一大批长期耕耘在教育第一线呕心沥血、努力探索,积累了丰富经验的优秀教师;涌现了一批领导学校卓有成效,有思想、有作为的优秀教育管理工作者。广大优秀教育工作者教育教学和管理工作的经验,凝聚着他们辛勤劳动的心血乃至毕生精力。为了帮助他们在立业、立德的基础上立言,确立他们的学术地位,使他们的经验能成为社会的共同财富,1994年上海市领导决定,委托教育部门负责整理这些经验。为此,上海市教育局、上海市中小学幼儿教师奖励基金会组织成立《上海教育丛书》编辑委员会,并由吕型伟同志任主编,自当年起出版《上海教育丛书》(以下称《丛书》)。1995年上海市教育委员会成立后,要求继续做好《丛书》的编辑出版工作。2008年初,经上海市教育委员会领导同意,调整和充实了《丛书》编委会,并确定夏秀蓉同志任执行主编,协助主编工作。2014年底,经上海市教育委员会领导同意,调整和充实了《丛书》编委会,确定尹后庆同志担任主编。《丛书》的内容涵盖了基础教育和中等职业教育的各个方面,包含有较高理论水平和学术价值的著作,涉及中小学教育、学前教育、师范教育、职业教育、校外教育和特殊教育,以及学校的领导管理与团队工作,还有弘扬祖国优秀文化、促进国际教育交流等方面的著作,体现了上海市中小学教育改革与发展的轨迹,体现了上海市中小学教育办学的水平与质量,体现了优秀教师和教育工作者的先进教育思想与丰富的实践经验。《丛书》出版后,受到广大教师、教育工作者及社会的欢迎。

　　为进一步搞好《丛书》的出版、宣传和推广工作,对今后继续出版的《丛书》,

我们将结合上海教育进入优质均衡、转型发展新时期的特点,更加注重反映教育改革前沿的生动实践,更加注重典型性、实用性和可读性。希望《丛书》反映的教育思想、理念和观点能起到抛砖引玉的作用,引发大家的思考、议论和争鸣;更希望在超前理念、先进思想的统领下创造出的扎实行动和鲜活经验,能引领当前的教育教学改革工作,使《丛书》成为记录上海教育改革历程和成果的历史篇章,成为广大教师和教育工作者的良师益友。限于我们的认识和水平,《丛书》会有疏漏和不尽如人意之处,诚恳地希望广大读者提出宝贵意见,帮助我们共同把《丛书》编好。

《上海教育丛书》编委会

序

　　《上海教育丛书》中有我挚友徐崇文先生的《学习研究协奏曲》，这是一部以学习理论与学习实践为主线的内容丰富的优秀作品。细读这本书，我有一种强烈的亲切感。

　　首先，我是搞心理学的，1983年在拙著《中学生心理学》中率先在国内提出了"心理卫生"即"心理健康"的概念，并希望在学校中开展心理健康教育。哪个单位能开展心理健康教育呢，我等了3年，1986年下半年看到徐崇文老师为上海市崂山中学开始设计的"初中生非智力心理因素发展与教育综合实验研究"课题。以此为基础，以非智力因素为核心的心理健康教育开始了。徐崇文老师领衔研究的这个课题，1987年被列为上海市"七五"首批教育科研重点课题。这是不是我国最早开展心理健康教育的课题我们暂且不必去争论，但它是全国最早且较规范地进行非智力实验研究的课题。我通过弟弟林功梁结识了同龄人崇文兄，从此成为莫逆之交。正如《学习研究协奏曲》中所述，崇文兄对非智力因素持续做了十年的研究，由崇文兄牵头的基于培养学生非智力因素或人格因素而开展的心理健康教育的课题，提高了黄浦区、上海市乃至全国实验点学生的心理素质，培养他们积极乐观、健康向上的心理品质，充分开发他们的心理潜能，促进学生身心和谐发展，为他们健康成长和幸福生活奠定了基础。

　　其次，我对《学习研究协奏曲》一书中最为赞赏的，还是崇文兄的"学习与发展观"。学习是科学心理学较早研究的领域之一，也是较为发达的、研究成果颇丰富的领域。由于研究者的哲学思想、研究角度、研究方法等的不同，他们提出了有关学习的各种不同观点或流派，从而形成了众多的学习理论。崇文兄是一位有学术造诣的老教师和教育专家，他念念不忘的是如何使教育教学促进学生身心全面发展,并以此为出发点去研究学生学习。"九五"期间,他开始做教育部重点课题"义务教育阶段学生'学会学习'研究","十五"期间,他做教育部重点课题"义务教育阶段学生学习潜能开发研究","十一五"期间,他做"基于脑科学的学习潜能开发深化研究"。正如在《学习研究协奏曲》中所展示的,崇文兄在学生学会学习、学习潜能开发研究和基于脑科学的学习潜能开发深化研究中获得成效显著的结果,为提高教育教学质量作出了贡献。

再次,我从名师基地中得到了启示。2002年以后,崇文兄在课题研究的同时,开始主持黄浦区教育心理学名师工作室,主持了三期,直到2014年6月结束。2004年,他开始做上海市"双名工程",主持了两期上海市教育心理名师基地。因为这些工作室和基地与心理学密切联系,培养教育心理学和心理健康教育的骨干,所以我与我的团队成员董奇和申继亮等教授都先后多次来到基地交流和讲学。我们喜欢这个基地,因为崇文兄人格的魅力和基地的特色,其特点是选准研究方向,在一个领域里深耕。崇文兄带领的团队坚持在学生学习领域研究,40年如一日,不断学习,与时俱进,逐步提升研究品质和团队成员的学术水平。一批教师在他主持的课题研究中,在名师基地里,在一种和谐的氛围中学习、研究,成长为特级教师、正高级教师,成长为上海市教育科研的中坚力量。

最后,教师参加教育科学研究是提高自身素质的重要途径。随着信息化时代的到来,20世纪80年代以后,世界教育的发展更为迅速,出现不少新特点,突出表现在两个方面:教育时空的扩展、向基础教育倾斜。教师参加教育科学研究是新时期教育特点的一种表现形式。崇文兄是学数学的,而且是综合性大学的毕业生,没有学过教育科学。他于1982年暑假结束了夫妻分居15年的生活调入上海市黄浦区,先在崂山中学教数学,1986年到黄浦区教育学院工作。这期间,他深切地认识到,学校教育教学需要教育科研,区域教育改革与发展需要教育科研,教师的专业成长与发展需要教育科研,优秀教师是在教育科研中成长起来的。于是,崇文兄刻苦钻研起教育学、心理学、各科教育法以及教育科学的研究方法。所有这些学习,支撑了崇文兄后半生的教育科学研究和教师教育及培养的生涯。他身体力行,积极地深入学校教育第一线探索教科研的路径。学校教育科研要聚焦教育教学实践,解决教育教学的实际问题;要与第一线教师紧密结合,以理论思辨支持行动研究和实证研究,并取得一项又一项教科研成果。崇文兄早已成为教育名家,他及其黄浦区教科研团队乃至上海市名师基地教师的业绩,证明了基础教育教师参加教科研的必要性和可能性。

我与崇文兄相知相交已经 36 年了,从他身上学到了许多优秀品质。"多学习,和为贵,有点精神"是崇文兄坚持的为人、为学的十字座右铭。我与崇文兄都过了 82 岁,教育是为了未来的事业,一代代,薪火传承,希望明天的教育更加美好!

是为序。

林崇德
2023 年 4 月 3 日于北京师范大学

目录

第一章　1983年,学生学习研究序曲

　　1982年暑假,我从安徽一所县城重点中学调回上海,结束了夫妻分居15年的生活。该校校长陪我来上海市黄浦区报到,手里拿着县政府的介绍信与黄浦区教育局商量,因无人接高中毕业班数学课,希望再借用我一年。经反复请求、商量,黄浦区教育局同意借一学期。暑假后,我又回安徽接了一个高中理科毕业班的数学,上完一学期的课,于1983年1月18日告别了依依不舍的学生、学生家长和多年的同事,回到了上海。

一、我执笔写的第一个研究报告

　　1983年2月,我被分配到崂山中学任教导副主任,分管初三教学工作。一开始我就清晰地感觉到,两地学生求知欲望和学习积极性的反差形成鲜明对比。在上海当时被称为"第三世界"的崂山中学,学生厌学情绪严重,教师埋怨生源差。对于如何改变学校教育教学的困难局面,我和我的同事们组织了一个学习小组,开始学习潘菽教授的《教育心理学》,希望从中找到解决问题的答案。恰好这时候,《光明日报》发表了上海师范大学燕国材教授的文章《应重视非智力因素的培养》,这给我们很大的启发,我们开始学习研究如何培养初中生的学习兴趣。我们调查了学生学习兴趣的现状、学习兴趣产生的原因等,开展了多种形式的听课评课研讨活动。历经半年时间的学习研究,我执笔写了一个研究报告,这是我有意识地研究学生学习的开始。下面我将这个报告摘录于后。

培养初中生学习兴趣的实践探索

　　崂山中学是一所地处浦东的初级中学,学校生源差,外界干扰大,"怎样提高教学质量,培养出更多合格的毕业生"成了学校的难题。问题的症结在哪里?

教学改革的路应该怎样走? 一学期来,我们在实践中进行了一些新的探索,努力寻找这些问题的答案。

(一) 问题的症结

崂山中学学生的学习基础较差,不少学生受不良影响较多,好动,贪玩,纪律涣散,厌学情绪严重。即使稍好一点的学生,进了崂山中学,心理上也会有挫折感,悲观情绪严重。教师费了九牛二虎之力,学生学习成绩仍然上不去。学生淘气、厌气,教师怨气、泄气,悲观的、无所作为的阴影笼罩着这样的"三类学校"。

这种局面怎样改变? 我们这样的学校能否从教育科研中找到出路? 也就是说,能否从探索教育规律上找出一条改变目前被动局面的路子来?

为了回答这个问题,我们组织教师学习心理学理论,认真分析本校学生的特点和教学现状。大家列举很多事实说明我们的学生虽然学习成绩不好,但绝大多数不是智力因素造成的。他们中的一些人在小学没有养成良好的学习习惯,学习基础差,失去了学习信心;一些人受环境影响,"读书无用论"对他们影响深刻;一些学生沾染了图安逸、讲实惠的不良思想,不愿在学习上付出艰苦的劳动。但是毋庸置疑的是,他们仍然具有一般青少年共有的心理特点,诸如好奇、富于幻想、精力充沛、喜欢活动、兴趣广泛而不稳定、情绪多变、自制力弱等。总而言之,他们的可塑性很大。他们的突出问题就是对学习不感兴趣,几乎无学习动机——这就是问题的症结所在。

基于对学习动机是推动学生努力学习的动力,而学习兴趣是学习动机中最活跃的成分的认识,我们提出了如下的假设:如果我们在教育教学中,采取适合学生生理心理特点的方法,开展多种激发学生学习兴趣的活动,从"直接兴趣"入手逐步培养"内在兴趣",促进学生学习动机的形成,那么学生的注意力就会逐渐转移到学习上来,学校的纪律会随之变好,差生的比例会逐渐变小,存在于师生中的厌气、淘气、泄气、怨气会随之一扫,学校教学上的被动局面会得到改变,教学改革的路子会越走越宽。

(二) 对学习研究的探索

1. 成立"培养学生学习兴趣,促进教学改革"中心研究组

这个研究组由学校行政领导、教研组长、部分骨干教师组成,它既是科研班子又是领导小组。其职责是:制定研究方案和研究计划,进行调查研究,组织并

指导各种教研实践活动,负责研究过程中的各种材料数据的收集整理以及最后总结报告的撰写等。这实际上就是一个课题组。

2. 制定实施研究计划

研究中心组制定了完整的研究计划,计划中我们详细地阐述了教学中激发和培养学生学习兴趣的意义,提出了培养学生学习兴趣的意见和建议,并组织全体教师学习讨论这个计划,使大家在思想上认识理解本学期教学改革的中心内容及行动策略,并在教学实践中积极探索,认真实施。

3. 组织理论学习

为了使"培养学生学习兴趣,促进教学改革"深入开展,必须重视理论学习。我们组织全体教师学习党的教育方针、教育学心理学的有关理论,特别是有关学习动机、兴趣方面的理论。学习的方法是:预告学习内容,指定中心发言人;先分散自学,然后集中讨论;集中学习频率为两周一次,"中心研究组"单周进行,各教研组双周进行;集中讨论时,由预先指定的中心发言人先简述内容要点,再结合教学改革的实际问题谈该部分理论的指导意义,也可提出问题及设想,引导大家讨论。这样将学习理论联系实际,效果很好。

为了帮助教师学习理论,我们还组织了多次专题讲座,如《初中学生一般心理特点》《初中学生的兴趣与兴趣的培养》《初中学生个性心理特征及不良心理的矫正》《学校德育过程的一般规律》,这些讲座从理论和实践两方面提升了教师教育水平,取得了很好的效果。

4. 进行调查研究

在进行"培养学生学习兴趣,促进教育改革"的研究进程中,我们进行了两项调查研究,一项是学科学习兴趣及其原因调查,一项是语文学习兴趣调查。调查方法是问卷调查,研究组自己设计问卷。调查对象选择初一四个班155名学生,初三两个班99名学生。调查得到了大量数据,写出了调查报告。其结果表明,学生的学习兴趣与教师的教学态度、教学内容、教学方法有密切关系。从调查中得到的信息对于推进学校教学改革实践有积极的指导意义。

5. 开展听课评课活动

在研究过程中,我们开展了四种形式的听课评课活动:(1)同学科教师相互听课;(2)学校行政领导分散随堂听课;(3)学校行政领导集体重点听课;(4)中心研究组连续两至三周集中听一个教研组或一个年级组的课。四种听课评课形式都围绕"课堂教学如何激发和培养学生学习兴趣"这个总目标。前两种可随时进行，后两种要预先安排听课内容、时间、目的等等，在公告栏预告。前三种随听随评，第四种待听课告一段落后，利用教研活动时间和业务学习时间，集中进行评课研讨，在研讨中大家各抒己见、相互切磋，收到了相得益彰的效果。由于开展了多种形式的听课评课活动，学校形成了浓厚的教学研究氛围，有力地推动了学校教学改革的进程。

6. 开设专题研究课

我们围绕"课堂教学如何提高学生的学习兴趣"开设专题研究课 32 节，对不同的学科、不同的课型提出不同的研究专题，诸如如何引进新课？怎样设计课堂提问？怎样增强课堂教学语言的趣味性？结合教学内容怎样利用趣题、名题？怎样应用直观教具或演示实验引起学生学习兴趣？怎样理解和应用启发式教学？怎样用引导发现法教学？我们为每个专题安排同学科或不同学科的几堂研究课，进行对照研究。有时相同的教材先后几位教师执教，比较课堂上的气氛和教学效果，听取学生的反映和意见。课后综合多方意见，进行认真研讨。通过这样的研究课，教师教学研究的兴趣提高了，教研组里形成了浓厚的研究氛围。这不仅取得了一般听课评课难以达到的效果，而且激活了教师研究的内在动力，对提升日常教研活动的质量和促进教师成长有积极的实践意义。

7. 开展丰富多彩的课外活动

为配合激发培养学生的学习兴趣，学校组织了丰富多彩的课外活动，形成了颇具规模的第二课堂，例如组织了数学、语文、外语、物理、化学等学科的课外兴趣小组和科技小组，开设了多场语文、数学知识讲座，如《说词解字》《成语典故》《数学名题趣话》等，这样的讲座生动有趣，知识丰富，学生非常喜欢。我们还组织了"语文朗读比赛""外语朗读比赛""初二数学校际邀请赛""初一数学智力竞赛"等，校团委和少先队大队部还组织了动脑筋猜谜语活动，这都极大地激发了学生的学习兴趣，使他们对课堂学习产生了新的欲望，他们在课外活动中表现出的热烈情绪和智慧的火花开始迁移到课堂学习中来，这给我们的教学改革带来很多乐观的启示。

8. 开展多样的德育活动

我们结合学雷锋、纪念红五月、学习张海迪等，举行多次故事会、主题班会、报告会以及丰富多彩的艺术、体育表演比赛活动，对学生进行理想教育，激发他们的上进心,启迪他们的责任感,激发他们的学习积极性,使培养学生学习兴趣与思想情感教育、良好习惯的养成结合起来,促进学生德智体全面发展。

(三)总结经验

一学期的学习研究探索取得了较好的成效,对上面提出的假设作出了初步的验证,其实践效果是明显的,可以继续探索。对此,我们概括出以下四条经验:

第一,教学从"直接兴趣"入手。各学科教学要调动各种手段培养学生的"直接兴趣",教师要加强课堂教学的趣味性,以生动形象的比喻、传神的姿态和饶有兴味的语言表述,用直观的教具、图片、实验,深入浅出地进行教学。

第二,学习兴趣从初一抓起。学生初一刚进校就培养他们的学习兴趣,激发他们的学习动机,充分利用他们刚进中学的新鲜感、新的环境、新的起点。教育教学要因势利导,抓住新字做文章,培育出好的集体,培养出好的习惯,形成一个好的开端。

第三,提倡启发式教学,学习应用"引导发现法"教学。开展丰富多彩的课外活动,让学生在玩中学,在学中找到乐趣,找回自我。

第四,充分利用学科本身特点进行教学,培养学生学习本学科的兴趣。调动每门学科教师的积极性,深入挖掘学科本身能引起学生好奇、能激起情感共鸣的内容和材料,在引入新课上下功夫,采用恰当的教学方法,创设认知冲突,引发学生的积极思维,使学生在潜移默化中形成对本学科的学习兴趣。

这个报告写于1983年7月,当时参与学习研究的有姚仲明、俞敦华、徐松柏等,他们后来都是我非智力心理因素研究课题组的第一批成员。

一学期在崂山中学的工作体验、学习和研究,为我以后的课题研究奠定了较好的基础。一是激发了我对这类教育问题思考的动机,有了研究这类问题的冲动;二是结合自己多年的教学经验,对学生学习问题的研究有了新的认识和初步尝试。

二、关于办好初级中学的最初思考

1983年9月,按黄浦区教育局安排,我参加了为期一学期的黄浦区教育行政干部学习班,使我有机会进一步学习教育心理学理论,有机会参观很多办学声誉好、有优良办学传统的学校。我带着所关注的问题,学习、考察、思考,收获良多。

这期间,我写了多篇文章,有数学教学的,也有关于教育问题的。思考最多的还是如何办好一般初级中学。《问题与设想——如何办好一般初级中学》就是其中一篇。现摘录于后。

问题与设想——如何办好一般初级中学

(一)问题

粉碎"四人帮"以后,为了早出人才、快出人才,集中人力物力首先办好一批重点中学无疑是有积极意义的。但事物都是一分为二的,学校的分类也不可避免地带来一些消极因素。随着时间的推移,这些消极因素越来越明显地表现出来。从上海的情况看,普通中学已经分为三类——重点中学、一般完中、初级中学,其中初级中学占大多数。以黄浦区为例,重点中学四所,一般完中九所,初级中学二十三所。这些初级中学被人们自然地称为"三类学校",由于在社会上被视为"三类",这些初级中学相应地就产生了一系列问题。

1. 办学思想上的问题

教育行政部门对办好这类学校缺乏明确的办学思想,不深入调查研究,满足于一般化的领导,一样地用统考、分数、升学率来考察、评价这类学校。领导部门重重点轻一般,在靠重点中学出人才、出经验、出名气的思想影响下,初级中学的领导、教师悲观与无所作为的情绪占据了主导地位,每年能"不光头""不出事"就心满意足了,不求创新改革,只求平安无事。这样一来,这类学校的困难越来越多,面向全体学生全面贯彻党的教育方针也就不可能正确实施,从而使这一大批学生的教育问题成了比较突出的问题。

2. 教师方面的问题

第一,由于这类学校学生来源差,教育教学都在极困难的条件下进行,教师普遍感到费的力气比重点中学教师多,特别是班主任工作更是繁忙辛苦,但付出的劳动没有收获。久而久之,教师的工作积极性下降,反正学生都是"三类苗",干也干不出成绩,不如得过且过,落得轻松。

第二,一方面,这类学校大部分原来都有高中,不少学校拥有一批20世纪60年代中期大学本科毕业的中年教师,他们精力充沛,有较好的专业知识和教学能力,但得不到充分发挥。他们正年富力强,但有"无用武之地"的感觉。另一方面,这类学校原来班级较多,高中不招了,班级少了,教职工一般超编,工作量普遍不足且往往不尽合理,人浮于事,对教职工积极性的影响也很大。

第三,这类学校经费不足,福利少,教师的后顾之忧往往得不到妥善解决。教师的业务进修资料缺乏,甚至报纸杂志都比重点中学少得多,条件悬殊使这类学校教师有低人一等的感觉,相比之下必然产生消极情绪。

3.学生方面的问题

(1) 带着心理上的创伤,进了"三类学校"

应该说当孩子们刚进小学的时候,都是天真活泼可爱的,但是随着年龄的增长,随着学校教育和外界环境的变化,他们逐渐分化了。家长望子成龙心切,整天盯着孩子的学习,希望孩子小学毕业能考上重点中学,教师也是以学生考取重点中学为教学目标。孩子们听到的都是重点中学如何好,"三类学校"如何差。小学毕业班这种宣传更是变本加厉。这给幼小的心灵带来极不正常的压力,担心害怕向他们袭来,他们寝食不安,恐惧心理与日俱增。一旦接到"三类学校"的录取通知书,家长的埋怨、训斥,甚至殴打接踵而来。在一些家长看来,孩子考不上重点中学,不但影响孩子将来的前途,而且自己面子也不好看。不少学生从此心灰意冷、自暴自弃,在他们正应该朝气蓬勃、天天向上的时候,经受这么一次对他们的年龄、知识来说难以承受的打击,渴求知识的火花被窒息了。他们中的不少人就是带着精神上压抑、心理上的创伤进了初中。从这一点看,片面追求升学率的问题在小学生身上的危害更明显,影响更深远。

(2) 理想淡薄,实惠思想乘虚而入

大部分学生带着这种精神状态进了初中,而学校又不能及时地针对学生的实际情况进行思想教育,安排教育教学活动,一刀切的教学要求、单调死板的教学方式方法激发不起他们的学习兴趣和学习动机,迎接他们的仍然是没完没了的作业、考试。教师、家长没完没了地批评训斥使他们逐渐产生了抵触、厌烦的情绪,联系册上的"赤字"更使他们丧失学习的信心,把学习视为沉重的负担,视为畏途,希望尽早结束学校生活。加上家长觉得"望子成龙"的希望渺茫,在子女面前流露的消极情绪日渐增多,社会上的不良影响也逐渐增多,学生怕艰苦、图安逸、讲实惠的思想滋长了,"三类学校"的教育教学就越发困难了。

(二) 设想

针对上面一些问题,如何办好一般初中,我想谈一些设想。

1. 取消初中重点中学,现在的重点中学只招高中,初中按学区招生

在城市是普及初中教育的,人为地把学校分类也就是把学生分类,使大多数学生在十二三岁就承担一种难以承受的心理压力,使他们盲目地觉得自己"价值不足",失败的阴影对他们今后的学习、成长都会带来不良的影响。按学区招生,各学校的学生来源相对平衡,只有重点中学一个积极性的局面就会被打破,初中学校的困难局面会得到改变。各学校互相促进,力争上游,教育改革的新气象就会出现。

2. 在没有按学区招生之前,要采取较大改革措施

第一,教育行政部门成立专门部门,负责研究分析初中学校存在的问题,抓一些点,进行较深入的调查研究,总结一些解决这类学校主要矛盾的方法和经验。教育科研机构也应该针对这类学校的实际问题提出课题进行研究,写出一些有普遍指导意义的文章。建议教育行政领导经常深入这类学校调查研究,指导工作,给他们以鼓舞。在可能的情况下,适当改变这类学校的办学条件,缩小学校之间的差距,调整师资队伍,使人尽其才,充分调动教职工的积极性,这类学校是大有希望的。

第二,大力进行理想教育、心理健康教育。从初一进校开始,用最大的热情、用爱和温暖去融化学生心中的冰块,让他们从失败的心态中走出来,努力启发他们的自信心、自尊心,使他们在新的集体中感到温暖,燃起新的希望,激发他们为四个现代化学习的责任感,使他们原来心理上的压力得以减轻,创伤得到愈合。

第三,改革教材,改革教学方法,增加教材的趣味性、直观性,降低教材的难度,调动各种手段,从直接兴趣入手,努力重新点燃学生求知的火花。

第四,大力开展各种课外兴趣小组活动,开辟第二课堂,使学生在活动中发现自己的才能,让他们在自己感兴趣的活动中拔尖,让每个学生在学校里都能抬起头来走路,使他们的才能有充分施展的时间和空间。现在学校的活动项目少而单调,学生的个性得不到充分发展,必须努力改变。

第五,开设职业技术教育课,培养学生的劳动习惯和职业技能。设立专门的教室,配备专门的师资(可从超编人员中选择,通过适当培训解决),添置适当的设备,逐步创造条件开设电工、木工、编织等职业教育课,使学生不但学到劳动技能,而且培养劳动观点。

第六,开展丰富多彩的文体活动,丰富学生的精神生活。我认为"三类学校"的艺体课应该增加课时,提高质量,使学生在健康愉快的文体活动中陶冶情操,提升他们的审美情趣,增强他们的进取精神。现在不少青少年不知道什么是美,什么是丑,什么是高尚的,他们往往不知道尊重自己,更不知道尊重别人,所以加强美育势在必行。美是道德纯洁、精神丰富、体魄健全的源泉,美育最主要的任务是教给学生从周围世界(自然界、艺术、人与人的关系)的美里看出精神的高尚、善良和真诚,从而在自己身上确立这些品质。学校加强美育的形式是多样的,除了加强音乐、美术课外,还可以通过各学科教学渗透美育内容,组织学生参观美术馆、美术摄影展览,参加美化校园、美化市容的活动,参加五讲四美的活动,组织学生参加有益的演艺活动,诸如诗歌朗诵、歌咏比赛等。

第七,努力办出学校的特色。学校要创造自己的校园文化,要有让学生骄傲的特点,教学上也努力创造自己的风格,逐渐形成自己学校的学风、教风、校风,这样能使师生更加热爱学校,更加精神振奋地办好学校。

第八,从社会面上调整有关的方针政策,以促进青少年的健康成长,诸如招工、招生、顶替、劳动工资等。

(写于1983年11月,刊于1984年3月25日《教学动态》)

三、关于培养学生的学习兴趣

那时候我特别关注学生的学习兴趣问题,下面是当时我写的一篇《必须大力激发和培养学生的学习兴趣》的文章。现摘录于后。

必须大力激发和培养学生的学习兴趣

爱因斯坦说得好:"在学校生活中,工作的最重要动机是工作中的乐趣,是工作获得结果时的乐趣,以及对这些结果的社会价值的认识,启发并加强青年人的这些心理力量,我看是学校最重要的任务。只有这样的心理基础,才能导致一种愉快的愿望去追求人的最高财产——知识和艺术技能。"可见,在教学中激发和培养学生的兴趣是非常重要的,对"三类学校"更是有独特的意义。

"三类学校"学生学习基础差,最主要的是差在非智力心理因素——兴趣、动机、情感、意志等方面,而学习兴趣是动机中最活跃、最现实的成分,它在学习活动中起着十分重要的作用。我们知道,兴趣是一种意向过程,是和一定的情感联系着的。很多初级中学的学生,由于各种不同的原因,对学习不感兴趣,把学习视为令人烦恼的、艰苦的事情,所以我认为必须重视学生的这一心理特点,在培养和激发学生的学习兴趣上下功夫,主要可以从以下几方面着手:

第一,学校从学生初一进校开始抓起,竭力创造浓厚的学习氛围,使学生有一种新鲜的、昂扬向上的感觉。新的环境、新的老师、新的伙伴、新的教学内容和方法能使他们在新的起点上产生新的从来没有过的热情和学习兴趣。

第二,各学科教学努力从直接兴趣入手。所谓直接兴趣就是对事物或活动本身的兴趣。各学科可根据自身特点,设计教学内容和教学方法。例如数学教学,根据笔者的经验:(1)可以充分利用数形结合、利用直观图形和教具进行教学;(2)利用初等数学在日常生活中的广泛应用,结合教材内容介绍数学解决实际问题的实例,使学生在解决实际问题时产生兴趣;(3)结合教学内容穿插数学趣题、数学故事、数学小史、数学家的生平事迹、名题的历史及现状等;(4)介绍我国古代数学的卓越成就以及近代落伍的原因,激发学生的民族自豪感和奋发学习的精神。

在数学教学中如何引进新课,如何设计问题情境,如何点燃学生对知识好奇心的火花,如何激起学生思维和探索的波涛,这些都需要精心地研究、探讨、设计。我觉得如果能在教学中逐步使学生体验到"好奇质疑—思索探究—豁然开朗"这样的学习过程,使他们在"山重水复疑无路"中,通过自己动手动脑和教师的引导,达到"柳暗花明又一村"的境地,就能逐渐培养起学生的学习兴趣,增强他们的求知欲望。这就要求教师的知识面要宽,靠一本教科书、一本教学参考书照本宣科是不行的。对于数学教师,除了有扎实的教学基本功外,必须阅读更多的书籍,如科学出版社出版的《逻辑与数学教学》、美国 G·波利亚的著作《怎样解题》、德国海因里希·德里的著作《100 个初等数学问题——历史和解》、华罗庚先生的科普著作,上海教育出版社出版的多种数学专题小册子等。这些书籍能为我们数学教学提供很多素材,能使我们的课上得越来越生动,越来越吸引学生,使学生在潜移默化中对数学产生兴趣。

至于语文课,我认为本身就具有极大的魅力,如小说等有生动的故事情节,说明文与议论文有精彩的议论、透彻的说理,诗歌有优美的语言、深邃的意境,散文形散神聚、高度抒情的特点等等都能产生极大的感染力。教师只要在课堂上动之以情,努力创设一种情感共鸣的场景,使学生在课堂上既学到知识又得到一种精神满足,长此以往,就会使学生产生热爱语文学习的意向。

其他各学科都可根据自己学科的特点,找出能激发培养学生学习兴趣的方法。另外,开展学科课外兴趣小组活动及学科竞赛、智力竞赛等都对培养学生的学习兴趣有积极的作用。

第三,结合理想教育,使学生的兴趣沿着有趣—乐趣—志趣的过程健康发展。教学过程中始终要有这个大目标。在学科教学中,要渗透人生观、世界观和革命理想教育,使他们逐步把学习和“四个现代化”“振兴中华”联系起来,使他们的学习动机水平提高到一个新阶段。

第四,教师要对教学工作满腔热情,要对自己所教学科有极浓厚的兴趣,要有强烈的事业心和责任感,要了解每个学生,做学生的知心朋友,师生之间关系和谐。这样,教师就有可能通过言传身教潜移默化,使学生对所教的学科产生兴趣。

总之,我认为“三类学校”必须实事求是地正视自己的问题和特点,与其像目前这样囿于一些框框,在叹息中无路可走,不如大胆地在教育科研中闯出自己的路来,“兴趣”就是一条可供探索的路。

(写于 1983 年 11 月,刊于 1984 年 3 月 25 日《教学动态》)

四、教师:要有一股特别的劲儿

1983 年 11 月 22 日,我们到杨浦中学听了特级教师于漪老师两堂生动的语文课,并且听了她充满激情的经验介绍,深受启发和教育。这是我第一次见到于漪老师。

语文课上的是散文诗《赠你一束山茶花》。课堂上,既有学生提问,又有教师设疑;既有教师分析讲解,又有学生发表不同意见,课堂气氛生动活泼。我觉得,这两堂课本身也是一首优美的散文诗。于老师语言生动,感情充溢,思绪驰骋奔泻,联想挥洒自如。她谈育人哲理,语重心长;引名言警句,得当恰切。她既放得开,又收得拢,首尾呼应,浑然一体,真正做到了以文载道,文道统一,激起了听课者强烈的感情共鸣。课后仍有余音绕梁之感。

课后,于老师又情真意切地谈了她几十年来努力做一名优秀的人民教师的体会,集中到一点,就是始终把自己的工作和党的事业联系在一起,永远记住自己是人民教师,不是教书匠。强烈的事业心使她对生活充满激情,使她对事业倾注无限深情。所有这些，正是十年浩劫后我们不少同志身上缺少的东西。

　　于老师为我们上了生动的一课。虽然繁忙的教学任务、社会工作和家务操劳使她显得疲劳憔悴，但是我从她身上看到了事业的希望，看到了像那篇课文中的山茶花骨朵那样的"一股特别的劲儿"，看到了她生命之火在燃烧，感到一股暖人的热流，感到一股蓬勃向上的力量，使我受到无限的鼓舞。

　　听完课的当天晚上，我就写了一篇题为《要有一股特别的劲儿》的短文作为听课学习的心得，在学习研讨会上进行交流。后来，在26年后的2009年9月12日，在我举办的以"感悟、践行、超越——提升人文素养，促进专业成长"为主题的名师基地专题研讨会上，我把这篇短文发给与会学员，于漪老师也受邀出席了这次研讨会。要有一股特别的劲儿，这正是教师成长的动力，也是教育发展的根本所在。

　　这一年是我正式在上海工作的第一年，是很有意义的一年，为我以后的学生学习研究奠定了动机基础及实践认知储备。

第二章 东昌,开始与教育科研结缘

1984年1月,黄浦区教育行政学习班结束,我没能回到崂山中学,黄浦区教育局一纸调令把我调到东昌中学任教导副主任。几乎与这个调令同时,1984年2月20日,我收到了中国人民政治协商会议黄浦区委员会的当选通知,通知我当选黄浦区第六届委员会委员。到东昌中学报到后,我兼上一个高三理科毕业班的数学,这就开始了与前一年不一样的生活,我又回到了原来在安徽多年已习惯了的工作状态。从1977年恢复高考以后,我一直教高中理科毕业班的数学,但这次与以前又有很大的不同,当时东昌中学一位李老师调回福建家乡,他教的这个理科毕业班数学无人接手,还有四个月就要高考了,为了救急,在没有任何交接和准备的情况下,我就接手了这个班的数学课。除了教学内容是熟悉的,其余一切都是生疏的,领导、同事、学生、环境都是生疏的。我必须尽快地熟悉起来,紧张地投入到工作中去。

当时黄浦区在浦东有两所重点中学,一所是洋泾中学,一所就是东昌中学。原来还有浦明中学现已改为浦明师范。1985年后建平中学从川沙划入黄浦区,黄浦区在浦东又多了一所市重点。东昌中学是1982年才被定为区重点的一所新的重点中学,我接的这个班是非重点招进的最后一届高中毕业班中最好的一个理科班,所以我知道这件事情的分量。经过师生四个多月的共同努力,我较好地完成了这一段不寻常的教学任务。这年暑假,学校让我参加黄浦区疗养团去舟山海边疗养一个星期,这大概也是对我一学期辛苦的肯定吧。

一、抓教育科研,促教学改革

1984年9月,新的学年开始了,我接了高一一个班的数学课。这个班是浦明保送来的,这是浦明中学最后一届初三毕业生。一开学,东昌中学就宣布成立教育科研室,我被任命为教导副主任兼科研室主任。这是黄浦区第一个中学科研室,也就是说我是黄浦区第一位中学科研室主任,这是我与教育科研结缘的开始。

当了科研室主任就要谋划学校的教育科研工作。我与分管校长周丹枫商量聘请一批兼职科研员,每个教研组设一名科研联络员,规划近期研究的课题,组织教学经验总结。事实上,那个时候上海市教育科研处于起步阶段,谁早点起步,谁就处于领先的位置。经过几个月的努力,学校教育科研有了较好的发展。在1985年1月12日举行的上海市黄浦区第一届教育科研成果授奖大会上,我作为先进集体代表作了发言,题目是《抓教育科研,促教学改革》,这篇发言稿刊登在1985年3月5日的《教学动态》上。当时的黄浦区教育局副局长杨洋天、上海市教育科学研究所(简称"上海市教科所")所长陆善涛出席了这次授奖大会,当时黄浦区教育学院只有科研组,科研组长是陈泽庚。现将发言摘编于后。

抓教育科研,促教学改革(节录)

(一) 对教育科研的认识

教育科研对我们来说是一项崭新的工作,对它的认识是需要一个过程的。开始不少教师觉得,我们学校的当务之急是努力把教育质量搞上去,等质量上去了再去搞教育科研。但是,怎样把质量搞上去呢? 去年我们召开的教代会上,借助讨论学校的三年发展规划,组织全体代表讨论了这个问题。学校党支部和行政班子的同志根据代表们的意见,认真分析了邓小平同志"三个面向"题词发表后,根据全国教育改革的形势及学校的现实状况,逐渐得出一个结论:要提高教育质量,要把我们学校办成名副其实的重点中学,教育科研非搞不可。

1. 从改革的形势看

党的十一届三中全会以后,改革开放的春风在中华大地劲吹,形势鼓舞人心。但教育不论从宏观还是从微观都存在一些弊端,与"四化"建设的需要,与"三个面向"的要求相差甚远,这就需要改革。要改革就必须讲科学,要按规律办事,要以马克思主义的基本观点为指导,以教育科学的基础理论为武器,用科学的态度和方法研究我们的教育教学工作,研究教育对象,总结经验教训,从中探索具有普遍意义的教育教学规律,也就是说要进行教育科研。

2. 从学校的具体情况看

我们学校是一所新的重点中学,到现在重点中学的校龄才刚刚两年半,各方面的工作距离名副其实的重点中学的要求还有一段相当大的距离。但我们要有志气,争取在较短的时间内赶上兄弟学校。这就要求我们敢于走自己的路,创自己的风格,办自己的特色,向教育科研要质量。在教育科研指导下,描绘学校的蓝图,加快学校的前进步伐,这是一条值得探索的路。

3. 从教师队伍的现状看

由于众所周知的原因,目前中小学教师的整体素质是很难担当起为"四化"培养人才的重任的。虽然他们中的大多数同志有较扎实的基础知识,有较强的事业心,但传统的教育观念还束缚着相当多教师的头脑和手脚,往往不能适应改革创新的要求。不少同志对新鲜的信息缺乏应有的敏感,缺乏创造性地抓住新问题、运用新方法、提出新见解的能力,他们没有打破老经验旧框架束缚的强烈欲望或能力。要改变这种状况,必须开展教育科研,让教师在教育科研的实践中,学习教育理论,接受新信息,改变旧观念,激发学习研究探索的兴趣,提高改革创新的能力,提高教育教学水平。通过教育科研尽快提高我们教师队伍的整体素质,这也正是我抓教育科研的一个重要出发点。

4. 从教研活动的现状看

目前中小学有一个共同的问题,就是教研活动质量不高,效益不好。教研组的活动往往基于传统的教育思想,根据以传授知识为主的教学方式组织一些活动,主要是以备课为主,诸如统一教学进度、研究教材的重点难点、组织听课评课活动等。这些活动没有新意,研究气氛不浓厚,不能引起教师的兴趣,常常流于形式。我们认为,要根本改变这种状况,必须开展教育科研活动,以科研促教研,使教研活动活起来。在科研活动中,教研组组织教师学习科研知识和科研方法,组织专题课题研究,传递改革信息。"为有源头活水来",这个源头就是教育科研,它能活跃教学研究的氛围,激发教师学习研究的积极性,从而开创出教研活动的新局面。

(二) 推进教育科研发展的做法

基于上述的认识,在推进教育科研发展方面,我们主要做了如下一些工作:

1. 成立教育科研室

教育科研工作以前由教导处代管,这样往往只注意抓日常的教学工作,教育科研工作往往被繁杂的事务所淹没,成为被遗忘的角落。实践中我们逐步认识到,要抓好教育科研,学校必须成立有领导组织职能的专门组织机构,所以,

1984年9月,我们成立了教育科研室,经校长提名,党支部同意,正式任命科研室主任,报区里备案。由科研室主任提名,聘请五位特约研究员(兼职)和一名资料员,各教研组设立一名科研联络员。组织落实,各司其职,工作就能顺利开展了。

2. 规划课题,成立课题组

根据上海市规划的课题,我们反复研究讨论,按照学校的实际情况确定了五个课题:(1)从未来教育对教师素质的要求入手,研究教师队伍的提高问题;(2)关于中小学语文教材使用上的衔接问题研究;(3)大力培养学生阅读能力研究;(4)中学作文教学探讨;(5)化学自学能力的培养研究。分别成立五个课题组,确定课题组负责人。我们重点抓前三个课题研究,报黄浦区科研组备案,得到区科研组的帮助指导和上海市科研所的认可。短短几个月的时间,取得较好的阶段性成果。

3. 以教育科研推动教研活动开展

前面我们谈到用教育科研促进教研活动的深入开展,实践中证实了这一想法是完全正确的。物理、语文两个教研组分别承担了上述前三个课题研究。物理组全组教师都参加了"未来教育教师素质"课题研究。在研究过程中,他们查阅了几百万字的资料,做了大量的资料卡片和索引,全组同志积极性得到充分调动,他们学习教育理论和研究方法,对教育改革有了更明确的认识,探讨研究的气氛浓厚了,同志之间的关系也更融洽了,各项工作都有了很大的进步。语文组承担了两个课题研究,由于有意识地用教育理论指导教研活动,教研活动异常活跃,公开课、研究课质量都有很大提高。我校教学周活动中开设27节课,普遍受到听课教师的好评。在区里组织的多项学科竞赛、教学评比中,取得很好的成绩。

4. 组织学习教育理论,普及科研知识和方法

我们一方面派人员参加黄浦区组织的科研学习班,另一方面联系学校实际,组织教研组长、科研积极分子学习科研知识,包括理论、方法、信息等。例如结合期中考试,组织学习命题的有关知识,包括计算试题的信度、效度、难度、鉴别度等,在质量分析时学习标准分的计算方法等,这些尝试对科研知识的普及起到很好的作用。

我们还组织科研课题汇报会,选择几个重点课题向全体教师介绍课题确定

的过程和意义、研究的经过、现在已经取得的成果,这样就扩大了课题的影响,打破了科研的神秘感,起到了宣传的作用,对于全校教育科研的良性发展起到了积极的促进作用。

5. 办好《东昌教育》

我们科研室成立了《东昌教育》校刊编辑委员会,努力把《东昌教育》办成普及教育科研知识、交流科研成果的阵地,成为传播教育改革信息的窗口,以推动我校教育科研的发展。

(三)今后的打算

第一,制订东昌中学教育科研三年发展规划,使科研工作有目的、有计划、有组织地发展下去。第二,继续抓好学校重点课题"未来教育教师素质""大力提高学生阅读能力研究"。第三,建立兼职研究员和科研联络员学习制度,开展科研知识讲座,有计划、有系统地普及科研知识。第四,有意识地以教育学、心理学的理论和教育科研成果指导教研活动,使教研活动质量提高到新的水平。第五,学习兄弟学校先进经验,推广已有的科研成果。

我们学校教育科研室刚成立四个月,时间短,无专职研究人员,一切工作都刚刚开始,我们面前还有很多困难,我们热切地希望得到领导和专家的帮助和指导。

二、从调查研究入手,促教师素质提高

在黄浦区第一届教育科研成果授奖大会的激励下,东昌中学教育科研有了新的发展。1985 年 4 月,我被任命为教导主任,兼任科研室主任,仍然上一个班的高中数学课。对于学校的教育教学与教育科研工作,我经过认真思考,与分管校长周丹枫一起研究,决定从一些基础性工作抓起。学校工作千头万绪,最关键的是教师队伍建设,必须花大力气提高现有教师队伍的素质。为此,我们对教师队伍的基本情况和教研活动的现状进行了较详细的调查研究。调查的结果如下:

1. 教师年龄结构情况

104 名教师平均年龄 44 岁,其中中学教师五级以上 42 人,平均年龄 49.5 岁;四级以上的 15 人,平均年龄 55 岁。35 岁—40 岁这个年龄段呈现一个断裂带,人数不多。30 岁以下的青年教师不到 15%。

2. 教师的知识和教育理念不适应时代要求

教师中有 40% 没有学习过教育学和心理学知识，即使在读书期间学过，也很少能有意识地运用这些教育学、心理学理论指导教育教学工作。大部分教师对各种教育改革的信息缺乏敏感性，对世界教育改革的趋势一无所知，比较了解的不到 5%。大部分教师知识面狭窄，读书少，报纸杂志阅读范围小。部分教师虽然本学科专业知识较扎实，但基本采用讲授法教学，没有打破旧观念框架的强烈欲望，往往对自己的老套路、老方法、老教案持偏爱的态度，缺乏创造性，缺乏抓住新问题、运用新方法、提出新见解的能力。很少有人对自己的工作赋予研究性质，没有"做学问"的意识，整体上看，教师队伍的素质亟待提高。

3. 学校教研活动情况

总体上看，各教研组的活动往往是基于传统的教育思想，以传授知识为主组织一些备课活动，组织一些目的性不强的听课评课活动。这些活动一般研究气氛不浓，无新鲜感，吸引不了教师的兴趣，常常流于形式。

4. 引导教师做学问

基于这些调查和认识，我们下决心从提高教师素质入手，努力提高教研活动的质量。经过研讨、引导，我们选择了抓教育科研这条路，引导教师"做学问"，组织教师参加课题研究，激发教师研究探索的兴趣。从 1985 年到 1986 年上半年，在这一年半的时间里，我们组织了"教育思想与教育改革"系列讲座，开设了《古今中外教育思想简介》《若干教学方法介绍》《学生非智力因素与学习的关系》《听课评课主观评价方法》《标准化命题的基础知识》等五讲，还组织教研组长、课题组负责人、科研积极分子学习科研方法。所有这些活动既普及了科研知识，又传递了教育改革信息，使教师对教育思想、教育观念、教学方法都有了新的认识，为学校教育科研工作的开展奠定了基础。

在 1984 年规划课题的基础上，根据 1984 年上海市课题规划会议精神和学校的实际情况，科研室经过反复研究，向全体教师提出五个研究方向，并有重点地组织具体课题的落实。

一是教育经验总结。教育经验是丰富和发展教育理论的基础，是提升教育教学水平的重要途径，研究和总结先进教育经验是我们基层教育科研的主要任务。我们把教育经验总结作为教师业务考核的一项重要内容，要求每位教师在开学初制订计划的同时，计划出本学期要总结的教育教学经验的专题，整个学期就围绕这一专题积累资料，进行实践探索，逐步提高教育教学水平。此外，重点关注老教师和教学有特色、教学效果显著的中青年教师的教育经验总结，采取多种不同的形式在学校中表彰推广他们的经验。

二是教育对象研究。研究学生的学习是教育观念转变的重要方面，我们主要做了如下课题研究："东昌中学全体学生身体素质的调查研究""东昌中学学生情趣的调查研究""初一直升学生与考入学生素质比较研究"，不少教师开始对学生的学习方法、思维的发展、能力的培养及非智力心理因素的发展与培养产生了强烈的兴趣。

三是思想政治工作和班主任工作研究。主要发动政治学科教师和班主任进行这方面的研究，如"当前中学生思想政治教育的特性分析""让学生自己管理自己的尝试"等。

四是考试改革与教学评价研究。以命题的科学化、标准化为目标，以普及命题的基本知识和评价方法的学习为主要内容。

五是教育改革实验性研究。学校在高一和初一进行"一类教学计划"试点，开展阅读教学改革的实验研究，并且筹划学生学习方法的实验研究、培养学生自学能力的实验研究。

5. 教育科研大大推动了教研活动的开展

科研赋予教研活动以新的内容，使教研活动产生了新的活力，教研活动真正具有研究的性质，起到了传递教育改革信息、普及科研知识和方法的作用。研究提升了教研活动的质量，促进了教师教育教学水平的提高。如语文教研组两年来提出十三个课题的研究任务，全部围绕教学实践中急需解决的问题，教研活动异常活跃。全组同志开始有意识地学习运用教育心理学理论指导教育教学活动，课堂教学改革出现了崭新的局面。在黄浦区语文教学园丁奖评选中何贵山教师获得一等奖，在上海市中青年教师课堂教学评选中青年女教师肖顺兰荣获优秀奖。教研组被评为黄浦区先进教研组，被黄浦区人民政府授予1985年度先进集体称号。

在教育科研活动中，大力培养青年教师。学校30岁以下青年教师不到15%，他们虽然教学经验欠缺，但是刚从高校毕业不久，知识新、观念新、思想活跃，是教育改革的生力军。除了在教学实践中对他们进行教学常规的基本功培养训练以外，还可以充分利用他们观念新、信息灵、精力充沛的优势，组织他们进行课题研究,使他们感到中学教师也可以做学问、搞研究。一批青年教师在研究和教学实践中迅速成长,这使我进一步认识到在教育科研中培养青年教师,对于造就一支新型的学问型教师队伍,对于提高中学教师的学术水平、学术地位,甚至稳定教师队伍都有着深远的意义。

三、数学教学中的育人研究

在东昌中学不到三年的时间,除了忙于教育行政工作外,我开始认真读些心理学方面的书,与同志们一起做一些研究性工作,自己也写一些教学研究的文章,一篇《在学生的心田里播下立志成才的种子》是谈数学教学中如何渗透思想教育的,原文 6000 多字,节选 3600 字刊登于《中学教育》1995 年第 12 期。现摘编于后。

在学生的心田里播下立志成才的种子(节选)

陈景润在中学阶段,数学老师的一句话,激发了他日后摘下哥德巴赫猜想这颗数学王冠上的"明珠"的雄心壮志。由此启迪我们在理科教学中,采用结合教材融思想教育于知识之中的教学方法,不仅教学效果良好,而且对学生的世界观、人生观,辩证唯物主义思想的形成起着潜移默化的作用。本文就数学教学中如何在启发思维、发展智力、培养能力的同时,对学生进行思想教育的问题谈谈自己的教学体会。

(一) 在数学教学中促进学生辩证唯物主义世界观的形成

我们在数学教学中,根据中学生的年龄特点和知识特点,把辩证唯物主义的思想渗透在教学内容中,把辩证规律从数学的概念和方法中寻找出来,阐发出来,使学生在潜移默化中初步树立起唯物主义的世界观。

首先,用"存在决定意识"的观点引进新概念、新方法。我们知道"数学是研究数量关系和空间形式的科学",而"数和形的概念不是从其他任何地方,而是从现实世界中得来的",恩格斯的这些论述清楚地说明了数学的发生和发展是和人类生产活动紧密联系着的,特别是初等数学,更明显地体现了这一点。每讲一章新的内容,老师可以先介绍一些有关的历史背景材料,讲一些有关的数学故事及数学家轶事。实践证明,这不但能使学生了解这些数学内容产生的经过,得出唯物主义的结论,还可以引起学生的学习兴趣,激起他们学习的热情。

例如,在讲无理数学时,向学生介绍古希腊毕达哥拉斯学派的"无理数谋杀案";在讲复数时,向学生讲 16 世纪意大利数学家卡尔丹怎样在解三次方程时引进"−1",讲复数在电工学等科技方面的广泛应用;在讲虚数时,向学生介绍两个多世纪以来虚数的艰难发展过程,讲"荒岛寻宝"等有趣的例题,使学生认识到"虚数"并不虚,它的产生也是社会实践发展的结果。长期坚持这样做,学生从初中开始就能够在数学学习中,接受唯物主义世界观的影响,逐渐地认识到数学来源于现实世界,又能动地反映现实世界的辩证关系,从而更好地理解政治课里学到的"存在决定意识"和"意识的能动作用"等哲学道理,促使他们辩证唯物主义世界观的形成。

其次,用"运动""变化""普遍联系"的观点处理教材。在讲授函数、曲线与方程、曲线的割线与切线、曲线与曲线的关系、曲线系以及极限、导数、微分等时,都应在"变化"和"运动"上下功夫,用"变化""运动"的观点讲"数""形"之间的联系,变量之间相互依存和制约的关系,以及这些数学抽象如何具体地反映客观世界的物质运动现象,使学生逐渐认识到"数学也是事物发展规律的写象工具"。"普遍联系"的观点也是辩证法的基本观点,数学教学中也是可以很好阐发的。数学概念之间存在着多种多样的联系,几何形体之间具有一定的共性,它们的求积公式也有着内在的联系和广泛的统一性。

最后,揭示教材中的矛盾进行"对立统一"的观点教育。在教学中,正与负、常量与变量、直线与曲线、微分与积分、有限与无限、近似与准确、必然与或然、连续与间断、连续与离散、收敛与发散等等都是一对对矛盾。在教学中,我们要用对立统一的观点去揭示教材中的矛盾,使学生在学习数学知识的同时,对哲学中关于矛盾的学说有较好的理解,并且在实践中学会利用分析矛盾的方法寻求解决问题的思路。在中学阶段,要着重在"正与负""已知与未知""常量与变量"几对矛盾上下功夫,特别是"化未知为已知"是我们数学上的一个基本课题,其关键就是揭示已知与未知的联系,创造使未知转化的条件,达到未知向已知转化的目的。在整个中学阶段的数学学习中,抓住"已知与未知"辩证关系的揭示,对于培养学生的独立思考的能力、解决问题的能力和科学的思想方法有极深远的意义。

（二）以我国数学上的光辉成就激发学生的爱国热情和民族自尊心

我们的祖先在数学上的贡献是伟大的。在教学中,结合教材内容,把我国古代数学的光辉成就介绍给学生,是激发他们的爱国热情、增强他们的民族自尊心的有效方法。在教学中,我把历代数学成就或数学名题做成卡片,以便随时取用。我国古代数学研究成果累累,能结合教材介绍给学生的名题很多,如勾股定理、中国余数定理等。只要能长期坚持这样做,就能使学生产生强烈的民族自豪感,使他们认识到,我们中华民族过去对人类文明作出过伟大的贡献。

以华罗庚、苏步青等为杰出代表的我国现代老一辈的数学家,他们的名字在数学王国里有如金子一般闪光,对青少年的心灵有着强大的震撼力。他们的生平业绩是极为生动的理想教育的教材。

在教学中,教师经常向学生介绍老一辈数学家的学术成就,不但可使学生开阔视野,使他们了解到数学王国里的奥妙是无穷的,而且可以促使他们展开幻想的翅膀,扬起理想的风帆,在他们年轻的心田种下立志成才的种子。教师如果能够掌握一些各分支的研究信息,向学生讲一些尚待解决的问题,鼓励他们立志攻关,并穿插讲一些中青年数学家如杨乐、张广厚及新近获博士学位的王建盘等人的成才经历,必能对他们远大志向的确立产生深远的影响。

在教学中也可穿插老一辈数学家拳拳报国心的内容,如华罗庚在美国已被聘为终身教授,有洋房,有汽车,有优越的科研条件。但是,当他从报纸上看到祖国解放的消息时,他的心简直要跳出胸膛,再好的物质条件也代替不了他对祖国的神圣思念。他舍弃了一切优越的生活、科研条件,巧妙地避开联邦调查局的注意,全家人一起回到了刚解放的祖国的怀抱。我们要让学生了解我们的大师,学习我们大师的高尚情操,做伟大祖国的优秀儿女。

我们要让学生知道,数学大师华罗庚一生不仅在纯数学领域里取得了丰硕成果,带出了王元、陈景润、龚升、万哲先等一批有影响的学生,而且为了改变我国一穷二白的面貌,搞了应用数学的普及工作。他带着足疾、高血压、心脏病,历时二十余载,春秋寒暑,足迹踏遍二十六个省市自治区,行程二十多万公里,推广"双法",为社会主义建设作出了巨大的贡献,为祖国、为数学工作到最后一分钟。苏步青教授不但在微分、几何领域有独到的研究,还培养出了方德植、张素诚、白正国、谷超豪、李大潜等有成就的学生。他虽已年过八旬,仍关心着数学教育和各种社会工作。他们在寻求真理的道路上,不断地追求,最终找到了共同的归宿——加入伟大的中国共产党。我们要学习他们,并要用各种形式教育学生学习他们,树立崇高理想,为振兴中华而努力拼搏。

四、在教学中进行心理疏导的最早尝试

《怎样使她从长期焦虑中解脱出来》这篇文章是我在数学教学中运用心理学知识对学生进行心理疏导的一个实例，这是 20 世纪 80 年代最早在数学教学中尝试运用心理学理论的文章，后来刊登于《中学教育》1989 年第 10 期。现选编于后。

怎样使她从长期焦虑中解脱出来

她叫晓英，一个文弱的女孩子，人瘦小，大大的眼睛总是透着怯生生的光。课堂上她不敢直视老师，特别是我这个新接班的老师。她平时不大爱说话，好像很忧郁。她作业很认真，能独立完成，按时交送，正确率也很高。我曾进行一次摸底测验，测验的消息提前三天通知全班，而晓英在考试前和考场上都表现出无法抑制的不安和烦躁，紧张的心理状态在卷面上也有明显的反映。我综合分析了观察到和了解到的情况，认为她主要是心理问题。进入高中以后，学习负担加重，考试频繁，竞争激烈，她在学习上的优越地位受到威胁，自尊心驱使她希望得高分，但又无法把握。因此，紧张、不安、惧怕、焦虑一起向她袭来，特别是毕业临近，高考在即，心情更是紧张。久而久之，晓英就形成了一种不良的心绪——长期焦虑。这种心绪不仅影响学习，而且影响健康。如何帮助她从长期焦虑中解脱出来呢？

（一）创设氛围

在课堂教学中，我努力创设一种新、奇、美、趣的意境，调动多种新颖的教学手段，把课上得生动有趣，努力创造出轻松、愉快的气氛来，这样不仅能激起学生的学习兴趣，而且使学生的紧张心理状态得到缓解。我在课堂上，还要特别注意用亲切、平等、民主的态度对待学生，使学生感受到老师的和蔼可亲，师生关系就会变得和谐融洽。在这样的气氛里上课，晓英紧张的情绪有了明显的缓解，她不再像以前那样急速地躲避老师的目光，脸上开始露出淡淡的笑容。

在课外，我见到她会主动打招呼，有时还找她来办公室面批作业和试卷，和她轻松交谈，给她鼓励和关心。慢慢地，她就敢主动接近老师，把问题和困难提出来，请老师帮助。

在同学间和家庭中，也要营造有利于解除她焦虑的氛围。我和班主任一

起,在班内选几位性格开朗、学习成绩不错的女同学和她一起学习,互相帮助,使竞争对手变成帮学伙伴。我还主动与家长联系,请他们积极配合,希望他们在高中最后一年,不要给她施加太大的压力,对她的要求要恰如其分,不要急躁,多关心,多鼓励,不仅要有要求和一定的压力,更要有理解和体贴。家长也确实给予了积极的配合,取得了很好的效果。

这样,在学校里、家庭中、课内外、师生间、同学间、家长子女间逐渐创设了一种有利于她消除紧张、恐惧心理的氛围。

（二）巧用暗示

暗示是用含蓄、间接的方法对人的心理和行为产生影响。在教学中,我试着用这种方法帮助晓英解除长期焦虑,用表情和语言给她信任和鼓励,如"不要怕,请你试试""这个问题你肯定能回答""这次考试不难,你一定考得好""你的基础不错,你能够取得比现在更好的成绩"等等。同时还教她学会自我暗示,建议她把一些警句写在醒目的地方,如"相信自己""不要自卑""不要紧张"等。特别是考试前,要求她反复利用自我暗示来缓解紧张心理,增强必胜信心。事实证明,暗示对消除她长期焦虑心理起到很好的作用。

（三）引导转移

在教学过程中,在一段紧张的学习之后,我组织一些轻松的活动使学生的学习活动有张有弛,引导他们转移到愉快的活动和情景之中,脱离引起焦虑的环境,避开产生焦虑的条件。如在课堂上,经过师生共同的紧张思维,解决了一个难点或重点的问题之后,我会用两分钟做一个数学游戏,解一道数学趣题,讲一个数学家的趣闻轶事,使学生的精神得到放松和调节。在课后,我和班主任协商,忙中偷闲,共同组织一些"音乐欣赏""参观美展""亲近大自然"等有益于身心健康的活动,组织一些自演自娱的活动,使学生既陶冶了情操,又消除了精神疲劳。我还和班主任商量,交给晓英等三位女同学两个任务:负责养好班级的一盆吊兰;每周选一条促进同学成长的成语,把解释和典故抄在班级黑板报里,把晓英她们的兴趣和注意力引导到更广泛的领域。这些方法都收到了较好的效果。

（四）榜样激励

在帮助晓英解除长期焦虑的过程中,我还特别注意用榜样去激励她。我推荐《居里夫人传》给她看,这本书主要讲居里夫人怎样从一个内向、不多说话的小姑娘成为一位两次获得诺贝尔科学奖的伟大科学家的故事；让她抄记居里夫人的名句，如"我们必须有恒心，尤其要有自信力，我们必须相信我们的天赋是用来做某些事情的，无论代价多么大，这种事情必须做到"。我还给她讲华罗庚的故事，讲冰心、海伦·凯勒等著名女性的成才之路，与此同时，对她学业上的进步、心理素质的提高都及时地给予表扬和鼓励。所有这些对于她当时解除焦虑及以后的学习生活都产生了积极的影响。

（五）目标升华

长期焦虑心绪的形成往往与患得患失相联系。要最终从长期焦虑的迷宫中走出来，就必须立大志，跳出"自我"的圈子，使自己的理想和目标升华。我在对晓英的帮助及平时的教学中，注意坚持"志当存高远"的教育，用无产阶级革命家的英雄业绩，用钱学森、华罗庚等老一辈科学家报效祖国的赤子之心和民族气节教育学生，促使他们思想感情的升华，学习目的和人生目标的升华，增强他们为之奋斗的毅力和大无畏的精神。

经过一段时间师生间、家校间的密切配合，共同努力，晓英终于从长期焦虑中解脱出来，她不再紧张，不再惧怕，眼神里充满了自信，笑容里洋溢着力量。她不断地战胜自我羁绊，远大的理想促使她更加努力，她的学习成绩迅速提高。高中毕业时，她以优异的成绩考取了综合性大学数学系。四年后她又以优异的成绩被留校任教，后来又带着祖国的重托赴欧洲深造，开始了向数学高峰攀登的新历程。

五、1985 年，第一个教师节前后的记忆

现在回想起来，1985 年是值得记住的一年。这一年的 2 月 20 日是农历乙丑年春节。在这个春节期间，黄浦区区委副书记汪明昌、组织部部长吴理栋来我家家访、春节慰问。说实话，当时我很感动。我来黄浦区工作才两年时间，没有做出什么成绩，领导春节家访怎么会抽到我呢，这是个谜，至今没想明白。那时，我们住在浦东乳山一村，我和爱人都是教师，儿子上高二，女儿上初二，还有岳母，五口人住 11.4 平方米的房子，三家人合用一个灶披间，五家人合用一个卫生间，在这里住了 17 年。两位领导来家访，真的没有地方坐呀！

当时，我和爱人都是黄浦区的中学教师，我在东昌中学，她在群星职业高中（简称"群星职校"）。由于住房确实困难，两所学校商量共同解决，东昌中学拿

一套新房分给我,群星职校拿一套稍小两个平方的新房给东昌中学再解决一户困难,我的老房子腾出来,由群星职校分配给年轻的职工。这样 1995 年 5 月,我就分到了一套住房面积 28.8 平方米的新居,多年的住房困难问题得到了解决。

1985 年 9 月 10 日是第一个教师节,那时候有一个口号很响亮:"让教师真正成为太阳底下最光辉的职业。"当时,政府和社会各行各业都行动起来,为中小学教师做了很多好事、实事。发生在我身上的就有两件事,至今记忆犹新。一是浦东石油液化气公司敲锣打鼓地给我送来了液化气钢瓶,使我家结束了多年的煤球炉的生活;另一件是牛奶公司发给我一张牛奶票,可每天订一瓶鲜奶。在那个年代,这两件事可真是大事。那年我 44 岁,是少数几位得到这种优待的教师,我感恩,我决心以更好的工作回报社会。

从 1984 年 2 月到 1986 年 9 月,我在东昌中学任教导副主任、教导主任、教育科研室主任。除了数学教学工作外,我主要还做了一些基础性的行政工作。在同志们的共同努力下,东昌的教育教学工作和教育科研工作都有较好的发展,尤其是教育科研工作处于全市领先位置。按照上海市教科所的要求,1986年 9 月,我写了一篇 5600 字的总结,9 月 18 日在全市教育科研经验交流大会上,我代表东昌中学作了经验介绍。就是这年 9 月,我调入黄浦区教育学院,开启了至今 37 年的教育科研、教师教育的历程。

第三章　非智力心理因素研究(一)

一、我的第一个上海市教育科研市级重点课题

正当我在东昌中学教育科研和教学工作顺利开展的时候,区里把我调进黄浦区教育学院,这还是有一段故事的。

那时候,上海教育科研是起步阶段。1982年12月20日,上海市教育局教育科学研究所正式成立,到1986年6月30日正式更名为上海市教育科学研究所(简称"上海市教科所")。1983年12月24日,黄浦教育局在黄浦区教育学院设立教育科研组,在这前后的一段时间,各区都纷纷成立科研组(室)。1985年下半年,上海市教科所根据他们工作的需要,希望调我去他们所工作。上海市教育学院从1985年下半年到1986年上半年一直在努力与黄浦区教育局商调,黄浦区教育局坚决不放。但1986年上半年还是开始启动调我去黄浦区教育学院的工作,当时我是不太愿意离开东昌中学的。我到东昌中学两年多来,工作比较顺利,与行政班子的同仁和各学科教师关系都比较和谐,特别是我主管的学校教育科研工作有比较好的开端,发展趋势向好。尽管如此,区里下定决心要调我去黄浦区教育学院,一直拖到新学年开学。

1986年9月18日,在上海市教科所召开的中学教育科研经验交流会上,我代表东昌中学作了经验介绍。之后,我进入黄浦区教育学院,开始了教育科研和教师教育的工作。

一开始,我被任命为黄浦区教育科研学术委员会秘书长,主要任务是组织黄浦区第二届教科研成果评选。既然做了专职科研员,我就开始思考我的研究方向,那时科研组组长是陈泽庚,他正在研究中学生的学习方法系列指导。我在崂山中学被点燃的学生非智力心理因素研究的火花开始复燃了。为此,我在前几年学习的基础上,开始系统地学习心理学理论,学习现代教学论,学习教育

科研的理论和方法。我深知自己教育科研的知识和能力的储备是不够的。我是综合性大学数学系毕业,大学没有学过教育学、心理学,之后又教了20年的中学数学。为了成为称职的科研员,为了课题研究,我要补上这一课。由于长期在外地一人生活,我已养成读书学习的习惯。过去教数学,除了读数学类的书外,我主要还读哲学、文学类书籍,如《科学方法论研究》《科学认识论和方法论》《数学、科学、哲学》《科学学与系统科学》《科学、艺术、哲学断想》《科学艺术和谐论》《关于思维科学》以及文学名著和散文诗歌等。爱因斯坦曾经说过:"如果把哲学理解为在最普遍和最广泛的形式中对知识的追求,那么哲学显然就可以被认为是科学之母。"这类书不但能为研究提供最高层次的方法,而且能使人的精神得到升华,使人变得豁达大度,使人能冲破积习和偏见织成的罗网,去追求最高境界的美与和谐。现在我急于要补的是教育学、心理学类的知识,我认真地做了读书计划,重点放在心理学方面。书单有《教育心理学》《儿童发展心理学》《思维发展心理学》《中学生心理学》《人格心理学》《情感心理学》,还有《教育测量学》《教育统计学》《现代教学论》《现代课程论》《教育决策学》《教育研究方法概论》等。从1986年9月到1990年,我用四年工作之余的时间学习教育学、心理学相关知识,等于再读了一个教育专业或心理专业的大学本科,我真正转型为一名专职教育科研工作者。

经过认真学习和思考,我提出了"初中生非智力心理因素的发展与教育综合实验研究"的课题,主要希望解决以下问题:(1)怎样认识初中生非智力心理因素发展的特点和规律?(2)怎样摸索出较切实可行的培养学生非智力心理因素的方法?(3)怎样在教学中使学生非智力心理因素和智力心理因素协调发展?(4)怎样建立一种非智力心理因素发展状况的测试手段?(5)怎样通过非智力心理因素的培养,迅速改变初级中学教学上的困难局面?

我非常认真地设计了一个研究方案,包括问题提出、文献分析、研究目标、研究假设、研究步骤、课题组成员等内容,于1987年2月设计完成,报上海市教科所。1987年5月,该课题被列为上海市"七五"规划首批重点课题。同年5月15日,我在上海市教科所召开的课题研讨

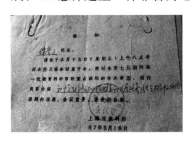

图3-1 非智力因素课题立为上海市市级"七五"第一批重点课题的会议通知

会上作了课题设计介绍。这是黄浦区的第一个上海市市级重点课题。

课题开题时,课题组成员是徐崇文、俞敦华、姚仲明、章胜华,顾麟祥。1988年2月魏耀发、徐松柏加入课题组,1990年9月祁兆兴加入课题组。在后来的课题扩大研究和推广研究及最后的成果概括总结和出版中,李全钊、王科音、徐蓓珍、高信伟参加了部分研究和资料工作。

研究选择黄浦区在浦东的两所中学崂山中学、潍坊中学作为实验学校,从1987年9月开始第一轮实验研究。

为了使研究更加科学规范,我请上海师范大学燕国材教授来院指导,并于1987年4月专程去北京拜访北京师范大学林崇德教授,请他指导。从此,他们就成了我的良师益友,在以后的30多年中,他们在教育心理理论、学生学习研究及教师学习、名师培养方面给予我很多的指导和帮助,他们成为我终身的朋友。

通过三年的实验研究,1990年7月第一轮实验结束。

二、课题的提出

本课题的提出是基于以下几个方面的思考和研究。

(一) 对教育本质的思考

教育的本质属性,概括地说,就是按照一定的社会目的和要求,通过信息传递,有意识地对人的发展施加影响。所谓人的发展,应该包括人的生理结构及功能的发展、人的心理发展,而心理发展既包括智力心理因素,诸如感知力、注意力、想象力、记忆力、思维力等的发展,又包括非智力心理因素,诸如动机、兴趣、意志、情感、性格等的发展。也就是说,学生的非智力心理因素的发展是全面发展教育目标的一个极为重要的方面,必须引起足够的重视。

(二) 对培养目标的思考

1985年5月发表的《中共中央关于教育体制改革的决定》中指出:我们培养的人才应该有理想、有道德、有文化、有纪律,热爱社会主义祖国和社会主义事业,具有为国家富强、人民富裕而艰苦奋斗的献身精神;应该不断追求新知,具有实事求是、独立思考、勇于创造的科学精神。很显然,这个培养目标对非智力心理因素的发展提出了很高的要求。然而,我们的中小学教育尚未切实按照这个培养目标去培养人才,怎么样才能找出一条把培养目标贯穿教育全过程(特别是教学过程)的途径呢?我们觉得把非智力心理因素的发展引进教学过程是一条可供探索的路径。

(三) 对教育现状的思考

当时,从整体上看,教育仍然囿于传统的模式。在教育思想、教育内容、教育方法上,都与改革开放的形势不适应,学校教育和家庭教育都严重忽视学生非智力心理因素的发展。有的学生或由于物质生活优越,或由于是独生子女,家长过分溺爱,怕吃苦,无远大理想,缺少主动进取精神;有的学生也许能掌握正确的学习方法,学习成绩也可能不错,但感情冷漠,无正义感、责任感、道德感,他们心中仿佛只有自己,什么人民的幸福、国家的富强都与己无关。特别是被称为"三类学校"的初级中学的部分学生,非智力心理因素更差,他们兴趣贫乏,学习动机水平很低,缺少顽强的意志和自尊的性格品质。一些孩子的家长望子成龙心切,千方百计地希望孩子进重点中学,一旦接到这类初级中学的入学通知书,对孩子的埋怨、训斥接踵而来。不少学生从此心灰意冷,自暴自弃,对自己的价值认识不足,对自己的前途失去信心。进入中学以后,做不完的习题、考不完的试,让他们逐渐对学习产生了抵触情绪,视学习为畏途,厌学成了初级中学的主要问题。这些都清楚地反映出学校未把非智力心理因素的发展列为重要的教育内容,大部分家长不懂更不重视孩子非智力心理因素的发展。学生非智力心理因素发展的低下,严重地阻碍了学生的健康成长,阻碍了教育质量和人才素质的提高,阻碍了我国教育的健康发展。

(四) 对国内外关于非智力心理因素问题研究状况的思考

了解国内外的相关研究信息,对于课题的确定是非常重要的。我们尽可能地收集整理了关于非智力心理因素及有关的研究信息和文章,并进行分析研究。据我们所知,当时国内对非智力心理因素(多提非智力因素)的研究还处在思辨阶段,停留在对理论的探讨和意义的宣传上,对于这个概念的引进和界定还有各种不同的意见。有的同志搞了一些测试,主要是在非智力心理因素与学生学业成就的相关性的论证方面。较有影响的研究者有上海师范大学的燕国材教授、吴福元教授,北京师范大学的丛立新教授、林崇德教授,他们也主张和支持这方面的研究,并对非智力心理因素的界定有过论述。一些教育心理学者和教育工作者开始重视非智力心理因素在教学中的作用,但有影响的实验研究还不多。

国内外主要是从"人格因素"和"个性品质"等方面研究的,并且有了几种量表,如卡塔尔的十六种人格因素量表等。1960 年美国加利福利亚大学的高夫利用"加利福尼亚心理调适调查一览表"将 18 种人格因素进行了分离研究,得出了中学生的学习成就与非认知因素存在着高度相关的结论。但由于社会制度和文化传统的不同,世界观和方法论的区别,他们的研究只能参考。

非智力心理因素的发展问题已被国外教育心理学研究者关注,教育实际工作者也进行了一些有益的探索,但尚无将系统的理论和实际相结合的综合研究。

经过较长时间的酝酿和思考,我们对这个具有极其重要意义的课题进行研究。研究的目的是试图通过理论研究、实验研究和亮点的编制,回答以下问题:(1)怎样认识学生非智力心理因素的发展和全面发展的关系?(2)怎样认识中学生非智力心理因素发展的特点和规律?(3)怎样探索出切实可行的培养和激发学生非智力心理因素的方法?(4)怎样认识学生的非智力心理因素在教育学中的地位和作用?(5)怎样在教育教学中使学生的智力心理因素和非智力心理因素相互促进,协调发展?(6)怎样建立一种适用于我国青少年非智力心理因素发展的测试方法?

三、课题的设计

本课题严格按照"提出问题—作出假设(归纳命题)—确定项目"的程序进行设计,努力做到指导思想明确,理论脉络清楚,研究方法得当,实验设计合理,操作方法具体,实施步骤详细。

(一) 命题与研究项目

作为研究的出发点,我们初步对非智力心理因素做如下界定:在心理因素的范畴内除智力心理因素以外的因素,我们称之为非智力心理因素,主要包括动机、兴趣、情感、意志、性格等基本因素。在实验研究过程中,我们将此作为理论研究的内容。针对第一部分提出的问题,在学习理论、研究信息、考察现实的基础上,我们归纳出以下几个命题:

（1）青少年智力水平是呈正态分布的，超常或低常者都是少数。

（2）一般来说，凡能进入初中的学生，智力都在正常水平之列，他们的非智力心理因素的差别大于智力心理因素的差别。

（3）非智力心理因素的发展是全面发展教育目标的一个极为重要的方面。学生非智力心理因素的良好发展，必将促进其学业成绩的提高和智力的充分发展。

（4）学生非智力心理因素的发展不可能靠掌握知识和发展智力顺带解决，必须列为教育教学活动的重要目的，要在教育教学活动和家庭教育中有意识地培养和激发，而且完全可以培养和激发。学生初步学习心理学的有关常识，对促进心理健康发展有重要意义。

（5）从非智力心理因素入手，能较快地改变初级中学教学上的困难局面。

（6）系统地引入非智力心理因素，教育实践将会出现崭新的局面，教学论将会得到新发展。

根据以上命题我们确定了如下的研究项目：

（1）在语、数两科教学实验中引入非智力心理因素，通过教学实验探索出在教学中促进学生心理因素协调发展、提高学生学业成绩的途径。

（2）从初一开始，开设"心理发展常识"课。自编一套"心理发展常识"教材，并对教材、教法和开设效果进行研究。

（3）在班级教育活动、课外活动和家庭教育中引入非智力心理因素，通过实验，研究学生非智力心理因素的年龄特点，摸索出适合学生年龄特点的，能促进学生智力和非智力心理因素协调发展的有效方法。

（4）在实验中对学生非智力心理因素和智力心理因素的发展、知识的增长、能力的提高进行相关研究。

（5）在实验中，进行心理测量和教育测量的研究。通过各种问卷调查，各种形式的测验，不断累积资料、数据，编制一套《非智力心理健康测量量表》。

（6）以系统论的方法对整个研究的资料进行分析处理，建立以发展理论为基础，学生非智力心理因素和智力心理因素协调发展，教育和教学一体论的一体化的教学论体系。

（二）研究方案和实施纲要

由于整个课题是一项综合性的实验，不但理论和实践的难度高，而且研究的项目多,工作量大,综合性强,涉及的教育科学的学科门类多,如教育学、心理学、教育心理学、发展心理学、心理测量学、教育测量学、教育统计学、教学论等。所以,我们对每个研究项目都制定了详尽的研究方案和实施纲要,现分类详述于后。

1. 实验研究

(1) 教学实验研究

我们以语、数两科为试点学科进行教学实验,引入非智力心理因素,改革教学目的、教学内容、教学原则和教学方法。

第一,改革教学目的。要改变单纯传授知识的传统教学目的和孤立考虑智力发展的倾向,要把学生非智力心理因素的发展作为教学目的的一个重要方面,即把心理因素的协调发展、思想的提高、知识的增长、能力的培养、体质的增强作为各科教学的教学目的。

第二,改革教学内容。要按照学生的智力与非智力心理因素的年龄特点和规律处理教材,从充分注意学生非智力心理因素的调动、培养和激发的角度,对现行教材进行调整。

第三,改革教学原则。我们提出五项教学原则。①发展性原则。教学要促进学生的全面发展,在教学实际过程中要着眼于学生的非智力心理因素、智力心理因素、生理结构和功能的整合发展,教学要走在这个发展的前面,主导这个发展,促进这个发展,并注意在让学生获得知识、提高技能的同时,促进学生正确世界观的形成。②主体性原则。在教学过程中要充分重视学生的主体地位,充分发挥非智力心理因素的动力作用和智力心理因素的操作功能,使学生心理结构的系统功能得到充分发挥。③情感性原则。在教学过程中,教师要注意情感的应用,注意师生情感共鸣和潜移默化的作用,注意对学生心灵的震撼和激励。④立体性原则。课堂教学要和家庭教育、课外活动密切配合,形成立体交叉的信息网络,改变以往单一的线性教学模式。⑤个别化原则。由于遗传、环境、教育的不同,学生的发展水平各不相同,教学中必须充分注意学生的个体差异,坚持个别教育,促进个性发展。以上五项原则,既是教学实践中的教学原则,又是本课题实验研究的总的指导原则。

第四,改革教学方法。以能充分调动学生的非智力心理因素和智力心理因素,并促使其发展为目的选择教学方法。各种教学方法都要能体现上面的五种教学原则。

按照促进学生心理因素协调发展的要求,我们设计了三段式课堂教学结构。

第一段:创设问题情境,激发学习动机,唤醒高昂、饱满的积极情绪,点燃学生思维的火花。要求:新、奇、美、疑、趣。

第二段:利用第一阶段形成的气氛、提出的问题,在学生好奇的思索中,在学生注意力最集中的一段时间内,教师控制(包括调动、激发、诱导、操纵、调节等)学生非智力心理因素的动力作用和智力心理因素的操作功能,使其达到最佳状态。在师生共同活动中,完成新课教学任务。要求:紧张、有序、生动、有趣。

第三段:巩固扩展第二段学习的内容,强化心理品质训练,目的是发展思维,扩大视野,培养情趣,提高心理品质(包括竞争意识、意志品质、道德情操等)。要求:自然、适切、留有余味。

三段构成课堂教学的一个整体,不可分割。要和谐自然,浑然一体。时间安排上可根据具体情况灵活掌握,但最初的实验阶段,第一段不得少于五分钟,第三段不得少于七分钟。

强调一、三段的作用是我们与传统课堂教学结构的重要区别。一、三段所选用的材料要和教材有自然的联系,恰到好处,这就要大量地阅读资料,反复推敲,精心备课。在实验中,我们采取课题组和实验教师一起备课的方法,克服备课的困难,着手编写一套备课参考资料。

为了使实验教师在教学实验中便于操作,我们还提出六条教学建议。

第一,在引入新课上下功夫。可以充分利用学生的好奇心,努力创设奇异情境;在引入新课时要注意有信息,有悬念,有意外,有冲突,有情感的激励,在课始把学生的学习情绪、注意和思维调节到积极状态;可以把故事、趣话、趣题、名题、史料、名人轶事作为引入新课的素材。

第二,在教学中充分运用"美"。建议运用以下的美学基本原理。①情感转移原理。在教学中教师要充分调动自己的情感因素,热情、乐观、和蔼可亲、有感染力。在教学方法和教学手段上都要注意有利于师生的情感共鸣和转移,使学生在美的意境中有愉悦的情感体验。②和谐奇异原理。和谐才能自然流畅,不生硬,不牵强;奇异才能激起思索,不平淡。③多样统一原理。多样才不单调乏味,统一才不杂乱无章,既丰富多彩又井然有序。

在教学中要努力挖掘教材中的"美"。美的文字、美的意境、美的旋律、美的河山、美的心灵、美的情操,以及结构的美、推理的美、逻辑的美,用美激励学生的学习动机,培养学生的学习兴趣,陶冶学生的性格。

第三,展开知识的魅力。学习兴趣蕴含于知识之中,才是有源之水、有本之木。教学中要努力引导学生步入瑰丽的知识殿堂,使他们逐步地产生一种目不暇接、赏心悦目之感,逐步地感受到一种神奇美妙的意境。"人类识自然,探索穷研,花明柳暗别有天。谲诡神奇满目是,气象万千",这就要求教师有宽广的知识面,上课生动形象,有一定的深度,而且语言生动、亲切、活泼、风趣、和谐、幽默,充分利用声、像等各种现代化教学手段,把知识的魅力展示在学生面前。

第四,恰当地利用竞争。同学间、师生间、自我的竞争都能激发学生争强好胜的心理。在课堂上,竞争的问题不宜过难也不宜过易,一般有如下几种竞争:一般性问题争速度、综合性问题争技巧、困难性问题争思路。在竞争中可以培养学生的速度、耐心、细心、敏捷、机智、直觉思维、逻辑思维的能力和竞争意识。

第五,让每个学生都有获得成功、体会成功的喜悦。可以通过如下几种方式实现:①课堂教学面向大多数;②给每个学生显示才能的机会;③鼓励每个学生的每一点进步;④帮助学生消除焦虑,消除自卑,树立信心。

第六,建立健全课堂教学的反馈系统。注意学生学习情绪、兴趣及学习效果的反馈,及时调节输入(控制)。

这样,从教学目的、教学内容、教学原则到课堂教学结构及教学建议,初步构成了本课题教学实验的指导思想和操作系统,总称为"整合发展的教学模式"。我们希望通过大量实验,验证、完善这个模式。

(2)"心理发展常识"课实验研究

实验班从初一开始,开设"心理发展常识"课。

＊教学目的:通过该课程的学习,使初中生初步了解心理发展的常识,初步认识青少年心理发展的一般规律,初步了解自己心理发展的秘密和促进心理健康发展的方法,以促进学生心理品质的发展。

＊教学内容:教学以主要心理现象的发生发展的基本知识为主要内容,采用自编的教材《中学生心理发展常识》。整个教材分上、下两编,共十章。上编五章为动机、兴趣、意志、情感、性格,下编五章为观察、注意、记忆、想象、思维。

＊教学计划:初一、初二每周一课时,按照每学期18课时计算,共计72课时。本课程的教学也要遵循教学实验中提出的原则、教学建议,以发展学生的

心理品质为目的,并结合教学进行各种问卷调查、心理测试等,以摸索初中生心理发展规律。

(3)班主任工作、课外活动、家庭教育实验研究

实验班的班主任教育工作和班级教育活动以学生的心理发展为主线,除了学校统一安排的常规教育活动外,实验班的教育活动还围绕学生的心理发展设计。要组织学生参加生动活泼的实践和考察活动,开展丰富多彩的主题教育活动和影视活动,特别要重视学生非智力心理因素的发展。实验班的课外学科兴趣小组、课外影视活动、文体活动都围绕"培养非智力心理因素,促进心理品质协调发展"设计、组织、开展。

实验班的家庭教育主要是改变家长只重视智力投资而忽视子女非智力心理因素发展的倾向,把被试的家庭教育引导到促进学生心理发展上来,使家长和学校配合做好学生非智力心理因素的培养和激发工作。主要方法是:

第一,普及心理发展常识。对家长普及中学生心理发展常识,特别是重点普及非智力心理因素发展、培养的相关心理学知识,提高家庭教育的科学性。为此,对家长开设心理发展常识的讲座和学生心理发展常识课同步进行。

第二,试用《家庭教育手册》。手册由本课题组设计,由家长填写,记载子女非智力心理因素发展过程中出现的典型事例、典型的培养教育手段,以及阶段性发展状况、家长的评价和体会等。班主任及研究人员定期收集分析。

第三,组织家庭教育联络指导小组。在实验班选5—7位有一定教育经验、热爱这项工作的家长组成家庭教育联络指导小组,任务是在学校和家长之间起联络和骨干作用,配合班主任解决家庭教育中的疑难和特殊问题,利用家长分散在社会各方面、信息来源多、可借助力量强的特点,组织学生参加实践活动和其他教育活动。

我们在研究过程中把班主任工作、家庭教育与"心理发展常识"课有机结合,分别设计出按年级分段的实施序列。实验中按照这个序列实施,收到了较好的效果。

2. 系列问题调查、测试(测验)以及非智力心理因素量表编制研究

在实验研究的同时,进行初中生非智力心理因素量表的编制研究。此研究的目的是通过编制量表,发现学生心理发展的规律,为非智力心理因素的发展提供测量手段。研究的程序分为三步进行,第一步从1987年9月开始,与第一

轮实验同步,分别对学生进行动机、兴趣、意志、情感、性格等方面的问卷调查和各种测试。问卷调查包括问卷设计、测试题的编制、实施调查和测试、试题的筛选、资料的统计分析,测试包括智力测验、学习成绩与能力的测试等。这一步的研究主要是积累资料,探索规律,为下一步研制测验和量表做资料和技术上的准备。此外,依据所获得的材料,对学生非智力心理因素的年龄特点和发展规律进行探索和认识。第二步从 1990 年 9 月起,着手整理资料,编制量表和测验,到 1992 年 12 月初步编拟完成。第三步于 1993 年 1 月后进行量表标准化工作。

3. 理论研究

围绕实验进行如下理论研究:(1)发展与教育的关系研究。(2)非智力心理因素的概念界说及其结构,以及非智力心理因素的发展与人的发展的关系。(3)引入非智力心理因素,建立新的教学论体系。理论研究与实验同步进行,并按阶段制定出实施细则。

为了研究方便,明确责任,我们把整个课题分成五个分课题进行研究。其中实验研究有三个分课题:教学实验研究(包括语文、数学教学实验),"心理发展常识"课实验研究,班主任工作、课外活动、家庭教育实验研究。另外两个分课题为量表及测试方法的研究、理论研究及本课题研究方法的研究。

四、课题的实施

本课题以实验为中心开展研究,其他各项研究围绕实验同步进行。

（一）被试的选择

1. 实验学校的选择

我们选择崂山中学、潍坊中学进行第一轮实验。这两所学校都是地处浦东的初级中学,分别位于崂山街道和潍坊街道,学校生源差,办学条件困难。潍坊中学刚开办两年,处在初创阶段,一切都刚起步。在这样的学校开展实验,实验结果可以类比到性质相同的学校,更可以推论到条件好的学校。由于这两个学校的校长是我们课题组成员,所以实验能得到较好的实施。

2. 实验班和对照班的选择

在 1987 年 7 月,初一新生入学报到时,我们对崂山中学、潍坊中学的全体新生进行如下的基础测定：(1)学生情况综合调查。采用本课题组设计的多种问卷，分别发放给学生、家长、学生小学毕业时的班主任。(2)智力测验。采用华东师范大学心理系修订的《中学生团体智力筛选测验量表》和上海市教科所修订的《学生团体测验量表》。(3)学生语文、数学、英语三门学科入学成绩测试。根据以上测定，从崂山中学 170 名学生中筛选出 80 名学生作为重点控制观察对象，采用配偶法分班，即按智商、入学成绩、家长文化程度、非智力心理因素的大致情况等基本对等配对，然后随机分配到实验班和对照班。潍坊中学由于只招两个班，我们便根据测定的结果，采用分配法将被试搭配成条件基本对等的两个班作为辅助观察对象，一个为实验班，一个为对照班。现以崂山中学为重点，该学校被试入学时的基本测定情况见表3-1。

表3-1　崂山中学被试入学时的智商、三科成绩和总分比较

班级	N	智力筛选测验(IQ)			语文			数学			英语			三门总分		
		$\bar{x}$	S	t	$\bar{x}$	S	t	$\bar{x}$	S	t	$\bar{x}$	S	t	$\bar{x}$	S	t
实验班	40	89.80	11.43	0.0008	70.05	6.46	0.948	84.53	10.46	0.342	87.28	7.97	0.244	241.85	18.04	0.06
对照班	40	89.78	10.18		71.23	4.49		83.70	11.22		86.83	8.49		241.60	18.14	

表3-1说明崂山中学被试入学时的智商、三科成绩及总分均不存在显著差异。

(二) 实验教师的选择和培训

1. 实验教师的选择

我们从学历层次、知识水平、教学能力等几方面，结合实验控制的要求，选择实验教师，并采用如下两种任课方式对照：

＊崂山中学：同一位语、数教师，同时任实验班与对照班的语、数课，采用两种不同的教案上课。

＊潍坊中学：实验班、对照班的语文分别由两位教学水平基本相同的教师担任，数学也同样处理。

2. 实验教师的培训

(1) 培训内容

本课题的指导思想、总体设计方案、实施纲要和实施细则；心理学的有关基础理论知识，特别是非智力心理因素的有关理论知识以及教学的基本理论知

识;对实验教师的具体要求和实验操作方法。

（2）培训方法

实验前短期集中学习,实验中以提供资料自学为主,结合备课,定期研讨,要求不断加深对于实验思想、意义、方法的理解,逐步熟练地掌握实验的操作方法。

（三）实验因子的操纵

对于实验班我们将语、数教学实验引入非智力心理因素,开设"心理发展常识"课,班主任工作引入非智力心理因素,家庭教育引入非智力心理因素,课外活动引入非智力心理因素等五个实验因子分配到前面提到的三个分课题组进行操纵,按实施细则执行。同时,我们分别要求实验班的班主任、任课教师必须充分调动自己的非智力心理因素去感染和影响学生,对照班则完全和正常班级一样按学校统一安排的教学教育计划执行。

（四）被试的变动与调整

本实验的周期较长,要做到被试前后一致是很困难的。第一学期和第二学期结束后,由于学生转进、转出以及留级（第一学年结束,崂山中学对照班就有多人留级,而实验班无人留级）等原因,实验班、对照班的学生均有变动。为了保证被试的前后一致,使实验效果有可比性,我们对两班的被试做了两次调整,调整后的被试入学时的智商、三科成绩及总分均不存在显著性差异,见表3-2。实验主要考察调整后的被试,班级中不是正式被试的学生,同样也受实验变量的影响,可作为自然实验对象,对结果进行相应的分析比较,供实验研究参考。

表3-2　调整后的崂山中学被试入学时的智商、三科成绩和总分比较

班级	N	智力筛选测验(IQ)			语文			数学			英语			三门总分		
		$\bar{x}$	S	t	$\bar{x}$	S	t	$\bar{x}$	S	t	$\bar{x}$	S	t	$\bar{x}$	S	t
实验班	32	90.09	10.60	0.139	70.97	5.66	0.045	81.41	11.43	0.0459	88	7.49	0.45	243.38	18.38	0.124
对照班	32	90.13	12.34		71.03	4.86		84.28	11.23		88.81	6.82		243.94	17.8	

表3-2说明调整后的崂山中学被试入学时的智商、三科成绩及总分也不存在显著性差异。

表3-1、表3-2均说明,崂山中学的实验班和对照班是处在同一起点的,

智力和学习成绩在同一水平线上。

五、第一轮课题研究成果概述

（一）被试变化情况

1. 重点观察对象的变化情况

第一轮实验整体上取得了较为满意的效果,本实验发现崂山中学实验班的学生变化极为显著。他们消除了自卑感,增强了自信心,从不满意自己进入的学校到热爱班级、热爱学校,从纪律涣散、不要读书到尊师守纪、勤奋学习,同学之间团结友爱,师生之间感情融洽,团结向上。全班学生的道德品质、学业成绩有了极显著的提高,智力和非智力心理因素得到了很好的发展,整体水平优于对照班。该班 1988 年被评为黄浦区三好集体,1990 年被评为上海市三好集体,分别受到区、市教育局的嘉奖。

现以崂山中学实验班为重点,从以下几方面具体分析。

（1）学业成绩

我们在实验期间前四个学期的期末对崂山中学被试的语、数、外三个学科采用统一的试卷进行测试,初三毕业时对他们全市统一的毕业会考成绩进行统计。对两次的成绩进行分析,结果表明,实验班的学业成绩明显优于对照班,具体见表 3-3、表 3-4、表 3-5。

表 3-3   被试第一、二学期期末三科成绩比较(初一年级)

时间	班级	N	语文			数学			英语		
			$\bar{x}$	S	t	$\bar{x}$	S	t	$\bar{x}$	S	t
第一学期末	实验班	40	73.43	5.69	2.69**	82.98	11.71	4.13**	81.57	11.19	0.17
	对照班	40	69.5	7.3		66.28	22.73		81.07	14.79	
第二学期末	实验班	39	75.36	4.23	2.93**	84.92	10.22	4.85**	84.85	9.93	4.55**
	对照班	37	70.59	9.21		63.59	25.38		68.38	20.18	

注:** 表示 P<0.01。

图 3-3 表明,第一学期期末实验班语、数两科平均分均高于对照班,且都有显著性差异;第二学期期末实验班三科平均分均高于对照班,都有显著差异。第二学期末,实验班三科成绩的标准差较第一学期末都有缩小,呈现出好的转化趋势;而对照班三科成绩的标准差增大,学生的成绩呈现两极分化的趋势。

表3-4 第一次调整后,被试第三、四学期期末三科成绩比较(初二年级)

时间	班级	N	语文			数学			外语		
			$\bar{x}$	S	t	$\bar{x}$	S	t	$\bar{x}$	S	t
第三学期末	实验班	32	71	7.96	0.8677	82.69	17.24	2.3215	68.03	17.57	1.1396
	对照班	31	69.39	6.69		71.55	20.74		63.23	15.78	
第四学期末	实验班	32	73.59	8.31	0.9176	82.75	12.37	3.7031**	75.38	20.73	1.5625
	对照班	31	71.52	9.57		67	20.52		67.9	17.03	

注:** 表示 $P<0.01$。

表3-5 第二次调整后,被试入学成绩和毕业成绩比较

班级	N	入学成绩									毕业成绩								
		语文			数学			英语			语文			数学			英语		
		$\bar{x}$	S	t	$\bar{x}$	S	t	$\bar{x}$	S	t	$\bar{x}$	S	t	$\bar{x}$	S	t	$\bar{x}$	S	t
实验班	24	71.5	5.26	0.0276	86.25	9.42	0.2116	88.5	7.26	0.4227	93.95	7.24	2.0589*	98.79	14.73	0.8624	102.13	14.79	2.6202*
对照班	24	71.46	4.76		85.67	9.57		89.29	5.58		90.08	5.69		94.71	14.64		88.83	19.99	

注:* 表示 $P<0.05$。

事实上,由于实验班被试三年变动不大,用调整后的被试进行比较分析,显然是有利于对照班的。按全班统计分析,实验班的学生成绩优势更加明显。我们不妨将实验班学生学业成绩的变化情况与入学成绩明显优于实验班的兄弟学校的相应班级进行横向比较,更可以明显地看出实验效果,见表3-6。

表3-6 实验班学业成绩与兄弟学校相应班级的横向比较

学校	班级	入学成绩（全区统一试卷）				毕业会考成绩（全市统一试卷）						
		语	数	外	总分	语	数	外	物	化	政	总分
1	九(3)	73.50	93.13	92.74	259.37	92.90	100.88	107.69	88.50	85.74	89.24	564.95
2	九(3)	70.31	88.26	92.23	250.80	90.76	94.45	86.64	85.38	87.19	87.43	531.85
3	九(3)	77.10	93.26	94.45	265.41	96.81	99.95	102.86	92.14	97.71	90.87	570.18
崂山	九(3)	70.05	84.53	87.28	241.86	94.37	99	98.66	92.61	88.61	94.59	567.84

注:1 为全区初级中学入学分数最高的学校,2 为浦东一初级中学,3 为浦西一完全中学。

(2)学习能力

在初三毕业前夕(1990 年 6 月),我们对被试进行了《初中毕业生学习能力测验》,该测验由徐汇区教育学院、上海市教科所编制。

语言部分分词义辨析、完成句子、推理、阅读理解和书面表达五项,数学

部分主要测定概括数学材料的能力、对数学材料的抽象能力、形成空间概念和想象的能力、逻辑推理的能力、用数学和符号进行运算的能力、简缩思维的能力、思维的逆转能力和数学概念应用的能力等八个方面。测验的结果见表 3－7。

表 3－7　初中毕业时学习能力测验结果比较

班级	语言部分					数学部分				
	x̄	S	T	P	等第	x̄	S	T	P	等第
实验班	78.57	17.17	497	49	中	40.78	14.38	490	47	中
对照班	72.76	14.64	450	34	中	22.23	12.00	356	13	差

表中 T 为转换后的标准分，P 为百分位数，语、数两科能力测验的全市普通中学的初中毕业生的常模 T＝500。从测验结果看，实验班的语、数两科的学习能力都已达到全市普通中学初中毕业生的中等水平，标准分和百分位数都高于对照班，数学的差别尤为明显。

（3）智力发展

我们采用《中小学团体智力筛选测验》（华东师范大学心理系编制）测定被试智力的发展情况。

1987 年 7 月，我们进行了基础测验，结果见表 3－1、表 3－2。1988 年 9 月，被试刚进入初中二年级，我们进行第二次测验。由于对照班被试变动较大，按调整后的被试进行统计分析，结果见表 3－8。

表 3－8　第二次智力测验结果比较

班级	N	第一次智力筛选测验(IQ)			第二次智力筛选测验(IQ)		
		x̄	S	t	x̄	S	t
实验班	32	90.09	10.6	0.139	93.5	13.18	1.654
对照班	32	90.13	12.34		88.22	12.34	
D		−0.04			3.28		

表 3－8 表明，实验班智商有所增长，对照班却有所下降，但无显著差异。

1990 年 2 月被试进入初三第二学期，我们进行了第三次测验，统计分析 48 位被试，结果见表 3－9。

表 3-9　三次智力测验结果比较

班级	N	第一次智力筛选测验(IQ)			第二次智力筛选测验(IQ)			第三次智力筛选测验(IQ)		
		$\bar{\chi}$	S	t	$\bar{\chi}$	S	t	$\bar{\chi}$	S	t
实验班	24	92.79	11.94	0.195	95.71	12.25	1.35	104.17	11.71	1.95
对照班	24	93.38	8.74		91.09	11.42		97.38	12.41	
D		-0.59			4.62			6.79		

从表 3-9 可以看出,实验班的 24 位被试智力发展优于对照班。

从初一入学到初三毕业,实验班原被试还剩 35 人,保持率是比较高的。对照班还剩 28 人。对这些全部原被试进行智力发展的考察,结果见表 3-10。

表 3-10　全部原被试智商变化情况比较

班级	N	第一次智力筛选测验(IQ)			第二次智力筛选测验(IQ)			第三次智力筛选测验(IQ)		
		$\bar{\chi}$	S	t	$\bar{\chi}$	S	t	$\bar{\chi}$	S	t
实验班	35	90.94	12.45	0.28	92.66	12.92	0.71	103.89	12.92	2.45*
对照班	28	91.75	9.72		90.36	12.43		95.75	13.11	
D		-0.81			2.3			8.14		

注:* 表示 $P < 0.05$。

表 3-10 表明,初一时两班被试的智商均值无显著差异,到初三时,实验班智商高出对照班 8.14。经检验,有显著性差异。

《中小学团体智力筛选测验量表》测得被试智商的结果,主要体现被试思维能力的发展情况。此处测得的结果说明:实验班学生学习能力优于对照班。

实验班从初一(1987 年 7 月)到初三(1990 年 2 月)智商均值增长 12.95,对照班仅增加 4,其智商发展曲线如图 3-2 所示。

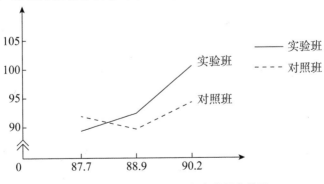

图 3-2　实验班与对照班智商发展曲线图

从发展曲线可以看出,实验班智商发展情况明显优于对照班,且学生在初二、初三期间有一个智力迅速发展期,与其生理突变期是一致的。在这个时期抓紧对学生智力和非智力心理因素的培养和激发,对学生的智力发展有重要意义。实验结果表明,本实验操纵的实验因子能较好地促进学生的智力发展。

(4)非智力心理因素发展

目前还没有比较理想的测定初中生非智力心理因素发展状况的量表。本课题暂时通过对被试在学校主要常规活动中的表现,观察、分析、比较、评价被试非智力心理因素各项基本因素的发展情况。采用请家长、教师对实验班班风、学风进行整体评估,请学生自我评定等方法来综合评定实验班学生非智力心理因素的整体发展水平。

实验班学生是以学习上的失败者进入中学的,他们中的大部分从小学三、四年级就被列入差生行列,不少人留过级。小学毕业前,为考一个好分数,他们在家长和教师的强制下进行了一段紧张的拼搏,但是最终还是失败了,没能考入理想的学校。如果说读小学低年级时还有不少的欢乐,那么到了五、六年级剩下的就只有读书、作业、考试,整天承受着他们幼小的心灵难以承受的心理压力,教师的批评、家长的责骂使他们麻木了,他们的自尊心也受到了伤害,失去了自信。他们的非智力心理因素受到了抑制,甚至是扭曲,存在着不同程度的自卑、抑郁、焦虑等心理障碍。可以说,被试进入中学时,非智力心理因素处在最低点。

在这种情况下,非智力心理因素的发展成了智力和身体发展的关键。本实验抓住了这个突破口,从语文、数学教学实验,班主任工作,"心理发展常识"课,家庭教育和课外活动等五个方面,对学生进行非智力心理因素的培养和激发。通过三年的努力,被试非智力心理因素有了显著的发展,总体水平明显优于同层次的学生。

① 学生兴趣的发展

实验班语、数两科采用本课题组设计的教学模式上课,初一就从激起学生的好奇心、培养学生的直接兴趣入手,采取"降低难度、减少坡度、放慢速度"的教学策略,使他们听得懂,学得会,使他们在学习中有愉悦的情感体验,加上其他实验因子的作用,被试从"厌学"慢慢变成了"爱学"。从学科兴趣调查看,学生入学时学习兴趣淡薄,实验班就只有不到 1/4 的学生表示对数学学习有兴趣,一年后实验班 80% 的学生把数学、语文两门学科排在感兴趣学科的第一、第二位。两年后,排在第一、第二位的学科门类有增加,如外语、物理等非实验学科。这反映了初中生学科兴趣有转移和扩展趋势,也反映了初二后学生学习兴趣不再完全受制于外在因素,而开始有内在因素和主体意识参与。随着课外活动的开展,被试可以学打字、学电工、学电脑、学书法等,这不但使他们学习生活丰富多彩,而且使他们的兴趣向更广阔的领域发展。求知的欲望在好奇和有趣中复苏、增强,这明显表现在课堂气氛活跃,学习热情高涨,学习积极性逐步增加,学习效果明显提高,这些反过来又促进兴趣向更高层次发展。

实验班学生学习时事政治的兴趣、参加各种文体活动(包括各种文体比赛)的兴趣也远远超过对照班。每次学校的时事测验实验班都名列前茅。歌咏比赛、诗歌朗诵比赛等学生都会自己组织、自己排练,兴趣浓,热情高,每次都获得优胜。这不但反映实验班学生的兴趣广泛,也反映他们的情绪健康,还反映他们的精神世界发生了很大的变化。

三年来,实验班学生学习积极性、自觉性持续不断的增强,这是学习兴趣稳定发展的结果,也说明学习兴趣对于学习动机的激发有着重要的、直接的作用。在被试兴趣发展的过程中我们看到,意志和情感的因素起着维持、调节、内化和升华的作用。所以,我们不是孤立地培养兴趣,而是充分注意到非智力心理因素各基本因素之间的联系,促进他们的"整合发展"。

② 学习动机的发展

面对"几乎毫无动机可言"的被试,实验班采取多变量共同作用,激发学习动机,主要是兴趣激发和情感激发。所谓"兴趣激发",是在教学中,从培养学生的兴趣着手,使他们在新、奇、美、疑、趣中产生学习欲望,使他们感知到中学的学习并不是乏味的和令人生畏的,从而产生探求知识、弄清奥妙的愿望。所谓"情感激发",是教师热情关心学生,对他们不歧视、不指责,耐心启发诱导,并引导家长也这样做,使学生在和谐的情感氛围中恢复信心,并使之在成功的喜悦中得到强化,进而产生上进心和好胜心。通过兴趣激发和情感激发,使学习和成功、自信和自尊、师爱和母爱逐渐成为学生的优势需要,这些优势需要共同促进他们新的学习动机的生成和发展。

在入学调查中,对"为什么学"的问题,多数的回答是"说不清楚""为了父母""为了今后有一个好工作",基本上属于被动的、模糊不清的最低层次,没有自觉的"主体意识"参与,因此,很难生成学习动力。一年后,对于同一问题,多数学生回答是"为了争口气""学习是有趣的""为了集体的荣誉"。到初三,我们通过作品分析(周记、作文)发现,实验班80％的学生已能把学习和选择什么样的职业,考什么样理想的学校,怎样才能发展自己的兴趣爱好、个性特长,做什么对社会贡献最大等问题联系起来考虑了,这说明被试这时的学习动机既有了较强的主体意识,又表现出一定的社会性。

我们研究认为,初中生的近景性学习动机占主导地位,教育不能舍近求远,要努力促使学生近景性学习动机的生成,并逐步引导其向远景性和社会性发展。实践证明,采取兴趣激发和情感激发是行之有效的。我们认为,由模糊到明确、由被动到主动、由主体意识淡薄到主体意识强烈是初中生动机发展的重要标志,用此标志判断,实验班学生的动机发展明显优于对照班。

③ 意志的发展

我们主要是从自觉性、自制性和坚持性三个指标来考察被试意志发展情况。选择五个常规活动场景,请学校领导、任课教师和研究人员一起观察和总体评定。这五个活动场景是学校中每天都有的早操、早晨收交家庭作业、两分钟预备铃、自习课、卫生值日。这些活动场景在没有教师督促的情况下,最能反映一个集体的自觉性、自治性和坚持性。总体评定的结果是:从初一下学期开始,实验班就优于对照班。从初中二年级起,实验班这五项活动全不需要班主任管理,早操做到快、静、齐,做操动作到位,每次广播操比赛都获优胜;各种作业无抄袭现象,交送及时;两分钟小预备铃后,全班聚精会神准备上课,书本、文具一律放在规定位置,整齐划一;自习课学生不受暗示,不受干扰,各自看书、作业,不干扰别人;每天值日自觉完成管理任务、打扫卫生任务,秩序良好,教室环境洁、净、美,并长期保持。这种评价结果为全校教师公认。

通过以上观察分析、比较,对实验班被试意志的发展的总体评价是:学习上克服困难的毅力显著增强,学习和遵守学校各项纪律的自觉性明显提高,有了较强的自制、自理能力。班级积极向上的进取精神持续不断地发展,体现了意志品质的作用。学生家长观察评价被试在家庭中处理学习、做作业、看电视、家务劳动、玩等活动之间关系的态度,也得到同样的结论。

④ 情感的发展

本实验突出情感这个核心,从最基本的情感抓起,努力促进健康情感的发展。根据被试的实际情况,实验从信心、爱心、热心三方面培养学生的情感,也从这三方面评定其发展状况。

A. 信心:自信心、自尊心、好胜心、荣誉感、自豪感。

B. 爱心:爱同学、爱师长、爱集体、爱祖国、爱一切美好的事物(道德感、理智感、美感)。

C. 热心:热情、激情、豪情、责任感、正义感。

我们在实验的各渠道中,贯彻本实验提出的"情感性原则",即注意情感的应用,注意师生情感的共鸣和潜移默化的作用,注意对学生心灵的震撼和激励。有效运用如下的培养方式。

A. 以情育情:强调教师在教育教学中要充分调动自己的情感,要用热烈的情感去感染学生,以信心培养信心,以爱心培养爱心,以热心培养热心。

B. 以行育情:组织各种有益于情感发展的实践活动,在活动中培养美好的情感。

C. 以理育情:按照初中生的年龄特点和认识水平,从小道理到大道理,循序渐进,促使情感的深刻发展。

以上三种方式不是割裂的,而是有机地结合在一起,贯穿在实验的全过程,但根据学生的年龄特点,不同时期可以有不同侧重。我们是初一突出"情"字,初二突出"行"字,初三突出"理"字,收到了良好的效果。对实验班情感发展的整体评价是:很快消除了自卑心理,树立信心,在各项活动中表现出极强的好胜心和荣誉感;同学之间团结友爱,师生之间关系融洽,全班同学对班级集体有一种难以忘怀的深情,尊师爱校蔚然成风;消除了冷漠,有了学习热情,对班级集体有了强烈的责任心,对未来有了美好的憧憬,表现出较强的进取精神;对学习、生活中的美与丑、是与非能作出较正确的分辨和判断,并作出支持或制止的行动,对祖国的未来有了初步的责任意识。被试情感的健康发展促进了兴趣、动机、意志、性格的深刻发展,也为高尚情操的形成和正确世界观的确立打下了坚实的基础。

⑤ 性格的发展

性格是一个人对待事物的态度和行为方式所表现的稳定的心理状态。实验中我们提出"诚实开朗、热情大方、积极向上、勇敢坚强"十六个字的性格培养目标,也按十六个字评定其发展状况。主要采取以下方式进行培养。

A. 整体培养:努力创建一个团结友爱、积极向上的文明班集体,创造一个良好的教育环境和教育氛围。通过集体进行集体主义观念教育,在一个良好的集体中大家互相影响、互相督促、互相帮助、严格要求,培养良好的性格。

B. 榜样教育:家长、教师要以自己良好的性格去影响学生良好性格的形成,家长和教师是学生最直接、最经常、最实际的榜样,他们的性格对学生性格塑造所起的作用是其他教育无法比拟的。此外,还要经常选择班内、校内和当代青年中的先进分子作为学生的榜样,使他们有学习的目标和方向。

C. 自我修养:实验着力培养学生的自我意识,即引导学生学会自我观察、自我评价、自我体验、自我监督、自我控制、自我激励,充分发挥主观能动性,在学习和活动中进行良好性格的塑造。

在性格的培养过程中,我们对性格的主导面提出16个字的目标要求,但对内外倾气质等中性特征不做统一规范,对个别有明显性格弱点的被试给予特殊的引导和矫正。

性格有意志特征和情感特征,性格的发展与意志、情感的发展有密切的关系。因此,我们把性格的培养和意志、情感的培养相结合,同步进行,取得了较好的效果。

我们通过对被试独立完成作业情况、考试纪律情况的考察,通过对作品分析和实际行为的考察,评价被试是否"诚实开朗"(表里如一和言行一致);通过对被试对待集体的态度和对待他人的态度的考察,评价被试是否"乐群大方";从被试学习是否勤奋,工作是否积极认真,是否有进取精神来评价被试是否"积极向上";从对待挫折失败的态度,处理事情胆子的大小,评价被试是否"勇敢坚强"。评价结果是:实验班被试性格发展良好,诚实、乐群、积极向上等指标明显优于对照班。用卡特尔16种人格因素问卷测试也得出同样的结果。

非智力心理因素的良好发展,促进了被试全面素质的发展。实验班学生不仅初三毕业后全部进入较理想的高一年级学校,而且在校期间,在区级以上的各种学科竞赛中取得了令人鼓舞的好成绩。生物:黄浦区鼓励奖一人,三等奖一人,一等奖一人,上海市三等奖一人,全国鼓励奖一人;数学:黄浦区三等奖一人;物理:黄浦区三等奖三人,一等奖一人;作文:黄浦区快速作文竞赛优胜奖一人,上海市第三届学生作文竞赛初中组一等奖一人;黄浦区科技节读报知识竞赛:优胜奖一人;体育比赛:黄浦区田径运动会跳远第五名,标枪第六名,女子气步枪团体第二名。

这对于初级中学的一个班来说,确实是全面丰收了。学校和家长对实验班的总体评价是:学分好,班风正,学生发展水平比初级中学的一般学生都高出一个层次。实验班全部家长对子女三年的发展表示满意或比较满意,大部分家长由衷地表示了对班级的赞美和对教师的感激。实验班先后被评为上海市、黄浦区三好集体,这表明教育领导部门对实验结果给予了充分的肯定。

2. 辅助观察对象的变化情况

潍坊中学的被试为辅助观察对象。实验在初一时进展较为正常,初二以后,由于在创办初期,学校客观条件所限,实验因子未能完整操纵,如"心理发展常识"课未能正常按计划开设(无关因子失去控制,对照班班主任两次易人,任课教师也有调整,在对照班的教育教学中也有意识地引进实验因子)。且一个年级只有两个班,实验班和对照班,教育教学相互影响,教学措施无多大区别,"实验共振效应"①极为强烈,因此被试的变化情况已无多大对照价值,但被试的发展仍能提供一些可供分析的参考价值。

(1)学业成绩变化

被试入学成绩及初一、初三学业成绩见表 3-11、3-12、3-13。

表 3-11 潍坊中学被试入学时的三科成绩和总分比较

班级	N	语文			数学			英语			三门总分		
		$\bar{x}$	S	t	$\bar{x}$	S	t	$\bar{x}$	S	t	$\bar{x}$	S	t
实验班	39	69.05	5.62	0.734	78.15	12.44	0.564	86.67	7.02	0.504	233.87	17.56	0.384
对照班	33	68.17	4.57		79.89	14.12		87.51	7.31		235.57	20.70	

表 3-11 说明,被试入学时,三科成绩及总分不存在显著差异。

表 3-12 潍坊中学被试初一三科成绩比较

时间	班级	N	语文			数学			英语		
			$\bar{x}$	S	t	$\bar{x}$	S	t	$\bar{x}$	S	t
第一学期	实验班	39	71.44	6.63	5.12**	74.92	15.29	3.48**	76.87	10.56	1.44
	对照班	35	60.17	11.83		58.89	21.95		73.09	11.96	
第二学期	实验班	38	74.55	8.5	1.79	64.68	20.0	1.42	54.02	19.86	0.49
	对照班	34	71.8	7.38		58.56	16.2		56.29	18.56	

注:** 表明 $P < 0.01$。

———————————

① 实验共振效应指与实验班相邻的班级因实验班发生的变化而产生的连带影响。

表3-12说明,初一第一学期实验班三科成绩均高于对照班,且在语、数两科有极其显著差异。第二学期实验班语、数两科高于对照班,无显著差异。对照班外语平均分高于实验班,也无显著性差异。

表3-13 潍坊中学被试初三三科成绩比较

时间	班级	N	语文			数学			英语		
			$\bar{x}$	S	t	$\bar{x}$	S	t	$\bar{x}$	S	t
第一学期	实验班	37	70.05	4.33	1.4657	56.62	15.52	0.5605	50.16	19.43	1.3361
	对照班	37	67.76	8.46		54.49	16.17		56.05	18.48	
第二学期	实验班	36	94.33	5.72	1.2759	86.00	19.48	1.0051	91.03	21.56	0.3325
	对照班	37	92.62	5.73		90.14	15.42		92.62	19.19	

表3-13说明,初三时两班学业成绩互有高低,但均无显著差异。对照班在换班主任后变化比较明显,这位班主任兼物理课,她在教育教学中积累了丰富的调动学生积极情感的经验,她的经验总结曾获得物理教学论文一等奖、黄浦区教育科研成果二等奖。她接班后"实验共振效应"明显增强,两班呈同步变化,这从一个侧面反映了非智力心理因素在教学中的积极作用。

将潍坊中学被试学生学业成绩变化和黄浦区平均值比较,更能说明问题,见表3-14、3-15。

表3-14 潍坊中学被试入学时的三科成绩和总分与黄浦区平均值比较

	语文	数学	英语	三门总分
潍坊中学	68.63	78.97	87.06	234.66
黄浦区平均值(初中)	70.71	84.13	88.10	242.94

表3-15 潍坊中学被试毕业时的三科成绩和总分与黄浦区平均值比较

	语文	数学	英语	三门总分
潍坊中学	93.47	88.10	91.83	273.4
黄浦区平均值(初中)	89.33	85.24	89.08	263.65

表3-14、3-15表明,入学时潍坊中学低于黄浦区初中平均值8.28分(全区倒数第二)。毕业成绩已超过黄浦区初中平均值9.75分。

（2）学习能力比较

用《初中毕业生学习能力测验》对潍坊中学被试的语、数学习能力进行测试，结果见表 3-16。

表 3-16　学习能力测验结果比较

班级	语言部分					数学部分				
	x̄	S	T	P	等第	x̄	S	T	P	等第
实验班	75.8	13.6	474	42	中	34.69	15.84	448	34	中
对照班	72.26	13.90	440	32	中	35	14.44	448	34	中

表 3-16 表明，实验班语言学习能力比对照班标准分高 34 分，且高 10 个百分位，实验班和对照班数学能力持平。两种能力都已达全市普通中学的中等水平。

（3）智力发展情况

潍坊中学被试三次智力测验结果见表 3-17。

表 3-17　三次智力测验结果比较

班级	智力筛选测验(IQ) 87.7	智力筛选测验(IQ) 88.9	智力筛选测验(IQ) 90.2
实验班	84.44	89.59	100.28
对照班	85.54	90.36	98.81

表 3-17 表明，两个班三次测验均无显著性差异，但实验班被试智商平均增长 15.84，增长幅度很高。

潍坊中学地处张家浜街道，是全市文化层次最低的"下只角"，学生入学时智商均值只有 85，属于中下水平，入学成绩是黄浦区初级中学倒数第二。毕业时，他们的学业成绩、学习能力、智力、思想面貌都发生了较大变化，基本完成了初中学业。学校认为，作为一所新创办的学校，各方面条件都很差，能取得这样的成绩，其重要原因是在教育教学中抓住了培养和激发学生非智力心理因素这个突破口。

（二）其他因子研究情况

第一，通过语、数两科教学实验证明，本研究提出的整合发展的教学模式是行之有效的。这种模式对于培养学生的非智力心理因素，发展思维品质、高级情感都有明显的效果,在形成新的教学模式方面进行了有效的探索,为进一步研究整合发展的教学理论提供了实践依据。(此项成果详见本书第四章第三部分)

第二,实验中编写出一套《中学生心理发展常识》教材,共十章,十三万多字,每章后都附有思考题、自我训练题、自我测试量表。经过两轮试用,从课程理论和青少年心理发展的特点出发,研究了该课程设置的必要性、可能性以及开设效果,写出了研究报告。(此项成果详见本书第四章第二部分)

第三,形成了一套体现本课题思想的班主任工作实施序列、家庭教育实施序列、课外活动实施序列,为实现教育和教学的整合、课堂教学和课外活动的整合、学校教育和家庭教育的整合提供了一个可供参考的操作体系。(对此,我们将另文论述)

第四,我们围绕实验进行了多种调查和测试,积累了大量的资料数据,主要测验有《中学生团体智力筛选测验》(华东师范大学心理系编制)、《学生团体智力测验》(上海市教科所编制)、《瑞文测验联合型》(华东师范大学心理系编制)、《初中毕业生学习能力测验》(语、数由上海市教科所,徐汇区教科室编制)。我们还研究了上海师范大学洪德厚等的《中国少年非智力个性心理特征问卷》,辽宁省教科所修订的《卡特尔16种个性因素问卷》。此外,本课题组编制了一些动机、兴趣、意志等单因素的问卷。通过初步对测试资料的分析研究,不但得到了一些支持我们假说的结论,并对中学生发展的年龄特征、智力和非智力心理因素发展的关系有了一些初步的、新的认识,也为进一步研究学生非智力心理因素的发展及其测量评价奠定了基础。(对此,我们将另文论述)

第五,本实验围绕验证假说实验,实验结果从整体上支持本课题设计中提出的六个假说的。(对此,我们将另文论述)

六、讨论

(一) 关于非智力心理因素的界定和结构

对于非智力心理因素这个概念,心理学界有不同认识,有的人认为心理既是一个整体,不必分成智力和非智力。我们认为,智力尽管直到目前还没有一个公认的科学定义,但是作为一些心理现象的概括,作为心理学的一个概念,已经被广泛地接受,这是事实,所以非智力心理因素作为心理学的另一个概念也是完全可以确立的。这不是对心理现象这个有机整体的否认,而是对这个整体认识上的一种分类方法。有人认为,因为定义不能是否定的,所以不能引入"非智力"概念,这是逻辑学的问题。我们认为概念的名称和概念的定义不是一回事。用"非XX"作为概念的名称,像数学、物理这样逻辑极为严密的学科也并不少见。

我们在研究中是借助"集合"来界定"非智力心理因素"的,我们把人的心理这个整体作为论域(或叫全集),设这个论域为 I。智力因素构成的集合 A 是 I 的一个子集,A 的补集显然也是 I 的一个子集,即有 $A \cup \bar{A} = I$,我们称 $\bar{A}$ 内所有元素为非智力心理因素,也就是说在心理范畴内,我们把以思维为核心的直接参与认识过程的心理因素,如感知、观察、注意、记忆、思维、想象等称为智力心理因素,用集合 A 表示。A 之外的一切心理因素均属于非智力心理因素这个概念的外延,主要包括动机、兴趣、情感、意志、性格等基本因素。我们认为非智力心理因素以情感为核心构成一个相对稳定的结构,非智力心理因素在认识活动中构成动力系统。

非智力因素的定义容易造成概念内涵和外延的不确定,导致理论和实践研究的混乱,特别是非心理学工作者(包括教师、教育行政人员、社会教育工作者等)往往超出心理范畴去解释它。目前有的把习惯、方法甚至外部客观环境因素都划入"非智力"的外延就是这个原因,所以我们主张称"非智力心理因素"。

(二) 关于初中生非智力心理因素的年龄特征问题

研究中,我们发现初中生的一些非智力心理因素已经形成不同程度的"定势",因此,必须认真探索非智力心理的关键发展期和发展稳定期,以及早期的培养和激发问题。对此,我们将分别在《初中学生的兴趣发展与教育》《初中学生的动机发展与教育》《初中学生的情感发展与教育》《初中学生的意志发展与教育》《初中学生的性格发展与教育》等五篇研究报告中论述,以期对非智力心理因素的年龄特征及其与教育的关系等问题有比较系统的新的认识。

(三) 关于初中生非智力心理因素的培养和激发问题

在本课题以命题形式给出的假说中,已对非智力心理因素的培养和激发的

必要性、可能性以及方法、途径作了明确的阐述,而且得到实验结果的支持。这里还须强调的有以下两点:

一是要把学生非智力心理因素的发展作为心理发展的一个极为重要的目标。在教育教学中,要积极有效地培养和激发,不能仅把培养和激发学生的非智力心理因素作为提高学习成绩的手段(目前,多停留在这种认识水平上)。不然,非智力心理因素在教育教学中的地位还是不能真正确立。

二是教师非智力心理因素的状况对于学生非智力心理因素的培养和激发有重要意义。教师的兴趣,教师的情绪、情感、情操,教师的性格,教师的事业心,都直接影响着学生非智力心理因素的发展,教师在教育教学中必须充分注意这一点。

（四）关于非智力心理因素的测量问题

对于非智力心理因素,目前尚无一种理想的测量方法,我们在实验过程中学习研究过一些国内外测量人格因素、个性心理特征的量表,并进行试测分析。我们发现,采用问卷的模式来设计测验,区分度低,符合率低,可靠性差,且被测对象非智力心理因素发展水平越差,符合率越低。这种自陈式测量量表的基本假设是"受测者自己最了解自己,能够准确反映自己行为的各方面"。这种假设是很不牢靠的。因为一个人并不是总能对自己各方面的情况正确观察和判断,特别是初中生。一是他们并不能真正了解自己;二是他们受测时,常常采取保护自己的反应心向和反应方式,造成测验结果的不准确、不可靠。我们提出几种编制量表的方向:一是自陈、投射和评定相结合的综合测量方法;二是用不可能问题测试诚实程度得出诚实系数,然后合成实际得分;三是测量的智能化,问题(包括主题统觉投射)采用电脑显示,电脑测试,电脑评分,以提高测验、阅卷、统计分析的速度。我们正在这几个方向上探索。

（五）关于构建整合发展教育理论框架的问题

在实验设计中,我们提出引入非智力心理因素,生成整合发展教学模式的实验目标。这个模式的特点是把非智力心理因素列为学生发展的重要目标,强调要着眼于学生的非智力心理因素、智力心理因素、生理机能和功能等的整合发展。在研究过程中,我们提出了"整合发展观"和"整合主体论"作为构建整合发展教育理论框架的两个理论支点。现简介于后。

1. 关于整合

整合原为地质动力学的一个概念。我们这里说的整合是指各种不同质的因素在动态过程中形成最优结合,处于最佳配置或最佳运行状态。整合是一个过程,包括对立统一的整合(矛盾双方位置的变化、矛盾主要方面的转移等)、结构的整合、功能的整合(互补也是一种整合方式),整合的进程有渐进也有在一定条件下的飞跃。

2. 关于整合发展

我们定义整合发展为全面发展的一个操作目标。马克思主义关于"人的全面发展"的含义主要包括:(1)人的各方面的才能、身体和精神都得到充分自由的发展;(2)人的体力和脑力相结合。人的全面发展是社会发展的必然趋势。实现人的全面发展的社会条件是:(1)现代生产力高度发展;(2)教育与生产劳动相结合是造就全面发展的人的唯一方法;(3)共产主义制度将使全体社会成员全面发展的理想得以实现。也就是说,人的全面发展是人的发展的最高理想目标,是和共产主义的社会形态联系在一起的。因此,社会主义中国的教育方针以"人的全面发展"为培养目标无疑是正确的。然而几十年来,全面发展虽然写进了教育方针,但基础教育没有明确的操作目标。学校教育往往是注意了知识的传授,忽视了能力、智力的培养;注意了智力培养,忽视了非智力心理因素的发展;注意了统一要求,忽视了个性差异;等等。我们认为,社会主义初级阶段的中国教育除了有总的教育方针外,还应该有与中国社会主义初级阶段的生产力、社会形态相适应的培养目标。为此,我们提出整合发展作为全面发展的一个层次目标,它不再是一个静态的终极目标,而是一个动态操作目标。整合发展强调以情感为核心的非智力心理因素在人的发展中的地位和作用,强调身体和精神协调发展的动态过程,强调人的发展过程中外部条件和内部根据的整合,承认个体发展差异。整合发展包括:(1)非智力心理因素的整合发展,即以情感为核心,动机、兴趣、意志、情感、性格等非智力心理因素的整合发展;(2)智力心理因素的整合发展,即以思维为核心,观察、注意、记忆、思维、想象等智力心理因素的整合发展;(3)非智力心理因素与智力心理因素的整合发展;(4)生理结构、功能与心理发展的整合;(5)知识、技能、思想品德与心理发展的整合。整合发展的最终指向是全面发展。

3. 关于整合主体

我们认为,为了达到整合发展,必须实施整合教育。这包括教育目标的整合、教育内容的整合、教育途径的整合、教育主体的整合、教育与教学的整合。所有这些整合都有其具体的含义。整合主体是整合教育的一个理论支点,是阐明教师、学生等教育活动中的地位作用和彼此关系的概念。

我们不赞同"学生单主体论""教师单主体论",也不完全赞成"学生主体、教师主导"的观点以及"师生双主体论"。我们提出"整合主体论"。我们认为,教育是人类特有的社会现象,对于教育这个特殊的认识过程,是一个群体构造成认识的主体,我们称之为"整合主体"。这种整合主体是由多个个体整合而成的,这些个体我们称为主体元,整合主体不是个体在数量上简单叠加,而是多种个体活动的有机结合。从广义讲,教育的整合主体可以包括教师、学生家长、学校、社会等主体元,从狭义讲,教学的整合主体是教师、学生。整合主体的性质是:(1)一个认识过程形成一个整合主体;(2)整合主体中每个主体元有主体性和客体性、能动性和受动性的辩证统一和转化;(3)整合主体中主体元之间是相互联系的,在整合主体中的主体地位在不同的时间、不同的条件下是不断变化的。教师这个主体元要能动地驾驭这种变化。

整合主体是由各主体元在认识活动中整合而成的,整合得愈好,教学这个认识过程就完成得愈好。

(六) 关于本课题研究方法问题

第一,本课题是一个以教育实验为中心的综合研究项目,涉及的因素多,研究难度大。在研究中,我们特别重视课题的设计。我们认为,实验的设计对于实验研究的成败是至关重要的。我们的设计抓住验证假说这个实验研究的本质属性,通过设计把研究的目标明确地表达出来、固定下来,把所有要验证的假说、要生成的教学模式在设计中都确切地、完整地表述出来。研究要严格按照设计方案实施,必须不断地克服各种困难,因为旧的习惯往往是很难改变的,新的产生本身已经是很难的事,各种阻力更增加新东西发展的困难,实验学校和实验教师能否冲破阻力,认真、完整地执行本实验设计的实施纲要和实施细则将直接影响实验的效果,实验教师本身的素质、科研意识以及实验教师的非智力心理因素的状况对实验效果的影响更大。所以实验研究不能有立竿见影的幻想,研究人员必须排除来自本身的和外部急功近利的思想干扰,坚持严格的科学态度,兢兢业业地进行研究,这一点对于基层教育科研尤为重要。

第二,在实验设计研究过程中,我们把教育实验目标分为任务目标、状态目标和成果目标三个层次。前一层次目标是后一层次目标的手段,后一层次目标是前一层次目标的结果,三个层次是相互联系的统一体。按"三层次目标"设计课题,实施研究,评价成果,能使实验方案完善、实验目标明确、实施研究有条不紊,能较好地提高实验效益和实验成果的层次。

任务目标也可叫研究工作目标,主要是制订一份工作任务书,内容包括:什么研究任务,谁来完成,如何完成,什么时间完成等。在研究方案设计好后,本课题采用分阶段制订实施细则的方法来反映研究任务目标。

状态目标是指对被试施加实验变量,旧状态发生变化后,期望达到的新状态。这种状态目标设计往往采用预测性假说来表现,用各种指标前测、后测、结果和定性定量分析判定。

成果目标是实验研究的最终目标,是实验完成后希望得到的综合性成果。包括:(1)编写的各种教材、各种实验操作方法;(2)生成的新的教学模式;(3)通过对状态目标中各种指标定性定量分析得出的结论;(4)综合整个研究过程,进行更深刻的思维加工后得到的新知识体系(假说的验证和修订,新概念、新假说的产生等)。

实践证明,这种三层次目标分类法对于教育实验的设计、实施和评价非常简明实用,具有导向作用。

第三,本研究把心理发展研究和教育实验相结合,落脚点是教育,重点是教育模式的生成。研究坚持马克思主义和毛泽东思想,坚持理论和实际相结合,重实践,也重视深刻的思辨,走专门研究人员和学校教师相结合、边研究边应用的路子。在第一轮实验基础上,已在三所中学的十四个班级扩大试验,非智力心理因素各分因素发展的研究和量表研究也在进一步深化,整合发展教育的理论系统和操作系统也在研究中进一步完善,全部研究于 1994 年底完成。

此研究成果曾在不同阶段以不同篇幅分别登载于《中小学教育管理》1990年第 1 期,《中小学教育》1990 年第 7 期,《上海教育科研》1992 年第 1、2 期。

第四章　非智力心理因素研究(二)

一、课题深入研究的项目

"初中生非智力心理因素的发展与教育综合实验研究"是个大型综合性课题,研究时间跨越"七五""八五"两个规划期间。上一章写了课题的缘起和第一轮实验研究报告。1991年9月至1995年6月,在整理第一轮实验资料的同时,我们开始了成果应用和研究假说进一步验证的扩大研究,具体内容包括:

第一,进一步深入研究非智力心理因素的概念界定、结构、功能、培养途径,以及初中生的兴趣、动机、意志、情感、性格的发展特点及教育培养方法,进一步深化学习心理研究,并积极推进在学习指导研究中的应用。为了推动研究在更大范围内开展,我们分别于1992年4月和1995年5月召开两次全国范围的非智力心理因素的发展与教育学术研讨会,全国有影响的专家学者参加了研讨会。

第二,对"三段式整合发展教学模式"扩大到语、数以外学科和黄浦区更多学校验证,深入进行"整合发展教育"的理论探讨。

第三,进一步研究在班主任工作、课外活动、家庭教育中培养非智力心理因素的方法,并总结出可操作的方法与经验。

第四,进一步深化开设"心理发展常识"课的研究,主要研究开设的必要性和可能性,并且在更大范围推广、应用研究成果。

第五,对非智力心理因素测量问题进行研究,设计了各单因素问卷,并通过测试进行问题筛选,实现测验的电脑化实施。

第六,对全部研究资料进行整理、提炼、概括,对近十年的艰辛研究进行了全面总结,编辑出版《初中生非智力心理因素的发展与教育》一书。

二、开设中学生"心理发展常识"课的深化研究

我们在初中开设"心理发展常识"课的研究,这是全国最早在初中进行心理健康教育的探索,其研究目的是使初中生初步了解心理发展常识,初步了解自己心理发展的秘密,初步认识心理发展的一般规律,从而促进初中生智力和非智力心理因素的健康发展。我们在第一轮实验的基础上扩大实验,主要在以下几方面进行了进一步探索:

(一) 教学内容、教学形式和教学方法

1. 教学内容

我们自编了《中学生心理发展常识》教材,内容包括序和十章心理基本知识。前五章是非智力心理因素,即兴趣、动机、意志、情感、性格;后五章是智力心理因素,即观察、注意、记忆、思维、想象。书中列举了很多伟人与名人的趣闻轶事、名言格言、趣题名题,每章还附有思考训练题和自我测试简易量表,以帮助中学生理解心理的基本知识,学会一些基本的心理训练和调节的方法。

2. 教学形式

"心理发展常识"课在初一、初二开设,每周一节课,上课形式可分为讲授课、讨论课、活动课、写作(测试)课等。

讲授课主要讲授心理学的基本常识,要求深入浅出,生动有趣。教师运用浅显通俗的语言,配以生动、具体的例子让学生了解心理的基本现象和行为,初步掌握心理学的一般常识。

讨论课设计一个讨论主题,在课堂上展开讨论。教师先用一个简短的引导把问题提出来,可以是一段故事,也可以放一段录像再把要讨论的主题引出来,也可课前有针对性地请个别学生作些准备。要求学生积极参与、畅所欲言。讨论中教师适当引导,让学生充分发言,最后教师作简要概括和总结。

活动课通过故事会、主题班会、演讲、竞赛等形式开展。这种形式学生感兴趣,但课前要认真设计,师生共同充分准备。

写作(测试)课通过写作的形式让学生对所学内容进行书面练习,例如学了"兴趣",让学生写一篇"我最感兴趣的……"短文,学了"意志",让学生结合实际写一篇"意志与学习"的短文,都要在一堂课的时间内完成。

3. 教学方法

在以上的教学形式中,实际上已蕴含着方法。我们在"心理发展常识"课中,努力把"新、奇、美、疑、趣"的要求贯穿教学的全过程,以新设疑,以奇激趣,以趣释疑,以美育情。教学中充分发挥讨论的作用,在讨论中激发兴趣,合作互动,相互启发;在讨论中加深对学习内容的理解;在讨论中提高语言表达能力;在讨论中学会组织材料,学会分析、推理和总结,学会心平气和地交流,正确对待不同意见,学会尊重他人;在讨论中,创建和谐的学习氛围。

在教学中,我们还采用心理小实验和小测验的方法,让学生更好地理解教学内容和更好地认识自己。活动的形式也是经常采用的而且很受学生欢迎的教学方法,现在心理课也经常采用活动的形式进行,新颖活泼,课堂气氛轻松愉快,效果很好。

(二) 考核评价

"心理发展常识"课从四个方面进行考核。第一,理解知识。各章节的心理学常识,通过讨论、写作、问卷等形式,分成好、中、差三个等级。第二,评价自我。运用学到的知识评价自己心理品质发展的情况,自我测试,自我分析,分为好、中两个等级。第三,调整改进。针对自己的薄弱心理品质提出改进措施,讨论交流,提出书面改进计划,分为好、中两个等级。第四,提高效果。改进调整计划执行情况和效果,包含自评、小组评、教师评,分为好、中两个等级。

在课程实施过程中,我们制定了一个详细的"心理发展常识"课教学安排一览表,有以下六个方面:学生特点和教学要求、课时、课程的类型、内容安排、教学要求、教学建议。对每一章教学内容作出详尽的安排,精确到每一个课时,这为上课的教师提供了很好的教学参考,有利于课程的推广。

我们的"心理发展常识"课有完整的课程形态,包括教学目的、教学内容、教学方式、课时计划、考核方法。由于教育实验研究赋予我们新设课程探索的权利,从 1987 年到 1994 年,我们在上海市黄浦区进行了两轮实验,取得了很好的效果。魏耀发老师完整地上完一轮实验课,并执笔写出了《在初中开设"心理发展常识"课的研究报告》。

(三)《中学生心理发展常识》正式出版

在初中生心理教育方面,我们创造几个全国第一:编写了《中学生心理发展

常识》教材,这是全国最早对中学生普及心
理学知识的教材,先油印,后自行铅印,经过
两轮实验,于 1993 年 4 月由天津教育出版
社正式出版;第一个用开课的方式开展心理
健康教育;第一个用发展的观点阐释和实施
初中生心理健康教育。我们在研究和实施
的过程中,当时任上海市教育局副局长、上
海市教育学院院长的张民生教授于 1991 年
11 月为这本书题写了"中学生学点心理常识
有利于身心健康发展"的题词,北京师范大
学林崇德教授于 1992 年元旦为这本书写了
序言。现选编于后。

图 4-1　张民生教授为《中学生心
理发展常识》题词

《中学生心理发展常识》序

　　为中学生写一本普及心理学知识的书,是一件很有意义的事情,又是一件
极不容易的事情。

　　心理学,顾名思义,是研究心理现象的,是揭示人的心理活动规律的科学。
人的心理尽管是复杂的,然而,它却不是神秘的,诸如认识、情感、意志、兴趣、理
想、性格等的心理现象,对我们来说都不是陌生的东西,所以,它不是不可捉摸
的,而是可以认识和分析的。

　　在心理发展的过程中,中学生的心理现象呈现出一派绚丽多姿、五彩缤纷
的景象。中学阶段,是人的一生中最关键而又有特色的时期,是人一生中的黄
金时代的开端。中学生朝气蓬勃,风华正茂,在各方面都表现出积极向上的趋
势,其心理在发生急剧的变化。中学生学点心理学常识,懂得一点心理发展的
奥秘,是有利于身心健康发展的。

　　徐崇文同志主编的《中学生心理发展常识》为中学生学习心理学知识提供
了一本好教材。这本书共有十章。前五章讲的是非智力心理,即兴趣、动机、意
志、情感、性格;后五章讲的是智力心理,即观察、注意、记忆、思维、想象。内容
深入浅出,信息量大,可读性强。书中列举了很多伟人、名人成才的故事和格
言、警句、名题、趣题,既可使中学生学得懂,又能学得有趣。每章后还附有思考

训练题和心理自测简易量表。读了这本书,不仅学到一些心理学常识,学会一些自我修养、调节的方法,而且通过自测可以大致了解目前自己心理发展的状况。参加本书编写的有教育科研人员、中学校长,他们大多长期在中学教育第一线工作,所以写出的书能较好适合中学生的特点。这本教材已经在部分中学进行了两轮实验,取得了很好的效果。这是非常有益的探索。当然,本书不只适合于中学生学习,对于广大的中小学教师和学生家长也是有参考价值的。尽管书中的缺点在所难免,但我相信读者会热情地指出,给作者以诚恳的帮助,让这本书发挥其应有的作用。

祝愿中学生身心得到健康发展!祝愿中学生早日成为祖国建设的栋梁之才。

林崇德

三、课题研究促进学校整体改革

崂山中学从 1987 年开始参加非智力心理因素实验研究,进行了两轮实验,校长俞敦华、科研室主任徐松柏是课题组的主要成员,很多教师参与了实验研究。课题研究有力地推动了学校的教育教学改革。

(一) 从传统教育的思维定势中走出来

学校整体改革首要的问题是办学价值的选择,而教育观念又制约着办学价值的选择。长期以来,我们在传统教育思想影响下,办学已经形成了一种思维定势,"教师中心、书本中心、课堂中心"似乎成了办学的定律。教师习惯于以教为核心,把注意力集中在书本上、课堂上,他们可以以最大的兴趣潜心钻研教材,探讨教法,精心设计教案,也可以不辞辛劳加班加点,为学生补缺补差,但却疏于对教育对象——学生的研究。非智力心理因素课题的提出和研究,使我们从传统教育思维定势力中走出来,开始了新的探索。

1. 非智力心理因素把我们的视线引向教育对象——学生

以往教师看重的是教材、教法、作业、考试、分数等,现在教师转向学生,面对的是一个个活生生的、具有丰富内心世界的人。在思考处理教育问题时,教师开始以学生为起点,变课堂为学堂,把教育视线从无生命教育因素转向有生命的学生,这是教育观念的一个重要转变,其结果是正确的学生观的确立。

2. 非智力心理因素为我们开启学生主体意识提供了一把钥匙

主体意识具有能动性,它能唤起、激励主体自觉地进行创造性活动,发展和完善自己。主体意识的觉醒和增强有赖于非智力心理因素的发展,可以这样说,一个有自尊心、自信心、求知欲、成就感的人,一个有理想、有抱负、有社会责任感、道德义务感的人,非智力心理因素总是发展得比较完善和谐的,他们有较强的主体意识,表现出积极向上的力量。相反,非智力心理因素发展水平较差的学生,主体意识也较差,往往缺乏独立性、自尊心、自信心和自制能力。

3. 课题研究使我们对培养目标有了较全面的认识

在应试教育的怪圈中,片面追求升学率,会把人推向畸形发展的死胡同。把非智力心理解因素引入学校教育,使我们对培养目标有了新的认识。在选择培养目标时,一方面要顾及社会发展的需要,另一方面更重要的应该是着眼人的素质的全面发展。人的素质既包括人的生理结构和功能的发展,也包括人的心理发展,而心理发展则包括智力心理因素和非智力心理因素的发展。办学目标的选择和确定是一个认清时代特征、认识教育本质的过程,也是转变观念、端正教育思想的过程。"初中生非智力心理因素发展与教育综合实验研究"把全校教师推向一个个新旧观念、新旧思想的碰撞之中,而结果则是认识的深化、改革的推进。

(二) 非智力心理因素促进学生道德内化

一所学校的德育效果如何,最终总是以学生道德内化的程度为衡量标准的。所谓道德内化就是将一定的社会思想、观念、道德规范纳入到个体的思想品德结构体系之中,成为个体内在的行为准则的价值目标,并形成相应的行为习惯。非智力心理因素在道德内化中有着十分重要的地位和作用。

1. 非智力心理因素能调动学生自我教育的积极性,培养学生自我教育的能力

在道德内化的过程中,学生并不是消极地接受教育的客体,而是积极活动的主体。如果离开学生自主、自觉、能动的参与,离开学生自我教育,也就完成不了道德内化。可见,学生的自我教育显得至关重要。自我教育的特征表现为自我认识、自我评价、自我参与、自我体验和自我调控。它是一种主动的、内在的教育力量,这些特征离不开动机、兴趣、情感、意志、性格等非智力心理因素。在德育活动中,我们引导学生正确认识自我和评价自我,树立信心。我们每学期设计一系列内容丰富的、形式多样的、生动活泼的活动,鼓励不同层次的学生积极参与,尽可能发挥他们各自的特长,让他们施展才华,发现自我,认识自我。

很多活动让学生自己设计、自己组织、自己主持,培养他们的主体意识,确立他们在活动中的主体地位,特别是在德育测评中,重视过程性评定。此外,特别重视学生自我评定、自我监督意识的培养,这就有效地培养了学生的自我教育能力。

2. 非智力心理因素是品德结构的重要基础

品德在形成过程中表现为道德认识、道德情感、道德意志、道德行为,简称"知、情、意、行"。道德认识是前提和依据,道德情感是道德认知转化的主要条件,道德意志是维持调节行为的力量,道德行为是道德品质的表现和标志。这四者是互相联系、互为制约的统一体。这里"情""意"就是含在非智力心理因素里,而"知"和"行"也必须有非智力心理因素的支持。所以,学校的非智力心理因素的实验研究有力地促进了学校德育工作的开展,促进了学生德育品质的健康发展。特别是抓住情感这个核心因素设计活动,营造氛围,产生了极好的效果。

3. 非智力心理因素是德育目标的重要组成部分

在德育目标中,心理品质教育和政治教育、思想教育、道德教育同等重要。在过去的德育工作中,心理品质的教育是被忽视的。课题研究使我们认识到必须将非智力心理因素作为德育的重要目标加以落实。我们开设"心理发展常识"课,在学科课堂教学中,在班主任工作中,在课外活动中,在家庭教育中,对学生进行非智力心理因素的培养教育,都取得了很好的效果。

(三)非智力心理因素让我们改变了传统的教学模式

1. 在教学中,学生的主体地位逐渐被确立,这是一个带有根本性的教育观念的突破

过去,教师重视教,忽视学,学生的主体地位未被足够的重视。参与非智力心理因素研究以后,课题组提出了新的教学模式的实验研究,我们把"学生是我们教学的出发点和归宿"作为教学的最高原则,要求教师上课前了解学生现有的基础,备课要备学生;课堂上,努力创造民主、宽松、和谐的课堂教学环境,充分尊重学生的主体地位,让学生有自我表现的机会;师生关系上,我们注重师生情感交流,发展真诚、平等、融洽的师生关系,让情感在教学中发挥重要作用。

2. 把非智力心理因素的发展作为重要的教学目标

传统教育重视知识传授,把非智力心理因素作为学科教学目标是教学论发

展的一个突破。我们学校在这方面进行了一些尝试：要求教师在备课时挖掘教材中培养学生非智力心理因素的材料，在教学目的中列入；在教学过程中注意激发学生的学习兴趣和学习动机，把非智力心理因素调动到最佳状态，特别要注意情感的应用和氛围的创造；在反馈评价中充分应用激励机制，不要只看分数，要关注学生非智力心理因素的发展状况。

3. 实验"三段式整合发展教学模式"，积极进行教法改革

在实验班严格按照课题组提出的"三段式"教学模式的要求进行课堂教学，全校各学科教研组都组织学习"三段式"教学模式的要求和教学建议，听实验班的课堂教学，组织研讨，推进整个学校的课堂教学改革，成效是显著的。

4. 努力探索学的规律，培养学生的自我学习能力

从研究教到研究学，这是观念上的一大进步。从研究学生学习兴趣、学习习惯的培养到系统学习方法指导，既重视学习动力系统的激发和培养，又重视学习操作系统中的观察、注意、记忆、思维、想象等智力品质和学习方法的培养训练，努力提高学生自我学习能力。

5. 减少必修课，增加选修课，完善活动课，充分提供学生发展个性的机会

随着教学改革的深入，学校减少了语数外等一些必修课的课时，增加了选修课、活动课，完善了第二课堂，安排了第二张课表。全校一千多名学生每人选一门课，指导教师从全面提高学生素质出发，认真备课，热情辅导，注意培养学生的非智力心理因素，发展学生的个性。由于这些课面向全体学生，内容丰富，形式多样，深受学生的欢迎。

四、课题研究成果鉴定意见

1992 年初，我们在第一轮实验研究结束写出研究报告后，区、市课题管理部门组织了成果鉴定，现在分别收录于后。

鉴定意见一，北京师范大学林崇德教授鉴定意见

1. 该项研究是一个含教育实验、理论研究、测定工具——量表制作的综合性项目，具有一定的理论意义和实际意义。

2. 课题设计比较合理，严格按照"提出问题—作出假设—设计项目"程序进行设计。指导思想比较明确，理论脉络清楚，研究方法比较妥当。

3. 该实验提出了一个整合发展的教学模式，并进行了一轮实验，证明其行

之有效,这是难能可贵的,在国内类似研究尚不多见。

4. 在初中开设"心理发展常识"课,教授中学生一点心理发展常识,以促进学生心理的健康发展,这是一项有创造性的探索。经过两轮实验初见成效,足见这种探索的价值。

5. 实验成效显著,实验班的被试学生成绩、学习能力等各项指标均优于对照班,显示了实验因子的作用,也说明研究的成功。

6. 研究成果也比较丰富,有量表,有总结报告,还有十余篇分报告,且有一定的深度。

总之,这是一项坚持理论联系实际的研究,是一项实际工作者与理论工作者相结合的研究。我同意通过该研究的鉴定。

鉴定者:林崇德

1992 年 1 月 20 日

鉴定意见二,上海师范大学燕国材教授鉴定意见

我以为,评价某项教育改革实验的得失,其标准可归纳为"一名、二化、三维"。一名,即名称。名称很重要,它既可以表明某项教改实验所要达到的目标,又可突出该项目的特色。二化,即国际化与本土化。三维,即理论维度、操作维度、效果维度。基本符合上述标准的教改实验,就是成功的;反之,就是不成功的。

从本实验报告来看,我认为这项教改实验基本上符合上述三项标准。现略作分析如下。

1. 这项教改实验的名称是可取的。它既具有时代色彩,又具有科学性。其名称较明确地表明了这项教改实验的目标、内容和特色。

2. 这项改革实验很明显地符合"二化"的要求,即它既符合国际教育改革的潮流,又符合本国的教育实际情况,为薄弱初中的教改以及教育质量的提高提供了一定的理论素材与实践依据。

3. 这项教改实验也符合"三维"要求。

(1) 这项教改实验有一定的理论依据,也有自己的理论设想,最后还提出了一定的理论概括。

(2) 这项教改实验具有可操作性。如课题的总体设计,它所提出的三段式课堂教学结构,开设"心理发展常识"课的实验,在班主任工作、课外活动和家庭

教育中引入非智力心理因素的实验等都可以这么说。

(3) 这项教改实验的积极效果也是很明显的。经过实验的班级,学生的学业成绩、学习能力、智力和非智力心理因素等四个方面都有一定的提高和发展,就足以说明这一点。

这项教改实验涉及的因素多,较难控制和处理。正因为如此,它必然存在某些不足之处,须待进一步研究、实验。这主要是:

(1) 要进一步加强对影响实验结果的变量的控制;

(2) 要编制或选用较好的非智力心理因素的测试工具;

(3) 对所提的"整合发展观"与"整合主体论"等理论还要进一步加强理论探讨与实证研究。

鉴定者:燕国材

1992 年 4 月 15 日

鉴定意见三,专家鉴定组鉴定意见

1. 该研究是一个综合性研究,含教育实验、理论研究和量表研究。研究以非智力心理因素为突破口,探索学生智力和非智力、知识和能力等整合发展的理论和实践问题,具有相当的理论意义和实际意义。研究有自己的一套理论设想和操作体系,设计比较合理周密,严格按照"提出问题—作出假设—设计项目—实施研究"的程序进行,指导思想明确,研究方法得当,国内类似研究尚不多见。

2. 研究规模大、难度大、周期长,研究者坚持不懈,研究作风踏实认真,成果比较丰富、系统,统计数据可靠,总报告和一系列分报告表现出了相当的研究功力,提出的一些理论思考有相当的深度,从研究的内容和成果看,处于同类研究的前沿。

3. 该研究提出的"三段式整合发展教学模式",在实验中取得了较好的效果,应该进一步丰富充实,进一步深化研究。

4. 在初中开设"心理发展常识"课,以促进中学生心理健康发展,这是很有意义的探索。目前在黄浦区全区推广应用,受到广大教师和学生的欢迎,取得了较好的效果,说明这一探索是有价值的。教材内容深入浅出,信息量大,可读性强,具有科学性,适合中学生阅读,值得继续探索。

5. 第一轮实验的效果明显,实验班学生整体素质明显优于对照班,显示了实验因子的作用。黄浦区决定扩大到完中、重点中学进行实验,这样实验结果将会更具有普遍性。

6. 本研究通过自己编制的非智力因素各分因素问卷测题的测试分析和应用现有量表的测试分析,为进一步研究量表奠定了较好的基础,提出的评定、自陈、投射相结合及智能化的测量方法是值得探索的方向。

7. 本研究在教育实验方法论方面的探索是值得提倡的。

(1) 本研究将心理发展研究与教育实验相结合,智力和非智力、学业成绩与学习能力同时进行研究、归纳和演绎,这是目前普教研究中很少见的。

(2) 本研究提出并实践教育实验研究三层次目标分类法,即研究任务目标、状态目标和成果目标,对教育实验的设计、实施和评价非常实用,是可取的。

(3) 课题组敢于进行深刻的理论思辨,提出的"整合发展观""整合主体论"有其合理的内核。

建议加强力量,紧缩目标,继续深化研究,争取出更好的成果。

鉴定组组长:燕国材(上海师范大学)

鉴定组成员:张声远、盛昌兆、徐自生、徐子煜(上海市教育科学研究所)

杨云棠、徐仲安(上海市教育学院)

1992 年 7 月 10 日

五、关于非智力因素的一场论战

在这个课题研究过程中,我们还经历一场关于非智力因素的论战。20 世纪80 年代中期到 90 年代中期,在十多年时间里,关于非智力因素理论的争鸣如火如荼,1992 年前后,达到高潮。《上海师范大学学报(哲学社会科学版)》《江西教育科研》《华东师范大学学报(教育科学版)》《北京师范大学学报(社会科学版)》《教育研究》等杂志发表多篇对非智力因素理论的"质疑""商榷"与"质疑的质疑""商榷的商榷"的文章,场面热烈,盛况空前。正方代表有上海师范大学燕国材教授,北京师范大学林崇德教授及其团队成员申继亮等,天津师范大学沈德立教授及其团队成员阴国恩、李洪玉等。当时北京师范大学朱智贤、林崇德教授主持研究的"六五""七五"全国哲学社会科学重点课题"中国青少年心理发展与教育",天津师范大学沈德立教授主持的天津社会科学"七五"规划重点课题"非智力因素与成才",这两个团队在非智力研究方面都有很多有影响的成果问世。林崇德教授主持的国家重点课题"教育与发展""学习与发展"都设有非智力因素子课题,在他的专著《学习与发展》《教育与发展》都有一章专论智力活动中的非智力因素。沈德立教授 1990 年主编出版一套《非智力因素与成才》丛书。我们团队与这两个团队有比较多的交往,从他们身上学到很多东西。

我没有直接参与这场争鸣,我和我的团队默默地进行着我们的实验研究。1992 年,我做了与这次争鸣有关的三件事,也许算是间接地参与了这次争鸣活动。

(1) 我们的第一轮实验研究报告发表于 1992 年第一、二期《上海教育科研》,报告中既有实验结果的呈现和分析,也有对非智力因素概念的界定和阐释。

(2) 1992 年 4 月,我组织一个省市际非智力因素研讨会,请燕国材教授作主旨报告,当时任上海市教育局副局长的张民生教授出席会议并讲话。全国有十几个省市的专家学者参加研讨会,会上成立了非智力因素研究全国联络组,秘书处设在黄浦区教育学院。1997 年这个联络组正式成为中国儿童心理、教育心理研究会的一个专业委员会,也被大家称为"全国非智力因素研究会"的学术团体。这个研究会每年开一次研讨会,一直到 2019 年疫情之前,从未间断过,有力地推进了非智力因素的研究。

图 4-2　全国非智力因素研究 2016 年学术年会部分专家学者合影　　图 4-3　全国非智力因素研究 2018 年学术年会部分专家学者合影

(3) 我们的实验研究成果参加 1992 年下半年举行的上海市第四届教育科研成果评选,并且在第一轮实验的基础上在黄浦区进行扩大的第二轮实验研究,即在三所中学的十四个班级进行扩大试验,同时深化对非智力因素多分因素发展的研究和量表研究。

据后来解密的信息,这次非智力因素的学术争鸣还是影响了那次的成果评选,一位教授评委把争鸣中关于非智力因素的概念科学性问题带进了评委会,我们的成果就从一等奖变为二等奖第一名。这也许可以算是对这次争鸣的一次"株连"吧。

六、十年生聚著新篇

教育研究并不是为了得奖,更不会去计较等第,我们一如既往地坚持我们的研究方向。我和我的团队同心协力,把我们十年的研究汇编成一本书《初中生非智力心理因素的发展与教育》。全书共四编,第一编非智力因素研究篇,共六章,分别是非智力心理因素与学校教育、初中生的兴趣发展与教育、初中生的动机发展与教育、初中生的意志发展与教育、初中生的情感发展与教育、初中生的性格发展与教育。第二编教育探索篇,共五章,分别是整合发展教育探索、在初中开设"心理发展常识"课的探索、在课外活动中培养非智力心理因素、在家庭教育中培养非智力心理因素、在班主任工作中培养非智力心理因素。第三编测量研究篇,共一章,主要是初中生非智力心理因素的发展与教育心理测试研究报告。第四编学校、教师实践篇,收录学校、学科教师的研究文章 11 篇。附录收入本研究的第一轮实验研究报告和专家鉴定意见。林崇德教授为本书写了序,现将序收录于后。

《初中生非智力心理因素的发展与教育》序

目前,全国中小学教育界都重视心理健康的教育,旨在提高中小学生的心理素质。上海市黄浦区教育局和教育学院是最早重视这个问题的单位之一,在搞基础薄弱校学生非智力心理因素培养的实验时,他们注意培养学生的心理品质,并在 1987 年由徐崇文先生主编了《中学生心理发展常识》一书。顾名思义,他们是以心理品质,如兴趣品质、意志品质、个性品质等为主线成书的,在实验学校广泛使用,促进了学生身心健康发展。

《初中生非智力心理因素的发展与教育》一书,正是在上述实验研究的基础上对研究成果的步步深化、提炼和概括的结晶。因为十余年来,徐崇文先生及课题组坚持和基层学校的教师一道进行探索,边研究边推广应用,在应用中将研究升华,在运用研究成果中推进了学校的教育改革,这是成书的过程。本书的特点是:

第一,展示了培养学生非智力心理因素的心理健康教育的成果。把激发学生非智力心理因素和学生心理的保健结合起来,以心理素质的提高为目标,以非智力心理因素的发展为突破口,探讨其内在机制,这属于国内首创。

第二,提出了"整合发展教育"的思想。他们把整合发展定义为全面发展的操作目标。"整合发展"强调以情感为核心的非智力心理因素在人的发展中的地位和作用,强调身体和精神协调发展的动态过程,强调人的发展过程中外部条件和内部根据的整合,承认个体发展的差异。他们提出了"系统引入非智力心理因素,教育实践将会出现崭新的局面,教学论将会得到新的发展"的假设。在此基础上构建了"三段式课堂教学模式";开设了"心理发展常识"课,并进行了深入研究;对于在课外活动、家庭教育、班主任工作中培养非智力心理因素进行探讨,提出了多渠道整合教育的观点、途径和方法。

第三,研究了教师的教育教学实践。振兴教育靠教师,教师的教育教学实践关系到学生的发展,素质教育的关键在于提高教师的素质。本书阐述了"初中生非智力心理因素"课题组的教师,在应用课题组提出的教育思想、教学模式进行教育教学改革的过程中,结合自己的体会与创见,在实践中改变了教育观念、教学内容、教学方法,提高了自身素质,提高了教育质量。

第四,探索了学生心理素质,特别是非智力心理因素的测量问题。心理素质如何评价和如何测量,这是当前素质教育面临的十分重要又十分紧迫的课题,而本书却介绍了课题组在借鉴和运用已有的国内外量表的同时,编制了《学生非智力心理因素问卷》,并作了有关标准化的处理,制作成软件,为我们提供了一套有价值的心理素质评价和测量的工具。

目前,我国的教育界在创导素质教育中提出了全面素质,即全面提高学生的思想道德素质、科学文化素质、劳动技能素质和身体心理素质。从一定意义上说,心理素质决定着各种素质发展的质量水平,甚至决定着学生最终能否成才。所以实施素质教育时必须突出心理素质教育,以便把素质教育提高到一个新的层次。对此,上海市黄浦区教育局和教育学院作了成功的探索,徐崇文先生主编的《初中生非智力心理因素的发展与教育》一书出版的意义也在于此。我相信广大教育界的同仁会喜欢它,有关教育领导部门也会把它列为教师职后培训的一种参考读本。

是为序。

林崇德

第五章 "学会学习"研究(一)

一、一个学习方法指导研究课题的演进

从学法指导研究、非智力发展研究,到"学会学习"研究,是有一个发展过程的。

黄浦区"学生学习方法指导研究"应该追踪到 1982 年。在 1981 年上海市教科所对本市 2300 多名中小学生学习状况调查的基础上,黄浦区教育学院陈泽庚老师对黄浦区 1982 学年进校的 493 名初一学生进行了同样的调查,开始了最初的对中学生学习方法系统指导的研究。这个研究 1987 年被列为黄浦区重点课题,研究从一个班发展到 12 所学校的 20 个班,取得很好的试验效果。1988 年结题,研究成果《中学生学习方法系列指导》由上海三联书店出版发行,该成果在上海市第二届教育科研成果评选中获三等奖(1989 年 12 月)。在这个基础上,在研究上海市"七五"重点课题"初中学生非智力心理因素发展与教育综合实验研究"之后,我与魏耀发老师一起申请"中学生学习方法指导的理论与实践探索"课题,1990 年 9 月,该课题被确立为上海市市级教育科研课题,以魏耀发为主主持研究。这样我们就真正开始了从学习心理和学习方法两翼研究学生学习,使"学法指导"逐步提升到"学习指导"。

1995 年"中学生学习方法指导的理论与实践探索"顺利结题,魏耀发老师执笔写了研究报告,报告全文共有五个部分:(1)课题的提出;(2)课题研究整体框架;(3)对学生学法现状的调查;(4)学法指导的理论初探;(5)学习方法指导的实践探索。1995 年 12 月,该报告在上海市第五届教育科研成果评选中获二等奖。现将部分内容摘编于后。

"中学生学习方法指导的理论与实践探索"课题的研究报告(节选)

（一）学习指导的内容

我们认为学习方法应从广义上理解，即包括心理素质、智力水平、操作技能和思想方法。

1. 激发学习动力的方法指导

这部分内容主要指非智力因素，包括动机、兴趣、意志、性格、态度、习惯等，这是难度最大的指导内容，但也是最关键的指导内容。

2. 开发智力潜能的方法指导

人的智力是先天与后天的"合金"，是学习中不可或缺的。在指导中要让学生了解智力各因素，包括观察、记忆、思维和想象的基本知识，并且在学科课堂教学中、各种活动中进行训练和指导。

3. 优化学习环节的方法指导

学生学习大致有以下几个环节：计划、预习、听课、复习、作业、考试。各环节都有不同的方法和要求，可分为三个层次来认识和指导。(1)一般方法，即各门学科共同运用的学习方法，如预习、复习、作业、考试等环节中要掌握的共同要求和方法。(2)学科方法，不同的学科有不同的学习方法，语文与数学、理科和文科、母语和外语都有不同的学习方法。(3)单项(专门)方法，如查字典的方法就有部首法、音序法、四角号码法，再如整理资料时的图表法、树图法等。

4. 提升思想的方法指导

这是哲学意义上的方法和逻辑学意义上的方法，诸如抽象概括、演绎归纳、分析综合等，学会抓主要矛盾、学会分轻重缓急等对初中生是困难的，但我们在《中小学生学习32法》这本书里深入浅出地讲了擒贼擒王、顺手牵羊、无中生有、欲擒故纵四个方法，学生也都能很好的理解。

（二）学习指导的途径

第一，开设学习指导课。初一年级(或预备班)每周一节学习指导课，排入课表，采用统一教材。

第二，在学科教学中进行指导，使学科知识的学习与学习方法的学习有机结合，任课教师可以根据学科特点进行指导，知识学习和能力培养同步。

第三，结合班级工作进行指导。班主任接触学生最多，最了解学生，便于随时指导、点拨,比如在进行预习、复习、计划、总结时都可及时提醒学生、指导学生。

第四,开设学习指导讲座。讲座专题性强,可以邀请更多的学生同时参加。

第五,个别指导。对一些学习困难的学生或特别优秀的学生可采用个别指导的方式;在一些课外兴趣小组、第二课堂都可开展个别咨询活动。

第六,在家庭教育中进行学习指导。家长要有意识地为孩子创造良好的学习环境,以身作则,促使孩子养成良好的学习习惯,学会管理时间,指导督促孩子按时按质完成当天的学习任务。在可能的情况下,与孩子讨论学习中的问题,一起探讨交流学习方法。

二、一本指导中小学生学习的书:《中小学生学习32法》

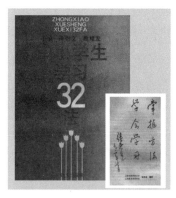

图 5-1 张民生教授为《中小学生学习32法》题词

在课题研究过程中,我们编写了一本《中小学生学习32法》作为学习指导的教材。先油印讲义,再经过三轮试用修改,于1994年由语文出版社出版。张民生教授题写了"掌握方法,学会学习"的题词,燕国材教授为本书作序。这本书共8篇,分别是准备篇、学习篇、反馈篇、自控篇、阅读篇、实践篇、智力篇、运筹篇,每篇讲4法,共32法。这里把燕教授的序选录于后。

《中小学生学习32法》序

"工欲善其事,必先利其器。"一个学生要想取得优良的学习效果,单靠教师教得好、教得得法是不行的,他自身还必须学得好、学得得法。这可以说早已为古今中外的教育实践所证明。

但遗憾的是,在教育理论和教育实践中,长时期来,一直偏重于教师的教学方法,对之研究得颇深、颇广,而对于学生的学习方法,则自觉地或不自觉地把它打入了冷宫。甚至认为,学生的学习方法,必须以教师的教学方法为基础、为依据,教师怎么样教,学生就应当怎么样学。这一本末倒置的偏颇认识,必然会影响到学习方法的研究。现代教育思想认为,教师的教必须以学生的学为基础、为依据,学生怎样学,教师就应当怎么样教。据此,深入研究学习方法,并用以武装学生的头脑,其必要性与重要性显然是毋庸置疑的。

还有一个方面也令人颇感遗憾,这就是学习心理学也对学习方法采取忽视的态度。就我所知,现在国内所出版的一些学习心理学著作,用大量的篇幅介绍国外的各派学习理论,而很少联系学生的学习实际,研究其心理和学习方法的问题。我们完全可以这么武断地说,这些学习心理学著作除能供心理学专业工作者阅读外,中小学生是很难登其堂、入其室的。也就是说,现在的学习心理学,远远地脱离学生的学习实际,很难为他们改进学习方法、提高学习效果助一臂之力。我认为,在学习心理学时,应当以较多的篇幅来论述学习方法问题,并把这些学习方法建立在一定的心理学原理的基础上。只有这样,学习心理学才会受到广大教育工作者和中小学生的欢迎。

基于上述两个方面的现实情况,专门编写一种指导学生进行学习的著作就早应该提到教育工作的议事日程上来。现在徐崇文、魏耀发等同志在黄浦区多年来进行"中学生学习方法指导的理论与实践探索"的基础上,编写了《中小学生学习 32 法》一书,这可以说是及时春雨,大旱甘霖,它对中小学生学习方法的改进、学习效果的提高,必将产生积极的影响。

本书共讲了 32 法,除讲述了计划、预习、上课、复习、作业、考试等基本方法外,还讲了阅读、活动、交往、思想方法、心理调控等方法。通观全书,我认为有如下几项显著的特色:

一是紧密结合实际。前面说过,本书是在长期研究有关课题的基础上撰写的,其理论与中小学生学习实际的联系,可以说是天衣无缝,若合符节。这乃是本书与此前所出版的某些同类书籍的根本区别所在。

二是亲切感人。书中对中小学生在学习的各个环节以及技能学习中所遇到的困难和问题,都给予了具体的指导,使他们在阅读时必感分外亲切。

三是通俗易懂。书中对具体方法的介绍,深入浅出,还穿插一些轶事趣闻,颇易理解,尤其适合小学高年级和刚进入中学的少年学生。

四是操作性强。书中所介绍的一些科学的学习方法能操作、易掌握,一个有学习积极性与主动性的学生,必定能借助这本书并结合自己的实际,创造出很多行之有效的学习方法。

由这看来,徐崇文、魏耀发同志主编的这本书,既可作为初中生上"学法指导"课的教材,又可作为中小学生的课外读物。

本书为初中一二年级学生"学法指导"课使用,已经经过几年试验,并取得了较好的效果。我认为从目前来说,它无疑是一本较好的教材。参加本书编写的全体成员,既和谐团结,又有事业心;既有一定的理论修养,更有丰富而扎实的实践经验,我深信这本教材一定能够达到良好的效果。故特为之作"序",以祝其成功!

燕国材

这本书突破了原来学习方法的概念,有意识地把学习心理中的动机、兴趣、意志、元认知、心理调控方法和思想方法、运筹方法融入进来,使"学法指导"向"学习指导"转化提升。随着研究的深入,课题组提出了学习指导的三层次目标:操作性目标、完善性目标、发展性目标,组织实验教师从激发学习动机、优化学习环节、开发学习智力、改善思维方式几方面开展学习指导。在实验班开展多渠道学习指导活动,把非智力心理因素的培养融入学习指导的过程中,在学习指导中注重发挥学生的主体作用,培养学生自我总结学习方法的意识和能力,通过方法交流、演讲比赛、知识竞赛、征文活动等调动学生学习的积极性。从1993年开始,黄浦区的大部分中学及部分小学以这本书为教材,每周或每两周开设一节学习指导课。后来,上海市浦东新区、长宁区、虹口区,浙江省临海市,吉林省梅河口市,辽宁省锦州市、阜新市等地也推广了这项成果。

三、一本学生自己写的书:《学海巧泛舟》

1994年9月,黄浦区教育局、《青年报(学生导刊)》、黄金广场、黄浦区教育基金会联合举办了"上海市'黄金杯'中学生学习方法征文、知识竞赛",共有13个区(县)的3万名学生参加竞赛活动,以《中小学生学习32法》为主要参考资料。活动评出一等奖20名、二等奖60名、三等奖123名。当时的上海市教育局副局长、上海市教育学院院长张民生任活动组委会名誉主任,时任黄浦区教育局局长谢俊后任组委会主任。我们从获奖作品中选出82篇,编成一本书,定名为《学海巧泛舟》,1997年由苏州大学出版社出版。张民生教授为本书写了序言,现选录于后。

《学海巧泛舟》序

《学海巧泛舟》一书与广大读者见面了,此书是上海市的中学生、辅导老师和编者共同努力的结果,在此表示衷心的祝贺。

由中学生来当作者,通过他们的笔把自己的学习方法介绍给广大读者,这是《学海巧泛舟》的特点,也是其内容和形式的独到之处。这本书共介绍了82个学习方法,这些方法都是小作者在汲取他人学习经验的基础上,结合自己的学习实践总结提炼而成的,具有一定的科学性和较强的实用性。在每个方法后面都附有指导老师的点评意见,寥寥数语,画龙点睛。因此,我想这本书对于与作者同年龄段的中学生来说,会因有较多的共同语言而受到欢迎,同时,对于教师的教学工作,亦能给予启迪和帮助。

当前,已进入了世纪之交的伟大历史时期,它对未来接班人——中学生的要求也比任何时候都要高。它要求中学生能够逐步具备适应社会发展需要的各方面的知识和能力,其中学习能力就是一个重要方面,而掌握科学的学习方法又是掌握文化科学知识和培养学习能力的重要前提。著名哲学家培根说过:"没有正确的方法,就如在黑夜中行走。"有了科学的学习方法,就能花较少的时间获取较多的知识,就能使学过的知识掌握得牢固、用得活,就能使学习真正成为一种生动活泼、充满乐趣的活动。

现代社会需要的不再是应试模式的教育,而是以提高学生整体素质为目的的教育,因此,掌握科学学习方法的意义也就不只局限于知识学习本身。掌握科学学习方法的过程也是逐步学会审视自己、了解自己、调节自己、发展自己的过程。譬如,为了选择合适的学习方法,就要了解自己的学习特点;为了提高学习方法的效果,就要评价自己的学习情况和调控自己的学习行为,这样就培养了自觉发展自己的意识和能力。所以,科学的学习方法不仅仅是打开知识宝库的金钥匙,也是完善主观世界的金钥匙,它有助于学生个性的发展和潜能的发挥。

《学海巧泛舟》为我们提供了很多具体的学习方法,读者可以通过学习和借鉴来提高自己的学习能力。学习方法的效果是因人而异的,效果最好的方法应该是最符合自己实际的方法。我们要在学习过程中紧密结合自己的实际,并且虚心学习他人的经验,特别要学习这本书小作者的这种探索创新精神,以创造出更多更好的学习方法。

21世纪的成功建设者将是学会学习的人。我衷心祝愿每一个中学生都成为21世纪的成功建设者。

张民生

1997年3月

四、一篇开启新研究的导引性文章:《"学会学习"与人的发展》

我们团队从1987年到1995年,用八年的时间研究"初中生非智力心理因素发展与教育实验研究"与"中学生学习方法指导的理论与实践探索"两个课题,形成了"学习指导"特色。两个课题结题后,我们如何深入研究、发展这个特色?"九五"我们研究什么?我在深入学习思考中,寻找解决这些问题的答案。这期间,我读了联合国教科文组织几本著名的报告:《学会生存——教育世界的今天和明天》《学会关心:21世纪的教育——圆桌会议报告》《学习——内在的财富》(又译《教育——财富蕴藏其中》)以及简明国际教育百科全书《人的发展》。我开始思考把我们已研究的两个方向合并成一个课题,把原来学习方法和学习心理相互渗透提升为紧密结合、相互融入,给出"学会学习"新的界定,设计新的研究课题。思路逐渐清晰后,于1996年,我写了《"学会学习"与人的发展》这篇文章,对"学会学习"进行界定并给出八条阐释。以此为基本思想,我设计了"义务教育阶段学生'学会学习'研究",同时申请上海市市级课题和国家教育委员会(简称"国家教委")重点课题。文章先后发表于《学习指导研究》创刊号、《上海教学研究》,并在联合国教科文组织亚太地区办事处、中国中央教育科学研究所、中国联合国教科文组织全国委员会、深圳市教育局联合举办的"面向21世纪提高教育质量国际论坛"(1999年7月31—1999年8月3日)会议上作论文交流报告,后收入《教育质量的永恒话题——"面向21世纪提高教育质量国际论坛"论文汇编》一书,2001年1月由语文出版社出版。现将全文收录于后。

"学会学习"与人的发展

21世纪,人类将面临的是一个科学技术高速度发展、知识总量急剧增长的时代,是一个既相互竞争又相互依赖的复杂而又多变的世界。对于社会主义市场经济迅速发展的中国来说,21世纪带来的将是挑战和机遇。

《中国教育改革和发展纲要》中指出:"世界范围的经济竞争、综合国力的竞争,实质上是科学技术的竞争和民族素质的竞争。从这个意义上说,谁掌握了面向 21 世纪的教育,谁就能在 21 世纪的国际竞争中处于战略主动地位。"

"面向 21 世纪的教育"是怎样的教育?怎样的人才能适应未来社会的需要?各国教育理论家和教育实际工作者都在积极思考着、探索着,试图作出圆满的回答。

(一)一张时间表——一条清晰的发展轨迹

20 世纪 60 年代中期,联合国教科文组织原终身教育处处长保罗·朗格让,在分析了当代教育面临的科技高速发展,人类生产方式和生活方式急剧变化带来的一系列挑战后,提出了终身教育的理论。

1970 年,联合国教科文组织召开第 16 次大会,决定组织一个国际教育发展委会员,研究 20 世纪 70 年代世界教育面临的挑战和对策。该委员会经过 14 个月的紧张工作,于 1972 年 5 月发表了著名的报告《学会生存——教育世界的今天和明天》。报告强调了两个基本概念:终身教育和学习化社会,提出要突破学校的狭隘眼界,把教育扩展到一个人的整个一生(既指它的时间长度,也指它的各个方面)和"全部社会"。同时把教育发展和社会发展统一起来规划,逐步建立起学习化社会。该国际教育委员会的主席埃德加·富尔在本报告的序言中指出:"科学技术的时代,意味着知识正在不断地变革,变革正在不断地日新月异。所以大家一致同意,教育应该较少地致力于传递和储存知识(尽管我们要留心不要过于夸大这一点),而应该更努力地寻求获得知识的方法(学会如何学习)。"70 年代中期以后的 20 多年间,《学会生存——教育世界的今天和明天》中提出的教育理念对世界很多国家,特别是西方发达国家的教育体制、教育结构、内容和方法都产生愈来愈深刻的影响。1976 年 11 月,联合国教科文组织召开第 19 次全体会议,与"终身教育"并列提出了"终身学习"的概念。这更强调了学习者自身的进取和努力、积极和主动,弥补了"终身教育"只强调"教育"的一面,强调自上而下地施教的一面,忽视了学的一面的缺欠。

1989 年 11 月 27 日至 12 月 2 日,联合国教科文组织在我国北京召开"面向 21 世纪教育国际研讨会",提出了《学会关心:21 世纪的教育——圆桌会议报告》。报告中提出了新世界的伦理要求——学会关心,明确提出了新的学习观,主要有:(1)"把人的生活分成三部分,即上学、工作和退休的老办法在消失",

"学习将成为终生的过程,我们应当更好地利用一切学习机会"。(2)学习越来越应当成为学习者主动和学习者推动的过程。(3)学习应当是一个以学习者积极主动为基础的相互作用的过程。学习应当以学习者能够做什么,而不是知道什么为重点,学习应当是一个不断取得能力的过程。(4)教师起学习促进者的作用,而不是知识的源泉。(5)学会怎样学习,促进对学习的爱好,以便为终身学习打下基础,包括开发批判地评估自己学习的能力。(6)学习的"第三本护照",即事业心和开拓技能护照,与学术性和职业性"护照"同等重要。

1990年在泰国宗滴恩举行的世界全民教育会议对基础教育的基本学习提出了如下的定义:基本学习需要包括人们为生存下去,为充分发展自己的能力,为有尊严地生活和工作,为充分参与发展,为改善自己的生活质量,为作出有见识的决策,以及为继续学习所需的基本学习手段(如识字、口头表达、演算和解题)和基本学习内容(如知识、技能价值观念和态度)。

1994年11月30日至12月2日,在意大利的罗马举行了"首届世界终身学习会议"。这次会议由欧洲终身学习促进会等组织发起,在联合国教科文组织等机构支持下召开的,提出了"终身学习是21世纪的生存概念",认为人们如果没有终身学习的概念就将难以在21世纪生存。

1996年4月11日,联合国教科文组织、国际21世纪教育委员会在巴黎举行工作会议,并向联合国教科文组织总干事马约尔先生提交了该委员会研究三年完成的报告《教育——财富蕴藏其中》。报告指出,"教育在人和社会的持续发展中起着重要作用","教育的任务是毫无例外地使所有人的创造才能和创造潜力都结出丰硕的果实","学校应进一步赋予学生学习的兴趣和乐趣、学会学习的能力以及对知识的好奇"。报告明确提出教育的四大支柱:"学会认知""学会做事""学会共同生活""学会生存"(又译"学会发展"),重申了一个基本原则,"教育应当促使每个人的全面发展,即身心、智力、敏感性、审美、意识、个人责任感、精神价值等方面的发展"。报告特别强调要注意人的发展,提出"教育不仅仅是为了给经济提供人才,它不是把人作为经济工具而是作为发展的目的加以对待的,使每个人潜在的才干和能力得到充分发展……",指出"基础教育既是为生活作准备的阶段,又是学会学习的最好时期"。

循着以上时间表呈现的世界教育改革与发展的轨迹,我们不难看出教育的价值观正沿着一个总趋势发展变化。

传统的教育价值观仅仅把教育作为上一代人向下一代人传授某些方面知识,使下一代人能"学得知识"的一种活动。这种教育价值观囿于传授知识,而又把知识局限于以书本记载的一部分知识上,使教育在一定程度上只成了"教书"的代名词。而"学会生存""学会关心""学会发展",使教育从更广阔的领域培养下一代适应新的生存环境、创造良好的生存条件、处理复杂的生存问题的能力,使他们成为有高尚伦理道德、有事业心、有开拓精神,能够持续和谐发展的、适应未来需要的一代新人。

在急剧变化的现代社会中,科技和生产以及人们的生活方式以前所未有的速度迅猛发展,导致了"知识爆炸",使传统意义下的教育担负的任务越来越重。然而,课堂教学的时间是有限的,教材的容量是有限的,学生学习的时间精力也是有限的,显然那种靠学校所提供的知识就能终身享用的传统教育模式已经过时。"终身教育""终身学习"的提出,对基础教育产生了越来越深刻的影响。基础教育要注重学生学习兴趣和良好行为习惯与情感态度的培养,即非智力心理因素的培养,强调从小培养自主学习能力和自我评价能力,更加注重健康个性的培养和创造潜能的开发。

从自上而下、从外到内的教育,到自下而上、从内到外的学习;从学校教育到终身教育,再到终生学习;从"学得知识"到"学会生存""学会关心",再到"学会认知""学会做事""学会共同生活""学会发展",学习被赋予了越来越丰富的内涵,学习的地位被提高到空前的高度,学习仅作为教育属臣的时代已经结束。

基础教育要为终身学习、为人的潜能开发、为人的发展打下基础,关键是教学生学会学习——这就是结论。

(二)"学会学习"的含义

1. 关于学习

什么是学习?我国最早使用学习一词是从孔子开始的,论语中说:"学而时习之。"学是从书本上和教师那里获取知识和技能,习是从经验中、从实践中,通过自己的练习、复习获取知识和技能,这是最早从经验的角度对学习的认识。随着心理学和教育学的发展,不同的心理学流派、教育家有不同的定义和解释,众说纷纭。例如:

行为主义的桑代克联想主义学习理论认为,学习就是通过"试误",建立起情境和反应之间的联结,学习是一个渐进地尝试错误的过程。斯金纳则认为,学习就是反应概率的变化,引起反应概率变化的是强化。

认知派中的格式塔学派苛勒的学习理论认为,学习是"顿悟"。认知心理学的学习理论认为,学习是经验引起的个人的知识和行为的相对持久的变化。而当代认知学派的布鲁纳学说则认为,学习的定义包括三种几乎同时发生的过程:习得新信息、转化(使知识适应新的任务)和评价。

人本主义的学习理论认为,学习是指自我概念的变化。它强调把学习者当成真正的人,重视学习者的主动性以及价值观、态度体系和情感在学习中的重要性,强调有意义学习,注意促进学生学会学习和潜能开发,主张建立良好的师生关系,其代表人物是美国的社会心理学家马斯洛和心理治疗家、教育改革家罗杰斯。

各流派从各自不同的角度揭示了学习的性质,有各自的合理性和价值,为我们研究学习提供了多视角的理论参照。我们应该从中吸收有益的内容、合理的内核,在借鉴、融合、协调中形成我们研究的基石。

一般来说,学习可以分为四个层次。第一层次是最广义的学习,是指人和动物经验的获得和行为变化的过程。第二层次是人类的学习,是人在生活中、在社会实践中获得直接经验,掌握人类社会的文化科学知识的过程。人类学习的特点是以语言为中介,个体的自觉性和能动性在学习中有重要作用。从信息学的角度也可以说学习是人类吸取信息,并使之有序化、结构化的过程。第三层次是学生的学习。学生在教师指导下有目的、有计划、有系统地掌握科学文化知识和行为规范,促进身心全面发展的过程。第四层次是最狭隘的学习,仅指学生掌握知识发展智力的过程,即通常说的智育方面。

我们这里主要研究属于第三层次的学习。我们认为,学生的学习主要是在学校里,同时也在家庭里、社会上通过各种媒介获取信息,经过储存、提取、加工、转化成他们个体经验。学生在学习过程中,继承前人创造的科学文化知识,认识世界,认识自己,促使其德、智、体、美、劳诸方面结构的变化,促进身心发展。

2. 关于"学会学习"

在对学习有了一个基本认识的基础上,我们来界定"学会学习"。我们认为,"学会学习"可以分为三个层次来定义。第一层次是最广义的。"学会学习"是人类特有的学习,是学习的主体冲破教育框架的束缚,在开放的环境中,积极、主动、自由地学习。学习者有强烈的学习意识,能自主选择学习目标和学习内容,自主支配学习时间,自我评价学习效果,能调控学习过程中的情绪、策略、方法和技能。"学会学习"是通向认识、生存和发展的途径,"学会学习"的最高境界是学习与创造的并存与融通。

第二层次是学生的"学会学习",是指学生在教师或他人的指导下,在开放的环境中,充分发挥主体作用,积极培养学习兴趣和学习意志力,自主、自觉地调控学习情绪、学习策略、学习方法及学习技术,使学习不再仅是储存知识或形成某种技能的过程,而更重视身心发展,更重视思维方法、学习策略和方法的探索,更重视学习技术的掌握和学习能力的形成与提高,更重视创造潜能的开发,更重视身心的全面发展。

第三层次是最狭义的"学会学习",仅指学生掌握运用学习策略、学习方法和技巧,养成良好的学习习惯,提高学习效率的过程。

根据以上的界定,我们认为可从以下八个方面来理解、认识"学会学习"。

第一,学习者是学习的主体。"学会学习"强调学习者的主体地位和主体作用的充分发挥,重视主体意识培养,包括主动意识、独立意识和创造意识。

第二,"学会学习"是和"终身学习"的概念相联系的。学习者不再受教育框架束缚,学习不再受时间和空间的限制,即使是学生,也不仅在学校、在教师指导下,还应在家庭、在社会的大环境中,通过各种媒介汲取有益的信息,积极、主动、自觉、自由地学习。

第三,"学会学习"既重视学习者非智力心理因素在学习中的地位和作用,又把非智力心理因素的发展作为重要的学习目标,强调学习过程中的情绪调控,重视良好行为习惯和情感态度的培养。

第四,"学会学习"强调学会认知,不仅要学习继续学习所需的基础知识,而且更重视学习策略、学习方法、现代思维方法的训练和元认知水平的提高以及电脑多媒体及现代信息高速公路的应用,以提高综合学力为目标。

第五,"学会学习"重视潜能的开发和实践能力的培养。每个学习者在"学会学习"中能充分发挥潜力,发展个性,学会做事,达到自己的最佳发展状态。

第六,"学会学习"重视自我评价意识的形成、自我评价能力的培养,以培养学生的独立性和创造性,实现自我激励、自我决策。

第七,"学会学习"重视良好师生关系的形成。在学会学习中教师起指导促进作用。教师要以民主、平等的态度对待学生,尊重学生的人格;学生要尊重教师,重视教师的指导作用。教师和学生在"学会学习"的教学活动中构成整合主体,推动着"学会学习"的进程。

第八,"学会学习"是"学会认知""学会做人""学会生存""学会关心""学会做事""学会发展"的根本途径,"学会学习"是一个认知过程,而不是终极目标,"学会学习"的最终目标是指向人的全面发展。

在"义务教育阶段学生'学会学习'研究"中,我们按照对"学会学习"的界定,构建了"学会学习"的一种教育模式,把指导学生"学会学习"作为我们教学的出发点和归宿,把指导学生"四学"作为"学会学习"的操作目标。具体内容是:

(1) 好学——积极主动地学

学生积极主动地参与学习活动和实践活动是心理能力发展的重要源泉。教师在教学中要致力于培养和保护学生的好奇心、求知欲、兴趣、爱好,要注意培养学生对学习活动本身的认识,提高学生的动机水平,培养学生的主体意识,提高学生学习的主动性、自觉性。

(2) 范学——认真规范地学

把基本规范、基本知识、基本训练、基本方法作为范学的基本要求,使学生认识认真规范在学习中的重要作用,使学生在学习活动中养成良好的学习习惯和学习态度,掌握基本的学习方法,学好必要的文化基础知识,为继续学习打下良好的态度、知识、能力基础。

(3) 勤学——终身勤奋地学

终身学习是21世纪的生存概念,教学中要注意培养学生的终身学习意识,树立新的学习时空观,注意培养学生的意志品质,使学生树立起自信、自强、刻苦钻研、坚韧不拔、奋发向上的进取精神。

(4) 巧学——高效创造地学

在教学实践中,把学习方法、学习策略的学习与应用列为教学的内容,努力提高学生的元认知水平和学习能力,注意高效的记忆方法、思维方法的训练和应用,注意现代学习手段的学习与应用,注意创新精神和创造能力的培养,为达到学习与创造相融通的境界打下坚实的基础。

(三) 关于人的发展

1. 对人的基本认识

对于人的认识,古今中外的教育家、哲学家、思想家,围绕着性善与性恶、自然性与社会性、能动性和受动性、共性与个性、主体性与客体性等问题,一直争论不休,众说纷纭,各抒己见。通过学习我们对这些问题的基本认识是:

(1) 人是中性的

人的性善与性恶不是先天就有的。善与恶是社会价值观的反映,因此,既是相对的又是后天的。我们持人是中性的观点。

(2) 人是自然性与社会性的辩证统一

人的自然性表现为人的生理机制与功能以及某些原始本能。它反映出人的生理发展的特点、规律和需要。人的社会性表现为人在社会化过程中形成的心理结构与功能,它反映出人的社会心理发展的特点、规则和需要。马克思主义认为,社会性是人的本质属性。

(3) 人是能动性和受动性的辩证统一

人是能动的,人的能动性表现在人能动地认识世界和改造世界中。人受内在需要的驱使,会自觉地、主动地进行某种活动,人对自由的向往和追求都是能动性的具体表现。人又是受动的,人的受动性表现在从事某种活动时受外部因素的激发或强制,是不自觉的、被动的。能动性和受动性分别表现了人性的积极面和消极面。在一定条件下人的能动性和受动性可以互相转化。例如,学生开始学习,不感兴趣,处于被动学习状态,经过学习兴趣培养和激发,学生喜欢学习了,受动性就转化为能动性了。在教学中促成这种转化是很重要的。

(4) 人是共性与个性的辩证统一

人的共性表现为人有共同的特点和需要,人的个性表现为个人独有的特点和需要。共性是个性的基础,共性又离不开个性,没有每个人的个性就没有统一的共性。例如学生要适应社会发展的一般要求,这就是共性,学生又有个人的兴趣爱好、特长,这就是个性。这种个别差异性正是我们因材施教的根据,是开发潜能、发展个性的依据。

(5) 人是主体性和客体性的辩证统一

人的主体性和客体性的统一表现在人与自然和人与人的关系中。在人与自然的关系中,一方面,人能认识和利用自然规律,适应和改造自然,人是主体;另一方面,人必须服从自然,尊重大自然的客观规律,受自然的制约,人是客体。在人与人的关系中,人总是同时扮演主体和客体两种角色。在人与人构成的任何关系中,总是互相影响和制约的,认识对方并被对方认识。例如教师、学生构成的教学关系中,教师影响学生、制约学生,又被学生的特点和需要所影响、制约,教师和学生双方在教学过程中既是主体又是客体。人的主体性和客体性在一定的条件下可以互相转化的,转化的条件包括情境的变化、功能的转移、角色的转换等。学生在学习中主体意识的培养、主体性的充分发挥是极为重要的。

2. 关于人的发展

所谓发展有多种定义。一是指生长、成熟;二是指一种持续的系列变化,尤其是有机体在其生命期的持续变化。

人的发展指的是人的身心的生长和变化。关于人的发展,必须认识以下几个问题。

(1) 遗传、环境、教育在人的发展中的作用

我们认为,遗传是人的发展的前提和条件,而遗传提供的人的发展的可能性能否变成现实,则取决于环境的影响和教育的作用,也就是说环境和教育对人的发展起决定作用,其中教育对人的发展起着主导作用。因为教育是教育者通过教学活动,有目的、有计划、有组织、有系统地对学生直接施加影响,并且把遗传、环境的有利影响充分地利用起来,促进学生身心的健康发展。这里教师的指导促进作用是很重要的。而学生主动积极地参与学习活动和实践活动是心理能力发展的重要源泉。

(2) 外因和内因的关系

辩证唯物主义告诉我们,外因是条件,内因是根据,内因是推动事物发展的根本动力,外因通过内因起作用。人的发展也是遵循这一基本规律的。在人的发展中,主体在活动中(对学生来说主要是学习活动)产生的新需要和原有心理构成的矛盾,是他们心理发展的内因,是发展的动力。所以在学习活动中,好奇心、求知欲、兴趣、爱好等构成学习的需要,是学习的动机系统,是学习的动力,是十分重要的。教学活动中要注意保护培养学生的好奇心和求知欲。在促进学生发展的教与学两个方面,教是外因,学是内因,教是通过学起作用的。

(3) 年龄特征和个别差异

在人的生理、心理发展的过程中,各个不同的阶段将表现出相应的特殊矛盾和质变,一般把儿童青少年心理各个阶段所表现出来的质的特征,称为心理发展的年龄特征。但在同一时期每个人又因遗传、环境等因素不同,又有其自己的个

性,这就是个别差异。因此,在学习中,不能一刀切,不能采用一样要求、一个模式。不同年龄、不同方法,正视差异,促进发展是我们要致力于研究和探索的。

(4) 非智力心理因素的发展与人的发展的关系

我们认为,人的发展应包括生理结构及功能的发展和心理的发展,而心理发展既包括智力心理因素,诸如感知力、注意力、想象力、记忆力、思维力等的发展,又包括非智力心理因素,诸如动机、兴趣、情感、意志、性格等的发展。由于非智力心理因素在人的发展中具有动力作用、控制作用和补偿作用,所以必须把非智力心理因素的发展作为人的发展的一个重要目标,给予足够的重视。

3. 关于"人的全面发展"

我国的教育方针是使受教育者在德、智、体等方面得到全面发展。全面发展已经成为教育领域内出现最频繁的词语,正确理解和认识全面发展的含义是非常重要的。

马克思、恩格斯关于"人的全面发展"的论述很多,很深刻,关于这方面的研究也有不少著述。我们通过学习,认识到"人的全面发展"不仅是我们通常说的德、智、体等诸方面的全面发展,还有其更丰富、更深刻的内涵。概括地说,可以从以下两点认识:

(1) 互相联系的三个层面

"人的全面发展"第一个层面的含义是作为个体的人的全面发展,主要包括个人的生理和心理素质、认识和实践能力得到全面和谐的发展,人的潜能得到全面发展,人的需要得到全面丰富和满足。第二个层面是全面发展不是少数人的全面发展,而是全体社会成员(一切人)的全面发展。第三个层面是人与社会的和谐、协调、一致的发展。人的发展一方面以一定的社会条件为基础和前提,另一方面又以推动和促进社会的发展为结果和归宿。因此,人的全面发展,只有通过人自己能动地、创造性地学习实践活动,不断超越社会历史条件的限制和束缚,促进社会和自身的发展,才有可能最终实现。这三个层面是互相联系不可分割的。

(2) 递进的三个层次

第一个层次是人的身体和精神的全面发展,表现为人的身体的各系统的生理结构和生理机能的健全发展和精神世界的智、德、美、知、情、意的全面协调发展。第二个层次是人的活动能力的多方面发展,包括多方面的生活学习能力和职业技能。第三个层次就是人的身体和精神得到全面充分自由的发展,这包括人的潜能的充分发展,人能够自由支配时间,自由选择职业,自由地支配自然界、社会和人自身,这是人的全面发展的最高境界。

全面发展是人的发展的最高理想目标,我国现在还不可能实现全体社会成员高度的、真正意义的全面发展。但我们的教育应该创造出促进学生全面发展的教学模式来,使学生在学习活动中的德、智、体、美诸方面都得到发展。几年来我们在这方面进行了一些有益的探索,取得了一定的成果。

(四)"学会学习"与人的发展

我们认为"学会学习"是促进人的发展的最好的学习模式之一,而人的发展又反过来促进"学会学习"。

1."学会学习"与人的主体性发展

"学会学习"突出学习者的主体地位,在学习活动中学习主体能自主选择目标和内容,自主支配学习时间,能动地调控学习策略和方法,主体作用得到充分发挥。长此以往,必然使学习者的主动意识、独立意识和创造意识得到培养,从而使其主体性得到发展。而主体性发展正是人的身心和谐发展与个性特长充分发展的时代特征。综上,主体性的发展必然使"学会学习"提高到一个新的水平。

2."学会学习"与非智力心理因素的发展

"学会学习"与非智力心理因素发展的关系也是双向的,相互作用和相互促进的。"学会学习"不但重视非智力心理因素在学习中的作用,而且把它作为一个目标。由于在"学会学习"中学习策略、学习方法的学习使学生提高了认知水平,提高了学习效率,使他们在学习中有一种轻松、愉悦、满足的情绪体验,从而强化了其认知机,也就是说,越是学得好越要学,这是一种内在的学习动机,比外在的学习动机更有持久性。而学习上取得成功,能增强学生的成就动机,因而更加勤奋学习,这就形成了良性循环。同样的,学习的兴趣蕴含于求知的愉悦体验中。当学习者在教师的引导下经过自己努力探究,步入瑰丽的知识殿堂,逐步产生一种目不暇接、赏心悦目的感觉的时候,当他经过苦苦思索,解决了一个问题、悟出一种新的方法的时候,他的学习兴趣就会有新的发展,他学习的自觉性、坚持性也会增强,即意志品质得到了发展。

3."学会学习"与人的潜能发展

"学会学习"强调学习主体在开放的环境中积极主动地、自由地学习,强调创造性学习和思维方法的训练,这些都有利于学习主体潜能的发展,因为人的这种能动的学习活动能使人的"一切天赋(潜能)得到充分发挥"(《马克思恩格斯全集》第三卷第 286 页)。而潜能的充分发展,正是人的全面发展的重要方面,潜能的发展反过来必然使学习主体的学习能力有新的提高。

4."学会学习"与全人的发展

"学会学习"是和终身学习相联系的,而终身学习将使"学习即生活"成为现实,生活的学习化将成为现代人的生存状态。现代人生活学习化的社会表现就构成了"学习化社会",学习从教育的属臣上升为生活的主导,全民的学习意识普遍形成。学习化社会使人们学习机会均等,每个人和社会团体都高度自觉地、积极主动地参与学习活动。学习化社会为每个人提供充分发展最佳才能的环境和条件,这样全体社会成员的全面发展将成为可能。

总之,"学会学习"是以人的主体性和认知能力的发展为突破口,以人的全面发展为目标指向,所以我们坚信,"学会学习"是培养全面发展的人的必由之路,"学会学习"理论和实践体系的建立,必将对基础教育产生深远的影响,使整个教育发生重大变革。它带来的将是未来教育的光明和希望,也是未来社会的光明和希望。

第六章 "学会学习"研究(二)

一、我们团队的第一个教育部重点课题

（一）"义务教育阶段学生'学会学习'研究"课题立项前后

1987年到1997年,我们用了十年时间研究了上海市市级重点课题、上海市市级课题,研究了学生学习的动力系统的非智力心理因素和操作系统中的学习策略方法、思维方法等,有了丰富的实践经验积累,有了较厚实的理论和研究方法的积淀,也有了较强的研究队伍的集聚,我们的研究应该有新的突破。我在认真学习和深入思考的基础上,写了《"学会学习"与人的发展》的文章,分析了世界教育改革发展的趋势,在我们十年研究的基础上,提出了"学会学习"的概念界定。基于这篇文章的基本观点,1996年暑假,我设计了"义务教育阶段学生'学会学习'研究"课题方案,9月,同时向上海市教育委员会(简称"上海市教委")和国家教委提出课题申请,于1996年12月和1997年1月分别接到上海市教育科学规划领导小组办公室和全国教育科学规划领导小组办公室的通知,我们的课题被立为上海市教育科学研究市级项目和国家教委(后为教育部)"九五"规划重点课题。这是我们的第一个教育部重点课题,也是上海市区级教育科研机构承担的第一个高级别的课题。

课题立项后,上海有黄浦区、静安区、浦东新区、长宁区、闵行区五个区参与研究。在全国学习科学研究会的推荐下,有21个省(市)的360多个中小学申请子课题参加课题研究,北到黑龙江中俄边境的兴凯湖,南到广东汕头。虽然,这些学校所在地区社会经济发展状况有较大差异,教育发展水平参差不齐,但是,对这一课题研究的积极性和热情却是空前的一致。这种积极性和热情来源于一种共同的追求:为了让中国孩子学会学习,为了中国基础教育的改革与发

展。正是这种共同的追求,促成了以课题研究为纽带的、联系广泛的民间协作体。在这个协作体里,有大学教授,有教育科研所所长,有教育行政人员,有中小学领导和教师,有教师进修院校的教研员、科研员,大家都以一个普通的研究者和实践者参与其中,团结协作,优势互补,各展其长,各尽其责,为课题研究贡献力量。我们课题组 1999 年 10 月在中俄边境的兴凯湖农场召开黑龙江省农垦局系统的"学会学习"研究子课题学校研讨会。许多地处偏远地区的学校参加研讨,他们条件艰苦,但校长、教师奋发图强,积极参与课题研究,进行教育改革探索,其精神非常令人感动。正因为有了这种超大规模的通力协作,有了广大中小学教师积极参与研究,才使得课题研究取得了丰富的成果。

这个研究由于规模大、子课题多,分布地区广,在课题研究过程中,我们组织了多次大型研讨会、培训,每次都在千人以上。通过这些培训把总课题的研究思路、研究的理论基础、研究的目标和内容以及对子课题的要求传达出去,使参与子课题研究的中小学校较准确把握总课题组的设计方案,结合自己学校的实际进行研究。

1997 年发生的与这个课题研究有关系的事件还有以下几件:

(1) 上海市教委批准在黄浦区设立市教育科研基地——上海市学习指导研究所。

图 6-1 上海市教委副主任张民生、上海市教育发展
基金会秘书长周光明为上海市学习指导研究所揭牌

(2) 中国儿童心理、教育心理研究会成立非智力因素专业委员会,燕国材教授任专业委员会主任,徐崇文任常务副主任,魏耀发任秘书长,秘书处设在黄浦区教育学院。

（3）上海市教育学会成立学习科学专业委员会，张俊明任主任，徐崇文任常务副主任，胡兴宏、陈泽庚任副主任，秘书处设在黄浦区教育学院。

（4）黄浦区成立"东方儿童潜能开发培训中心"，作为教育科研课题成果的中试和推广机构，助力课题研究，徐崇文任主任。

（5）《学习指导研究》杂志创刊。

从1997年开始，我们把"学会学习"课题研究与学习指导研究所、两个群众性学术团体、一份"学习指导研究"刊物、一个潜能开发中心紧密结合，在全市、全国范围内开展学术研讨和培训活动，收到了极好的效果。

1998年4月，国家教委"九五"重点课题"义务教育阶段学生'学会学习'研究"总课题组在上海举行中期成果汇报会，全国教育科学规划领导小组（简称"全国教育科学规划办"）常务副主任金宝城和上海市教委副主任张民生，上海市教育科学研究院（简称"上海市教科院"）副院长顾泠沅、顾志跃出席会议。

图6-2 "义务教育阶段学生'学会学习'研究"中期成果汇报会合影

1998年10月，非智力因素研究会在浙江兰溪召开第一次学术年会，兼做课题研讨交流和培训，林崇德、燕国材教授出席。

图6-3　全国非智力因素研究会首届年会暨学生非智力因素发展与素质教育研讨会合影

　　1999年7月,全国教育科学规划领导小组办公室与"义务教育阶段学生'学会学习'研究"总课题组在大连联合主办"学会学习与素质教育"研讨会,活动由大连市沙河口区教委和沙河口区教师进修学校承办。全国教育科学规划领导小组办公室常务副主任金宝城、北京师范大学林崇德教授、上海师范大学燕国材教授出席并作学术报告。

　　2000年11月,全国非智力因素研究会在天津师范大学召开第二届学术年会,沈德立、林崇德、燕国材教授出席并作学术报告,"学会学习"课题也进入结题总结阶段。

　　在课题研究的四年里,我们课题组和学习指导研究所、学习科学专业委员会一起,在上海市内开展培训、研讨活动,开展对学生和家长的咨询活动,产生了促进研究、推广成果、科研普及的良好效果。

　　(二) 研究成果结集出版,张民生教授作序

　　经过四年的研究,我们取得了丰富的成果。2000年12月课题结题,我执笔写了研究报告,研究成果结集出版。《中小学生"学会学习"研究》一书有上、中、下三册,由上海三联书店出版,收入研究论文20篇,中学子课题研究报告65篇,小学研究报告68篇。上海市教委副主任张民生教授为成果集写了序言。

这个序言既是对成果的评价，也是一种推荐，现选编于后。

《中小学生"学会学习"研究》序

摆在我面前的是一部120万字的书稿——《中小学生"学会学习"研究》。这是徐崇文、姚仲明、魏耀发三位同志主持研究的全国教育科学"九五"教育部重点课题"义务教育阶段学生'学会学习'研究"的成果选集。对于它的出版，我由衷地表示祝贺。

翻阅书稿，我不仅看到了研究成果的丰富、研究工作的艰辛，而且看到了一种团结协作的力量和执着追求的精神。书中既有关于学习理论的阐释和创造性的应用，又有来自全国各地中小学校的实践探索。他们提出的"学会学习"的概念界定、"学会学习"的操作目标、关于"学会学习"的学习模式的研究以及关于评价的思考都思路清晰、见解独到，而且实践效果良好。所有这些都是参加研究的同志们多年辛勤努力的结果。

徐崇文等同志从20世纪80年代中期开始，长期在中小学生学习这一有重要实践意义的领域研究探索，从学生的学习兴趣、学习动机、学习意志等非智力心理因素的发展与教育到学习方法指导的理论与实践，都取得了很好的研究成果。尤为可贵的是，他们几十年如一日，坚持不懈、孜孜以求、不图虚名、不务虚声，一步一个脚印地不断开拓前进，不断超越自我，不断探索创新，这种精神是值得我们大大发扬的。

在课题研究中，他们提出并实践了"立足黄浦、面向全市、辐射全国"的指导思想，开辟多条渠道，整合多方力量，构建全国协作研究的网络，形成一个区域协作、优势互补、点面结合、分层递进的研究推广新格局。这不仅收获了主持一个超大规模课题研究的成功经验，而且使他们负责的上海市学习指导研究所的研究、信息、培训、推广等工作迅速发展，形成了良性循环机制，确立了其在全国中小学生学习研究中应有的地位。其运作方式也很有创意，值得借鉴。

记得九年前，我曾为徐崇文、魏耀发同志主编的《中小学生学习32法》一书题写了"掌握方法，学会学习"的扉页，九年过去了，他们的研究又有了新的发展。"学会学习"已成为当今世界教育改革总趋势中的一个重要目标。随着信息化时代的到来，教育价值观正在发生着深刻的变化。从"学得知识"到"学会生存"，再到"学会认知""学会做事""学会共同生活""学会发展"，学习被赋予了越来越多的内涵,而终身学习是社会发展的必然趋势。因此,基础教育要为每一位学生获得终身学习的能力、创造的能力以及生存发展的能力打下坚实的基础,素质教育的要义也就在于此。我们教育工作者要努力为之而求索,这是历史赋予我们的责任。

我希望课题组的同志,在已取得成果的基础上,继续深入地研究下去,特别是在课堂教学领域下更大的功夫,争取获得更好的成果,尽快把已有成果转化成师资培训的课程教材、学生的普及读物,做好推广应用工作,使科学研究成果在素质教育的实践中发挥更大作用。

张民生

2001 年 4 月 4 日

（三）课题成果鉴定意见

2001 年 5 月 8 日,全国教育科学规划办组织专家对"义务教育阶段学生'学会学习'研究"课题成果进行了鉴定,鉴定会由全国教育科学规划办常务副主任金宝城主持。

"义务教育阶段学生'学会学习'研究"课题成果鉴定意见

"义务教育阶段学生'学会学习'研究"于 1997 年 1 月被批准为全国教育科学"九五"教育部重点课题。2001 年 5 月,全国教育科学规划办组织专家组对该课题成果进行结题鉴定,专家组全体成员在认真审阅了有关材料后一致认为:

1. 该课题以应用研究为主线,紧密结合中小学教学实践,对义务教育阶段学生学习问题进行了较全面的研究。课题设计目标明确,研究内容具体。课题组按计划完成研究任务,基本上达到了预期的研究目标。

2. 课题研究者在理论研究中坚持"学习、借鉴、融合、创新"的指导思想,从中国传统的优秀学习思想及当代认知心理学、人本主义心理学等理论中汲取营养,提出了"学会学习"的应用理论,对"学会学习"的内涵进行了深入研究,较为全面地阐述了"学会学习"与人的发展的关系;对"学会学习"的心理机制作了研究,提出了优化学习者心理结构的原则;对"学会学习"教学模式的结构与构建进行了探讨,提出了初步的思路。

3. 该课题提出了"学会学习"的目标。以态度、知识、策略方法、能力为目标指向内容,再分解成操作子目标"好学、范学、勤学、巧学",建立了分阶段的目标序列,并进行了评价研究,提出了评价角度多元化等基本取向和原则,研制了若干评价测评项目。在实践中取得了较好的效果。

4. 研究者对"学会学习"的学与教的过程进行了研究,强调"以学定教"的思想,构建了多种教学模式,并进行了有效的实践验证,促进了课堂教学改革的深入,有利于学生"学会学习"能力的培养。

5. 本课题注重组织数量众多的子课题一起研究,以达到相互促进、优势互补的目的。从成果中可看出,这些子课题在研究中促进了教师教育观念的转变和教学能力的提高,促进了学生学习能力和成绩的提高,使这些学校对本地区推进素质教育发挥了示范作用。

综上所述,专家组认为,这项成果能吸取该领域最新的研究成果,具有较高的理论和实用推广价值,推动了该领域研究的发展,一致同意通过结题鉴定。希望此项研究能继续深入,并对"学会学习"的过程和教育应用等方面作进一步研究。

专家组组长:顾泠沅(上海市教科院副院长)

专家组成员:(以姓氏笔画为序)

尹后庆(上海市教育督导室常务副主任)

张民生(上海市教委副主任)

周之良(中国学习学会会长、北京师范大学原党委书记)

顾志跃(上海市教科院副院长、上海市评估院副院长)

袁金华(江苏省教科所原所长)

燕国材(上海师范大学教授、全国非智力因素研究会会长)

2001 年 5 月 8 日

图6-4 全国教育科学规划办组织专家对"义务教育阶段学生'学会学习'研究"进行结题鉴定

二、课题的提出

我们提出对"义务教育阶段学生'学会学习'研究"课题进行研究是基于以下的认识和思考。

(一) 一个发展趋势

20世纪60年代中期,联合国教科文组织原终身教育处处长保罗·朗格让,在分析了当代教育面临的科技高速发展,人类生产方式和生活方式急剧变化带来的一系列挑战后,提出了终身教育的理论。此后,联合国教科文组织国际教育发展委员会经过14个月的研究,于1972年5月发表了著名的报告《学会生存——教育世界的今天和明天》。报告强调了两个基本观念:终身教育和学习化社会。该委员会的主席埃德加·富尔在报告的序言中指出:"科学技术的时代,意味着知识正在不断地变革,革新正在不断地日新月异。所以大家一致同意,教育应该较少地致力于传递和储存知识(尽管我们要留心不要过于夸大这一点),而应该更努力地寻求获得知识的方法(学会如何学习)。"70年代中期以后的20多年间,《学会生存——教育世界的今天和明天》中提出的教育理念对世界很多国家,特别是西方发达国家的教育体制、教育结构、内容和方法都产生着愈来愈深刻的影响,教育价值观正在发生着深刻的变化。

传统的教育价值观仅仅把教育作为上一代人向下一代人传授某些方面知识,使下一代人能"学得知识"的一种活动。这种教育价值观把教育囿于传授知识,而又把知识局限于以书本记载的一部分知识上,使教育一定程度上成了教书的代名词。而"学会生存"等理念的提出,使教育从更广阔的领域培养下一代适应新的生存环境、创造良好的生存条件、处理复杂的生存问题的能力,使他们成为具有高尚伦理道德、有事业心、有开拓精神,能够持续和谐发展的、适应未来需要的一代新人。特别是1996年4月,联合国教科文组织"国际21世纪教育委员会"在《教育——财富蕴藏其中》的报告中指出,"教育的任务是毫无例外地使所有的人的创造才能和创造潜力都结出丰硕的果实","学校应进一步赋予学生学习的兴趣和乐趣,学会学习的能力以及对知识的好奇心"。报告还提出了教育的四大支柱是"学会认知""学会做事""学会共同生活""学会发展",特别指出"基础教育既是为生活作准备的阶段,又是学会学习的最好时期"。

从"学得知识"到"学会生存",再到"学会认知""学会做事""学会共同生活""学会发展",学习被赋予越来越丰富的内涵,学习的地位被提高到空前的高度,学习仅作为教育属臣的时代已经结束。终身学习是 21 世纪的生存概念,可以断言,21 世纪的成功劳动者将是学会学习的人。因此,基础教育要为终身学习、为人的潜能开发、为人的全面发展打下坚实的基础,关键是教学生学会学习。

(二) 两个研究基础

我们提出本课题研究之前,用较长时间研究了与本课题有关的两个课题,并取得了很好的研究成果,这成为我们研究本课题的两个重要基础。一个是上海市市级重点课题"初中学生非智力心理因素的发展与教育"。这个课题于 1987 年 5 月被立为上海市首批教育科研市级重点课题,经过八年的研究,前后进行了两轮实验,于 1995 年底结题。课题对初中生学习动机的发展与教育、学习兴趣的发展与教育、学习意志的发展与教育以及情感的发展与教育、性格的发展与教育进行了深入研究,对初中生非智力心理因素的年龄特征、在学习中的作用和培养方法有了比较系统的认识,提出了"学生非智力心理因素的良好发展必将促进其学业成绩和学习能力的提高,促进其智力的充分发展"的观点。在教学实验中构建了"三段式整合发展教学模式"。这个教学模式将作为我们研究学会学习教学模式的基础。研究中对学生进行了心理发展教育,在初中开设了"心理发展常识"课,编写了一本《中学生心理发展常识》教材,这是全国最早的对中学生进行心理教育的教材。该研究取得了较好的成果,出版了专著《初中生非智力心理因素的发展与教育》,并被推荐为上海市教师培训教材。研究还取得了很好的实践效果。

另一个是上海市市级课题"中学生学习方法指导的理论与实践探索"。该课题是在从 80 年代初就开始研究的区级重点课题"中学生学习方法系列指导"(陈泽庚同志主持)研究的基础上确立的,1990 年被批准为上海市市级课题,1995 年完成研究。课题对学习方法指导的原则、内容、层次、途径和学生学习方法与能力、习惯、学业成绩的关系等进行了研究,对中学生学习情况进行了调查,提出了学法指导的三个层次目标:操作性目标、发展性目标、完善性目标,总结出学法指导过程的五个环节:模仿、选择、评价、调控、创新。编写了一套学习方法指导的实验教材《中小学生学习32法》,经一轮实验后正式出版(语文出版社于1994年6月出版)。研究对以下假设进行了验证:(1)科学的学习方法有助于学生自觉、愉快地学习,有助于健康的心理素质的形成,从而得到更好的发展;(2)学习能力的提高有赖于科学的方法,而科学的学习方法能促进学习能力的提高;(3)科学系统的学习方法只有在学习活动中通过教师有意识、有计划地指导,才能真正掌握。

以上两项研究的成果先后受到了上海市教育局、上海市教委、国家教委办公厅等的一系列奖励,并在上海市及全国部分省市得到较大范围的推广。这两项研究分别从学习心理和学习方法两个方面研究了学生的学,为本课题的研究奠定了基础。

(三) 三个实践需要

本课题有三个直接的实践需要。

1. 减轻学生过重课业负担的需要

中小学生课业负担过重的问题,一直困扰着教育界。学生学习兴趣淡薄,厌学情绪严重。不少学生成了"学习机器",在高度疲劳状态下,快速地、机械地运转。早晨六点进教室开始学习,除了吃饭时间外,一直要战斗到晚上十点才能下课休息,生理和心理都长期处在紧张、压抑的生存状态下,严重抑制了中小学生的身心健康发展。怎样解决这个问题呢,大家都在探索。我们通过学习研究认为,第一,要大声疾呼,呼唤新的学习观进入我们的中小学校,进入我们教师的头脑,进而转化为教学行为,也就是学会在新的学习观指导下的教学。第二,学生要拥有健康的学习心理、科学的学习策略方法,也就是要学会学习,这是根本的出路。

2. 创建专项教育科研基地的需要

由于我们长期从学生的学习心理和学生的学习方法两个方面研究学生的学习问题,取得了较好的成果,已经形成了个性鲜明的、有较大影响的教育研究项目。"开展学习指导,引导学生学会学习"已成为上海市黄浦区中小学教育改革的一大特色。在这个基础上深化研究,强化特色,创建中小学生学习研究领域市级乃至全国的科研基地就成了我们新的努力目标。创建的核心就是专项研究的基础,研究的发展方向,课题研究的质量和水平。1996 年前后,我们对过去的研究进行了梳理,认识到中小学生的学习问题是一个非常有价值的研究领域,很多问题需要深入研究。我们坚定了学习指导的研究方向,确立了具有重要实践意义的"义务教育阶段学生'学会学习'研究"的课题,为后来上海市首批教育科研基地——学习指导研究所的创建奠定了重要的基础。

3. 区域推进素质教育的需要

提出本课题是为了发挥优势,深化研究,凸显特色,更是为了构建适合本地区特点的区域推进素质教育模式。本课题的主要目标就是通过研究构建"学会学习"的教学模式,探索培养未来社会需要的"学会学习"的人的途径方法,使新的学习观得以在教学中落实,使素质教育"两全一主动"的特征和以培养创新精神和实践能力为重点的目标,在课堂教学主渠道中得以落实。全区中小学以课题研究为抓手,将素质教育的理念转化为师生的教学行为,以引导学生学会学习为操作目标,改革课堂教学,提高学习效率,使素质教育真正落到实处。这些期望被课题研究的实践所证实。

三、课题的设计与实施

(一) 主要概念的界定

关于"学会学习",我在《学会学习与人的发展》这篇文章中给出了一个全新的界定,由于这是本研究的关键性、统领性概念,仍需介绍。

我们分三个层次对"学会学习"进行界定。

第一层次(广义的):"学会学习"是人类特有的学习,是学习的主体冲破教育框架的束缚,在开放的环境中,积极、主动、自由地学习。学习者有强烈的学习意识,能自主选择学习目标和学习内容,自主支配学习时间,自我评价学习效果,自觉调控学习情绪,能掌握和调控学习过程中的学习策略、方法和技能。"学会学习"是通向认识、生存和发展的途径,"学会学习"的最高境界是学习与创造的并存与融通。

第二层次(中义的):"学会学习"是指学生在教师或他人的指导下,在开放的环境中,充分发挥主体作用,积极培养学习兴趣和学习意志力,自主、自觉地调控学习情绪、学习策略、学习方法及学习技术,使学习不再仅是储存知识或形成某种技能的过程,而是更重视学习策略和方法、思维方法的探索,更重视学习技术的掌握和学习能力的形成与提高,更重视创造潜能的开发,更重视身心的全面发展。

第三层次(狭义的):"学会学习"仅指学生掌握运用学习策略、学习方法和技巧,养成良好的学习习惯,提高学习效率的过程。这是传统意义上的"学会学习"。

根据以上的界定,我们认为可从以下八个方面来理解、认识"学会学习"。

第一,学习者是学习的主体。"学会学习"强调学习者的主体地位和主体作用的充分发挥,重视主体意识培养,包括主动意识、独立意识和创造意识。

第二,"学会学习"是和"终身学习"的概念相联系的,学习者不再受教育框架束缚,学习不再受时间和空间的限制,即使是学生,也不仅在学校、在教师指导下,还应在家庭、在社会的大环境中,通过各种媒介汲取有益的信息,积极主动、自觉、自由地学习。

第三,"学会学习"既重视学习者非智力心理因素在学习中的地位和作用,又把非智力心理因素的发展作为重要的学习目标,强调学习过程中的情绪调控,重视良好行为习惯和情感态度的培养。

第四,"学会学习"强调学会认知,不仅要学习继续学习所需要的基础知识,而且更重视学习策略、学习方法、现代思维方法的训练和元认知水平的提高以及电脑多媒体及现代信息高速公路的应用,以提高综合学力为目标。

第五,"学会学习"重视潜能的开发和实践能力的培养。每个学习者在"学会学习"中,能充分发挥潜力,发展个性,学会做事,达到自己的最佳发展状态。

第六,"学会学习"重视自我评价意识的形成、自我评价能力的培养,以培养学生的独立性和创造性,实现自我激励、自我决策。

第七,"学会学习"重视良好师生关系的形成。在学会学习中教师起指导促进作用。教师要以民主、平等的态度对待学生,尊重学生的人格;学生要尊重教师,重视教师的指导作用。教师和学生在"学会学习"的教学活动中构成整合主体,推动着"学会学习"的进程。

第八,"学会学习"是"学会认知""学会做人""学会生存""学会关心""学会做事""学会发展"的根本途径,"学会学习"是一个认知过程,而不是终极目标,"学会学习"的最终目标是指向人的全面发展。

整个课题研究从这个界定出发，在这个界定范围内展开研究。

（二）研究内容

本课题主要研究内容为：

1."学会学习"的理论研究

（1）"学会学习"的提出与概念界定。

（2）"学会学习"的心理机制与教育学、心理学基础。

（3）"学会学习"的能力结构。

（4）"学会学习"的理论框架构建。

（5）"学会学习"与人的发展。

2."学会学习"的教学模式研究

（1）建立义务教育阶段学生"学会学习"的总体目标。

（2）建立义务教育阶段各年段学生"学会学习"目标序列。

（3）"初中生非智力心理因素的发展与教育""中学生学习方法指导的理论与实践探索"科研成果推广研究。

（4）研究提高学生学习能力的途径、方法。

（5）研究学习策略、学习方法、元认知及其在"学会学习"中的地位和作用。

（6）研究学生非智力心理因素在"学会学习"中的地位、作用及其培养。

（7）研究教师在中小学生"学会学习"中的地位、作用及其素质要求。

（8）构建"学会学习"的课堂教学模式，并进行实验研究。

3."学会学习"的评价研究

（1）学生"学会学习"中的评价方法研究。

（2）分年级"学会学习"目标达成度的测试方法研究。

（3）测试评价的电算化研究，编制测试软件。

本课题以第二部分内容，即"学会学习"的教学模式研究为重点，也就是说，以教学实践应用研究为重点，努力构建"学会学习"的指导体系，以解决教育改革中急需解决的实践方法问题。本课题研究的难点是第一部分的理论研究和第三部分的评价研究，争取在这两个方面有新的突破。

（三）研究过程与方法

1. 研究过程

本课题在 1996 年上半年酝酿、设计、申报，1997 年 1 月被批准列为全国教

育科学"九五"规划国家教委重点课题,随后正式启动研究。研究过程可以分为以下四个阶段:

(1) 第一阶段(1996 年 5 月—1997 年 1 月):研究的前期工作

① 课题设计、课题组组建。

② 学习理论的学习、资料检索。

③ 总结梳理两个研究基础的成果及研究经验。

④ 推广已有的两个成果。

(2) 第二阶段(1997 年 1 月—1998 年 4 月):广泛组织力量,全面启动研究

① 召开总课题开题会,确认研究目标,明确研究分工,落实启动研究。

② 子课题开题培训。按课题研究的三大板块十六个细目接受子课题申报,经审批立项后参加培训,实施研究。从 1997 年 5 月到 1997 年 11 月,分别在山海关区、桐梓县、重庆市进行三次大型培训。

③ 在上海市区和郊县确立 14 个实验基地学校,承担子课题研究任务。

④ 召开课题研究中期成果汇报会,检查总结一年来研究进展情况,检阅、展示阶段性成果,交流研究经验,进一步学习总课题组提出的研究思想,明确下阶段研究目标和要求。

(3) 第三阶段(1998 年 5 月—1999 年 8 月):提供参考范例,深化模式研究,加强理论培训,推进行动研究

① 发表"义务教育阶段学生'学会学习'研究"中期成果汇报会会议纪要,进一步统一思想,规范子课题管理,提出后一阶段的研究意见。

② 有计划地推出教学模式的研究资料。《学习指导研究》从 1998 年第 6 期连续三期发表有关教学模式的理论性专题资料及模式范例,供广大参与研究的教师参考,以深化模式研究。在上海 14 个实验基地开展学习指导进课堂的专题研讨,组织中小学各学科的课堂教学研究课,研讨课堂教学中如何指导学生学会学习,为构建"学会学习"教学模式提供实践依据。

③ 课题组与全国教育科学规划领导小组办公室联合举办"学会学习与素质教育"研讨会暨学习指导培训班(1999 年 7 月 27 日—1999 年 7 月 30 日,大连),进一步加强理论培训和现场观摩,推出一批以课题研究推进学校素质教育实施的典型经验,推进了行动研究的深入发展。

④ 进一步发挥上海市学习指导研究所在课题研究中的作用,一所九年一贯

制实验学校冠名为上海市学习指导研究所实验学校,探索所校一体化体制,课题的实验有了更可靠的保证。

⑤ 进一步深化理论研究。

(4) 第四阶段(1999 年 9 月—2000 年 12 月):重申课题研究的原则和学会学习的操作目标,善始善终完成课题研究的后期工作

① 强调本课题研究是为了推进素质教育,促进教育价值观的转变,要以新学习观、新的评价观来收集、整理、加工研究资料,圆满完成各项研究。

② 发表《2000 年,我们怎样研究》,提出课题研究最后阶段的指导思想和目标要求。

③ 完成子课题结题鉴定验收,完成整个课题总结、成果编选、报告撰写和印刷出版工作。

2. 研究方法

本课题主要采用文献法、调查法和行动研究法辅以教育实验法进行研究。

由于本课题代表着一个教育改革的发展趋势,实践意义重大。全国一些市、县的教育科研机构或教育行政部门希望本地区的中小学能参与课题研究,以推进本地区教育改革的深入发展。因此,总课题组在中国儿童心理、教育心理研究会,非智力因素研究会和中国学习科学研究会课程导学专业委员会的协助下,通过正式申报审批手续先后吸纳了全国 21 个省市的 360 多所中小学参加本课题的子课题研究。怎样组织一个有超大规模子课题群的大型课题进行研究,我们进行了积极的探索,在课题实施过程中采取了以下的推进策略:

(1) 整合多方研究力量,促进课题良性发展

总课题组运用整体优化的思想,把课题置于一个大系统中运作,整合各方力量形成了一个区域协作、优势互补、点面结合、分层递进的研究格局。①以总课题组为龙头,充分发挥上海市学习指导研究所的中心作用。研究所围绕此课题进行研究开发,课题组借助研究所的经费、实验学校、刊物等实施研究,交流信息。这是课题研究的核心层次,主要进行"学会学习"的理论研究、"学会学习"的学习模式与教学模式的构建,"学会学习"目标序列的建立和评价研究,为实践提供理论支撑和操作依据。②充分发挥参与研究地区的教育科研机构或教育行政部门的指导协调作用,与当地的专家、学者分工协作,联合研究,使子课题研究的管理、联系、指导得以落实。③发挥上海市教育学会学习科学专业

委员会,中国学习科学研究会课程导学专业委员会,中国儿童心理、教育心理研究会,非智力因素专业委员会等群众性学术团体的积极作用。组织专家、会员参与研究、咨询,建立实验基地,进行课题实验和成果推广;举办研讨会、培训班,培训学习指导研究骨干,推进研究深入发展。④创办"东方儿童潜能开发培训中心",使之成为研究成果的中试机构。面向社会招生,将成果推向社会,在中试中进行再研究,并接受社会、家长的检验,为大面积推广作准备。⑤加强总课题与子课题的联系,规范管理,充分发挥参与研究的中小学校领导和教师的作用。主要通过设立地区组与联系人、分阶段发布指导性意见、举办培训班、现场指导等方式进行。

(2) 紧密结合教育改革实践,积极推进素质教育

为了使课题研究能够顺利实施,我们提出所有子课题研究要紧密结合本地区、本学校教育的实践,为提高学校的办学水平,为全面实施素质教育探索新的途径和方法,使课题研究的过程成为解决教育改革实际问题的过程,成为学校教学改革深入发展的过程。这样课题研究就能得到当地教育行政部门的大力支持,得到学校领导的重视。主要做法:①以课堂教学改革为切入口,推进教学模式研究,边研究边实践,以研究指导实践,用实践丰富研究,使研究有实践依据,并产生实际作用和效果;②边研究边推广,以推广促研究,使研究成果在推广中得到发展,产生效益;③充分发挥子课题承担学校的示范作用,使之成为本地区素质教育的示范带头学校,通过课题研究的公开展示活动,带动本地区教育改革的深入发展。

(3) 抓住行动研究实质,发挥教师主体作用

本课题研究定位在应用研究和开发研究上,主要研究方法是行动研究。教育行动研究的实质就是广大教师在实践中创造性地运用教育理论,研究和解决不断变化的教育实践情境中的具体问题,从而不断提高理论认识和专业实践水平的一种研究方法。教师是教育行动研究的主体,在行动研究中,教师通过学习教育理论,按照课题研究的目标和某些约定,结合自己的教育实践和经验,进行科学地组织和加工,建构出新的教育教学模式体系或新的教学设计方案。所以我们的研究自始至终以教师为主体,充分发挥教师在研究中的积极性、主动性,鼓励他们的创造性劳动。课题组里的专业研究人员要为教师的学习和实践提供咨询、指导和服务,我们在这方面进行了有益的尝试,比如运用写论文、编

专题情报资料、编刊物、办培训班、开研讨会、开研究课等形式,都收到了很好的效果。全国近万名教师参与了这个课题研究,他们既是实践者又是研究者。在研究中他们学习教育理论并在实践中批判改造教育理论,促使教育实践与教育理论的良性循环。行动研究是教师实践反思的最好形式,是更新教师教育观念、提高教学水平和研究能力的有效途径,我们课题研究的成果也充分反映了这一点。

（4）学习、借鉴、融合、创新,推进学习理论研究

本课题研究要以学习理论为依托,以学习理论为指导。本课题定位在应用研究和开发研究层面上,而应用学习理论也是一个学习、研究、发现、创新的过程,我们的基本思想方法是学习、借鉴、融合、创新。

第一,全面学习有关的学习心理学理论,并编辑专题情报资料。对西方的行为主义、人本主义与认知心理学的主要代表人物、主要理论和中国古代学习心理学思想有清楚的了解,特别对布鲁纳的认知——发现说、奥苏贝尔的有意义的接受学习、加涅的认知学习理论等主要论点要做到熟知,只有较透彻地认识它们,才能较好地应用它们。也就是说,要应用首先要吃透。

第二,要充分认识每种学习理论的局限性,要客观分析、吸纳各家合理内核,借鉴、融合、改造、优化,形成我们可应用的理论体系。因为人类的学习过程是一个极其复杂的过程,它的种类多,涉及的相关问题多,观察学习特征的角度和侧面多,学习产生的结果多,所以产生了众多的学习理论流派和分歧。理论家往往以偏概全,把自己的理论说成是最完美的,但实际上,放之四海而皆准的理论几乎是没有的,任何理论都可能有历史的局限、认识的局限,都有可能是片面的。因此,我们不能轻易地全面接受一个理论,也不能轻易地完全否定一个理论,我们要采取的态度是借鉴、融合。

第三,要把当代学习理论和中国优秀文化积淀结合起来,把学习理论的一般原理、思想方法具体化到中国义务教育阶段学生学习的实际问题上,创造性地提出解决问题的模式、策略、方法,这就是创造性的应用。理论和实际结合得越好,创造性程度越高。这也正是我们研究中所追求的。

四、课题研究成果概述

本课题从 1997 年 1 月正式开题,经过分布在 21 个省市的 360 多个子课题的通力协作、艰苦努力,取得了丰硕的成果。现分别概述于后。

（一）关于理论研究

本课题把理论研究作为课题研究的先导，以"学习、借鉴、融合、创新"为理论研究的指导思想，定位于应用研究，在中国传统的优秀学习思想，当代认知心理学、人本主义心理学等理论（合理内核）的基础上，以"终身学习""学会生存"等新的学习观为参照，构建"学会学习"的应用理论体系。

首先，我们对"学会学习"的内涵进行了深入探索，发表了论文《"学会学习"与人的发展》，提出了"学会学习"的概念界定，并从八个方面对这一概念进行了阐释。该文对人的发展问题、人的发展与"学会学习"的关系进行了论述，从而确立了本课题研究的基本观点。

接着，我们又发表了《"学会学习"理论的心理学取向》《"学会学习"的心理机制探究》《关于构建学会学习的一种教学模式的思考》《导学式教学模式简论》《情感在"学会学习"中的地位作用及其培养》《试论学习策略教育》等论文，作为子课题研究的两个重要地区的广东省和辽宁省，还分别出版了《小学学习学》《论学习策略教育》等专著。

（二）关于"学会学习"目标的构建

按照"学会学习"的界定，我们构建了义务教育阶段学生"学会学习"的目标模型。这个模型以"学会学习"为总目标，以态度、知识、策略方法、能力为目标指向内容，将这些目标指向再分解组合成"学会学习"的操作子目标"四学"，即好学、范学、勤学、巧学。具体内容为：

1. 好学——积极主动地学

学生积极主动地参与学习活动和实践活动是心理能力发展的重要源泉。教师在教学中要致力于培养和保护学生的好奇心、求知欲、兴趣、爱好，要注意培养学生对学习活动本身的认识，提高学生的动机水平，培养学生的主体意识，提高学生学习的主动性、自觉性。

2. 范学——认真规范地学

把基本规范、基本知识、基本训练、基本方法作为范学的基本要求，使学生认识认真规范在学习中的重要作用，使学生在学习活动中养成良好的学习习惯和学习态度，掌握基本的学习方法，学好必要的文化基础知识，为继续学习打下良好的态度、知识、能力基础。

3. 勤学——终身勤奋地学

终身学习是 21 世纪的生存概念,教学中要注意培养学生的终身学习意识,树立新的学习时空观,注意培养学生的意志品质,使学生树立起自信、自强、刻苦钻研、坚韧不拔、奋发向上的进取精神。

4. 巧学——高效创造地学

在教学实践中,把学习方法、学习策略的学习与应用列为教学的内容,努力提高学生的元认知水平和学习能力,注意高效的记忆方法、思维方法的训练和应用,注意现代学习手段的学习与应用,注意创新精神和创造能力的培养,为达到学习和创造相融通的境界打下坚实的基础。

按照"四学"的操作目标,可以根据不同年龄段身心发展的水平和要求,建立分年段的目标序列。

(三) 关于"学会学习"学习模式的研究

1. 我们研究学习模式遵循以下新的学习观:

(1) 终身学习是 21 世纪的生存概念。

(2) 学习将成为终生的过程,我们应当更好地利用一切学习机会。

(3) 学习越来越应当成为学习者主动和推动的过程,学习应当是以学习者积极主动为基础的相互作用的过程,是以学习者能做什么而不是知道什么为重点,是一个不断取得能力的过程。

(4) 学会怎样学习,促进对学习的爱好,以便为终身学习打下基础,包括开展批判地评估自己的能力。

(5) 学习者要学会认知,学会做事,学会共同生活,学会发展。

2. 我们借鉴了先辈们如下的思想和观点:

(1) 孔子:学、思、习、行学习模式。

(2) 布鲁纳:发现学习模式。

(3) 加涅:有指导的发现学习。

(4) 奥苏贝尔:有意义接受学习。

(5) 罗杰斯:自我—主动学习说。

3. 我们认为中小学生学习的目标指向可以分为以下五种:

(1) 言语信息(描述性知识)。

（2）智慧技能（程序性知识）。

（3）动作技能（程序性知识）。

（4）认知策略（策略性知识）。

（5）情感态度。

4. 学习模式的应用：

学习模式是对学习者的学习活动具有典型意义的、相对稳定的系统化和理论化的学习结构。学习目标指向不同，应用的学习模式就不同。而实际的学习活动往往是多向度、多因素、多变量的。在实际学习过程中，不可能纯粹使用一种典型的模式，应该根据具体情况，综合应用多种模式以获得最佳学习效果。

根据以上的认识，我们整理、推荐如下的中小学生常用学习模式分类表。

表6-1 中小学生常用学习模式分类表

学习目标指向	基本内涵	适用学习模式	基本内涵与主要操作策略
言语信息学习	言语信息就是指关于世界的事实性的知识,认知加工心理学称之为描述性知识。主要解决是什么、怎么样的问题,包括语言、文字、有关事物的事实与概括等	意义接受学习模式	学生在各门学科的学习中,将有意义的材料同学生头脑已有认知结构有机地联系起来,加以融会贯通,从而获得有关信息的一种学习方式：注意选择,视听并举,理解领会；储存记忆,巩固反馈；温故知新,循序渐进
		五步自学学习模式（阅读学习法）	学生用五个相互衔接的环节进行自主读书学习。步骤为：(1)浏览。浏览全章或全书,了解书中要点。(2)提问。浏览中记下主要观点、问题和特别不懂的地方。(3)阅读。深入阅读教材,慢读、理解、思考、领会,对重点、难点多下功夫。(4)复述、记忆。对精华部分要背诵。(5)复习反馈重点。全面复习、整理、归纳、应用、反馈

（续表）

学习目标指向	基本内涵	适用学习模式	基本内涵与主要操作策略
智慧技能的学习	此两类技能都是与程序性知识对应的，指在特定条件下使用的一系列操作步骤、运算公式、法则、技巧，包括口语学习、朗诵、讲读、心算、写作、书法、绘画、制作、打字、弹琴、体育运动、艺术表演等。前者是以脑动为主，如语文学习中的正确应用语言文字表达思想的技能，数学中的解题能力等；后者则需要身体肌肉的协调才能完成，如语文学习中的发音技能和书写技能、数学中的画图等	操作练习学习模式	学生自身操作、练习，反复强化以获得智慧技能。要注意熟练掌握概念、原理、法则、公式，领会要领，适度练习，深入思考，追求一题多解，一题多变
动作技能的学习		观察模仿学习模式	观察模仿示范者的行为动作，获得动作技能的学习方式，注意观察、模仿练习
认知策略的学习	认知策略是控制个体注意、学习、记忆、思维等行为的内在组织技能，对应策略性知识，实质是关于如何学习，如何思维的知识	发现学习模式	学生通过独立地阅读书籍和文献资料、独立地思考而获得新知识的过程
		探究学习模式	学生提出问题，独立分析问题，寻求假设，提出研究思路，进行实验或调研或逻辑推理，然后解决问题的学习模式。一般步骤为：（1）发现问题；（2）确立课题；（3）提出假设；（4）搜集资料；（5）验证假设；（6）解决问题

（续表）

学习目标 指向	基本内涵	适用学习模式	基本内涵与主要 操作策略
情感态度 的学习	学生的人格、道德、理想、价值观；热爱学习、尊重自己、尊重别人、诚实乐观、热情向上、自信自强	榜样学习 模式	模仿学习优秀榜样的行为,努力做到自己认同、规范认同、榜样认同,实现情感态度的发展
		社会学习 模式	在社会实际环境中,参与活动,实践锻炼考察体验,从而发展自身的情感态度

（四）关于"学会学习"课堂教学模式的研究

要真正实现学生"学会学习"的目的,必须改革学生学习的主渠道——课堂学习,也就是说要改革课堂教学模式。因此,构建"学会学习"的教学模式是我们研究的一个重点。对此,我们投入了极大的热情和力量。全国很多中小学参与了此项子课题的研究,取得了较好的经验和成果。

在构建"学会学习"教学模式的过程中,按照"学习学习"的界定,我们形成了以下的共识,这些共识就是构建"学会学习"课堂教学模式的基本指导思想。

（1）学生是学习的主体,课堂教学要尊重学生的主体地位,充分发挥学生的主体作用,强调学生主动参与、积极体验,强调师生平等交往,使课堂焕发出生命的活力。

（2）课堂教学要致力于培养学生的学习兴趣、好奇心和求知欲。

（3）课堂教学要注意使学生眼、耳、脑、手共同发挥功能,重视动手能力的培养。

（4）课堂教学要重视学习策略、方法、思维方法的训练,想象能力的培养,为每个学生获得终身学习的能力、生存发展的能力和创造能力打下坚实的基础。

（5）课堂教学要注意个体差异,使每个学生都得到尊重;要重视潜能的开发,使每个学生的潜在才干都得到发展。

（6）课堂教学要充分重视现代化教学手段的应用,注重科学、艺术的综合。

在研究中,我们紧紧依靠广大教师,充分发挥广大教师的创造力和积极性,重视优秀教师的实践积累和积极的实践探索。我们特别注意尊重不同地区、不同经济文化背景条件下,不同的办学水平和不同的研究基础,在"学会学习"的总目标下,鼓励从不同的角度、不同的侧重点构建适应各种不同情况的多样化的教学模式。为了指导研究,我们先后发表了《"导学式"教学模式简论》《构建一种"学会学习"教学模式的思考》《构建"引学导练"教学模式的思考》等论文,并提供我们先前研究的"三段式整合发展教学模式"作为研究的参照。几年来,很多子课题在课堂教学模式的研究和实验中进行了积极的、创造性的探索,先后提出了"导学式""导悟式""引学导练式""自主乐学式"等多种教学模式,我们编选的成果集里以较大篇幅收录了关于教学模式研究的论文和实验报告,充分反映了这方面的研究成果。

"没有一种教学模式是为适合所有的学习类型或学习风格而设计的。"也就是说,一种教学模式不是万能的。正确的做法是"以学定教",即按照不同的学习主体、不同的学习类型、不同的学习目标指向等选择不同的教学模式、教学策略和教学方法。然而,能不能构建一种具有较普遍适用性的教学模式呢? 我们在研究构建"学会学习"教学模式的过程中对这个问题进行深入地思考,提出了在"学会学习"的学习观和教学观的总的思想指导下,构建一个"组合式"(积木式)教学模式的思路,即在一个总模式的框架下,可以根据需要选择适合的子模式,灵活组合进行教学,但总的模式的结构不变。

在研究中,我们以"三段式整合发展教学模式"为基础构建了模型,具体见图 6-5。

我们认为,这样构建的教学模式具有更好的普适性,便于教师根据不同的情况选用,也有利于教师完成从必然到自由的过渡,使教师较快地走完从模仿模式到应用模式,再到超越模式的发展历程,真正"学会教学"。

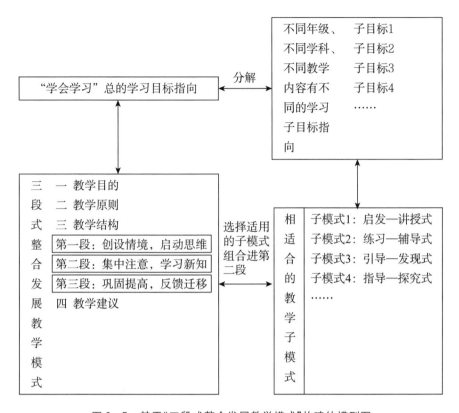

图6-5 基于"三段式整合发展教学模式"构建的模型图

（五）关于评价研究

我们在"学会学习"的评价研究中提出了以下的基本指导思想。

第一，评价研究要从"学会学习"的界定出发，对八个方面的解释要理解清楚并在研究中丰富、充实。评价指标要包括态度、知识、能力三个方面，突出学习的主体性（主动性、独立性、创造性）、学习兴趣、学习能力、个性发展、自我评价意识和能力。

第二，评价的基本取向。评价角度多元化，从多元的角度看待学历和素质的提高，不偏重知识技能，不凭片面的分数分优劣，排名次；评价标准个别化，是否达到既定目标可因人而异，设多重标准，除基本要求外，不搞统一的标准；评价形式灵活化，不偏于客观测验，可采用论文测验、问题情境测验、操作测验等。

第三，评价的基本原则。（1）激励性原则。鼓励进步，促进发展，要评出信心，评出积极的情感，评出新的目标和方向，评出成功的动力。（2）民主性原则。

重视自我评价意识和能力的培养，自我评价、生生互评、师生互评、家长评价，评出合作，评出和谐。（3）个别性原则。根据不同学生的不同基础、不同学习类型进行评价，充分考虑学生的个别差异和年龄特征。（4）潜在性原则。评价时重视学生的发展潜力，注意发现学生的潜质。

根据以上指导思想，我们研制和移植了一系列评价方案和测评方法。

1. 综合测评类

（1）初中生非智力心理因素发展测评问卷。

（2）学生"学会学习"测评问卷。

（3）学习指导评价指标体系。

（4）"学会学习"四学目标评价指标体系。

2. 单项测评类（自测自评）

（1）动机。

（2）进取心。

（3）学习积极性。

（4）学习技能。

（5）意志。

（6）情绪稳定性。

（7）学习习惯。

3. 学科教学类

（1）课堂教学评价表。

（2）数学学科目标评估操作表。

（3）语文学科目标评估操作表。

（4）各子课题形成的评价方法。

（六）关于学习指导的研究

学习指导就其实质而言，是促使学生由"不会学"向"会学"转化的一种过程。学习指导的内容应包括学习心理、学习策略、学习方法等方面，学习指导的目标应该是使学生学会学习，促进其身心发展。多年来我们在这方面进行了深入的研究。在研究中我们提出了学习指导要和全面推进素质紧密结合，学习指导中要充分发挥学生的主体作用，学习指导要着眼于培养学生的创新精神，对此有专文论述(详见《大力开展学习指导,全面推进素质教育》《在学习指导中发挥学生主体作用的探索》《学习指导与创新精神培养》等论文)。为了系统探索学习指导的规律,我们对义务教育阶段学生学习指导体系进行构建和实验研究,作为子课题,主要由辽宁省阜新市教育科学研究所所长牛玉发主持研究。其主要成果有:

1. 构建了学习指导的目标体系

课题组以马克思主义关于人的全面发展的学说为指导,以古今中外的学习理论、系统科学、当代认知心理学、终身学习理论等为理论基础,构建出了以学生学会学习、学会发展为总目标,以学生愿学、爱学、乐学,掌握学习方法策略,能进行自我调节与监控,学习情感健康、意志坚强,养成良好学习习惯,培养学习能力为子项目标,与不同年段、不同年级、不同学科、不同单元、不同课时等相关层面有机结合的目标序列。学会学习指导目标体系结构示意图如下:

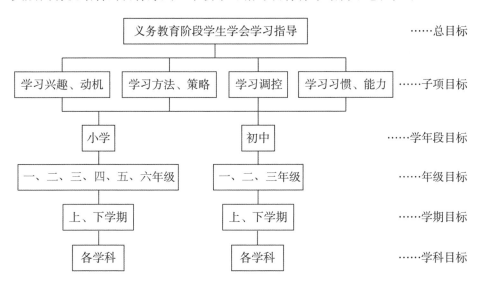

图6-6 学会学习指导目标体系结构示意图

2. 构建了学习指导的操作体系

学会学习指导操作体系包括学会学习指导模式及策略、方法等。

对动力系统的指导模式有激发学习动机、培养学习兴趣的模式,有思想教育模式、教学活动模式、环境教育模式等。方式方法有举办激发学习动机、培养学习兴趣等学习修养系列讲座,召开激发学习动机、培养学生兴趣系列主题班、队会,创设问题情境激发学生的求知欲,坚持反馈与激励性评价相结合,进行激发学习动机的校园文化建设,建立新型的人际关系等。

对执行系统的指导模式有渗透模式、诊疗模式、讲座模式、交流模式、规程模式等,方式方法有暗示式、示范式、提示式、举一反三式、自学辅导式、自学讨论式、自学为主线式、讨论法、咨询法、主题班队会、经验交流会等。

对控制系统的指导模式有教育模式、自我激励模式、自我"诊断"模式、实际锻炼模式、自我调控模式等,方式方法有指导读书法、内省法、慎独法、座右铭、制订和执行学习计划、坚持身体锻炼等。

对反馈系统的指导模式有内化养成模式、训练模式、榜样模式、评价模式等,方式方法有明理法、内化法、反复训练法、强化认知法、诱导示范法、主题班队会、自我监控、互相评价、教师评价和自己评价相结合等。

3. 构建了学习指导的评价体系

学习指导评价应从不同视角全面进行评价,其评价内容包括三个板块,即学会学习指导教学模式、学会学习指导教学过程和学会学习指导教学效果评价。效果包括学习动力增强水平、一般学习方法掌握水平、学习调控水平、基本学习能力水平、学生成绩水平等。对不同年段的学生学习评价在全面评价的基础上要有所侧重,如对小学生学会学习的评价应侧重在良好学习习惯的养成上,对初中生学会学习的评价应侧重在学习方法掌握运用及学习能力上。

评价体系主要的突破是构建了初中、小学学会学习指导评价指标体系。评价指标体系把评价的内容分解为互相联系的各级指标,如把 A 级指标分为 A 级指标 1、A 级指标 2 等,接着把各项进行分解,如把 A 级指标 1 分解为 B 级指标 1、B 级指标 2 等,再接着将其进行分解,如把 B 级指标 1 分解为 C 级评价要素 1、C 级评价要素 2 等。

在学习指导评价实施时要综合运用评价手段和方法,把观察、测量、记录、访谈、考试等各种方法结合起来运用。学会学习指导评价要采取自评与他评相结合,以自评为主;观察与测量相结合,以测量为主;审定与认定相结合,以审定为主;看学习成绩提高与看学习潜力发挥程度相结合,以看学习潜力发挥程度为主。

学习指导体系的构建是个系统工程。我们试图构建一个全方位、多渠道、多种模式、多种策略方法综合运用的操作性强的学习指导体系。在具体运用时,可视具体情况,取其一部分,进一步进行具体化的开发。

在学习指导研究中,我们还就学习策略、方法、元认知在学会学习中的地位作用,非智力心理因素的地位作用,学习策略教育问题进行了专题研究和实践探索,都有专文论及,在此不再赘述。

(七) 关于成果推广的研究

"研究是为了应用"是我们多年来坚持的信条。"边研究边推广,在研究中进行推广,在推广中深化研究",这是我们多年实践证明行之有效的经验。所以我们把推广作为课题研究的一项内容,总结出一套行之有效的经验,不但取得了很好的实践效果,而且得到上海市教育科学研究院普通教育研究所、上海市教委的肯定。突出的经验有:

1. 推广内容操作化

将研究的成果开发成学生可以理解、教师可以接受的形式,如编写出版《中小学生学习 32 法》《中学生心理发展常识》《学海巧泛舟》供中小学生阅读或列为课程;开发出《初中生非智力心理因素的发展与教育》《学习指导的理论与实践探索》等教师培训教材,列入 240 节课程,在对教师进行培训等方面取得了很好的效果。

2. 推广途径网络化

多年来,由于我们持之以恒,在一个研究方向上辛勤耕耘,精心组织,从无到有,不断创造,形成了多渠道、多层面的立体推广网络,使成果推广产生了很强的集聚效应和辐射效应。推广网络的特点是(1)以总课题"义务教育阶段学生'学会学习'研究"为龙头,21 个省市 360 多个子课题形成研究网络,边研究边推广,范围广,影响大。(2)充分发挥学术团体的作用,分别组织全国和全市的会员,开展咨询活动、召开研讨会、举办培训班,进行成果推广。(3)充分发挥上海市学习指导研究所的"四个中心"的功能,办培训班、创办《学习指导研究》(双月刊),推进推广工作。(4)充分发挥上海市学习指导研究所、上海市学习科学专业委员会联合设立的"上海市学习指导实验基地"的领头羊作用。(5)成立成果推广的中试机构"东方儿童潜能开发培训中心"向社会招生,研究人员直接应用成果为学生上课,边应用边研究。这五个方面既各自独立,又相互联系,形成一个功能互补的运作系统。

（八）关于课题研究的实践效果

四年来，我们以极大的热情、艰辛的努力，组织了分布在 21 个省、市、自治区的 360 多所中小学进行了这个应用性、实践性很强的课题的研究。从黑龙江边到珠江两岸，从东海之滨到峨眉山下，虽然各地区的社会经济发展状况有很大差异，文化背景、教育发展状况不同，研究基础也有悬殊，但对这一课题研究的积极性和热情却是空前的一致。这种积极性和热情源于一种共同的追求：为了中国基础教育的改革与发展，为了中国孩子学会学习。正是这种共同的追求，促成了一个以课题研究为纽带的民间协作体。在这个协作体里，有专家和教授，有局长和书记，有中小学校长和普通教师，大家都以一个普通的研究者和实践者参与其中，团结协作，优势互补，各展所长，各尽其责，为课题研究贡献着力量。正因为有了这种超大规模的通力协作，有了教育行政部门的积极推动和广大中小学校长、教师的积极参与，才使课题研究取得了很好的实践效果，产生了广泛的社会效益。主要表现在通过课题研究，学校领导的办学理念得到了提升，教师的教育观念得到了更新，在研究和实践探索中一批骨干教师迅速成长，教育教学水平和教育科研能力有了很大的提高，课堂教学的改革使学生学习能力、学生成绩有了提高。大部分承担课题研究的学校成了本地区推进素质教育的示范校、教育改革的先进学校，社会声誉普遍提高。课题研究所在地区把课题研究作为抓手，通过推广研究成果、宣传课题的指导思想，为培训班、研讨会等大力推进本地区素质教育的实施。这正是应用性课题最希望得到的实践效果和社会效益。这在各子课题的报告中，已有充分反映，在此不再赘述。

五、关于进一步研究的思考

第一，经过四年的艰苦努力，我们对课题原先设计的三大板块十六个细目按计划实施了研究，基本达到了预期的研究目标。截至 2001 年 2 月 20 日，根据研究需要立项的子课题已有 230 个，通过总课题组组织鉴定验收的，占总数的 65%，余下的在 2001 年 7 月前完成鉴定验收。在研究过程中，我们克服了由于课题研究的内容多、难度大、子课题分布地域范围广、参与研究人员层次参差不齐等给研究、指导、管理带来的诸多困难，探索了多种形式的组织管理、指导方法，如通信指导、刊物指导、设立地区牵头人或联系人、借助群众学术团体力量、办研讨会与培训班、开阶段性成果交流汇报会等,取得了较好的效果,积累了一定的经验。但是,由于总课题组人员少,且都是业余从事本课题的研究、组织和指导,所以仍有力不从心、鞭长莫及的感觉。怎样组织这样实用性很强的大型课题的研究是教育科研领域,特别是教育科研管理部门,值得关注并深入研究的问题。组织得好能收到事半功倍的效果,不但能出实用性很强的科研成果,而且研究过程中所产生的教育改革的推动力对教育科研发展的促进作用以及社会效益都将是巨大的。我们敏锐地感知到,由全国教育科学规划办以立题的形式,委托在某一领域有较好研究基础、有一定影响的地区牵头,研究这一领域的一个重大课题,组织不同地区协作攻关,充分利用民间的人力、财力、物力资源,不失为一条可供探索的路。"十五"期间,我们将充分利用已建立起来的网络和协作关系,在已有研究的基础上,进行更深入的研究和探索,希望得到有关领导和专家的支持和指导。

第二,本课题在以义务教育阶段学生为主要研究对象的前提下,也有意识地向两头延伸,选择一些基础较好的高级中学和幼儿园,对高中学生和学前幼儿的学习问题进行了研究,在对初高中的衔接、幼儿潜能开发等方面取得了较好的成果和研究经验。"十五"期间,我们将在继续研究义务教育阶段学生的同时,把研究对象扩展到 0—18 岁,也就是学前幼儿加基础教育阶段的学生。

第三,在教育情境中的实际应用研究要加强。中小学教育科研不能不切实际地追求"理论构建",而要追求学习运用已有教学理论,特别是现代学习心理学、教育心理学的理论解决具体的教育实际问题,使理论下嫁实践,实践吸纳理论。"十五"期间,我们将进一步深入探索行动研究,使之成为教师实践反思的最好形式,成为应用研究和开发研究最有效的方法,使之成为教师培训的一种模式。

第四,学科教学领域如何指导学生"学会学习"需要进一步深入研究,仅停留在一般地研究一个通用的教学模式,提供一些教学策略是远远不够的。现在比较普遍的仅是以讲一些新的理念、提一些新的要求来指导课堂教学改革,笼统地、空泛地讲培养能力、发展能力、培养创新精神的多,具体的、可操作的措施少。因此,形式上的改革多,科学的、实质的改革少。"十五"期间,我们将推进用学习理论中学习结果分类思想设定学科教学目标的研究,以教学目标指导教学、学习和测评,使课堂教学改革进入质的研究,使"九五"研究的成果在课堂教学中得到进一步的深化。

第五，中小学生的元认知问题(包括元认知知识、元认知体验、元认知监控的应用与培养)需要进一步深入研究。主要是研究如何在教学过程中通过元认知的培养发展学生学习的主体性和学习全过程的自我监控能力，特别是在中小学生自我评价、自我决策方面有突破。

第六，开辟学习潜能开发的研究领域，对潜能的概念界定、潜能的生理与心理基础、潜能开发与人的发展、潜能开发的途径方法等进行研究。分别对 0—3 岁、4—6 岁、7—12 岁、13—15 岁的儿童青少年进行研究，以行动研究、实验研究为主要研究方法。

第七，对"九五"取得的成果进行推广、应用。要进一步进行再开发研究，尽快把成果转化成教师培训教材，开发出指导学生学习的课外普及读物《中学生学会学习丛书》《小学生学会学习丛书》。在"九五"课题研究的过程中，我们深感教师非常缺乏现代学习心理学的理论知识，包括一些教研员也知之甚少，很难用理性的思考、科学的方法指导课堂教学改革。探索一条成果转化、理论普及的道路是我们要致力研究的。

"九五"教育部重点课题"义务教育阶段学生'学会学习'研究"结题了，但是中小学生学习问题的研究远没有结束，这是一个永恒的课题。我们将一如既往，在这个有着重要实践意义的研究领域，和全国中小学教师一起辛勤耕耘，播撒希望的种子，收获美好的未来。

第七章　学生学习潜能开发研究(一)

一、我们团队的第二个教育部重点课题

(一)"十五"开始学习潜能开发新探索

"九五"期间,从 1997 年 1 月到 2000 年底,我们用四年时间开展教育部重点课题"义务教育阶段学生'学会学习'研究",取得了较好的成果,不但获得了上海市第七届教育科研成果评选一等奖,而且获得了成果推广一等奖。这一时期是学生学习研究发展的最好时期,一种良性的发展机制已经形成。这一时期群众性学术团体的活动也异常活跃。如何继续发展这种形势? 研究怎样深入发展? 我们团队坚持"学习、借鉴、融合、创新"指导思想,在学习多元智能理论和脑科学研究成果的基础上,我写了开发新的研究的导引性文章《学习潜能开发,我们从这里起步》,设计了"义务教育阶段学生学习潜能开发研究"课题研究方案,向全国教育科学规划领导小组办公室提出了新的课题申请。2002 年4 月 15 日,全国教育科学规划领导小组办公室通知,该课题被批准为全国教育

图 7-1　"十五"教育部重点课题"义务教育阶段学生学习潜能开发研究"开题大会

科学"十五"规划教育部重点课题,课题于 2002 年 5 月 9 日正式开题。

"九五"期间,我们研究义务教育阶段学生"学会学习"的过程中,已对幼儿潜能开发、中小学生学习潜能开发进行了一些初步实验研究,并于 1997 年成立了上海市黄浦区"东方儿童潜能开发培训中心",对幼儿的语言潜能、艺术潜能进行了实践探索,这些先期的实践探索为本课题的研究提供了重要的基础和实践依据。

(二) 开始把课题研究与优秀骨干教师培养有机结合的探索

从 2002 年开始,我正式从黄浦区教育学院副院长位置上退下来,只担任上海市学习指导研究所常务副所长、学科带头人,兼任黄浦区教育学会会长的职务,不再做黄浦区教育学院的行政事务性工作,我有更多的时间用于读书、学习、研究。也就是这一年,黄浦区启动了名师培养工程。2002 年 5 月,黄浦区命名第一批五个名师工作室,"徐崇文学习潜能开发研究工作室"正式挂牌成立。2002 年 6 月招收第一批 14 名学员,这些学员都参加了新的教育部重点课题的研究,从此开启了课题研究与名师工作室的活动相结合,以课题为载体,与青年教师一起学习、研究、实践的模式。每一位学员都申报一个子课题,并参与总课题的研究活动,这极好地促进了青年教师的成长。

在这个课题研究期间的 2004 年,尹后庆主任到浦东新区任社会发展局局长,非常有远见地、创造性地在浦东教育系统设立了内涵发展项目。作为第一届内涵发展项目,尹后庆主任委托我办一个分管教学的中学校长研修班,这个研修班的名字叫"学习潜能开发研究浦东校长研修班",又叫"学生学习潜能开发研究浦东骨干培训项目"。这个项目通过申报评审,正式确定为"浦东新区教育内涵发展项目"。每个教育署选两位分管教学的校长参加,共 8 位,研修一年半。我聘请当时上海有影响力的教育心理特级教师陈泽庚、吴锦骠、阮龙培、魏耀发作为导师,指导学员一起研修。学员们参与总课题组的重要活动,而且有机会参加全国的大型研讨会、培训会和学术年会,带着课题学习、研究,效果显著。这两个班分别于 2005 年 4 月、2006 年 5 月编辑出版了研究成果集《学习潜能开发:我们的探索》和《学习潜能开发:学习、实践、研究》。

这种培训方式一直延续到我主持的后几期的区、市名师工作室、名师基地的培养工作,都取得了较好的成果。

（三）课题成果预览

在这个课题研究过程中,我根据课题进展的不同阶段,分别写出导引性文章《学习潜能开发研究:我们从这里起步》(发表于《学习指导研究》2002 年 4—6 期合刊、《上海教育科研》2003 年第 9 期)、《多元智能理论与学习潜能开发》(发表于《中学教育》2003 年第 12 期)、《学习潜能开发研究:进程中值得关注的若干问题》(发表于《学习指导研究》2004 年第 2 期)。这些文章对帮助学员学习理论、理解课题的总体要求、推进课题研究起到很好的作用。

这个课题取得了非常丰富的成果,正式出版书籍有:《幼儿潜能开发丛书(0—3 岁)》3 本(2005 年 11 月上海三联书店出版);《幼儿潜能开发丛书(4—6 岁)》6 本(2005 年 11 月上海三联书店出版);《中小学生学习潜能开发丛书》(小学语、数、外 3 本,初中数、外 2 本,高中语、数、外 3 本,2006 年 7 月上海三联书店出版);《学习理论与学习潜能中小学教师读本》(2006 年 7 月上海三联书店出版);《义务教育阶段学生学习潜能开发研究(上)(下)》(2007 年 10 月上海三联书店出版)。

我执笔完成的研究报告《义务教育阶段学生学习潜能开发研究》发表于 2006 年 9 月《上海教育科研》杂志。

（四）课题成果鉴定意见

全国教育科学规划领导小组办公室于 2006 年 10 月组织专家进行了现场鉴定,现将鉴定意见选录于后。

"义务教育阶段学生学习潜能开发研究"课题成果鉴定意见

"义务教育阶段学生学习潜能开发研究"于 2002 年 2 月被批准为全国教育科学"十五"教育部重点课题。2006 年 10 月,全国教育科学规划领导小组办公室组织专家鉴定组对该课题成果进行结题鉴定,专家组全体成员在认真审阅了有关材料后一致认为:

1. 该课题研究目标明确,内容丰富,较为系统地对儿童青少年的学习潜能开发问题进行了深入探索。

2. 该课题坚持"学习、借鉴、融合、创新"的指导思想,在吸纳、借鉴与本课题相关理论和成果的基础上,提出了学习潜能的三个层次界定和五个基本命题,具有一定的创新性。特别在实践研究方面,该课题组总结出一系列行之有效的学习潜能开发内容、途径、策略、原则与方法,提出了在实践研究中的四个关注。通过对 0—18 岁的千名来自四种取样的三类学生的深入研究,得到了六条有重要教育意义的结论。借鉴、移植和制定了十几种潜能开发评价工具,重点研究了语言潜能、音乐潜能等单项测评方法,智力展示的评价方法,关键能力的鉴别方法等。这些成果对学生的学习潜能开发具有较强的实践指导意义。

3. 该课题研究规模较大,在研究中重视方法论方面的探索,综合运用了包括行动研究法、教育实验法等多种方法,取得了较好的实践效果,产生了广泛的社会效应。

4. 该课题采用分课题组和子课题组的形式组织研究,带领一大批学校和教师参与研究,积累了丰富的组织指导大型课题的经验。在研究和实践探索中一批骨干教师迅速成长,教育教学水平和科研能力有了很大的提高,一些学校也在研究中形成了自己的教育教学特色。

5. 该课题非常重视研究成果的推广工作,边研究边推广边应用,开发出一批供学生、教师、家长使用的研究成果,扩大了课题的影响,推动了基层学校的教育改革。

综上所述,该课题研究成果达到了预期目标,同意结题并通过鉴定。

专家们同时认为,鉴于儿童青少年学习潜能开发是一个重要的理论问题,更是一个重要的实践问题,建议对此课题进行进一步研究。

鉴定组组长:张民生(上海市教育委员会)

鉴定组成员:燕国材(上海师范大学)

顾泠沅(上海市教育科学院)

申继亮(北京师范大学)

苏　忱(上海市教育委员会)

2006 年 10 月 14 日

二、课题研究的意义

(一) 教育要以人的发展为本

马克思主义在论述人的全面发展时指出,要使人的"一切天赋(潜能)得到充分发挥"。人的潜能充分发展是人的全面发展的重要方面,是人的身体和精神、生理和心理得到充分自由发展的重要内容,如何使人的潜能得到充分发展已成为世界关注的人才培养方面的前沿课题。未来国际竞争日趋激烈,但归根结底是人才的竞争。中华民族要在 21 世纪屹立于世界民族之林,提高国民素质是当务之急,而潜能开发正是提高民族素质的关键所在。

(二) 国内外的研究表明其有重要的研究价值

哈佛大学霍华德·加德纳教授认为,"智力是处理讯息的身心潜能",要促进学生的智力发展,就是要在一定文化情境下,激活这种潜能。为此,他作了"零点项目"等一系列的研究和实验。人本主义心理学的基本观点之一就是强调人都有发展的潜能,而且都有发挥潜能的内在倾向。罗杰斯等人认为,教师和学校的责任在于创造良好的条件和机会,促进学生潜能的发挥。这些主张无疑是有积极意义的。国内沈德立教授的脑功能开发的理论与实践研究、江苏省教委的科学教育——开发儿童少年潜能研究,都展现了开发学习潜能的重要意义和价值。

(三) 系统认识和解决义务教育阶段学生学习潜能开发的理论和实践问题

课题研究将努力把当今脑科学的新成果、多元智能理论、认知科学和学习心理学的理论用于学前儿童、中小学生的学习潜能开发研究中,使儿童学习潜能开发的理论认识达到科学化、系统化的新水平。本研究重点在教育教学实践中开发学生学习潜能的内容、途径、策略、方法、技术,大力推动中小学生和学前幼儿学习潜能开发的实践活动。研究对于探索优秀人才成长规律,提高中小学生的学习效率,培养潜能充分发挥、个性充分发展的高素质优秀人才有重要的现实意义和应用价值。

三、课题研究的目标与对象

（一）研究目标

第一，通过对学习潜能的概念、生理心理基础、学习潜能与学会学习以及人的发展的关系等问题的研究，我们对学习潜能的理论认识达到一个系统化、科学化的新水平。

第二，通过行动研究和一定数量的有代表性的个案研究，探索义务教育阶段学生学习潜能开发的内容、途径、方法、技术，探索学习潜能开发的规律，找出适合不同儿童学习潜能开发的方法，探索个别咨询指导和训练的方法。

第三，研制学习潜能发展的测评方法和技术，编制语言潜能、思维潜能、艺术潜能等单项测评问卷。

（二）研究对象

在研究"九五"教育部重点课题"义务教育阶段学生'学会学习'研究"时，在重点研究义务教育阶段学生的基础上，已将研究对象延伸到幼儿园和高中生。作为其研究的继续和深化，本课题的研究对象重点仍是义务教育阶段学生。但为了研究和认识的连续性、完整性和系统性，其范围明确为：0—3岁婴幼儿，4—6岁幼儿，7—15岁义务教育阶段学生（重点研究），16—18岁高中生（主要是个案研究）。

四、课题研究的主要内容

（一）关于学习潜能开发的理论研究

坚持"学习、借鉴、融合、创新"的指导思想，认真学习多元智能理论，学习脑科学的研究成果和当代认知心理学，应用我们在"学会学习"研究中构建的知识体系，进行学习潜能的理论研究。研究学习潜能的含义，研究学习潜能的生理心理基础，研究学习潜能开发与环境、教育、训练的关系，研究学习潜能开发与人的发展等。通过研究，我们对学习潜能的理论认识达到一个较为科学的新水平，从而使学习潜能开发的实践能够在较系统的理论指导下进行。理论研究由总课题组的综合研究组负责研究。

（二）关于学习潜能开发的实践研究

探索教育教学实践中怎样开发学生的学习潜能，也就是在教育实践中寻找学习潜能开发的内容、途径、策略、方法，这包括一般性学习潜能、特殊性学习潜能和综合性学习潜能等各种潜能开发的实践研究。研究以行动研究法为主，辅以教育实验法。

通过实践研究，我们将研制各年龄段学习潜能单项开发方法与技术、综合方法与技术、家庭训练的内容与方法、学科教学中的方法，开发适用于家庭婴幼儿、小学低年级学生学习潜能开发的教程。

在实践研究中，我们强调应用学习科学的一般原理、多元智能理论和脑科学的新成果改革教育教学，强调推广应用"九五"期间已取得的"学会学习"教学模式、学习模式等成果。特别要重视以下的实践探索：

第一，关注差异，探索如何发现不同学生不同的智力优势领域、不同的发展程度、不同的学习类型，如何针对不同学生进行不同的潜能开发，促进多元发展。

第二，关注教育教学全过程，探索怎样创造多感官、多通道的信息输入方法，怎样创造丰富多彩的环境和足够的刺激，促进学生的潜能开发。

第三，关注脑潜力，探索怎样开发内隐性学习和内隐性记忆，怎样用运动、音乐、冥想、放松等方法开发潜能。

第四，关注元认知，探索怎样提高学生的认识、洞察和反省自身的能力，提高自我监控、自我调节的能力。

要认真细致地研究教学过程，结合学科教学研究编制科学的、高效的、操作性强的训练方法，不在空泛的理念上做文章。

（三）关于学习潜能开发的个案研究

我们采取纵向和横向相结合的方法进行个案研究。对于每一个被试的个性特点、智力、学习类型、学习习惯、学习方法、作业作品、创新意识、发展潜质、家庭状况、教育环境等进行全面跟踪研究，全面观察记录，定期测评分析。通过个案研究发现优秀人才成长的规律，探索学习潜能开发的途径。研究对象取样方法分为四类。

第一类研究对象：0—3 岁的幼儿。为每一个研究对象建立档案，记录实验期间发展变化的数据,跟踪研究一年。

第二类研究对象:4—15 岁的儿童。在每个实验班选择特长学生(或优秀学生)和发展相对滞后迟缓的学生各三名进行对比研究,跟踪研究一个实验段。

第三类研究对象:在学习指导研究所实验学校选择小学一年级、四年级、初中一年级各一个班进行综合实验,并对每一个被试进行个案研究,跟踪研究三年。

第四类研究对象:在非实验班中,在正常的教育情景下(不加任何干预)对不同类型学校的 7—18 岁 12 个年龄段的特长生(优秀生)进行个案研究,每个年龄段选取 30 名,跟踪研究一年。

(四) 关于学习潜能发展的测评研究

一是研究智力展示的评价方法,研究关键能力的鉴别方法。

二是研究发现优势智力领域的方法。

三是研究语言潜能、音乐潜能等单项测评方法。

五、课题研究的过程与方法

本研究是一项规模较大的综合性研究,研究内容多、难度大、被试数量多,要进行长时间的直接观察记录,要全面积累有关资料,科学分析有关数据,要综合运用个案研究法、教育实验法、行动研究法、文献研究法和心理测评方法。为了科学、深入、有序地实施研究,课题组分成学前幼儿研究组、小学生研究组、初中生研究组、个案研究组、综合研究组五个分课题研究组,下设各专项研究的子课题组。按照总课题组的设计思想和总体部署,每个组再制订详细的研究方案并组织实施。

本课题是在全国教育科学“九五”教育部重点课题“义务教育阶段学生‘学会学习’研究”取得较好成果的基础上设计申报的,2002 年 2 月被正式批准立项为全国教育科学“十五”教育部重点课题,从批准立项算起至 2005 年底,用四年时间实施研究,研究过程分为四个阶段。

(一) 第一阶段(2001 年 9 月—2002 年 8 月)

(1) 课题设计、申报,课题组组建;编选专题情报《关于多元智能理论的研究》和《关于脑科学研究》,记 40 万字;中小幼实验方案形成,实验学校确定,实验学校实验负责人确定,研究人员和实验教师确定。

（2）2002 年 5 月,徐崇文代表总课题组在上海作开题报告,对研究人员、实验教师进行第一次培训,全国教育科学规划办副主任金宝成出席。

（3）徐崇文发表引导性文章《学习潜能开发研究:我们从这里起步》,供各子课题研究参考。

（二）第二阶段（2002 年 9 月—2003 年 9 月）

（1）从 2002 年 9 月 1 日起,实验与个案研究全面正式开始,编选《个案研究方法》专题情报,20 万字;对个案研究人员进行第一次培训,确定个案研究的被试。

（2）结合全国非智力因素研究会第三届年会,举办学习潜能开发研讨及培训班,请林崇德、董奇、燕国材教授作辅导报告（2002 年 11 月初于济南市）。

（3）举办第一次阶段性成果交流会,并进行第二次培训（2003 年 9 月于上海市）。

（4）完成个案研究各种观察测试、问卷调查、全面资料搜集的任务（非智力心理因素、智力状况、元认知水平、智能优势、发展趋势等）。

（5）对一年的研究进行小结,写出阶段性研究报告;修正研究方案,为下一年的研究做准备。

（三）第三阶段（2003 年 9 月—2004 年 8 月）

（1）对个案研究的资料进行全面分析整理,在《学习指导研究》上陆续发表个案研究报告。

（2）继续进行实践研究,总结语言潜能、艺术潜能、记忆潜能、思维潜能等开发的方法技术,编出相关年段的教材,部分子课题结题。

（3）进行第二次阶段性成果交流会,举办第三次培训,请华东师范大学马庆发教授、上海师范大学卢家楣教授、北京师范大学李庆安教授作报告,交流阶段性成果（2004 年 1 月于厦门市）。

（4）徐崇文发表第二篇导引性文章《学习潜能开发研究:值得关注的若干问题》,强化子课题研究的指导。

（5）举办第三次阶段性成果交流会和第四次培训,请上海师范大学谢利民教授、华东师范大学皮连生教授等作报告（2004 年 7 月于上海市）。

（四）第四阶段（2004 年 9 月—2005 年 12 月）

（1）深入进行各专题研究，各分课题开始梳理已有研究成果，进行全面总结。

（2）分别编写出版《幼儿学习潜能开发丛书》和《中小学生学习潜能开发丛书》。

（3）结合全国非智力因素年会，举行第四次阶段性成果交流会和第五次培训，请上海师范大学燕国材教授、卢家楣教授，天津师范大学阴国恩教授和任勇、吴昌顺特级教师作报告，推进最后一年的深入研究（2004 年 11 月于成都市）。

（4）举办课题第六次培训。结题培训，徐崇文发表名为《课题总结：我们应该怎样做》的报告，指导分课题、子课题结题阶段的研究工作（2005 年 4 月于上海市）。

2006 年 1 月—2006 年 10 月，课题组还进行课题研究的后续工作：完成成果的梳理、编辑出版工作；召开成果鉴定会，由全国教育科学规划办组织；召开结题大会，评选优秀成果和优秀研究者，全面总结研究工作；成果展示报告，大力推进成果的推广应用工作；成立学习潜能开发研究协作组织，策划如何进一步深入研究。

六、课题研究成果概述

本课题经过四年的研究，取得了较为丰富的研究成果，现概述如下。

（一）学习潜能开发的理论研究成果

本课题组坚持以"学习、借鉴、融合、创新"为理论研究的指导思想，把理论研究作为课题研究的先导，坚持应用性原则。在我们"九五"提出的"学会学习"理论框架的基础上，学习应用多元智能理论和脑科学的研究成果，特别强调理论优选应用的针对性和互补性，不囿于某一流派的理论体系，充分注意理论应用的条件和范围，在课题研究中辩证地、能动地学习、运用、研究理论。

我们先后发表了《学习潜能开发研究：我们从这里起步》《学习潜能开发研究：值得关注的若干问题》《学习潜能开发引论》等文章，编印了《关于多元智能理论研究》《关于脑科学研究》等专题情报，出版了《学习理论与学习潜能开发中小学教师读本》（上海三联书店 2006 年版）。

我们对学习潜能的概念进行了深入探索，提出了三层次的概念界定和五个基本命题;对多元智能理论在潜能开发中的应用进行了梳理和阐释;对如何应用脑科学研究的新成果、如何开发学生的学习潜能进行了整理,提出了基本的思路,初步构建了学习潜能开发的操作系统;对学习潜能理论和实践有了一个比较清楚和系统的认识,为今后的研究奠定了较好的基础。

1. 潜能

人的潜能泛指人的潜在能力,是尚未被开发利用的能量、能力,是没有外显化、实际化的能力。潜能既包括生理发展潜能,又包括心理发展潜能,如智力就是一种身心潜能。潜能是建立在遗传的基础上的,但又离不开后天环境影响和历史文化的积淀。对于人类来说,潜能还是个"黑箱",还有很多未知,需要多学科协同,经过长期不懈地探索研究,才能真正认识它。

2. 学习潜能

学习潜能是与学习活动紧密相连的、尚未被激发的、尚未被实际化的能力,是每个人都有的潜在的学习能力。学习潜能来源于人的生理心理潜能,特别是来源于脑潜力。学习潜能既孕育在先天的遗传因素中,又与后天的生存环境和文化背景有着重要的联系。

我们研究认为,学习潜能可以分为三个层次:一般性学习潜能、特殊性学习潜能和综合性学习潜能。

第一层次为一般性学习潜能,也可称为基础性学习潜能,其结构如图 7-1 所示。

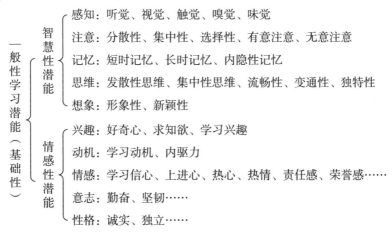

图 7-2　一般性学习潜能结构图

第二层次为特殊性学习潜能,也可称为专门性学习潜能,包括语言潜能、数理逻辑潜能、音乐潜能、视觉空间潜能、运动潜能、交往潜能、内省潜能等。

第三层次为综合性学习潜能,也可称为创造性学习潜能,包括创新意识、策略方法的掌握和运用,辩证思维方法的运用,综合运用知识、策略、方法、技术的能力等。创造性学习潜能必须以第一、第二层次的学习潜能为基础。

3. 五个基本命题

根据以上对学习潜能的基本认识,我们归纳出五个基本命题:

第一,每个人都有学习潜能,且潜能是巨大的。

第二,人的生理心理基础是学习潜能的源泉,特别是脑潜力是学习潜能的重要源泉之一。学习潜能既孕育在人的先天遗传因素中,特别是脑潜力中,又蕴藏于人的后天生存环境与文化背景之中。也就是人的潜能是人的生理潜质与一定文化背景下的学习机会相互作用的产物。

第三,每个学生都有不同层次的各种学习潜能有待开发,既有一般性学习潜能,又有特殊性的和综合性的学习潜能,且每个学生的学习潜能是有差异的,各自有不同的优势领域,实践中必须充分关注这个差异。

第四,学习潜能只有经过开发才能成为现实的学习能力。开发学习潜能是提高学习效率、培养高素质人才的根本途径。

第五,学习潜能是能够开发的。努力将脑科学的新成果、认知科学、学习科学、多元智能理论运用于学习潜能的开发研究,在教育教学实践中师生共同进行学习潜能开发的探索,学习潜能的开发必将取得突破性的进展。

4. 多元智能理论在学习潜能开发中的应用问题

"引入多元智能理论,进行教育教学改革"的课题在北京教育学院、华东师范大学均有专家学者在研究。我们课题组从 2001 年开始研读多元智能的有关理论,整理选编了一本《多元智能理论研究》的情报专辑。我们认为,任何一种理论都不是万能的,不能绝对化,不能数典忘祖,不能生搬硬套国外的有关实践,要结合自己所在地区的实际、研究对象的实际,进行本土化的创新性实践探索。我们的研究从学习潜能开发应用的角度进行如下梳理和阐释。

第一,认同一个概念,即智力是一种身心潜能,是在一种或多种文化环境下,受到重视的解决问题或制造产出的能力。这个概念,首先,强调智力的多元性。智力是一组能力,不是一种能力,比如加德纳的多元智力理论认为,智力的八种能力对学生同等重要。其次,强调智力的实践性。智力是解决问题的能力,是创造出有社会文化价值的产品的能力,不是标准化测验所显示出的能力。然后,强调智力的差异性。作为个体,每个人都拥有相对独立的多种能力,这些能力在每个人身上的组合方式、发展顺序、表现形式、发展程度各不相同,这就是差异。这些差异除了某些遗传基因的作用外,更重要的是环境和教育所造成的,但这种差异不能用聪明与否来区分,只存在不同的个体各自在哪个方面聪明以及如何聪明的问题。最后,强调智力的潜在性。智力是身心潜能与外在环境相互作用的产物。这些潜能是每个人都有的,与生俱来的,关键是怎样提供适合的文化情境,使其活化。也就是说,环境和教育要把每个个体的潜能开发出来,不能仅以现时的智力表现、发展方向和程度来认识个体的智力,判断其优劣。

第二,确立一种理念,即智力只有在一定的文化环境下才能被活化,而且个人所处的文化环境将影响这种潜能发展的方向和程度。也就是说,人的潜能的发挥是人的生理潜质与一定的文化背景下的学习机会相互作用的产物。

第三,树立一个信念,即树立"每个学生都是可造之才"的信念。教育者对每个学生都应抱有成才的期望,他们的差异不能用聪明和愚笨来区分,充分尊重每个学生的智力特点,为他们创造、发现培养优势智能的条件、机会,使他们的潜能得到充分开掘。

以上的阐释是树立新的学生观、教育观和评价观的依据,是我们学习潜能开发实践的出发点。

5. 脑科学研究的新成果在学习潜能开发中的应用

(1)概述

教育应该成为脑科学研究的重要的"学问用户"之一,提高人的素质归根到底就是要科学地开发人脑的潜能。为此,我们在学习研究中整理出一个"为我所用"的关于人脑的一些基本认识。

第一,人脑重量。男子平均重 1350—1400 克,女子平均重 1200—1250 克。

第二,人的大脑约有 1000 亿个神经元,10000 亿个脑细胞(胶质细胞),所有人类的行为都可以追踪到神经元的沟通(联结)上,这种沟通是通过电信号和化学信号的转换实现的,也就是神经元与神经元之间的神经递质的放射与接受形成的联结。

第三,脑的解剖结构包括左半球和右半球,由大脑皮层和脑干、小脑、丘脑、下丘脑、杏仁核、海马等组成。大脑的皮层可划分为四个叶,即额叶、顶叶、颞叶、枕叶,是实施脑的高级功能的关键部位,这些功能包括感知、学习、记忆、思维、认知运动和情绪等。小脑维持身体的平衡,丘脑和下丘脑对于调节认知和机体的关键功能,如睡眠、注意、运动、应激、性等有重要作用。海马体参与记忆储存,杏仁核协调不同情绪状态的自主反应和内分泌反应。

第四,对脑的研究是在不断地发展中的,我们要科学地应用脑科学的研究成果,就应该了解一些脑研究基本发展的进程和已经确认的最新成果。二十世纪五六十年代,美国心理生物学家斯佩里(Sperry,R. W)发现大脑两半球功能的高度专门化,左右两半球既有明显分工,又相互配合,而且许多高级功能属于右半球。斯佩里的裂脑人实验的研究结果表明,左脑主要负责逻辑思维和分析性的思维,右脑主要负责直觉思维和综合性思维,形成了脑的一侧化理论。到20世纪90年代,科学家利用多种无创性脑成像技术,如 X 射线、计算机断层扫描(CAT)、正电子发射断层扫描(PET)、功能磁共振成像(FMRI)、脑电图(EEG)等直接洞察正常人的脑活动状况。研究表明,大量脑功能系统不是按左右脑分工原则组装的,"脑是由在神经系统的各个水平上进行活动的子系统以模块的形式组织在一起的","复杂的心理能力是大脑中许多离散分布的特异区域功能的产物"。与定位说①相比,它揭示的是人脑的整体性,它不是对脑功能的静态局部的描述,而是对脑的运转状态的动态的、全局性的描述。

但是我们不能不特别说明的是,科学的发展是不能以否定以前的全部结论为代价的。不能因为"模块论"②的提出就全盘否定两半球功能一侧化理论。我国脑科学家指出,脑的不同区域具有功能上的分工,……但是,这种功能定位只有相对意义才成立。

脑科学现在还在迅速发展,随着高新技术的应用,新的知识会不断出现,新的成果会不断补充、修正现有的认识。所以,我们应用已有成果时就不能绝对

---

① 定位说是由神经解剖学家 F.J.加尔和他的学生 J.G.施普尔茨海姆于 19 世纪初提出来的。他们认为,脑的机能是由大脑的一些特定区域负责的,大脑皮层分成许多独立的功能区域,分司各种心理能力。

② 模块论是 20 世纪 80 年代在认知科学和认知神经科学的研究中出现的学说。它认为,人脑在结构和功能上是由高度专门化并相对独立的模块组成的,这些模块复杂而巧妙的结合是实现复杂而精细的认知功能的基础。

化，要小心谨慎。

（2）脑科学研究的新成果及其对潜能开发的启示

此部分内容在"十一五"教育部重点课题中有深化研究，将在第九章中完整呈现，此处不做详细叙述。

（二）学习潜能开发的途径与方法

学习潜能开发研究的重点是探索在教育实践中怎样开发学生的学习潜能，也就是在教育实践中寻找学习潜能开发的内容、途径、策略、方法。我们通过三年多的实践探索，得出如下的概括：

1. 学习潜能开发的基本原则

在学习潜能开发的教育实践中，我们总结出五条基本原则。

（1）发展性原则

学习潜能开发要以"人的发展为本"，开发每个学生的学习潜能，以提高全体学生的学习能力、学习效率、学习质量为直接目标，使每个学生达到自己的最佳发展状态，促进全体学生身心的全面发展。

（2）主体性原则

学习潜能开发要以学生为主体，充分重视学生的主体地位、重视学生主体意识的培养，要充分发挥学生的主观能动性。任何开发学生学习潜能的活动和训练，都要引导学生积极参与、主动体验，在参与和体验中发现自我、超越自我，发展自我意识，培养主动发展的意识和能力。

（3）情感性原则

学习潜能开发要重视情感的力量，重视情感在人类学习中的重要作用。在开发学生学习潜能的教学实践中，要充分注意师生情感的交流、情感的共鸣和情感潜移默化的作用，注意对学生心灵的激励和高尚情感的培养，重视人文素养的培养。

（4）差异性原则

由于遗传、环境、教育的不同，学生的发展存在着差异性。差异性正是学习潜能开发的一个出发点和依据。因此，学习潜能开发要特别注意差异性，要充分尊重每个学生的智力特点，尽可能地为不同的教育对象创设不同的教育情境，使用不同的教育策略、方法，努力为每个学生创造、发现、培养优势潜能的条件、方法,创造差异教学。

(5) 综合性原则

学习潜能开发要综合运用科学的、人文的方法,将学校教育、社会教育、家庭教育、社会实践活动等各种教育渠道结合起来,形成开放的、立体交叉的信息网络,创造多元的文化环境,充分的实践机会和动脑、动手、动口、动眼、动耳等多感官参与的机会。

2. 学习潜能开发的主要途径、方法

我们从五个方面进行实验研究和实践探索。

(1) 脑潜力开发

脑潜力是学习潜能的重要基础和源泉。因此,开发学习潜能第一重要的途径就是开发脑潜力。这是我们实践探索研究的重点,我们特别强调,要在脑发育的关键期,多感官、多通道的信息输入,内隐性学习等方面进行重点探索,主要采取以下一些方法:

① 诱导脑电波,唤醒潜意识,开发内隐性学习

研究表明,大脑在不同的活动状态下产生不同频率的电波,从高到低可分为 β 波、α 波、θ 波、δ 波。β 波,频率为每秒 14—30 次,紧张思考时出现,此时注意力高度集中,易焦虑;α 波,频率为每秒 8—13 次,神经松弛时出现,此时记忆力强;θ 波,频率为每秒 4—7 次,沉思、冥想、幻想、昏昏欲睡时出现;δ 波,频率为每秒 1—3 次,熟睡无梦、神志不清时出现。

大脑产生 α 波时,其工作效率最高,人对所学习的内容感到轻松容易,易产生顿悟,产生灵感,能提高速度和记忆力。在这种状态下,容易产生内隐性学习,潜意识得以运作,从而提高学习效率。在研究中,我们对一些方法进行了实践探索。

A. 冥想法

冥想法由三部分组成:身体放松练习、情境想象练习和良性暗示。

身体放松练习:可练习"中国气功"和"印度瑜伽功"的简单功法。

情境想象练习:可用"美好时光回忆法",通过回忆美好往事,产生愉快的情绪,使心境愉快;也可用"图片想象法",选择一幅风景画,风光秀丽,湖光山色,自己安坐在一把椅子上,注视风景画,展开想象翅膀。

良性暗示:在一个人"放松的专注"状态下,用正面的、简短而有力的话语,

暗示自己或被别人暗示。

B. 音乐法

音乐是学习的催化剂。音乐法主要选择轻松的中国古典音乐、外国古典音乐(如巴洛克音乐)。在学习前,先聆听一段有助于放松的音乐,并配合音乐进行深呼吸和放松。在学习时,随时轻声播放有助于心情专注的音乐。晚上睡觉前,再一次播放相关音乐,重新温习一遍学习的内容,慢慢进入梦乡。如果是学习语言课程,也可在播放音乐的同时,插放语言教材。

这些方法从幼儿到高中生均可试用,都有较好的效果。上海市元培中学在艺术综合课上、上海市裘锦秋实验学校在思维训练课上、上海市沪东中学在英语单词的记忆中、上海市大同中学在高中生古诗文学习中、上海市求是中学在语文阅读训练上都进行了这方面的探索。在黑龙江纳河市,我们采用将音乐和唐诗的意境相结合的方法进行书法训练,也取得了非常好的效果。

② 肢体、感官总动员,开发左右脑潜能

A. 运动肢体法

运动肢体可以使人的左右脑的功能得到开发,从而提高人的记忆力和思维力,特别是手指的活动,对大脑的发展尤为有益。意大利著名学前教育家蒙台梭利提出,儿童的智慧在儿童的手指尖上。对于这一观点已经有成功的实践探索:我们在研究中根据儿童的生理特点,创编一些简短的儿童智力操,如手指操、左侧肢体单侧训练操;我们编写的《幼儿潜能开发丛书》(0—3岁卷)和(4—6岁卷)的身体运动潜能开发分册都侧重肢体运动训练,在黄浦区一些幼儿园进行实验,取得了较好的效果。

B. 书法训练法

书法是中华民族的传统优秀文化,不仅具有很高的艺术审美价值,而且有实验证明书法训练有开发大脑左右脑功能的作用。书法训练不仅需要肢体运动(包括手指、手臂、眼、腰背等),也需要空间能力、图形想象能力、节奏能力的参与,还需要对汉字结构、排列布局进行分析,左右脑功能都能得到锻炼。2003年开始,我们在153所中小学18224名学生中进行汉字书法教学实验。我们编写了实验教材,总结出"三度四适法"的训练方法,以唐诗为主要写字教材,既学习了书法,又学习了唐诗,一举两得;在优美的音乐背景下采用现代化教育技术,既展现唐诗的意境,又剖析汉字的结构、书写技巧和方法,使学生学出兴趣、学出信心,使优秀文化得到了传承,取得了极好的效果。

C. 珠算式心算法和指算式心算法

珠算式心算法主要依靠人的视觉、听觉和触觉将抽象的数字变成直观的算盘珠映象,并在大脑中形成以"珠象"运动进行计算的一种方法,对大脑潜力有很好的开发作用。上海市黄浦区温州路幼儿园进行了珠心算学习促进幼儿潜能开发的研究,他们根据幼儿的特点编写了《珠心算练习册》(上海辞书出版社出版),内容丰富,形式多样,生动形象,体现了珠数结合、循序渐进、发展思维、开发脑潜力的特点,取得了很好的效果。哈尔滨小神童幼儿园的指算心算与潜能开发研究,总结出听、看、点、算、报五项训练,通过听觉、视觉以及手指的不断使用和运动刺激大脑,使幼儿脑潜力得到开发,研究取得很好的试验效果。

D. 多感官信息想象训练法

运用视觉、听觉、触觉、味觉、嗅觉等所构成的感官系统,并通过想象力来激活这些感官系统,达到刺激大脑、开发学习潜能的训练方法,我们叫作"多感官信息想象训练法"。主要步骤如下:

第一步:学生轻松地坐着,闭上眼睛,深呼吸,放松,再放松,让身心完全放松下来。

第二步:放音乐引导学生随着音乐的意境,激活感官系统,感受音乐中的情境,引导者用轻柔的语言自行诠释音乐中的情境,让学生调动尽量多的感官系统去想象,达到"感官总动员"的效果。

例如在背景音乐声中,引导者以朱自清《春》的片段为引导语,引导语要慢而充满感情,有感染力,使受训练者"感官总动员",闭目聆听,充满想象、体味。

这种"多感官信息想象训练法"可长可短,三五分钟都可做。很多名家的散文都可选作引导语,可根据学龄的不同选择深浅不同的篇目、段落,只要受训练者听得懂,能有身临其境的感受即可。受训练者调动视觉、听觉、触觉、味觉、嗅觉,充分想象,经过这样的练习,能增强感官的灵敏度,使大脑的潜力得到开发,有助于学习能力的快速发展。

③ 采用艺术推进的方法,促进左右脑开发

在教学实践中,重视艺术在学生大脑发育中的作用,有序地开展音乐、舞蹈、美术、诗歌、戏剧的教育活动,对开发学生右脑,促进全脑的发展有重要的意义。课题研究中,我们在上海市元培中学、上海市求是中学、上海市好小囡幼儿园、上海市音乐幼儿园进行了这方面的实践探索,深入进行了一些典型的个案研究,概括总结一些有普遍意义的认识和经验。

(2) 进行学习指导

我们非常重视学习指导研究的成果,特别重视"九五"教育部重点课题"义务教育阶段学生'学会学习'研究"成果的推广应用,并在推广中发展、丰富这些成果,指导学生树立新的学习观,学会选择适合自己且高效的学习策略和学习方法。主要采用以下几种方法:

① 编写实验教材,开设学习指导课

我们根据"九五"教育部重点课题"义务教育阶段学生'学会学习'研究"的成果(该成果荣获上海市教育科研成果一等奖、教育部教育科研成果三等奖)编写了《初中生学会学习读本》,全书分四篇,即好学篇、范学篇、勤学篇、巧学篇,每篇五课,共二十课,每课包括读读想想、试试练练、测测评评、学学比比四部分内容,以学生主体性参与活动为主要特点。可在预备班或初一开设学习指导课,每周一节,一学年上完,也可作为学生的课外读物。该读本已被批准为上海市的初中拓展性课程的试用教材。黄浦区大部分中学开设了此课程,其他区的实验学校也开设了此课程,都取得了较好的效果。目前上海市已有 25000 名学生使用过此读本。

② 组织活动,让中学生总结自己的学习经验

我们课题组在 2005 年和上海市学习科学专业委员会、《新闻午报》联合举办了上海市中学生"学会学习"知识征文竞赛,发动中学生结合自己的学习实际,总结学习经验。全市有 2 万余名学生参加活动,经过评选有 800 多名学生获一、二、三等奖。活动中师生共同参与,总结了一些简便易行、操作性强的中学生的学科学习方法。华东师范大学附属东昌中学南校还编辑出版了学生的学习方法集《学会学习宝典》,我们课题组编印了中学生学习方法集《我的百草园》。通过这次活动,学生不仅很有成就感,而且提高了学习方法意识。此外,该活动还促进了很大范围的学生交流和交往。

③ 加强学科教学中的学习指导

在研究中,我们要求参加实验的班级的学科教师都要根据自己学科的特点,在课堂上指导学生。我们还编写了《中小学生学习潜能开发丛书》,共九本。

丛书以其内容的新颖性、趣味性、拓展性为特点,以指导方法、开发潜能为目的,深受师生的欢迎。一些学校试用后,取得了很好的效果。"十一五"期间,我们将在这方面进行更深入的研究。

我们研究认为,通过学习指导开发学习潜能,一要让学生正确认识自我,树立自信,以积极的心态对待学习生活,勇于迎接挑战,主动自觉地参与学习生活;二要不断地学习,总结适合自己的学习方法,学会反思,学会调节自己的学习情绪和学习方法。

(3)更新教学观

改进教学策略和教学方法,学会科学、高效地教学,真正贯彻"以学定教"的思想,努力创造适合学生发展的教学,这是学习潜能开发的又一重要途径。

课堂教学是学生学习潜能开发的主渠道,研究中我们组织力量对课堂教学实践中如何开发学生的学习潜能进行了深入的实践探索。

① 推广、应用、研究、发展"九五"课题成果

"九五"期间,我们在研究"义务教育阶段学生'学会学习'研究"课题时,对课堂教学进行了深入研究,提出了以"以学定教"为指导思想的"三段式整合发展教学模式",包括教学目标、教学原则、教学流程、教学建议、子模式的选用和组合,有较好的操作性。"十五"期间,我们对这一成果在推广应用的同时,开展深化研究。黄浦区"徐崇文学习潜能开发研究室"的全体学员对这一教学模式在潜能开发中的应用进行了专题研究,写出了一组研究论文发表在 2003 年第 3 期的《学习指导研究》上。我们还在黑龙江省哈尔滨第九中学、兴凯湖农场子弟学校分别进行了"创新学习潜能开发的教学指导模式"的研究与"体验式导学模式"的研究,在浙江省永康明珠中学进行了"自主互动学习模式"的研究,在上海市第二工业大学附属龚路中学进行了"探究式实验教学"的研究。这些研究在课堂教学中对学生的主体性、探究性、体验性以及情感的激发、思维的激活、互动合作方法的指导等方面进行全学科、全方位地探索,不仅验证了"九五"成果,而且总结了一些新的经验,丰富了原有的成果。

② 开展专门性学习潜能开发的课堂教学策略和方法研究

课题组对语言潜能、数理潜能、交往潜能、音乐潜能等专门性潜能开发的课堂教学进行了大量的研究。有几十所中小学、幼儿园分别承担了子课题研究任务,大多取得了较好的研究成果,分别总结出有普遍意义和实效性的策略方法。

例如语文和英语教学的语言潜能开发研究,有十几所中小学参与研究,总结出的教学策略有创设环境策略、情境教学策略、互动教学策略、阅读策略、写作策略、社会实用性策略、生活化策略等,著作有由竹园小学田荣俊,上海市黄浦区第一中心小学朱洪林、王朝晖,金苹果学校陈军参与研究编写的《小学语文学习潜能开发》,由上海市第八中学沈红旗(特级教师),上海市大同中学郭金华、任晔,上海市洋泾中学董鹏参与研究编写的《高中语文学习潜能开发》,由华东师范大学第二附属中学刘砚(特级教师)等编写的《高中英语学习潜能开发》,由上海市沪东中学吴晓勤等编写的《初中英语学习潜能开发》,由上海市黄浦区教师进修学院饶宾编写的《小学英语学习潜能开发》,这些都是研究的结晶。这些书均已由上海三联书店于 2006 年 7 月出版,深受广大师生的欢迎和好评。

又如数理逻辑潜能的开发,主要在中小学数学课中进行研究,我们组织十几个课题参与研究。研究认为,数理潜能的开发要以思维的发展为核心,其课堂教学可作如下概括:情境导入,培养兴趣;联系实际,激发动机;质疑设问,激活思维;动手动脑,巧用学具;引导探究,深化思维;同伴合作,研讨辨析;走班分层,关注差异;数形结合,变式练习;指导方法,学会学习;及时反馈,巩固迁移。

我们在研究的基础上,组织编写了一套《数学学习潜能开发丛书》,包括由黄浦区教师进修学院朱成杰教授、赵伟老师,杨浦高中谈小芳老师编著的《高中数学学习潜能开发》,由华东师范大学附属东昌中学东校徐柏松老师、上海市裘锦秋实验学校刘诗超老师、上海市黄浦区教师进修学院唐军老师编著的《初中数学学习潜能开发》,由上海市黄浦区第一中心小学程迎红老师、上海实验小学徐颖老师、上海市黄浦区北京东路小学林雁平老师、黄浦区曹光彪小学周岚老师编写的《小学数学学习潜能开发》,这些书均已由上海三联书店于 2006 年 7 月出版。

再如交往潜能的开发,以长宁区初级职业技术学校为例,对象为特殊学生。这些学生人际交往需要不足,缺乏信心,自我认知偏差,人际交流过程不流畅、方式不恰当,容易受情绪干扰。以长宁区初级职业技术学校校长夏峰为首的子课题组,怀着一颗赤诚之心,坚信"每个学生都是金子"的信念,他们从长宁区初级职业技术学校学生的实际出发编写了"人与社会"课程,从两个层面开发学生学习潜能。一是从学生个体内在的心理状态入手,通过心理健康教育活动让学生正确认识个体"我",了解自我,树立信心,形成人际交往的良好心态。二是从学生个体与他人、社会的关系入手,引导他们处理好师生关系、同伴关系、亲子关系和社会关系。他们采取活动体验、角色扮演、案例讨论、专题辩论等方法开展教育活动,取得了很好的效果。他们的研究成果已获得上海第八届教科研成果一等奖。

综上所述,开发学生学习潜能的课堂教学策略可作如下的概括:

第一,课堂教学要尊重学生的主体地位,充分发挥学生的主体作用,强调学生主动体验、积极参与,强调师生关系的和谐融洽等,使课堂焕发出生命的活力。

第二,课堂教学要特别重视情感性策略的运用,要致力于培养学生的学习兴趣、好奇心和求知欲,要创造、总结激起学生学习动因的策略方法,要创造更有趣、更有效、更适合学生的教学。

第三,课堂教学要创造多感官、多通道信息输入方法,使学生眼、耳、手、脑等多种感官共同发挥作用,创造丰富的环境和足够的刺激。

第四,课堂教学要重视学习策略方法、思维方法、记忆方法的训练和想象力的培养,重视指导本学科学习的思想方法和具体方法的学习。

第五,课堂教学要关注差异,使每个学生都得到尊重,使每个学生的潜质都得到发展,促进多元发展。

第六,课堂教学中充分注意科学和艺术的综合,注意现代化教学手段的应用。

(4) 进行专门的认知训练

我们研究认为,开发学习潜能可以在课内或课外进行专门的认知训练。作为学习潜能的重要组成部分的智慧潜能是认知能力的重要基础,包括感知力、注意力、记忆力、思维力、想象力。根据学生不同的年龄特点,根据脑科学的基本知识和发展心理学的基本原理,创编一些费时少、效果好的专门认知训练的游戏或活动方案,开展一些促进认知发展的运动或活动项目是学习潜能开发的又一途径。这里简单介绍记忆力和思维力训练。

① 记忆力训练

记忆力对于人类是非常重要的,没有记忆力就没有学习。我们是从以下方面进行记忆力训练方案设计的。

一是用视觉、听觉意识增强记忆。用图片或音乐将要记忆的信息嵌入,对学生进行记忆力训练,强化视觉、听觉记忆意识。

二是重视情绪对于记忆的作用。设计能引起愉悦情绪的活动,使要学的内容更有意思,更有情趣。

三是让信息有意义,建立新旧信息联系的训练。赋予要记住信息的意义,最重要的是建立新旧信息(知识)的联系和与学习者的相关性。学生要学会建立新旧信息的联系。

四是按从 2 到 7(±2)的记忆容量设计训练方案。人的信息加工能力是有限的,成人记忆的项目数量为 7(±2)。儿童的记忆容量是逐步发展的,从 5 岁的 2(±2),到 11 岁的 5(±2),到 15 岁的 7(±2),要按这个规律训练记忆力。要努力训练将一些信息联系成组块的能力,运用更大组块的能力越强,记忆力就越强。

五是进行多种有效的、科学的记忆术的训练。记忆术的书很多,要根据学生的年龄特点选择一些科学的、高效的书籍。还可以编一些训练方法,使要记住的信息条理化、结构化、图表化、符号化,或使其有故事情节或押韵上口。记忆的训练要使学生学会自己整理并进行精加工,找出适合自己的记忆方法,提高记忆能力。

② 思维力训练

思维力是智慧潜能的核心。"学而不思则罔,思而不学则殆",可见思对于学的重要。培养思维力的方法也有很多研究,这里介绍几种我们的实践方案。

一是让学生在孤立的事件(元素)中建立联系。给出一串似乎无关的词汇或事件,让学生建立起联系,建构出意义,然后互相讨论、评议。

二是提出一些较复杂的、新颖的、富有挑战性的问题。问题与生活实际联系越紧密越好,问题答案最好不是唯一的,这种问题解决活动可视问题的难易和大小而限定条件、限定时间、限定资源,也可不限。

三是让学生参与现实问题解决。让学生寻找学校、社区的现实问题,通过实际的调查,查找资料,提出实际的解决方案,从而形成实际解决问题的经验。这不仅能带来实际效益,提高他们的思维能力,而且可以提高学生的学习动机、自信心和自我效能感。

四是通过课题研究提高学生思考问题、解决问题的能力。让学生参与课题研究,进行探究性学习,从低年级开始就可以实施。

五是参加围棋等棋类、OM 活动等智力活动。我们在个案研究中研究了这一类对象,并在幼儿园进行了围棋活动的实践探索,结果都证明参加智力活动是一种发展思维能力的很好的途径。

我们在研究中编写了《幼儿潜能开发丛书》(0—3岁卷)(4—6岁卷)和《幼儿围棋》,已由三联书店出版,《初中学生学习潜能开发训练》也在试用中。

(5)进行专门的元认知训练

对学生进行元认知训练使学生学会认识学习任务,认识自我学习的特点、兴趣;学会认识、分析学习过程中方式、方法的有效性,体验学习过程的乐趣、成功带来的喜悦;学会评价自己学习的成败得失;学会自我调节,修正学习目标、计划、任务和学习方法。

实践中我们结合学习指导和内省潜能的开发进行元认知训练,可分为学会自我认识、学会自我规划、学会自我评估、学会自我调控等专题进行。通过写专题自述,写反思日记、周记等方式,对自己的学习兴趣、学习习惯、学习基础、阅读能力、听课效果、考试成绩进行认识和评价。结合这些内容设计一些主题活动,开展同伴交流,学着制定学习计划,并对实施情况进行检查和评价,家长、教师进行点评。上海市黄浦区北京东路小学在中年级语文学科学习中进行了元认知训练的全过程研究,学生的元认知水平得到了较大的提高,他们设计出《学生自我认识能力测评表》《学生一周学习生活回顾表》《学生自我评估表》等,对于结合学科教学进行元认知训练有一定的参考价值。

上文从五个方面阐述了学习潜能开发的途径、方法以及实践探索和成效,中小幼各分课题有详细报告。为了帮助广大教师学习和实践,我们编写了一本中小学教师读本《学习理论与学习潜能开发》(上海三联书店于2006年7月出版),全面总结了研究结果。

(三)测评研究的成果

潜能开发的测评研究是本课题的研究内容之一,重点研究语言潜能、音乐潜能等单项测评方法,还有智力展示的评价方法、关键能力鉴别方法、发现优势智力领域的方法。我们在一些实验学校结合实验研究或个案研究进行了有关的测评研究。

1. 在测评研究中我们仍然强调如下的基本取向和基本原则:

(1)三个基本取向

一是评价角度多元化。从多元的角度看待学生,看待学习能力,对每一种智力一视同仁。

二是评价标准个别化。是否达到既定目标可因人而异,不搞划一的标准,努力健全"个人为本"的评价体系。

三是评价形式情景化。可以用多种形式,通过多种渠道,在各种不同的实际生活和学习情景下对学生进行测评,可采取专题作业、智力展示、作品集、问题情景测验、操作测验等方法与技术。

(2) 四个基本原则

一是激励性原则。鼓励进步、促进发展。要评出学生的自尊、自信、热情和投入,评出积极的情感,评出成功的动力,评出发展的方向和目标,评出努力的途径和方法。

二是民主性原则。尊重学生,重视学生自我评价意识和自我评价能力的培养,改变学生被动的被评局面,增强学生自我意识、自我反思意识和能力,采用自评、生生互评、师生互评等形式,评出合作,评出和谐。

三是差异性原则。充分考虑学生的个别差异和年龄特征,根据不同学生不同的基础、不同的智力优势、不同的学习类型和学习特点进行评价。

四是潜在性原则。评价不只看学生的学习现状,要努力发现学生的潜质和发展潜力,发现并培养学生的智力优势,帮助学生建构自己的优势智力组合,寻找潜在发展区,总结、寻找适合自己的学习方式与方法。

2. 研制和移植多种潜能开发方面的测评方法和测评方案:

(1) 幼儿多元智能综合调查问卷。

(2) 幼儿智能发展评价表。

(3) 幼儿单项智能活动评价表。

(4) 幼儿思维潜能活动评价表。

(5) 幼儿语言潜能开发活动评价表。

(6) 小学生内省潜能开发评价表。

(7) 大脑半球优势测试题。

(8) 右脑潜能开发程度测试题。

(9) 智能优势测试题。

(10) 思维技巧测试题。

(11) 语言潜能测试题。

（12）空间想象潜能个性测试。

（13）人际智能的自我测试。

（14）视觉空间智能测试。

（15）思维特征测验。

（四）个案研究的成果

我们在潜能开发研究中采取纵向和横向相结合的方法对0—18岁的千名对象进行了个案研究，主要研究对象是各年龄段的优秀生(特长生)。研究中我们对每一个被试的个性特点、智力、学习类型、学习习惯、学习方法、作业作品、创新意识、发展潜质、学习类型、学习习惯、学习方法、作业作品、创新意识、发展潜质、家庭状况、教育环境等进行全面跟踪研究，全面观察记录，写出了一份份有一定质量的个案研究报告。像这样规模的个案研究是前所未有的。参与研究的教师普遍认为，个案研究法是研究学生最适宜的方法，是教师做课题研究的最好选择。

通过足够量的个案研究，我们得出如下主要的结论：

第一，非智力心理因素对开发学生学习潜能有极为重要的意义。教育要激发和保护学生的好奇心和学习兴趣，让学习更有吸引力，让学生对自己更有信心，让学生学会坚持，学会在困难中成长，学会调节情绪。教师要以满腔热情激发学生的生命活力。

第二，家庭因素主要体现在文化氛围和积极的情感支持方面。学校因素的作用主要体现在为学生提供合适的发展机会。

第三，积极的、进取的、向上的心态是学生学习成功的主要内因。

第四，良好的方法是学习潜能开发的必要条件。

第五，特殊学习潜能的开发能够促进一般学习潜能的开发。

第六，不同学生的潜能是有差异的，因此，也应该有不同的开发途径和方法。

研究中我们写出了《学生学习潜能开发的个案研究报告》和《非智力因素对学生学习潜能开发影响的个案研究》的研究报告，编选一本60万字的《个案集》，编写一本《中小学教师怎样做个案研究》科研方法专著。

（五）课题研究的实践效果

课题研究取得了很好的实践效果，产生了广泛的社会效应。在分课题和子课题报告中已有充分反映。本报告只概述如下：

第一，学习潜能和学习潜能开发的理论、多元智能理论以及一些脑科学的研究成果，在参与研究的学校得到了普及和实践应用。新的学习观、学生观、教学观、评价观的学习运用，促进了教师的专业发展，一批青年骨干教师迅速成长，参加研究的教师的教育教学水平和教育科研能力有了明显的提高，组成了一个科学研究和学习潜能开发研究的团队。

第二，参与学习潜能开发研究的班级或学科，学生的学习兴趣、求知欲望、自信心有了明显的增强，学习能力和学习成绩有了提高，学习困难学生有了明显转变。实验学校学生多元发展的局面开始形成。

第三，提升了参与研究学校的办学水平和影响力。绝大部分承担课题研究的学校都成了本地区推进素质教育的示范校、教育改革的先进校，社会声誉普遍提高。

第四，课题研究所在地区把课题研究作为抓手，宣传课题的指导思想和先进理念，通过展示研究成果、办培训班、开研讨会等形式，大力推进本地区的教育改革，效果良好。这正是应用性课题希望得到的实践效果和社会效应。

七、讨论与思考

(一) 关于研究的方法论

对于方法论有两种解释，一是关于"认识世界、改造世界的根本方法"的学说，比如唯物辩证法是世界观，又是研究怎样认识世界、改造世界的根本方法；二是一门具体学科或研究项目采用的研究方式和方法的综合。本文主要指的是后者。因为我们研究的课题是一项规模较大的综合性项目，研究的内容多、难度大、被试数量多、子课题分布范围广，研究中要综合运用多种方法，所以对研究方法论我们给予了特别的重视。

我们在研究中赞成并坚持如下的观点：教育活动是一种科学性和人文性相互融合的培养人的活动。教育活动具有客观性、必然性和普遍性，是有序的、有章可循的，有其规律性的东西可以探寻的，这就使教育研究必须有科学性。但影响教育的内外因素极其复杂。作为教育对象的人是有着不同需要，不同情感、性格、意志的生命体，个体的人总是在不断地发展变化着的，因此，教育活动又具有主观性、价值性和难以重复性的特点。在教育活动中不仅需要进行事实判断，而且还要进行价值判断，所以我们就不能用自然科学的方法论去研究教育。我们在研究中坚持科学人文主义的方法论，坚持经验和理性相结合的思想方法，学习用质的研究方法，包括行动研究法和个案研究方法，辅之以教育实验、教育调查、心理测量等方法。

完成课题研究后再回过头来看研究方法，我们更觉得质的研究方法确实更适合中小学教师，适合在教育情境中研究教育教学问题。特别是质的研究方法的人文性，使研究有可能关注"教育活动中的各类人（学生、教师、专家、教育管理人员）的生存状态、情感感受、思维方式和行为习惯"。教师不需要人为设置情景，在自然的教育过程和情境中，在和被研究者（学生）一起生活中进行研究，在互动中进行反思和质疑，从而不断提升教师的行动能力和理性思考能力。

我们在学习潜能开发的实践研究中主要采用了行动研究法。研究以教师为研究主体，以日常教学情境为研究情境，以改进教学活动促进学生的潜能开发为研究目的，在教学活动中进行研究。我们严格按照行动研究的主要步骤"计划—行动—考察—反思"实施研究。这是一个循环螺旋上升的过程，每一个螺旋发展的周期包括互相联系、互相依赖的四个环节。

我们在研究中充分重视计划制定这一环节，对需要解决的问题和设想、对问题的初步认识都进行了详细的论述。为了帮助参加研究的教师制定计划，我们编写了《关于多元智能理论研究》《关于脑科学研究》《行动研究法》《个案研究法》等理论和方法的专题情报，撰写了《学习潜能开发：我们从这里起步》的指导性文章，使研究目的明确，研究方案可行，研究方法科学。

广大参与研究的教师在参与了研究计划的制订，对研究的背景材料、有关理论知识、相关信息有比较清楚的了解以后，经过对关键概念、理念、操作性定义深入思考之后，按计划负责任地采取行动，也就是在教育实践中实施计划，并强调教师在行动的过程中要能动地、灵活地把握教育情境的变化，充分发挥教师的教育机智和创造性，真正赋予行动以研究的性质。行动中要重视总课题组成员及其他合作研究者的评价与建议，不断地调节行为，改进方法。

考察中我们使用了各种有效的技术，如录音、录像、多媒体数码技术等积累有关数据资料,在潜能开发的行动研究中,我们特别注意了对"四个关注"的考查记录,即关注差异、关注教育教学的全过程、关注脑潜力开发、关注元认知。在这方面我们积累了很多课例、课堂实录和个案研究资料,为反思环节提供了丰富的原始资料。

反思这一环节对于形成研究成果、提高研究者的素质是至关重要的。在课题研究过程中,我们要求所有参与研究的教师高度重视反思这一环节,认真对照总课题的设计思想,对子课题研究过程中形成的各种现象、资料、方法、结果等进行归纳整理、总结提炼,形成有自己鲜明特色的研究成果,从而使参与研究的教师的教学水平、研究能力都有显著提高,使行动研究成为促进教师专业发展的最有效的途径。

在研究中,组织指导广大中小学教师运用个案研究法研究学生是本课题研究的一个突出特点。我们在进行个案研究时主要采用的是质的研究方法。质的研究就是一种以研究者本人作为研究工具,凭借自身的洞察力在与被研究者的互动中理解和解释其行为和意义建构的研究。整个研究过程力图在自然情境下,以多种方法收集资料为途径进行,最终使用归纳法分析资料,形成理论或是描述和呈现出一种情境,以达到对教育问题进行整体性探究的目的。质的研究是一种解释主义范式,主要体现主观性、意义性、归纳性、参与性、特例性,是一种从特殊到一般的归纳研究方法。在组织教师进行个案研究的过程中,对教师进行研究方法的培训尤为重要。

个案研究的研究对象不是随机抽样取得的,而是按研究目的选取有典型特征的对象。四种取样方法的运用使我们研究的个案有足够的数量。我们希望通过足够数量的个案研究,通过诠释和移情的途径进行归纳分析,得出我们希望的教育现象的解释式结论。由于我们是全国重点课题,有200多所学校参加了该课题的研究,被试分布从广东到东北,有经济发达的大城市,也有经济落后的偏远山区、农村,范围广、规模大,个案研究对象超过千人,这是创纪录的。研究对象的文化背景、家庭状况等各不相同,这就弥补了质的研究信度、效度、推论度差的局限性。

在教育情境中,研究解决教育实际的问题,是我们今后继续坚持并更加努力求索的。

（二）关于脑科学研究成果用于教学实践的问题

在我国，脑科学研究成果用于教学实践的研究才刚刚起步，并没有引起足够的重视。在基础教育领域，怎样创造"基于脑、适于脑、促进脑"的教育是今后应该充分重视的研究课题。我国是人口大国，但从整体上说，人口素质偏低，高素质人才资源缺乏。我国3亿多儿童青少年的教育与学习质量、学习效率的提高，是提高人才素质的关键，而应用脑科学的新成果改进课堂教学又是提高儿童青少年素质的根本途径。现实中，基础教育教师对"学习与脑"的有关知识知之甚少，有关脑科学成果普及宣传相对滞后，且有误导问题存在，用于教学实践的更是少之又少。今后需要加强对学习科学与脑的研究、教学与脑的研究，并加大普及推广的力度。"十一五"期间，我们将在"十五"研究的基础上继续在使教育成为脑科学的"学问用户"上下功夫，更深入、更细致地进行行动研究和单项心理实验，为创造"基于脑、适于脑、促进脑"的教育努力进行实践探索，深化学习潜能开发的研究，使我们对基于脑科学的学习潜能开发的理论和实践的认识有一个新的发展。

（三）关于个案研究的重点对象追踪研究问题

由于被试的数量多，分布的范围广，加上研究时间有限，研究人员的研究水平和个案研究方法掌握上的差异，研究中积累的访谈资料、观察资料、实物资料尚未得到充分的应用，多停留在现象的描述上。虽然我们在个案研究报告中进行了初步整理分析，提出了解释和概括，但尚嫌不够深入。"十一五"期间，我们将对"十五"研究积累的个案研究资料进行更深入地分析，并对其中100名有代表性的个案进行追踪研究，深度开发个案研究的结果，对学习潜能开发的差异性、个别化问题以及内在规律有更清楚地认识，从而提炼概括出更具一般意义的个案研究的结论，为学生、家长、教师、学校提供更具个性的个别咨询指导的方法和建议。

（四）关于开发潜能与"最近发展区"问题

"以学生发展为本""创造适合学生发展的教育"等作为一种教育理念经常出现在学校的发展规划或教育行政部门的文件里。按照苏联心理学家维果茨基的观点：教学仅仅符合儿童的现有发展水平是无效的，这种教学不是引导发展而是追随发展，只有走在发展前面的教学才是好的教学，教学就是要创造"最近发展区"。我们说"开发潜能"的教学就是创造"最近发展区"的教学。"十一五"期间,我们将沿着这个思路研究潜能开发的教学。在学科教学中探索开发潜能的内容和方法,研究我们编写的《幼儿潜能开发丛书》《中小学生学习潜能开发丛书》作为拓展性课程教材的实际效果,推进潜能开发的更深入研究。

第八章　学生学习潜能开发研究(二)

教育部"十五"重点课题"义务教育阶段学生学习潜能开发研究"采用分课题和子课题形式组织研究,研究的对象是义务教育阶段学生,但也延伸到学前和高中阶段,在第七章中的研究报告中已提及。在我们的研究成果集里较充分展示了分课题和子课题的研究成果,特别是课题研究对提高学习效能,促进学生发展、教师发展、学校发展有比较客观的描述。本章主要介绍小学阶段分课题组和中学阶段分课题组研究的成果,以及成果推广的研究。

一、中小学分课题研究成果选介

参加小学分课题研究的共有来自七个省、市、自治区的 70 所小学,其中上海市有 19 所小学。小学分课题组组长是曾友苏,组员有朱宏林、程迎红、经垫、张烨、吴建国、马丽敏、彭光亚、田荣俊、蔡恒韵。参加中学分课题研究的学校有来自 13 个省市的 110 多所,其中上海市有 25 所。中学分课题组组长是魏耀发,组员有李金钊、唐军、周显之、蔡恒韵、潘久武、时云龙、寿国英、陈景福。现分别介绍他们的一些研究。

1. 小学生内省潜能开发的实践研究

原上海市黄浦区北京东路小学张烨(现上海市黄浦区第一中心小学校长)、陆燕萍(现上海市黄浦区七色花小学校长)在小学中年级主持研究。

内省潜能可以理解为存在于人脑内部的自我认识、自我反思与自我调节的综合性智慧与能力。内省潜能客观存在于每个人身上,由于不是每个人的自我意识都能自觉升华为主体意识,因此,内省潜能也只有经过开发和培养,才能变成现实的内省能力。内省潜能主要的开发方法有:(1)学会自我认识。指导学生学习自我认识,就是让学生把自己作为认识对象,对自己的个性特点、兴趣爱好、学习习惯、学习基础等逐步有一个比较清楚的认识。(2)学会自我规划。让学生在自我认识的基础上,依据自己的基础和特点,提出较为合适的发展目标,并制定出达到这些目标的措施,使自己的行为具有很强的目标性和可行性。教师要在这方面给予较具体的指导。(3)开展自我评价。学生在学习过程中,对自己实践的过程和效果进行评价。(4)学会自我调控。根据前面的评价对自己的学习活动进行适当的调节,这包括认知目标(学习任务)调控、情绪情感调控、人际关系调控。(5)内化行为习惯。指导学生把以上四个步骤内化为"内省"的行为习惯。

通过内省潜能开发的研究,找到了开发小学生内省潜能的有效方法,提高了小学生的学习效能感。

2. 小学生交往潜能开发的实践研究

原上海市黄浦区第一中心小学程迎红(黄浦区名师工作室一期、三期学员,现任上海市黄浦区重庆北路小学校长)主持研究。

交往潜能主要是指与人相处和交往的能力,表现为觉察他人情绪、体验他人的情绪情感和意图,并据此作出适宜反应的能力。

本项目主要研究小学生人际交往的心理疏导方法和小学生交往能力的培养,采用的方法是调查法和准实验研究。

调查采用问卷法,问卷由研究组自行设计。在学校四、五年级随机抽取四个班 125 名学生,其中男生 59 名,女生 66 名。调查结果显示,以下因素使学生产生交往障碍,影响其交往能力的发展。(1)生理心理因素。有些学生有生理方面的某些小缺陷,如牙齿缺损、不整齐、说话口吃等,为了不暴露自己生理缺陷,便少与同学交往。此外,害羞、自卑、孤僻、孤傲、嫉妒、猜疑等心理阻碍同学间的正常交往,影响交往能力的健康发展。(2)环境因素。家庭学校的教育氛围、师生关系、生生关系、批评与表扬、奖与惩都会影响学生的交往,创造和谐的环境对于学生交往能力的发展尤为重要。

在调查研究的基础上,本项目开展小学生团队交往辅导活动和特殊学生辅导活动,学习人际交往的方法,开发人际交往潜能。在一到五年级,从"了解自我""了解他人""了解世界""社会角色"四个方面设计活动的专题、内容和活动形式,组织活动。对于交往有困难的特殊学生,采取个别辅导和集体辅导相结合的方式进行辅导,每周辅导一次,每次半小时。辅导内容因人而异,一人一案。每人都设立"交往潜能开发档案",把学生进步情况、努力目标都详细记录,使学生和家长都能看到成绩,明确方向。辅导的主题主要有:学会主动交往,学会倾听,学会发现别人的优点,赞美、欣赏别人,学会诚恳,学会请求原谅和道歉,懂得体态是人际交往中的另一种语言。开发的活动有:对有生理心理方面问题的学生进行心理疏导,消除自卑,建立自信;有意识地为这些学生创造交往机会;开展礼仪教育、孝心教育;鼓励学生建立斜坡关系,创造高年级学生和低年级学生交朋友的活动。所有这些开发活动和辅导都产生了积极的作用,对于开发学生的交往潜能产生了较好的效果。

3. 小学生艺术潜能开发的实践研究

上海市黄浦区徽宁路第三小学、上海市黄浦区梅溪路小学承担了艺术潜能开发的研究任务。

小学生艺术潜能的开发主要是指以小学音乐、美术教育为抓手,课内外相结合,通过提高学生音乐与美术的欣赏能力、表现能力和创造能力,促进其艺术潜能的发展。

(1) 学生音乐方面潜能的开发。①营造音乐欣赏的氛围,开发学生的音乐鉴赏潜能。学校创设多途径、适宜有序的音乐性的内隐学习环境,突破音乐教室的学习时空,让学生在不同的场合,通过不同的方式在不经意间接触到不同的音乐内容。学校创设听觉和视觉的音乐艺术环境,听觉的如音乐铃声、课前音乐欣赏、午间音乐欣赏、课外音乐社团活动等,视觉的如建立音乐走廊,以艺术专栏形式介绍乐器、音乐家、名曲名歌等,内容定期更换,以拓宽学生音乐的视野。②搭建学生音乐表演表现的舞台,开发学生的音乐潜能。在音乐课中,将学生乐器演奏、歌曲表演相结合,通过午间俱乐部、课外小型音乐会等形式,给有音乐智力强项的学生提供展示的机会,促进他们音乐潜能的更好发展。③激发学生的想象力,开发学生的音乐创造能力。开展"快乐音乐变变变"为主题的"五个一"音乐菜单式的艺术活动,即表演一个节目、自制一件打击乐器、创编一首歌曲、当一次小评委、编辑一期音乐小报。可以以小组比赛的形式组织,学生在活动中不仅发展了音乐方面的艺术潜能,而且促进了交往能力的发展。开展"我是小小音乐家"的编创游戏和编创活动,在音乐课中,根据学生的能力,教师把乐曲的某一部分,让学生按重组法、变异法、首尾相连法等将自己创编的节奏和旋律填满空白小节,并与原来的乐曲进行比较。这些活动都很好地培养了学生的音乐兴趣,开发了学生的音乐潜能。

(2) 学生美术方面潜能的开发。①创设丰富多彩的静态体验和情景,培养学生对艺术形象的鉴赏鉴别能力,这包括校园静态审美环境和课堂静态审美环境。学校教学大楼每一层的走廊都是展现学生创作和绘画的"展示街",比如儿歌街、成语街、绘画街等,全部由学生在教师指导下设计制作布置,展示作品都出自学生之手。学生课余时间可以自由地欣赏出自小伙伴们自己的作品,在潜移默化中培养审美情趣,提高对美的鉴赏能力。课堂上可以用多媒体展示丰富多彩的美术作品,可以同时将多种教学内容展示在屏幕上,音画交融,以情激趣,寓教于乐,从而极大地增强课堂教学的趣味性、生动性,激发学生的学习积极性和主动性。②创设生动有趣的动态教学环境,培养学生对艺术形象的综合表达能力。在课堂教学中,让师生一起动起来,营造生动有趣的情绪体验环境。比如一堂"表情丰富多彩的小朋友"美术课,教师预设一些情景,启发学生创设情景,自导自演,于是就有了各种笑的表情、哭的表情……学生通过眼睛观察、心灵感悟、动手动脑,明白了脸部表情是情感的外在流露。此外,自由活动的氛围激发了他们的审美情趣,鼓舞了他们参与艺术欣赏和艺术表现的积极性、主动性,使他们在愉悦的体验中学习。

4. 中学生思维潜能开发的实践研究

上海市裘锦秋实验学校参与思维潜能开发的实践研究,研究者为张宝琴(黄浦区名师工作室一期学员,现任上海市敬业初级中学校长)。

思维是人脑对客观事物的本质和事物内在的规律性关系的概括和间接的反映。概括性和间接性是思维的基本特征。思维能力是人的智能的核心,也是潜能开发的核心。

课题组对学生思维倾向进行了三方面的调查。首先,采用沈德立教授编制的《个人学习与思维方式问卷》对六、七、八年级实验班学生进行初中生大脑左右脑功能发展情况测量。其次,用无记名问卷和听课记录等形式,在六、七年级100 名学生中进行有关独立思考、质疑问难的情况调查。最后,选取六、七年级两个实验班学生以试卷测验的方法,选择他们已学过的学科知识,从知道、理解、应用三个层次命题,对他们进行学生思维水平测试。同时还自编《思维特征测验卷》,从思维的逻辑性、灵活性和创造性等思维品质方面来评价学生的思维能力。课题组对调查测试结果进行认真分析,制订出有针对性的、能在教学实践中开发思维潜能的方法。开发思维潜能的方法有以下三种:

（1）创设问题情境激发思维。实验教师运用多媒体，把学生带入形、色、声、像俱佳的情境中，引导学生发现问题，并以提出问题、分析解决问题为载体，唤醒学生的主体意识，引发学生的思维情感，从而完成问题的理解、知识的应用和意义的建构。教师也可用富有感染力的语言讲述一个引起疑问的故事，或者做一个引起思考的演示实验，或者让学生演一段小品、做一个游戏，引出一个亟待解决的问题，激发学生的思维，努力构建未知和已知的桥梁，提升学生的思维品质。

（2）加强质疑问难活跃思维。学校教学中倡导"启发诱导，创设机会，培养习惯，教会方法"的策略，鼓励师生共同质疑问难，实施民主、平等、互动、合作的教学理念，让学生从被动接受向主动探究转化，使实验班学生好质疑、好思考、好探究习惯蔚然成风，使学生的思维品质有很好的提升。

（3）自主探究深化思维。在研究中语文备课组尝试让学生通过自主阅读模式，在计算机网络环境中，运用多媒体自动教学平台，以学生"自读笔记"为载体，按自读、问题、查找、交流、感悟逐层推进，读写结合，探究感悟，综合提高学生自主学习能力和语文学习素养，开发了学生的阅读潜能，提升了学生思维的自主性和深刻性。

5. 写作教学中多元智能开发的实践研究

上海市第八中学沈红旗（黄浦区名师工作室一期学员，现为语文特级教师，正高级教师，上海市第四期名师工程攻关计划主持人，上海市第八中学科研室主任）主持研究。

研究运用多元智能理论，努力在写作教学中体现乐观的学生观、个性化的课程观、对症下药的教学观和灵活多样的评价观，探索出具有较强操作性的、开发写作教学中多元智能的方法。

（1）调查定位。首先，向学生深入浅出地介绍加德纳多元智能理论的基本观点，引导学生自我认识。然后，按八种智能编印八组材料，指导学生自我反思。接着，要求学生用详细具体的事例来论证自己确实具有某种智能优势。最后，让学生从多种角度自我观照，请家长、同学、好友对自己的优势智能给出判断，作为自我认识的参考。

（2）扬长开发。按照学生的自我确认，研究把学生分成八组，建立八个档案袋，研究他们的学习方式、学习态度、学习结果及成因。在写作教学中，通过发现学生的优势智能,对尚未发现的隐性智能进行唤醒,注意兼顾智能的多元发展。课题组在继承中发展,提出以下方法:①具体展开自身经历。从自我优势智能的角度,展现一个喜怒哀乐相对完整的世界,在学习、回忆、自我认识和提高优势智能的过程中,学生自然地建立起了一个永不枯竭的材料库。②用独到眼光观察事物。引导学生不断地提升自己的优势智能,其中卓有成效的方法是学习的核心概念,特别是那些具有转换生成意义的范畴语言,然后进行有效的迁移,即运用独到的眼光来观察整个世界。③写出更高的人生境界。引导学生由技而道,不断追求,直至提升自我的人生境界。例如有的学生的空间智能体现在围棋上,就鼓励他不断地了解名家风格,品味武宫"宇宙流"的天马行空、潇洒奔放,体会李昌镐严谨缜密、滴水不漏的官子功夫,从中读出名家的性格特征和境界追求。④训练打造精彩细节。运用个性造句、段落仿写等方法,在写作中展现学生各自的多元智能特长。⑤相似风格激起共鸣。在充分了解学生个性特征的基础上,向他们推荐风格相近的名家著作,这样更容易产生共鸣,从而激发起进一步写好作文的兴趣和动机。

(3) 具体成效。①学生反思能力增强。由于学习理论较为充分,学生能够运用理论对照自己的行为,大大提升了反思能力。②写作素材增加。多元智能活动与生活学习有广泛的联系,为学生打开了取之不尽的写作素材库。③观察能力提高。多元智能理论打开了学生的视野,使他们能更敏锐地观察世界,观察人生百态。④相关词汇扩充。学生在各自优势领域扩展阅读,相关词汇得到大幅拓充。⑤写作兴趣明显提升,作文质量明显提高。

6. 运用"实验探究"学习方式开发学生学习潜能

上海第二工业大学附属龚路中学徐宏亮(浦东新区学习潜能开发骨干研修班学员,上海市名师工程徐崇文名师基地一期学员,原任上海第二工业大学附属龚路中学校长,现任浦东教育发展研究院副院长)主持研究。

学校课题组从2004年9月起,在高中2004级一班和初中2003级三班进行实验。在物理、化学、生物三个学科教学中运用"实验探究"学习方式,开发学生的学习潜能。教师努力使课堂教学活动围绕学生的探究进行,在教师有目的的启发引导下,让学生动手实验、观察、分析、思考,引发他们的学习兴趣和求知欲望,从而积极主动地探索,发现问题,分析问题,解决问题,得出科学的结论,使自己成为知识的探索者、发现者。其过程首先是教师提出探索的问题,启发学生明确实验的目的和任务,然后要求学生做到有系统地观察,有选择地重点观察,有联系地对比观察,有目的地重复观察,并有条理地记录观察的数据和现象,最后通过分析推理得出结论,同时发现新的问题,提出新的问题,引导学生设计新的实验。

现行教材中所安排的实验,其原理、步骤都写的清楚明白,学生按图索骥,原本生动有趣的实验就会变得枯燥乏味。课题研究中,教师深入挖掘教材中蕴涵的实验素材,大胆变革实验程序和结构,变验证性实验为探究性实验,变学生被动学习为学生主动学习,激发学生持久的学习热情和参与意识。这种探究性学习的程序类似科学研究的程序:发现明确问题—建立假设—搜集资料—设计实验—验证假设—得出结论。这样的学习使学生既学得知识,又学到方法,提高了学习能力,充分发挥了学习的主动性、积极性、独立性,学业成绩也有明显提高。

研究还促进了校本研修的发展,培养了一批中青年骨干教师,学校形成了以科研促教研的新的教学研究局面,课堂教学质量明显提高。

7. 对特殊儿童按智龄走班进行数学教学的实践研究

上海市黄浦区阳光学校王敏等主持研究。

研究对象是在上海市黄浦区阳光学校就读的一至三年级 21 名特殊儿童。课题组使用《麦卡锡幼儿智能量表》(中国修订版)对这 21 名学生进行了智龄测试。测试结果是:智龄在 0—3 岁的学生 6 人,占总人数的 28.57%;智龄 3—4 岁的学生 4 人,占总人数的 19.05%;智龄在 4—5 岁的学生 9 人,占总人数的 42.86%;智龄在 5 岁以上的学生 2 人,占总人数的 9.52%。

按学生智龄测试结果及教师的观察,把学生分成启智 1 班、启智 2 班、启智 3 班,每班 7 人,采用走班制进行数学教学。课题编写了《智龄在 0—3 岁中重度弱智儿童数学教学辅导材料》《智龄在 3—4 岁中重度弱智儿童数学教学辅导材料》《智龄在 4—5 岁中重度弱智儿童数学教学辅导材料》,在走班制教学中使用。教学中采用以下教学策略和方法:建立个别化教学计划,教学中关注差异,加强个别辅导;课堂上营造宽松、民主、自由的教学氛围,使学生在开放、愉悦的情境中,快乐学习;关注内隐学习的效应,通过情境创设、实物操作、多媒体演示、游戏活动等教学手段,让学生在不自觉中自我学习,自我发现,获取知识;加强学具操作,让学生在玩中学、做中学、乐中学,动手、动脑,多感官、多通道协调运用;注重伙伴学习,培养学生合作、交往能力,在合作交往过程中,发展语言和思维潜能,体验成功乐趣;采取鼓励、赞赏的语言和奖励的方法对学习情况进行评价,让学生获得积极情感支持。这种数学走班教学受到学生和家长的欢迎,增强了学生参与的积极性,提高了教学的实效性。经过一学期的实验,据评估,能主动参与学习活动的学生达 81%。经过测试发现,智龄增长 12 个月及以上的有 3 人,增长 3—9 个月的有 10 人,维持原水平的有 7 人,下降 3 个月的有 1人。家长的支持度达百分之百。

二、中小学分课题研究的成效

200 多所中小学以子课题的方式参加课题研究,都取得较好的研究成果,促进了学校的教育改革与发展,成效是明显的。主要表现在以下几个方面:

1. 研究使学校增强了活力,发展了特色,促进了内涵发展

(1) 学校形成浓厚的教育教学研究氛围。由于是教育部重点课题的子课题,子课题得到学校和当地教育行政部门的高度重视,大部分学校将子课题作为学校的总课题,或者叫龙头课题。学校将课题分解成若干方面,根据实际需要,分配给各教研组,由教研组组织教师参与研究,既使每个方面有人研究,又使每个教师都有研究任务。学校的教学研讨和展示活动围绕课题研究展开,教研活动也可结合课题研究组织,这样就形成了较浓厚的教学研究氛围。

(2) 研究促进学校校本研修制度的完善和实施。校本研修是教师专业自主发展和学校内涵发展的有效途径。我们认为,校本研修必须把教师教学实践、教学研究、学习进修三者有机结合起来,谓之"教研修三位一体",其研修目的是更新教学理念、改进教学实践、寻找教育规律、促进教师发展、提高教育质量。我们研究认为,最有效的校本研修活动的基本流程是"问题启动—课题(专题)驱动—专业引领—合作互动"。课题研究正是规范地实施这样的校本研修流程。一些子课题研究学校的经验表明,课题研究对于校本研修制度的完善和实施起到了积极的推动作用。正是课题研究使教研活动活跃起来,应有的功能得到充分体现,不少教研组长都高兴地反映,原来为组织教研活动而苦恼,内容难选,教师兴趣不高,现在不同了,每次活动教师都是带着研究中急需解决的问题而来,有理论要学习,有想法想发表,有问题要讨论,甚至争论,活动时间往往不够用。教师在课题研究中交流研讨的内在需求强烈了,教师的共同语言多

了,为一个理论问题的争论也多了,成果交流分享也多了。正是课题研究为教研活动注入了生命活力,增强了教师的内在需求,校本研修的良性机制也就形成了。

（3）学校的特色得到了丰富和发展。大部分子课题都紧密联系学校的实际,其研究内容建立在学校已有基础或学校特色之上,这样既使子课题研究起点较高,又使学校的基础得到提高,使已有特色更加丰富和充实。

2. 研究促进了教师的专业发展

在研究过程中,学校组织教师参加总课题组组织的培训会、研讨会、成果交流会,有了更多的学习机会,有了更多的交流研讨的机会,有了与专家学者面对面讨论问题的机会,有了更多的信息窗口,有了更多发表见解的场所。研究极大地促进了教师的专业发展。

（1）提高了教师自主发展意识。在课题研究过程中,教师普遍感到学习潜能开发是可以大有作为的研究领域,研究使教师增强了自主发展的意识和专业发展的内驱力,有了很强的学习研究的自觉性。主要表现在:①提高了学习现代教育心理学理论、多元智能理论的自觉性,变"要我学"为"我要学"。②提高了自我反思的自觉性。实践反思是教师成长的最有效途径,由于课题研究需要设计方案、实施研究、观察现象、记录数据等步骤,这种步骤使教师逐渐养成反思的习惯,进而变成一种自觉行为。③提高了教师实践探索的自觉性。学校子课题研究一般都有三年左右的研究实践周期,教师在这个过程中,从发现教学中的问题开始,为解决问题而在专业引领下进行实践探索,逐渐尝到实践探索的甜头,在交流研讨中培养了实践探索的兴趣,强化了实践探索的动机。

（2）让教师树立了新的学生观、教学观。教师在课题研究中学习并实践了多元智能理论,更新了教育理念,认识到人的智力是多元的,每个学生都有自己智能的强项和弱项,有自己的学习类型和方法,都是可造就之才,这就是乐观的学生观。我们要尊重每个学生的智力特点,要对每个学生都抱有成才的期望,为他们创造发现并培养潜在优势智能的条件。参加课题研究的教师开始在实践中探索"对症下药"的教学观,不同的智力特点有不同的发展规律,不同的教学内容应该创设不同的教育情境,对不同的教育对象使用不同教学策略、方法,实践以学定教的教学理念。

（3）促进了教师的角色转变。在研究过程中,我们强调学生是学习的主体,教师要从知识的传授者转换成为学生学习的指导者、促进者、合作者,课题研究促进了这个转换的进程。

3. 研究促进了校长的发展

参加高级别的课题研究使校长有机会参加高层次论坛、研讨会,与专家面对面、零距离对话,开阔了视野,提高了理论素养,逐渐成为研究型校长。此外,研究所带来的学校变化、教师发展、学生成长反过来更激发了校长科研兴校的热情,走科研兴校之路已成为这些学校校长的自觉意识和自觉行为。很多人当时在当地都是起着引领作用的、有影响力的学校骨干校长,现在虽然十几年过去了,很多人已经退休,但是不少参加课题研究的校长仍然在校长岗位上发挥着优秀校长的引领作用。

4. 研究促进了学生的发展

课题研究及学校任何变革的最终指向应该是学生的发展变化,学生学习潜能开发研究成效指向当然是学生的学习潜能得到了开发。各子课题在报告中对某一单项潜能开发的成效都有定量、定性的表述,比如小学生语言潜能开发课题对学生听、说、读、写能力的变化,都有具体的变化数据。数理逻辑潜能开发、内省潜能开发、艺术潜能开发、学困生潜能开发、创新潜能开发等都有相应的评判指标和相应的发展变化数据,不再一一列举,在此只作一些概括。

(1) 不同智能倾向的学生得到了充分发展。承认差异,发现差异,在课题研究实施过程中充分关注差异是本研究的重要特质。不同的学生有不同的特点,不同的发展优势,在课堂上、在活动中实施有差异的教育,促进学生差异化发展。通过差异,发展差异,实现潜能开发的目标,这包括左右脑协调发展,学困生和优秀生不同的智能都得到发展。

在课题研究中,对学困生给予更多关爱,使他们从困境中解脱出来。上海市第六十二中学课题组对初二学生进行分析后,选取对美术有一定优势又有兴趣的学生组成一个美术潜能开发班。经过一年的努力,32 名学生全部考入美术专业学校。

课题研究中实验教师依据多元智能理论为特长生创造特殊条件,让他们的特长更好地发展。主要有以下几方面的措施:明确目标,锻炼意志,培养坚持精神,培养良好的心理素质。特长生的特长能力是要长期锻炼培养的,如体育方面的特长、艺术方面的特长都要长期学习培养,坚持不懈。因此,要培养良好的心理素质,要能经受失败、挫折的考验。此外,在单项特长发展的同时,综合智能也得到了发展。

(2) 学生的主体意识得到了很好的发展。学习潜能不能被动地被开发,学生是学习潜能开发的主体,要充分重视学生的主体地位,重视学生主体意识的培养。在潜能开发过程中,引导学生积极参与、主动体验,在参与和体验中发现自我、超越自我,发展自我意识,培养主动发展的意识和能力。研究在这方面的效果是显著的。

(3) 学生的非智力心理因素品质得到了提升。在开发学生潜能的过程中,教师特别注意学生非智力心理因素的培养,学生的学习兴趣、动机、意志力都得到较好的开发,特别重视情感的力量,重视情感在学习中的重要作用,重视师生情感的交流、情感的共鸣和情感的作用,重视对学生心灵的激励和高尚情感的培养,重视人文素养的培养。因此,学生的非智力心理因素也得到很好的发展。

学习潜能开发研究成效是多方面的,成果是丰硕的,对学校、教师、学生的发展以及区域教育改革与发展的促进是全方位的。《中小学生学校潜能开发研究》(上海三联书店出版)一书有全面反映。

三、"学会学习"与"学习潜能开发"成果推广研究

我们在教育科研成果推广方面有很好的基础,从 20 世纪 80 年代初开始,我们坚持边研究边推广的指导思想,形成了一系列比较成熟的科研成果,也积累了较丰富的推广成果的经验,成果推广也是学习指导研究所的一项日常工作。在上海市教育科研成果推广奖的评选中,我们是唯一获得两届推广一等奖的单位。2007 年 9 月,我们组建了以魏耀发为组长的"学会学习"和"学习潜能开发"成果推广研究项目组。经过历时一年半的推广实施和研究,魏耀发执笔写下了研究报告。现选编于后。

"学会学习"与"学习潜能开发"成果推广研究报告

(一) 推广研究的目标和内容

1. 推广研究的目标

(1)总结科研成果推广的有效途径与方法;(2)提高教师的课程执行力;

(3)验证成果在增效减负中的作用。

2. 推广研究的内容

(1)在了解学情的基础上,选择和确定合适的推广内容;(2)探索适合本学科特点的成果推广的途径与方法;(3)在推广中促进教师转变教学方式的实践探究;(4)在课堂教学中进行成果推广的经验总结;(5)成果推广提高学生学习效率的作用研究及个案研究。

3. 推广成果简介

(1)教育部重点课题"义务教育阶段学生'学会学习'研究"的成果《中小学生学会学习研究》由上海三联书店于 2001 年 5 月出版上、中、下三册,《中小学生学会学习研究》主要包括研究报告,学会学习与人的发展,学会学习有关理论,学会学习的教学模式、学习模式,以及参加研究的中小学子课题成果;(2)《初中生学会学习读本》(上海辞书出版社于 2003 年 9 月出版);(3)《学习理论与学习潜能开发教师读本》(上海三联书店于 2006 年 7 月出版);(4)《中小学生学习潜能开发丛书》(上海三联书店于 2006 年 7 月出版),该套丛书包括高中语文、数学、英语三本,初中数学、英语两本,小学语文、数学、英语三本。

由于上述成果内容丰富,涉及的教育学、心理学理论较多,我们要求参加推广项目组的教研员、学科组在了解熟悉成果内容的基础上,有重点地选择适合自己优势和特长的、适合推广学校基础的内容进行推广研究。

(二) 推广研究项目组人员与分工

推广研究项目组人员由教研员和科研员联合组成。

组长:魏耀发,总体设计,全面协调。

副组长:高炎,全面协调,教学指导。　　邢至晖,全面协调,教学指导。

　　　　李金钊,业务培训,课题指导。　　邵良群,负责中学推广研究。

　　　　孙徽,负责小学推广研究。　　　　王愉敏,负责推广与课改结合。

组员:初中组:语文:陈兆实、徐侠。　　数学:李建国、顾跃平。

　　　　　　外语:周加友、陈双艳。　　理化:顾国东、黄莹。

　　　　　　科研:李金钊、唐军、周冰洁(兼资料管理)。

　　　　小学组:语文:王愉敏、张桂英。　　数学:郑开达、董红平。

　　　　　　外语:傅璟。　　　　　　　　科研:邹经、朱崇福。

（三）推广研究的过程与方法

1. 推广研究的过程

（1）第一阶段（2007 年 9 月—2007 年 10 月）

阶段目标任务：明确意义与要求，了解成果内容，确定合作伙伴和研究对象；形成实施计划，确定推广的具体成果，确定合作伙伴，形成学科研究的方案。

（2）第二阶段（2007 年 11 月—2008 年 1 月）

阶段目标任务：确保研究正常实施，按实施方案按时开展研究；将研究和教研组活动有机结合，在研究中及时积累资料、总结经验和发现要改进的问题，形成阶段性成果，如经验总结、教学案例。

（3）第三阶段（2008 年 2 月—2008 年 6 月）

阶段目标任务：形成推广的经验，让推广研究成为校本研修的主要内容和形式，促进校本研修的深入开展；总结推广研究与教师观念转变、教师专业发展以及教学质量提高的关系，形成个案研究的成果。

（4）第四阶段（2008 年 7 月—2009 年 1 月）

阶段目标任务：全面总结推广研究经验、效果和需要进一步探讨的问题，形成推广研究的终结性成果、个案研究成果。

2. 推广研究的具体方法

（1）开展多种形式的培训，为推广奠定基础。①对教研员、科研员进行培训，学习推广成果的内容，明确推广研究的目的和要求。发给每人一套要推广的成果资料，通过讲座、自学，较全面掌握推广成果的学生观、教学观等核心观念和教学模式、学习模式等理论和操作系统。②项目组组织全体推广实验的基层学校教师培训，让教师对推广的成果有较全面了解，并通过现场教学研讨和实例展示，使其对成果的应用有更多直观认识和体验。③学科组组织本学科参与推广的教师培训，进一步明确推广研究的要求，进一步理解要推广成果的精神实质，布置落实推广任务，明确推广的责任。各学科组要充分发挥团队合作精神，制定出符合推广学校、学生实际情况的推广方案，并认真落实实施。

（2）根据学生的实际和急需要解决的问题确定推广的内容。项目组为了加强推广成果的针对性，十分重视引导推广教师在掌握学情的基础上确定推广内容，把成果推广的过程作为教师了解学生、研究学生的过程，增强"以学定教"的意识，提高研究学生的能力。

（3）在课堂教学中进行推广。在课堂教学中推广包括教学观的转变、教学模式和教学策略的应用，也包括教学内容的选用。在潜能开发丛书里，有很多精彩的内容都可选择用作课堂教学的材料。

（4）将推广研究作为学校教研组建设的重要抓手。这要求推广学校有推广项目的教研组，将教研活动的组织形式、内容方法都紧密和成果推广相结合，而且努力辐射到学校其他教研组，让推广的成果资源成为教研活动的资源，黄浦区推广项目组要加强针对性的培训和指导。

（四）推广研究的成效

1. 促进了教师观念的转变，增强了教师"以学定教"的意识和能力

推广的"学会学习"与"学习潜能开发"成果中先进的教学理念、教学原则、教学模式，促进了参加推广的教研员和基层学校教师教学观念的转变，让他们关注学生的薄弱环节，关注学生的差异。从研究学情出发，深入调查学生的学习需求，发现学生的薄弱环节，设计推广研究的具体方案，充分运用成果中的教学建议，充分运用激励元素，增强他们的信心。该方法效果显著。

2. 促进了学生学习效率的提高，开发了学生的学习潜能

（1）激发了学生的学习兴趣，培养了学生良好的学习习惯。如明珠中学学生学习并应用《中小学生学习 32 法》中的"擒贼擒王法""欲擒故纵法"等方法，数学学习成绩提高很快，学习数学的兴趣也浓厚了。小学语文学科郑艳老师在成果推广中，重点培养学生仔细倾听的习惯、从容说话的习惯、认真读书的习惯和规范写字的习惯，从学生反馈看，取得很好的效果。

（2）在成果推广中，教师创造性地设计项目，充分发挥学生的主体作用，调动学生学习的积极性，使他们的潜能得到开发。数学教学中的思维方法训练，语文教学中的开放式作文、日记点评等，都激发了学生的学习潜能，提高了学生的学习品质。

3. 拓宽了教研员、科研员合作推广科研成果的模式

教研员和科研员合作组成项目组进行成果推广，这是一种新的尝试，是一种新的突破，促进了教研员和科研员的相互了解，使教研员能全面深入了解作为本区教育科研特色的学习研究的成果，使科研员更多地走进学科教学，了解、研究课堂教学，收到优势互补的效果。项目实施中形成的合力，显著地提高了为全区中小学教师服务的质量。这种新的推广研究会推动新的研究团队的形

成,对区域教研活动水平的提升、区域教育科研的新发展和教师队伍的建设都具有极为重要的实践意义。

四、学习研究的十条基本概括

（1）学生学习是教学的基础和前提,没有学生的学习教学就失去了意义。

（2）学习是为了促进个体的发展,包括正确的思想观念与优良的道德品质的形成、知识结构与行为习惯的改变和身心全面发展。学习应当是一个不断取得能力的过程,包括学会学习、学会做事、学会生存、学会发展。

（3）学生是学习的主体,学习是以学习者积极主动为基础的,学习者应当在学习过程中培养自己的学习兴趣,培养自己对知识的好奇心,激发自己的学习动机,学习继续学习所需要的基本知识、基本技能,为终身学习打下基础。

（4）教学是教学生学,教学生学会学,教学生学会享受学。

（5）教学质量的高低从本质上分析取决于学生的学习能力、学习水平和学习效益的高低,教学质量说到底是学生的学习质量。

（6）影响学生学习的因素很多,有智力的也有非智力的,有内部的也有外部的,我们概括为动力系统、操作系统、支持系统和反馈系统。动力系统主要是兴趣、动机、情感、意志等非智力心理因素,操作系统主要是注意、观察、记忆、思维、想象等智力心理因素和学习方法、策略、技术等,支持系统主要是学校教育教学活动、课程、教材、环境及家庭教育的氛围和资源,反馈系统主要是监测、评价和调控。

我们多年来研究的课题对这几个系统都有涉及。非智力心理因素研究是动力系统的研究,学习方法指导研究是操作系统的研究,教学策略方法、教育模式研究是支持系统的研究,而学会学习与学习潜能开发研究是几个系统都涉及的综合性研究。

（7）每个学生都有不同层次的学习潜能,既有一般性学习潜能,包括情感性学习潜能和智慧性学习潜能,又有特殊性学习潜能和综合性学习潜能。而且每个学生的学习潜能是有差异的,各有不同的优势领域,教育中要充分关注这个差异。

（8）学习潜能只有在一定的文化环境中才能被活化,而且个人所处的文化环境将影响这种潜能的发展方向和程度。人的潜能的发挥是人的生理潜质与一定文化背景下的学习机会相互作用的产物。

(9) 确立每一个学生都是可造就之才的信念,教育者要对每个学生都抱有成才的期望,充分尊重每个学生的智力特点,为他们创造培养优势智能的条件,使他们达到自己的最佳发展状态,也就是使他们成为最好的自己。要努力探索角度多元化、标准个别化、形式多样化的评价方法。

(10) 应用脑科学的研究成果,努力使教育成为脑科学的"学问用户",创造"基于脑、适于脑、促进脑"的教与学,促进科学高效的教学模式、学习模式的研究和生成。师生共同进行学习潜能开发的探索,学习潜能的开发必将取得突破性进展。

第九章　基于脑科学的学习潜能开发深化研究(一)

一、我们团队的第三个教育部重点课题

(一) 新课题的确立

我们的研究是沿着"中小学生学习研究"方向逐步深入的。"十五"期间,我们研究的"义务教育阶段学生学习潜能开发研究"结题以后,我开始思考"十一五"期间研究什么,怎样研究。"十五"期间,我们的潜能开发研究发展了"九五"的"学会学习"研究成果,开始把多元智能理论和脑科学的研究成果用于学习潜能开发实践,重点是多元智能理论学生观、教学观、评价观的实践探索,如何创造"基于脑、适于脑、促进脑"的教与学没有深入展开研究。我在深入思考之后,写了一篇长文《学习潜能开发:"十一五"我们怎样研究》。文章有以下六部分内容:(1)脑与学习研究:日益兴起的前沿学科;(2)"十五"我们做了什么;(3)"十一五"的研究目标;(4)"十一五"的研究内容;(5)研究思路、研究方法与技术路线;(6)关于深化研究的再认识。按照这个思路,我们申请了"基于脑科学的学习潜能开发深化研究"课题,该课题于 2006 年 12 月被批准为全国教育科学"十一五"规划教育部重点课题,2007 年 5 月正式开题。《学习潜能开发:"十一五"我们怎样研究》就作为研究的导引性文章发表于《学习指导研究》2007 年合刊上。从此,我们开始了 2007—2012 新的五年的研究历程。

这五年的研究对象不再限定在义务教育阶段,学前幼儿和高中生都被列入为研究对象。研究重点围绕以下 10 个方面展开:(1)脑发展高峰期、关键期、敏感期与儿童早期教育;(2)多感官、多通道信息输入与潜能开发;(3)环境的丰富性与潜能开发;(4)情绪情感与潜能开发;(5)内隐学习与潜能开发;(6)运动艺

术与潜能开发;(7)特殊儿童的发展研究;(8)关注差异,发展多元智能;(9)用脑卫生问题;(10)0—18岁千名对象个案研究。由于研究的专业性更强,我们采取收缩面上研究的范围,压缩子课题数量的策略,大多数原来"九五""十五"期间参与研究的子课题学校以推广"九五""十五"研究成果为主,在原有研究基础上继续在实践中应用发展已有成果,不再参与"十一五"教育部重点课题子课题的申报。课题研究主要在学习指导研究所实验基地校进行,根据研究的需要,增加一些幼儿园参加研究。

(二) 新的起点再出发

2006 年 7 月,我已年满 65 岁,8 月正式办理退休手续,对于黄浦区教育学院来说,我是一名退休职工了。虽然我还担任着学习指导研究所的常务副所长和黄浦区教育学会会长的职务,但毕竟算是一个新的起点。这时期我们的研究团队也有新的变化。魏耀发已任教育学院的常务副院长,李金钊已任科研室主任,唐军也成长起来了,他们都全程参与了"九五""十五"课题研究。参与小学课题研究的曾友苏、顾麟祥,以及幼教研究的徐蓓珍都先后到龄退休,他们都积累了一些组织指导研究的经验,研究团队也要有新的加强措施。好在我们的基本研究队伍已经形成,像幼教教研员肖燕萍一直参与我们的课题研究,章胜华虽已调上海市教科院多年,但一直参与我们的课题研究,在情报资料和教育测量方面做了很多研究性工作。比较特殊的是,我们两任教育局局长姚仲明、王伟鸣和曾任分管小幼教的副局长谷勇仁都全程参与了课题研究。团队的稳定性对我的新起点上的再出发有着重要的积极意义。

这五年,在课题研究的同时,我主持的上海市名师工程一、二期名师基地和黄浦区名师工作室二、三期也在运行中,一批又一批学员进入我的基地和工作室学习,我结识了更多的新朋友。我们共同学习,共同研究,一起研讨,一起进行学习型团队创建的实践探索,一起享受共同学习与成长的快乐。

(三) 课题成果鉴定意见

经过五年的研究,我们完成了课题设计的研究任务,经全国教育科学规划领导小组办公室同意,上海市教育科学规划领导小组办公室聘请张民生、燕国材、林崇德、尹后庆、苏忱等五位专家组成专家组对课题研究成果进行鉴定,2012 年 6 月 27 日召开了鉴定会。现将鉴定意见录于后。

"基于脑科学的学习潜能开发的深化研究"课题成果鉴定意见

"基于脑科学的学习潜能开发的深化研究"于 2006 年 12 月被批准为全国教育科学"十一五"教育部重点课题,2007 年 5 月正式开题。经过五年研究,受全国教育科学规划领导小组办公室委托,上海市教育科学规划领导小组办公室组织由五名专家组成的专家组对该课题成果进行结题鉴定。2012 年 6 月 27 日召开结题鉴定会,专家组全体成员在听取课题组汇报、阅读课题研究材料、咨询答疑的基础上,形成如下意见:

1. 创造适合脑的教育是当今世界教育发展的潮流,该课题研究脑科学新成果与教育结合这一前沿性问题,因而具有重要的理论价值和现实意义。

2. 该课题研究目标明确,有切实可行的分层目标。课题研究内容丰富,在"十五"教育部重点课题"义务教育阶段学生学习潜能开发研究"的基础上,梳理出在理论、实践、个案、成果推广等方面进行深入研究的整体构思和具体内容,体现了课题设计者坚持在传承中发展的思想,课题组按照课题设计方案实施研究。

3. 课题组继续秉承"九五"和"十五"期间确定的"学习、借鉴、融合、创新"的指导思想,综合应用多种研究方法,通过理论研究,系统地整理出能够用于基础教育的教与学的脑科学的新成果,在 11 个方面形成了比较深入的认识,对教与学中如何科学用脑、卫生用脑提出了很有见地的建议,为基础教育真正成为脑科学研究的"用户"提供了有价值的参考意见。

4. 该课题在实践研究方面,进一步探索"基于脑、适于脑、促进脑"的学习潜能开发的教与学的应用策略和方法,组织实验研究基地和子课题学校围绕"关于儿童突触生长高峰期的教育""情绪情感在脑成长中的作用""环境刺激对大脑发展的影响""发挥脑的内隐学习功能""教学中的多感官通道""运动和艺术促进脑潜能的开发"等专题进行了深入研究,有效地促进了学生学习潜能的开发。在个案研究方面,对"十五"期间研究的 0—18 岁千名个案研究对象的资料进行了进一步的整理,最终选择了 143 名优秀生、特长生和发展相对滞后的学生进行深入分析,从中归纳提炼出关于身心发展的规律性认识。

5. 关于成果推广研究,该课题在保持已有优势的同时,取得了新的进展。教研员在成果推广中承担重要角色,使推广研究融入教研活动之中,增强了教师关注学生差异的意识,提高了推广的针对性,促进了脑科学研究有关理论在教师教学实践中的普及与应用。

6. 该课题采用分课题组和子课题组的形式,坚持在教育实际情境中开展大范围、大样本的实践研究,积累了丰富的组织指导大型课题的经验,并产生了很好的社会效应,教师专业素养得到提升,一大批学生学习的兴趣和自信心得到培养,潜能得到充分的开发。一些学校以该课题研究推动校本研修,引导教师研究学生,研究适合大脑成长规律的教育教学方法,形成了学校的教育教学特色。由此可见,该课题通过研究促进改革深化,促进学校和师生共同发展的价值取向是正确的,实践探索是成功的,效果是明显的。

综上所述,该课题研究成果达到了预期目标,专家组成员一致同意结题并通过鉴定,鉴定等级为优。

专家们认为,脑科学理论应用于教育的研究目前刚起步,具有开拓性意义,研究正方兴未艾。为此,专家们建议,在“为了每一个学生的终身发展”核心理念引领下,深入探索脑科学理论指导下的学生学习潜能开发的途径与方法,重点要研究“脑与学习”的机制问题以及学习潜能开发的评价问题,开发出更多面向教师与学生通俗易懂的、操作性强的成果,进一步加大成果推广力度,促进教育的转型发展。

鉴定组组长:张民生

鉴定组成员:燕国材、林崇德、尹后庆、苏忱

2012 年 6 月 27 日

二、课题研究的目标与内容

(一) 背景与基础

1. 脑科学研究成果在学习潜能开发中的应用研究已经成为理论和实践的双重需要

日益丰富的脑科学研究成果为构建基于脑科学的新型学习方式和教学方式提供了必要性和可能性,为开发学生学习潜能提供了一条可取之路。《创设联结:教学与人脑》一书作者雷纳特·N·凯恩认为,脑研究对教育者的最大挑战不在于理解人脑功能解剖学上的复杂性,而在于理解人脑在认识和体验世界

方面的复杂功能和巨大潜力。在研究的基础上,作者提出了突破传统学习观念的 12 条与脑有关的学习原理,这为我们的研究提供一个很好的借鉴。脑科学研究成果中对大脑学习的情境性、情绪性、整体性、复杂性、内隐性、生理依赖性和经验依赖性等问题都有了较为成熟的结论,这为构建基于脑科学的学习潜能开发实践提供了良好的基础。

2. 本课题是在"十五"课题研究基础上的深化研究,具有延续性

"十五"期间,我们承担了教育部重点课题"义务教育阶段学生学习潜能开发研究",已经对学习潜能开发问题进行了较系统的初步探索,也取得了较好的成果。但是,我们在研究中也发现了一些问题,比如现实中基础教育教师对"学习与脑"的有关知识知之甚少,有关脑科学成果普及宣传相对滞后,且有误导问题存在,用于教学实践的更是少之又少。所以需要进一步加强对"学习潜能开发与脑"的研究、对"教学与脑"的研究,加大普及推广的力度。

"十五"的研究,我们形成了一支有一定素养且有志于该领域研究的队伍,为"十一五"的深化研究打下了坚实的基础。主要有:

(1)我们对学习潜能的概念进行了深入探索,提出了三层次的概念界定和五个基本命题;对多元智能理论在潜能开发中的应用进行了梳理和阐释;对如何应用脑科学研究的新成果开发学生的学习潜能进行了整理,提出了基本思路。

(2)在实践研究中,初步构建了学习潜能开发的操作系统,提出了潜能开发的五项原则,即发展性原则、主体性原则、情感性原则、差异性原则、综合性原则,并从脑潜力开发等五个方面进行了潜能开发的教育实践研究,取得了较好的实践效果。

(3)参加"十五"课题子课题研究的有分布在 10 多个省市的 200 多所中小学、幼儿园,他们的研究不同程度地促进了学校、教师和学生的发展,提高了师生、家长对潜能开发的认识,从而使学习潜能开发研究也产生了较大的社会影响。

上述成果都为"十一五"基于脑科学的学习潜能开发深化研究提供了很好的基础条件。

(二)"十一五"的研究目标

(1)在"十五"课题研究的基础上,对学习潜能的概念、生理心理基础、学习

潜能开发与人的发展的关系等问题进一步深入研究和探索,从而使我们对"基于脑、适于脑、促进脑"的学习潜能开发问题,在理论层面的认识达到一个更为系统、科学的新水平。

（2）通过行动研究、单项心理实验和测评研究,重点探索并开发出"基于脑、适于脑、促进脑"的开发学习潜能、提高学习效率的内容、策略、途径、方法和技术。

（3）通过对"十五"期间研究积累的千名个案研究资料的深入分析,并对其中100名有代表性的个案对象的深入研究,对学习潜能开发的差异性、个别化问题有更清楚的认识,从而提炼概括出更具一般意义的个案研究的结论和对学生、家长、学校、教师更具个性的个别咨询指导方法和建议。

（三）研究内容

1. 厘清脑科学研究新成果用于教与学的内容与方法

（1）脑突触发展的高峰期与儿童早期教育和学习。

（2）脑发展的关键期(或敏感期)与语言学习和思维发展。

（3）大脑的可塑性与学习机会、学习环境和文化背景。

（4）如何创设丰富多彩的学习环境,促进儿童大脑的发展。研究环境的适当性、有序性和丰富性,研究教育刺激的特点对不同脑功能发展的作用。

（5）进一步认识杏仁核在情绪发展中的关键作用,进一步认识情感和认知关系,研究重视情绪情感在学习中的作用,探究促进情感智力发展的策略方法。

（6）如何充分利用内隐学习、内隐记忆,提高学习效率。

（7）怎样利用多通道、多感官信息输入的方法,提高认知加工效率。

（8）如何促进左右脑的协调发展。

（9）怎样开发创新潜能。

（10）怎样科学用脑、卫生用脑。

2. 个案研究

对"十五"期间采取纵向和横向相结合的方法研究的0—18岁的千名个案对象的资料进一步深入分析,对其中100名优秀生、特长生和发展相对滞后的学生进行继续深入分析,进一步发现优秀人才成长的规律,探索总结学习潜能开发的途径方法,完善评价机制和方法。

3. 学习潜能开发研究成果的推广应用研究

将"十五"及以前关于中小学学习的研究成果推广应用于教与学,努力使"基于脑、适于脑、促进脑"的理念、知识、方法在基础教育领域的较大范围内普及应用。

三、课题的研究思路、研究方法与技术路线

1. 研究思路

(1)本研究既不是心理学研究,也不是脑科学研究,是基础教育的应用研究,即应用脑科学的新成果和心理学理论研究基础教育的问题。我们将坚持"九五"和"十五"期间确定的"学习、借鉴、融合、创新"的指导思想,进行文献研究,整理归纳出与学习有关的脑科学研究最新成果。

(2)在已有研究的基础上,进一步探索"基于脑、适于脑、促进脑"的学习潜能开发的教与学的应用策略和方法,并在实践中验证其在提高学生学习效率、开发学生学习潜能中的科学性、针对性、实效性。

(3)推广研究成果,普及脑科学知识。在实践探索中要特别关注以下四个方面:关注学生的差异性、关注教育教学全过程、关注脑潜力、关注元认知。

2. 研究方法与技术路线

综合运用文献研究法、实验研究法、个案研究法、行动研究和教育叙事研究法对以上研究内容逐项研究。文献研究法用于理论研究,通过图书馆、互联网搜索引擎、电子图书以及中国期刊网等资源获取相应信息;实验研究法用于小型教育实验研究,通过实验对象在研究前后的变化来观察变量的作用和实验的效果;个案研究法用于对优秀生、特长生和发展滞后学生的个案追踪研究,主要是采用质的研究取向的个案研究方法;行动研究和教育叙事研究法用于已有成果的推广应用、再开发研究和教师自我反思,以提高教学效能,促进教师的专业发展。

四、课题研究的过程

本课题将沿用"十五"课题的研究组织形式,在总课题组下设立综合研究、

中小学实践研究、0—6岁幼儿研究、个案研究、专项实验研究等五个分课题组和一群子课题组、一定数量实验学校的形式开展研究。

（一）第一阶段（2006年10月—2007年12月）

（1）课题设计、申报，课题组组建。

（2）子课题申报，明确落实分课题、子课题研究任务，并确定20所左右的中小幼学校作为实验研究基地。

（3）采用文献研究的方法，开始对理论研究内容逐项研究。阶段性研究成果以专题论文的形式呈现，回答理论部分提出的问题。

（4）2007年5月总课题开题，邀请全国教育科学规划领导小组办法公室曾天山、丰力两位出席，张民生、顾泠元、燕国材、苏忱等专家出席论证。

（5）设计中小幼实践研究方案和各项专项心理实验和教育实验方案，编辑《脑与学习潜能开发》专题情报（第三辑），发表导引性文章《学习潜能开发："十一五"我们怎样研究》。

（6）组织专题研讨会。2007年11月底在杭州召开第一次子课题组负责人和主要研究人员培训会，请张民生教授作报告。

（二）第二阶段（2008年1月—2008年12月）

（1）根据方案开始进行实验研究、个案研究和行动研究，将基于脑科学的学习潜能开发的教与学的应用体系在学校教学中进行实践探索。

（2）选取100名优秀生、特长生、发展相对滞后的学生作为个案深入研究对象，确定研究人员并培训，开始进行个案研究。

（3）在各子课题实验学校推荐的基础上，选取20名教师作为教育叙事研究的主角，确定研究事项、目标和内容，实施研究。

（4）2008年11月在北京组织第一次阶段成果交流会和第二次课题研究人员培训会，林崇德、朱永新、袁振国到会作报告。

（5）从2008年第5期《学习指导研究》开始，陆续发表阶段性成果。

（三）第三阶段（2009年1月—2009年12月）

（1）修订研究方案，继续进行各项研究。

（2）整理、分析已有数据资料，开始撰写专项实验报告、个案报告、行动研究报告等。阶段成果陆续在《上海教育》《现代教学》等刊物发表。

（3）2009 年 12 月在广州华南理工大学召开第二次阶段成果交流会和第三次课题研究人员培训会，燕国材、任勇、吴昌顺到会作报告。

（四）第四阶段（2010 年 1 月—2010 年 12 月）

（1）开始进行子课题成果鉴定。

（2）2010 年 11 月在金华召开第三次阶段成果交流会和第四次课题研究人员培训会，天津师范大学阴国恩、李红玉教授，湖南师范大学燕良轼教授，上海师范大学燕国材教授到会作报告。

（3）结题的筹备工作。

（五）第五阶段（2011 年 1 月—2012 年 6 月）

（1）完成子课题成果鉴定。

（2）2011 年 11 月在上海组织第四次阶段成果交流会和第五次课题研究人员培训会，卢家楣、燕国材、燕良轼到会作报告。

（3）撰写研究总报告，编辑研究报告集，编辑个案集，专著修改定稿并完成成果出版。

（4）总课题成果鉴定，召开结题大会，颁奖。

（5）成果推广应用，出版物的发行推介、研讨等后续工作。

五、课题研究成果概述

（一）理论研究的深化

在研究的思路中已经阐明本课题不是心理学研究，也不是脑科学研究，是基础教育的应用研究，即应用脑科学的新成果和学习心理学的理论，研究基础教育的问题。这是本课题的基本定位。对于理论研究的深化，就是在"十五"研究的基础上，更系统地整理、阐释能够用于基础教育的教与学的脑科学的新成果，使基础教育能够顺畅地成为脑科学研究的"学问用户"，使多元智能理论、学习心理学理论、脑科学研究成果更好地用于学习潜能开发。我们通过文献研究和实践的概括，除了对脑的生理解剖、结构功能有了更进一步的了解外，对脑科学研究新成果及其对潜能开发的启示扩展到 11 个方面，且有了更清楚的认识。

表 9 - 1 11 个方面的脑科学研究成果及其对潜能开发的启示与实践建议

	脑科学研究的成果	对潜能开发的启示与实践建议
脑突触发展的高峰期	1. 人的大脑约有 1000 亿个神经元,所有人类的行为都可以追踪到神经元的联结上。一个神经元的轴突与另一个神经元胞体树突之间的联结处叫作突触。突触密度在出生后迅速变化。大脑突触生长最快的时期为儿童早期 2. 4 岁左右的儿童,其大脑皮层各区的突触的密度达到顶峰,约为成人的 150% 左右。在整个儿童期,突触密度保持在远高于成年人的水平。到青春期,大脑皮层启动某种尚不清楚的机制,开始裁减突触数目,其突触密度逐渐接近成人的水平。这就是儿童时期大脑神经突触生长的倒 U 型理论	儿童突触生长高峰期是智力发展的最快时期,在学龄早期,脑的学习速度最快。在这个阶段刺激的新奇和重复(含气味、声音、景象、触摸等)对于脑发展和奠定以后的学习基础极其重要。因此,学生的早期学习、早期教育特别值得重视和研究,开发学习潜能应该从零岁开始。但 0—6 岁幼儿的学习不应是学科化,应是玩中学,以游戏、玩耍、活动、摆弄、涂鸦为主要学习形式,以情感发展、行为习惯养成、基础技能习得为主要目标
大脑发育的关键期与学习的敏感期	1. 脑科学研究表明,脑功能发育过程中存在着关键期,在关键期内,某些脑功能的形成与发展比其他时期更容易、更迅速。这种学习更容易发生的阶段称为敏感期,例如语言学习的敏感期 2. 大脑发育的关键期是由英国学者戴维·林伯尔等人于 20 世纪 60 年代根据"视觉剥夺实验"的结果提出的。最近几十年来,脑科学家对脑的关键期进行了大量的研究,得到了较为一致的认识:脑的不同功能发展有不同的关键期。例如视觉系统的早期发育过程中存在一个关键期。关键期内视觉经验的有无,以及视觉经验的丰富与否对于视觉功能的建立具有极其重要的意义。人的视觉发育关键期,最敏感的是在出生后半年内,之后可达 4—5 年,甚至更长 3. 研究表明,语言习得存在敏感期。但语言习得的敏感期出现在哪一个具体时间段,研究者有不同的观点,可有一点是确定的:在童年期(6—7 岁)以后,语言习得的能力加速衰退,青春期以前没有接触正常语言环境者将不能获得正常的语言能力。对于第二语言学习的敏感期在哪一年龄段尚有争议。但是第二语言习得肯定受年龄的影响,这种影响既表现在口语水平又表现在语法和写作水平	在适当的时间,提供适宜的环境与教育,抓住学生发展和教育的最佳时期,开发学生的潜能,会收到事半功倍的效果。有研究者指出,前 24 个月的抚养方式会对幼儿产生不同的、具有显著差异的未来发展的可能。如情绪智力在出生第一年是至关重要的发展时期,婴幼儿早期的运动刺激对于学习的作用,视觉脑、听觉脑的早期发展的关键性,婴幼儿语言发展等都需要进行深入地实践探索 1. 婴幼儿时期,家长和学校要特别关注视力、听力、运动能力的发展,要注意保护视力和听力,避免负面的影响和损伤 2. 重视幼儿语言的学习,探索早期阅读、开发语言潜能的方法 3. 在学好母语的同时,在儿童早期(7 岁左右)开始制造学习第二种语言的机会

（续表）

	脑科学研究的成果	对潜能开发的启示与实践建议
大脑的可塑性	所谓脑的可塑性，即脑可以被环境或经验所修饰，具有在外界环境和经验的作用下不断塑造其结构和功能的能力。脑的可塑性包括：(1)正常的脑的高级功能具有可促进性；(2)脑的高级功能障碍具有可改变性；(3)不良的环境刺激可能导致儿童脑的高级功能受到损害。脑发展先天遗传因素固然重要，但后天的环境和经验作用也需要重视，人的一生脑都具有可塑性	1. 脑的可塑性是中枢神经系统的重要特性，是人脑发展过程中对环境积极适应的特性，遵循"可修可塑，用进废退"的原理 2. 教育要充分利用儿童脑的高级功能发展中存在的巨大可塑性。我们要特别重视环境类型的变化、新的学习经验、具有挑战性的刺激等对于脑的发展和成熟的作用，特别要避免不良的后天环境刺激，去除消极刺激，如威胁、压力、指责、羞辱、讽刺挖苦，消除"习得性无助" 3. 脑的可塑性是学习记忆、语言、思维的基础。学习记忆形成经验的积累，促进语言、思维能力的发展，反过来促进脑的功能和结构的变化，这是一个周而复始的动态过程 4. 教育要努力创造丰富适合的刺激情境、学习机会，生动有趣的训练活动，充分运用"用进废退"的原理。安排适合年龄的学习情境、社会场景、训练项目，使学生"用"脑，努力创造"基于脑、适于脑、促进脑"的教学 5. 对于特殊儿童，要给予更多的关注、特别的关注，要采取个别化教育、融合教育、随班就读的方式开展丰富多彩的教育活动，要开展"医教结合"的教学活动，实施有针对性的、适当的、适合的康复治疗和教学活动，促进其脑的发展

（续表）

脑科学研究的成果	对潜能开发的启示与实践建议
环境对大脑发展的影响	教育要努力为学生创设一个丰富多彩的环境，使学生的大脑得到足够的刺激。环境的适宜性、有序性、丰富程度是需要认真探索的，要研究教育刺激的性质和特点对不同脑功能发展的作用

脑科学研究的成果	对潜能开发的启示与实践建议
1. 丰富的环境刺激对早期大脑发展具有显著影响。研究证实，大脑的生理变化是经验的结果，多姿多彩的环境刺激对大脑的发展至关重要。人的大脑逐渐成熟是基因(遗传)和环境交互作用的结果，遵从"用尽废退"的原则，足够的刺激是关键因素 2. "环境影响基因变化，基因决定环境的作用。"——脑研究的新见解 3. 研究认为，环境丰富性的关键成分是挑战性、新异性和互动中的及时反馈 4. 构成丰富环境的资源是很多的：色彩丰富的、明亮的、安全的、舒适的学习环境(校园和教室)，合作的、互动的学习伙伴 5. 艺术(音乐、美术、舞蹈)是丰富学习环境的组成要素，可以激发脑的神经通路，促进语言发展，提高创造力 6. 通过运动、新异的动作刺激，如眼—手协调、旋转、跳跃、计数、翻跟斗等，能促进大脑发展	实践建议： 1. 给予学生一个稳定的、积极的情感支持 2. 创设一个宽松的氛围，清除过度的压力和焦虑，使之充满欢乐 3. 在学生发展的不同阶段向他们提出难度适中的一系列新奇的挑战，组织他们参与复杂的、具有挑战性的问题解决活动 4. 大力组织不同年龄、不同经验的学生间的合作、互动的学习活动和交往 5. 从出生开始，重视语言阅读的训练，给他们讲故事、读词汇，探索早期阅读教育的方法 6. 让学生运动起来，将丰富的、有情趣的"玩耍"结合到课程中，创编适合不同年龄的健脑体操 7. 营造一个快乐有趣的、充满艺术氛围的学习环境，鼓励教师将音乐带进学科教学，努力开发出好的艺术课程 8. 要让学生成为丰富环境的主动参与者和创造者，而不是被动的观摩者、享受者

（续表）

脑科学研究的成果	对潜能开发的启示与实践建议
杏仁核、边缘系统与情绪 1. 脑科学研究发现，杏仁核在情绪反应中起关键作用，它与大脑的边缘系统、新皮质等结构既相互独立又彼此互补，控制和调节着人的情绪反应。边缘系统又被称为"情绪脑" 2. 美国哈佛大学的行为与脑科学专家1995和1996年相继出版了《情感智力》和《情绪脑》两本书，强调情绪情感在学习中的重要作用。研究表明，情绪情感在人类学习中起着不可低估的作用。情绪是一把双刃剑，会使人产生不同的身心状态，能促进学习，也能妨碍学习。中间适度的情绪状态是最有益的	1. 重视情感的作用。在学校教育中把情感列为发展教育目标，对学生的学习和发展有着举足轻重的作用 2. 强调开发学生的情感潜能（含兴趣、动机、情感、意志、性格），对学生学习潜能开发有着极为重要的意义。如教学中如何增强材料的意义，使教学过程情趣化；注意在课堂教学中投入更多的事件，调动培养良好的情绪；对每个学生都充满期望，努力让每个学生体验成功，分享关爱和友谊，远离威胁和恐惧，使他们有安全感；帮助他们调动良好的情绪，培养健康的情感，让他们学会反思，学会自我调适等，都值得在实践中去探索
脑与内隐学习 1. 研究表明，在非注意状态下，学生也可能对环境信息保持敏感，并逐步习得大量的知识、规则与行为方式、技能，这就是内隐学习。学生在自然状态下的语言获得便是内隐学习的典型事例。通过内隐学习进行学习活动，不仅占用的认知资源较少，而且获得的知识、技能可以保持较长的时间 2. 内隐记忆是在无意识的情形下的记忆。研究表明，这种内隐记忆的容量是无限的。内隐记忆与外显记忆相比，神经细胞活动水平有着显著差异，内隐记忆参与的细胞数少，耗能少，信息加工效率高	1. 在教育教学中要注意利用学生的内隐学习能力，在重视常规的有意注意学习的同时，还应当充分发挥脑的自动加工能力，为学生提供大量的直接活动经验，引导学生通过内隐学习获得发展 2. 值得我们特别重视的是，学习潜能往往正蕴藏在无意识的内隐心理活动过程之中。在教学中要探索内隐学习的应用，重视内隐学习与外显学习的结合，注意无意识与意识的结合；要运用内隐学习占用注意资源少的特点，提高学习效率，在学生的思想道德教育、运动及动作技能学习和语言学习中，都有极好的应用前景。对于一些特殊群体，如自闭症儿童等的训练和康复，内隐学习也有很好的应用价值

（续表）

	脑科学研究的成果	对潜能开发的启示与实践建议
多感官、多通道信息输入与学习	1. 脑科学的研究表明,多感官、多通道信息输入可以使认知加工效率更高。眼、耳、口、手、体各种感觉通道同时应用,接受刺激,对大脑的发展有重要意义 2. 人的感觉系统包括视觉、听觉、味觉、嗅觉、触觉、运动觉。一般来说,视觉具有加工容量大、速度快的特点,听觉信息输入具有加工程度相对较深的特点。每个人有相对偏好的感官通道,对于该通道的信息输入会更加敏感,信息加工会相对迅速 3. 多感觉通道与多类型刺激、多样化的活动有助于积极调动脑的不同区域进行协同加工,提高认知加工效率,有利于全脑开发	1. 教育教学中要结合应用多种类型的教育刺激,注意调动学生多个感觉通道参与,充分利用现代化教学手段光、电、声、像、多媒体辅助教学,并且注意多通道信息刺激的强度及同向促进作用,避免异向干扰作用的产生,努力创造有利于学生学习同向促进的感官刺激环境 2. 倡导体验探究学习,引导学生积极参与自主操作性的活动,重视为学生提供自身的主动活动进行建构性学习的机会,对于开发学习潜能有重要意义 3. 让学生在做中学,使他们有更多的直接经历、经验和体验,从而产生更多更牢固的、持久的神经联结 4. 对于幼儿,要开发有利于视觉、听觉、嗅觉、触觉等发育的游戏,使他们在玩中学
脑电波的研究	研究从脑电图(EEG)观察到人类大脑皮层的生物电活动,从应用的角度将其划分为4个步骤,从低到高分别为:δ波频率为每秒1—3次,熟睡无梦、神志不清时出现;θ波频率为每秒4—7次,沉思、冥想、幻想、昏昏欲睡时出现;α波频率为每秒8—13次,神经松弛时出现,此时记忆力强;β波频率为每秒14—30次,紧张思考时出现,此时注意力高度注意,易焦虑	教育中要努力创造使脑产生电波的情境 1. 创造愉快的学习氛围,清除课堂学习的紧张感和压力感,构建和谐的师生关系 2. 改变课堂教学的结构和流程,把40分钟一节课分成3—4段,合理变换学习方式,调节张弛程度,适时、适当自由活动肢体,深呼吸等 3. 把音乐带进课堂。选择有助于放松的、产生愉悦情绪的音乐,如节律轻缓、旋律优美的中国古典音乐、轻音乐等,运用于课堂教学和课外自学中

	脑科学研究的成果	对潜能开发的启示与实践建议
左右脑功能开发及协调发展的研究	在左右脑功能方面要历史地、辩证地看待其研究成果 1. 20世纪70年代美国神经生理学家斯佩里教授的"裂脑实验"提出大脑两半球高度专门化，每一部分控制不同的功能，并以不同的方式处理信息的"分工说"。分工说认为，左脑主要功能是言语的、分析的、逻辑的、数字的、抽象思维的功能。右半球具有非言语的、综合的、直觉的、音乐的和想象的形象思维 2. 脑的一侧化理论又被"模块论"提出的观点所修正。新的观点认为，脑是由在神经系统的各个水平上进行活动的子系统以模块的形式组织在一起的，人脑虽然是由解剖学上截然不同的区域组成的，但这些区域并不是自主的微型脑，更确切地说，他们组成了紧密结合在一起的一体化的系统。这不是对分工说的完全否定，这是随着研究手段的发展进步而新发展的研究成果，具有特殊意味地提出新观点的恰恰是参与"裂脑实验"的主要研究者加扎尼加	1. 在教育教学中不要把左右脑分工绝对化，我国脑科学家指出，脑的不同区域虽然有功能上的分工，但是，这样的功能定位只是在相对意义上才成立……至于高级的精神性活动，显然涉及多个脑区，从某种意义上它是一种集合场。因此，我们更愿意接受如下的观点：开发大脑不只是左半球与右半球一侧的开发，而是左右半球整体功能的协调开发 2. 大脑两半球的功能是平衡的、协调发展的，左脑与右脑是互相配合的，是协同工作的，几乎没有任何事情是由脑的左半球或是由右半球独自控制的。若没有左脑功能的开发，右脑功能也不可能得到充分地开发，同样若没有右脑功能的开发，左脑功能也不能得到很好的开发。开发大脑就是要促使大脑两半球平衡、协调发展，提高大脑的整体功能 3. 在教育实际工作中，存在忽视直觉的、音乐的、色彩的、图形的形象思维等的活动训练。但与此同时也存在逻辑的、抽象的，思维训练开发不够，训练方法不当，环境不丰富，条件不适宜等问题，特别是思维方法训练上严重不足 4. 大脑两半球是作为一个整体来接受外界刺激的，无论是语言刺激还是形象刺激（听觉的和视觉抑或是动觉），并不只作用一个半球 5. 在大脑开发中我们要加强以前忽视的训练活动，改善以前重视的训练活动，要训练左右脑

（续表）

	脑科学研究的成果	对潜能开发的启示与实践建议
多元智能研究	哈佛大学《零点项目》责任执行主席、发展心理学家加德纳教授经过长期分析研究大脑发展与教育的关系,提出了多元智能理论,对智力的概念进行了新的界定,"智力是一种身心潜能,是在一种或多种文化环境下,受到重视的解决问题或制造产出的能力"。他还提出人的智力是多元的,至少有8种智能同等重要,包括数理逻辑智能、语言智能、艺术智能、身体运动智能、空间智能、人际关系智能、自我认识智能、自然智能。每个人大脑表现出的个体特征是有差异的,在情感、行为和认知能力上存在着差别	教育要应用多元智能理论,实施教育教学改革,实施差异性教学、多元评价,促进学生多元发展。我们在研究中对多元智能理论进行了梳理和阐释 1. 认同一个概念:智力是一种身心潜能,是在一种或多种文化环境下,受到重视的解决问题或制造产出的能力。这个概念强调智力的多元性、实践性、差异性、潜在性 2. 确立一个理念:智力只有在一定的文化环境中才能被活化,而且个人所处的文化环境将影响这种潜能发展的方向和程度。也就是人的潜能的发挥是人的生理潜质与一定的文化背景下的学习机会相互作用的产物 3. 树立一个信念:树立每一个学生都是可造就之才的信念。教育者要对每个学生都抱有成才的期望,充分尊重每个学生的智力特点,为他们创造、发现培养优势智能的条件,使他们的潜能得到充分开发
关于科学用脑、卫生用脑	1. 脑是非常耗能的,它占人的体重的2%,但所消耗的能量却占人体总能量的20%,主要能源是血液,血液可供应葡萄糖、蛋白质、微量元素和氮之类的营养物质 2. 水为维持正常脑功能提供了平衡,脑每天需要8—12杯水,脱水将导致注意缺失,会出现嗜睡 3. 维生素和矿物质能促进学习记忆和智力发展,中性蛋白酶可分解积聚的蛋白质,起"清洁工"的作用,可使神经传递更高效。中性蛋白酶来源于酸奶、牛奶和绿叶蔬菜 4. 睡眠对于脑的发展具有重要意义,必须保证充足的睡眠时间和深度的睡眠质量	1. 学校和家庭要充分注意学生的营养,食物要多样搭配,营养要全面。鸡蛋、鱼类、瘦肉、奶类、绿叶蔬菜、苹果、香蕉、干果等合理摄取,不要摄取过多的热量和糖类,远离垃圾食品 2. 多饮水。允许学生在课堂里饮水。此外,学校要提供卫生的饮水条件 3. 学校要调整作息时间。保证小学生有9小时、中学生有8.5小时的睡眠时间,中学生最好推迟上午上课时间,最好8:00以后上第一节课。要设午睡时间。午间休息不少于2小时(包括吃午饭时间)

（二）实践研究的深化

我们在"十五"研究的基础上，继续深入学校进行潜能开发的实践研究，进行"创造适合脑的教学"的实践探索。我们把参与实践研究的学校分为三个层次：第一层次为核心研究学校，这类学校有较好的研究基础，其研究是总课题组重点关注的，希望取得突破的研究内容；第二层次为上海市相对独立的子课题承担学校；第三层次为外省市子课题学校和成果推广学校，总课题以通信指导为主要形式。重点研究对象是学前幼儿（0—6岁）和义务教育阶段学生（6—15岁），研究结果分别报告于后。

1. 儿童突触生长高峰期是智力发展最快时期

在学龄早期，脑的学习速度最快，儿童早期的学习、早期教育特别值得探索研究。因此，我们在语言学习、早期阅读、婴儿动作发展等方面，进行了较深入的研究。主要研究如下：

（1）越挫越勇的学习者：0—2岁婴儿动作发展敏感期解读（上海市黄浦区蓬莱路幼儿园）。

（2）抓住敏感期开发幼儿故事表演活动的研究（上海市黄浦区瞿溪路幼儿园）。

（3）运用民间故事促进幼儿语言潜能开发的研究（上海市黄浦区回民幼儿园）。

（4）早期阅读学习序列的实践研究（上海市黄浦区威海路幼儿园）。

2. 重视情绪情感在学习中的重要作用

研究强调，开发学生的情感潜能对学生学习潜能的开发，对学生的健康成长有极为重要的意义。我们除了在每一项研究中都强调培养学生良好的情绪、健康的情感外，还专门设计了两个研究：

（1）调动情绪记忆促进幼儿快乐生活的实践研究（上海市黄浦区南京东路幼儿园）。研究运用情绪记忆，设计幼儿一日活动，使幼儿在园得到良好的情绪体验，得到良好的情感支持，促进幼儿良好生活行为习惯的养成，取得了良好的实践成效。

（2）"成长的天空"与学生情感潜能的开发（上海市金陵中学）。在2010年级的预初学生中，选择15名学生参加"成长天空"的培训课程，并对每一名学生进行个案研究。研究证明,结合心理辅导开发"成长的天空"课程对于消除消极情绪、培养积极健康的情感有积极的效果,使学生远离威胁,提升心理安全感。有心理安全感对学生的健康成长非常重要。

3. 脑科学研究对内隐学习的揭示、学习潜能的开发有重要的指导意义

在教育教学中要注意利用内隐学习能力,在重视常规的有意注意学习的同时,还应当充分发挥脑的自动加工能力。值得我们特别重视的是,学习潜能往往蕴藏在无意识的内隐心理活动之中,脑潜能开发要注意提高无意识过程的蕴藏量,并创造条件,使其转化映射到意识中来,即努力促进内隐和外显心理活动的相互促进和转化。"十五"期间,我们在上海市大同中学古诗文阅读教学中对这个专题进行过探索,提出以下方法:(1)利用教室物理环境,创设"古诗文阅读角",创办"古诗文书法展";(2)利用课前五分钟开展"我最喜欢的古诗文"鉴赏活动;(3)学生利用课余时间制作富有个性的诗词、名句卡片,互相交换赠阅;(4)课堂内设 1—3 分钟的古诗文游戏活动等。这些方法都取得较好效果。

"十一五"期间,我们继续进行了较深入的研究。主要有如下的理论和实践探索:

(1) 内隐学习研究对学习潜能开发的启示(李金钊)。

(2) 小学语文教学"润物无声模式"研究。该研究由华东师范大学附属小学张计雷语文工作室实施研究。

(3) 内隐学习在小学数学教学中的应用研究。该研究由上海市黄浦区北京东路小学林雁平老师实施研究。

这些研究都取得了很好的效果。

4. 脑科学研究认为多感官、多通道信息输入可以提高认知加工效率

眼、耳、口、手、体各种感觉通道同时应用,多类型刺激、多样化活动对大脑发展具有重要意义。让学生在做中学,使他有更多的直接经历、经验和体验,从而产生更多、更牢固的持久的神经联接,达到潜能开发的目的。对此,我们进行了以下研究:

(1) 多感官教学适应不同学生的学习需求(李金钊)。

(2) 多通道信息输入、媒体技术对学习潜能开发的影响(唐军)。

(3) 运用多感官、多通道信息输入方法实施幼儿科学教育的实践研究(上海市黄浦区温州路幼儿园)。

（4）营造活的课堂——小学多感官通道教学的研究（上海市黄浦区重庆北路小学）。

（5）成功做自己，让学习风格得到张扬（上海市金陵中学）。

（6）调动多元感官，促进诗歌教学（上海市金陵中学）。

5. 丰富环境刺激对早期大脑发展具有显著影响

研究证实，大脑生理变化是经验的结果，人的大脑逐渐成熟是基因（遗传）和环境交互作用的结果。教育要努力创设一个丰富多彩的环境，使学生的大脑得到足够的刺激。环境丰富性的关键成分是挑战性、新异性和互动中的及时反馈性。构成丰富环境的资源包括：色彩丰富、明亮的、安全的、舒适的学习环境（校园和教室），艺术（美术、音乐、舞蹈）环境的创设，合作的、互动的学习伙伴，语言和阅读丰富脑的发展环境等。在这方面我们进行了多项研究，主要有：

（1）丰富活动环境促进幼儿思维能力发展的实践研究（上海市黄浦区宁波路幼儿园）。

（2）基于脑科学创设婴幼儿早期阅读环境的研究（上海市黄浦区重庆北路托儿所）。

（3）创设适宜有益的育人环境开展外来流动儿童道德启蒙教育（上海市黄浦区中华路幼儿园）。

（4）创设适合脑的学习环境（上海市裘锦秋实验学校）。

6. 运动和艺术对于脑潜能的开发具有重要的意义

脑科学研究表明，青少年的脑远没有发展成熟，儿童晚期会出现一次神经增值和修剪高潮，处于"边用边发展"阶段。但肢体运动是大脑发育的必要条件，且运动对儿童、青少年身体产生的影响是多方面的，如身体骨骼肌肉的发展，呼吸功能的增强，氧利用率的提高，消化功能的增强，运动系统的全面发育，大脑左右半球的协同活动，情绪情感的健康发展、脑神经系统的整体发育、结构功能的发展等。艺术同样对学生的发展是至关重要的。音乐艺术、视觉艺术（书法、美术等）、运动艺术（舞蹈、戏剧等）能够促进学生情绪系统、认知系统、感觉统合系统等的发展。因此，上好体育课和艺术课，开展丰富多彩的学校体育和艺术活动，对于促进学生快乐健康成长意义重大，应该高度重视。

在这方面我们进行了以下一些研究：

（1）关注绘画敏感期开发幼儿美术潜能的实践研究（上海市黄浦区星光幼

儿园)。

(2) 基于脑科学开展传统书法文化启蒙(上海市黄浦区永安路幼儿园)。

(3) 学校体育:让学生快乐健康成长(上海市黄浦学校)。

(4) 创设艺术教育氛围,促进学生学习潜能开发(上海市长乐学校)。

(5) 音乐在初一语文散文课堂教学中的有效运用(黄浦区教育学院)。

(6) 音乐学习经历对幼儿后续发展影响的回塑性研究(上海市音乐幼儿园)。

7. 对于特殊儿童如何进行潜能的开发,也是我们关注的研究内容

"十五"期间,我们在黄浦区阳光学校和长宁区初级职业技术学校分别进行了"对特殊儿童按智龄走班进行数学教学的实践研究"和"人与社会课程——激发特殊儿童人际交往潜能研究",这都是在特殊学校进行特殊的课程设置和教学改革的研究。"十一五"期间,我们根据大脑可塑性原理,即"大脑具有在外界环境和经验的作用下不断塑造其结构和功能的能力,脑的高级功能障碍具有可改变性",重点对幼儿园的特殊儿童的融合教育和小学初中的随班就读医教结合进行实践探索,主要有:

(1) 基于脑科学的特殊儿童教育模式的实践研究(上海市黄浦区文庙路幼儿园)。

(2) 基于脑科学的随班就读学生走向有效学习的实践探索(上海市长宁区特殊教育创新团队)。

8. 提出学习潜能开发的五项原则和五个途径方法

"十五"期间,我们运用多元智能理论和脑科学的研究成果进行学习潜能开发的研究,提出了学习潜能开发的五项原则,即发展性原则、主体性原则、情感性原则、差异性原则、综合性原则,提出了学习潜能开发的五个途径方法:(1)脑潜力开发;(2)学习指导使学生学会学习;(3)更新教学观,改进教学策略和教学方法,以学定教创造适合学生的教学;(4)进行专门的认知训练;(5)进行专门的元认知训练。"十一五"期间,我们在推广应用的同时,在一些学校进行了综合性的进一步研究,希望综合运用脑科学的有关成果进行课程教学改革,主要有:

(1) 结构游戏推进幼儿智能发展的实践研究。

(2) 基于脑认知规律提高课堂教学效率实践探索(华东师范大学附属东昌中学南校)。

(3) 关注学生注意力,提高教学效益(上海市第十中学)。

（4）实施差异教学,构建和谐课堂的实践研究(上海第二工业大学附属龚路中学)。

9. 教学实验

在课题研究过程中,我们在学科教学中设计了一些小的教学实验,希望在学科课堂教学中,探索一些"基于脑、适于脑、促进脑"的方法,使研究真正进入学科、进入课堂,引领教师成为研究者。主要有:

（1）思维导图的适切应用提升学生的数学思维品质(唐军)。

（2）数学教学中运用音乐背景对提高学生学习有效性的实践研究(钟俊)。

（3）利用心智图促进小学高年级学生英语单词记忆的实验研究(吴玉婷)。

（4）利用首因—近因效应提高小学英语课堂教学效能的实践研究(曹卉)。

（5）在初中英语课 warm-up 部分运用英语词汇游戏帮助学生加深对英语单词记忆的实践研究(张李兴)。

（6）高中化学不同知识类型配图的实验研究(赵宗芳)。

（三）个案研究的深化

第一,按照课题设计,我们对"十五"期间研究的 0—18 岁的千名个案研究对象的资料进行了进一步分析,最终选择 130 名优秀生、特长生和发展相对滞后的学生进行了深入分析,逐个写出个案导读,整理成一册,正式编辑出版。

第二,通过个案的深化研究,对影响学生发展和潜能开发的因素进行提炼,提出社会因素、家庭因素、学校因素和个人因素的四因素分析法。社会因素可分解为网络媒体、社会典型事件、社会文化氛围、社会交往与实践四个子因素。

第三,通过学前幼儿个案的深入研究,对幼儿早期教育的内容方法有了进一步的认识。音乐、美术、舞蹈等艺术活动,语言发展特殊的运动项目的学习(如围棋)对幼儿的发展具有重要意义,环境创设和个别化的教育方法是应该给予足够的重视的。

第四,通过对优秀生个案进行深入分析,在影响其成长的家庭因素中,父母亲民主宽松的教育方式和良好的文化氛围起到很重要的作用,健康情绪情感的支持和培养也起到非常大的作用。学校因素中教师的鼓励、信任期望、给予更多的成功机会(做班级干部、学科竞赛、各科展示活动),个人因素中的兴趣、爱好、习惯、不服输、不放弃、能坚持的性格,对于学习潜能开发都有重要的意义。

社会实践活动的机会以及专项学习的机会也是重要的影响因素。此外,早期教育同样是不可忽视的因素之一。

第五,对于特长生来说,从小开始的专项训练,目标明确、长期坚持、有成功的体验是很重要的因素,脑的可塑性以及"用进废退"的特点表现明显。

第六,问题学生产生的原因是多方面的,但家庭教育的失当、网络媒体的不良影响、社会交往的偏差、家庭和学校爱的缺失是主要原因,最大的恶性结果是习得性无助的形成。问题学生潜在的能力是最值得关注和开发的,突破的方法是:(1)理解关爱、鼓励赏识、激发自信;(2)提供机会、尝试成功、消除习得性无助;(3)家校合作、同伴互助、融入团队。我们研究的转化成功的案例都证实了这是有效的。

第七,上海市音乐幼儿园对 100 名毕业学生的追踪调查研究的结果也说明,早期的音乐教育对人的情绪情感、想象思维的发展,对艺术素养的提升都有重要的作用。

(四) 成果推广的深化研究

我们从 20 世纪 80 年代初开始研究学生的学习以来,始终坚持"边研究边推广"的指导思想,在形成一系列成果的同时,也积累了推广这些成果的经验。长期的推广研究使成果推广的范围逐步扩大到上海市的大部分区县和 21 个省市的几百所中小学。由于这些成果在推广中取得了比较显著的效果,产生了很大的社会影响,因此,关于"学法指导"成果的推广研究和关于"学生学会学习"成果的推广研究分别获得上海市第一届、第二届教科研成果推广一等奖。

1. 研究的主要内容

本课题把成果推广的深化研究作为研究任务之一,提出在总结已有推广工作的基础上,进一步优化成果推广模式,同时将脑科学研究最新成果应用于教育教学的成功经验,使成果推广产生更大的效益。根据这一要求,我们围绕"深化"二字提出以下研究内容:成果推广人员结构多元化及其意义;如何更好地体现成果推广的适切性;成果推广与转变教师教学方式的关系;成果推广怎样走入教研活动中;怎样形成成果推广的机制。所做的工作归纳提炼为以下几点:

(1) 教研员加入成果推广的行列并成为推广的主力军。反思这些年来的成果推广工作,我们认为最大的不足就是推广的组织和指导人员范围比较狭窄,仅限于科研人员及部分参与研究的教师,这就影响了科研成果向学科领域的推进。为此,我们在黄浦区成立了以教研员为主体的"学会学习"和"学习潜能开发"成果推广研究项目组,推广"九五"教育部重点课题"义务教育阶段学生'学会学习'研究"和"十五"教育部重点课题"义务教育阶段学生学习潜能开发研究"的有关成果,以及本课题反映"基于脑、适于脑、促进脑"思想的有关成果。教研员成为成果推广组织者,不仅能够充分发挥他们的工作优势,有利于组织更多教师把成果引进课堂,把推广深入学科,而且能够促进他们在二期课程改革中的角色转变,使他们在了解成果、接受成果的过程中更加关注学生,更加重视研究,从而更好地发挥专业引领作用。事实证明,教研员在成果推广中发挥的作用是其他人无法替代的。当他们了解了成果内容,领会了成果精神,然后组织教师在教学中推广时,成果的价值就在教学中得到了充分的体现。

(2)成果推广与课堂教学结合更紧密。课堂教学是成果推广的主要途径,成果推广则是提高教学有效性的重要手段。因为教研员的参与,这种关系在本次成果推广研究中表现更为明显。首先,组织教师学习《学习理论与学习潜能开发教师读本》,学习"学习潜能开发的教学模式"和"以学定教"的理念,使教师在设计教学方案时能够自觉地考虑要推广什么,怎样推广,推广后的效果如何,使推广的成果物化为教师的教学行为,并将此贯穿于教学始终,作为评价课堂质量高低的重要依据。其次,成果推广成为教师转变教学观念、教学方式的动力。教师从了解学情、研究学生入手,努力探索形成能调动所有学生积极参与教学活动的教学方式,梳理出既符合课程标准,又符合学生年龄特征和学习基础的习惯培养的序列。结合多通道学习的脑潜力开发的推广,教师更加重视创设丰富多彩的教学环境,更加重视培养学生动手实践的能力。最后,成果推广使教师多了些淡定,少了些浮躁。教师在成果推广中考虑最多的就是如何培养学生的学习兴趣,提高他们的学习信心,调动他们的内在积极性,激发他们的主体精神,让他们以良好的心态面对学习,自信地迎接挑战,而不是只盯着分数,以牺牲学生的时间和兴趣为代价来换取成绩的提高。这些都有力地促进了教师在人才培养模式上的转型。

(3)成果推广已成为教研组建设的重要资源。成果推广学校把推广中的理论和实践问题作为校本研修的内容,成为学校教研组建设的重要资源。教研组围绕推广展开主题教研活动,设立专题,逐个推进,一个专题解决一个理论或实践问题,这在一定程度上浓厚了教研组的研究氛围,丰富了教研组的活动内容和方式,提高了校本研修的质量。

(4)成果推广的机制更趋于完善。我们对成果推广的机制进行了积极的探索。通过实行"推介、选择、推进、激励"的策略,基本上形成了一套比较规范的运作程序,保证了成果推广的有序开展。①推介:我们对上述课题研究中取得的成果有选择地进行评议和甄别,从中确定拟重点推介的成果,并对这些成果以不同形式进行推荐和介绍,让更多的学校和教师了解它们的内容和价值。②选择:组织有推广意愿的学校选择要在本校推广的成果。学校在选定后,课题组根据情况组织供需双方见面,以达到互相沟通、深入了解的目的,双方可以达成合作意向。③推进:试点先行,典型引领。让有推广积极性和基础的学校完成成果推广项目书,经黄浦区科研室组织专家认定后,享受区级课题待遇,由黄浦区教育局下拨项目经费。目前尚处于试点阶段,共有 8 所学校作为推广本课题成果立项的试点校。④激励:通过总结经验,不断推出新的成果和新的经验,对于推广成效显著的学校领导和教师给予表彰,以激励更多的学校和教师去提高推广的质量。

2. 研究的主要成效

(1)增强了教师"以学定教"的能力。由于成果推广强调"以学定教"的理念,组织教师学习"以学定教"的理论与教学策略,这就使教师绷紧了"研究学情"这根弦,从而在一定程度上促进了教师"以学定教"意识和能力的增强。具体表现为能深入了解学生,研究学生,选择教法,设计教案,实施教学,反馈评价,反思总结。可以说,凡是参加推广研究的教师,基本上都经历了这样的过程并从中尝到了甜头。

(2)促进了学生学习效率的提高。研究成果给学生带来了有利影响。一是激发了学生的学习兴趣,二是培养了学生的良好习惯,三是开发了学生的潜能。那些曾经认为没有希望的学生现在看来都像是变了个人似的,这样的个案几乎在参与推广的每个班级都有。许多教师都深有体会地说,成果推广取得成效的关键在于教师的引导,在于坚持"每个人都有无限发展潜能"的信念。

(3)探索了教研员和科研员合作推广成果的新模式。教研员和科研员合作推广成果,这是本次推广的最大特点。这种合作首先促进了相互了解,双方在共同推广中的商讨与合作,既使教研员对成果有了新的认识,又使科研员对课堂教学有了更多了解,了解促进了理解,增进了友谊,大家都感到这样的合作很愉快。同时实现了优势互补,学生的学习现状怎么样,什么成果适合在某一群体中推广,教研员和实验教师的发言权更大些;如何把握成果的精髓,使推广不走样,科研员的认识更深些;如何指导教师将推广的成果与教学有机结合,这是教研员的长处;如何指导教师对推广工作进行梳理和提炼,这是科研员的优势。优势互补的同时,也使双方各自学到了他人的长处。此外,还提高了服务质量,实验教师既能得到教研员关于教案设计和教学环节中落实成果推广的指导,也能得到科研员关于如何应用推广方法、如何总结推广经验的指导,使教师在实践与理论的观照下更快地成长。

3. 推广研究引发的思考

(1) 在推广的模式上,要进一步加强教研员和科研员合作的架构。虽然在推广研究中已经显示出合作推广的生机与活力,但这毕竟才刚刚尝试。要使推广产生更好的效果,还需进一步完善合作的机制,尤其是在课题合作方面,要让更多的教研员加入到潜能开发的课题研究中来,使他们成为研究者,在研究中学习脑科学有关理论,探索开发学生潜能的途径与方法,这样在推广中才更有发言权,也会对推广的成果更有感情。

(2) 在推广的范围上,要鼓励更多的教师参与。在长期的课题研究中,我们形成了一支成果推广的志愿者队伍,他们在推广中发挥了重要的作用。但是在学生负担过重、学习兴趣缺乏、让教育回归本源的呼声日益高涨的今天,本课题(包括前两个部级重点课题)成果推广的现实意义便更加凸显出来。因此,只有让更多的教师投入到成果推广之中,才能使更多的学生在减负增效中感受到学习的快乐。

(3) 在推广的宣传上,要采用多种形式,进一步加大力度。宣传也是推广的一种方式,要使成果产生更大的影响,就必须加大宣传的力度。我们将充分利用已有的几个平台(包括学术团体、研究所、学术刊物等),通过多种形式加强宣传,如开展培训活动,让更多教师了解脑科学最新研究成果,掌握成果推广的有关方法;加强实验基地建设,发挥它们的实验与示范作用;举办研讨会与论坛活动,形成浓厚学术氛围;组织论文与成果评选,发现和推荐优秀成果,鼓励更多教师参与研究。

六、课题研究结论概述

我们综合"十五"教育部重点课题"义务教育阶段学生学习潜能开发研究"和"十一五"教育部重点课题"基于脑科学的学习潜能开发深化研究"两个结果，我们得出如下结论：

第一，教育应该成为脑科学的"学问用户"，而且实践证明能够成为很有成效的用户。只要认真学习、深入思考、努力践行，在创造"基于脑、适于脑、促进脑"的教学中就能有所建树。

第二，要重视早期教育。从出生开始，用多感官、多通道的信息输入方法进行早期语言学习，通过讲故事、朗诵诗词探索早期阅读的方法对幼儿语言思维发展有重要意义，要特别重视语言发展敏感期的语言学习。

第三，教育要努力为学生创设一个丰富多彩的环境。创设一个宽松的氛围，清除过度的压力和焦虑，使环境具有新异性、挑战性和互动中的及时反馈性。

第四，教育要重视情绪情感的作用。家庭、学校(家长、教师)要给予学生稳定的情感支持，信任、赏识、鼓励、期望使他们远离威胁和恐惧，使每个学生在学校中体验成功、分享关爱，创造愉快的学习氛围，培养积极的情绪情感，让学生学会反思、学会自我调适。

第五，多感官、多通道的信息输入与多类型刺激、多样化的活动有助于学生调动脑的不同区域进行协同加工，提高认知加工效率，有利于学生的全脑开发。教学中要注意调动学生多个感觉通道参与，充分利用现代化的教学手段引导学生积极参与自主操作性活动，让学生在做中学，使他们有更多直接的经验和体验。在幼儿时期特别要注意视觉、听觉的保护和健康发育，重视丰富的、适宜的刺激的作用，开发组织多类型的动口、动手、动脑的游戏活动。

第六，内隐学习的开发运用还处在起步阶段。在教学中要充分运用无意注意状态，组织更多学生直接参与的活动，促使学生直接经验存储量的增加。学习潜能往往蕴藏在无意识的内隐心理活动过程中，创造"润物细无声""无心插柳柳成荫"的学习状态是我们要努力探索的，要创造产生灵感、产生豁然开朗境界的条件，促进创新潜能的开发。

第七，脑具有在外界环境和经验作用下不断塑造其结构和功能的能力，遵循"可修可塑、用进废退"的原理。教育要创造丰富适合的刺激情境、学习机会，安排适合年龄特点的学习情境、训练项目，生动有趣的活动，促进脑的后天发展。即使先天存在智力障碍的学生也应以最大的爱心创造条件促进其脑功能障碍的改变。实践证明，随班就读、融合教育是有效的。

第八，学校要高度重视体育课和艺术课的开设，以及学校体育活动和艺术活动的开展，为让学生运动起来开发丰富的、有趣的玩耍课程和艺术课程。营造快乐有趣的、充满艺术氛围的学习环境，把音乐带进学科教学的课堂，都是开发学习潜能的有效途径，是学生健康快乐成长的重要保障，上海市黄浦学校、上海市长乐学校应该成为一种典范，应该强化探索，加大力度实践。

第九，多元智能理论是加德纳教授经过分析研究大脑发展与教育的关系提出来的智力理论。我们认为，教育要应用多元智能理论，一是要认同"智力是一种身心潜能，是一种或多种文化环境下受到重视的解决问题或制造产出的能力"；二是人的潜能的发挥是人的生理潜质与一定的文化背景下的学习机会相互作用的产物，个人所处的文化环境将影响这种潜能发展的方向和程度；三是树立每一个学生都是可造就之才的信念，对每个学生都抱有成才的期望，实施差异教学、多元评价，努力促进学生多元发展。

第十，科学用脑、卫生用脑应该引起高度重视。目前对饮食营养、水、睡眠影响学生脑健康发育和功能发展，影响学习记忆与智力发展等并没有引起足够的重视，学校教育中也无这方面的制度保证。营养不充分不全面、饮水很少、睡眠严重不足、学校课时太多、作息时间安排不科学的问题普遍存在，如早晨上课太早，午间休息时间特短，学生始终处于疲劳状态，课堂教学结构流程无变化，教育界对脑科学 ABC 知之甚少，误导、滞后现象普遍，这值得高度关注，努力促进其改变。

七、讨论与思考

（一）研究方法论

我们在课题研究中，坚持"学习、借鉴、融合、创新"的指导思想，坚持教育研究中的科学人文主义的方法论，坚持理性和经验相结合的思想方法，坚持应用研究的取向，坚持在教育实际情境中研究教育教学问题。我们特别注意研究过程的人文性,对教育现象既重视事实判断,又重视价值判断,关注教育活动中的学生、教师、家长,关注教育管理人员的生存状态、情绪情感、思维方式和行为习惯。

本研究主要采用行动研究、个案研究和叙事研究的方法,辅以教育调查、单项教育实验等方法,努力创造一种新的研究生态:

(1)在总课题设计思想指导下,课题组成员分成五个分课题组,分别带一定数量的实验学校和一批子课题学校开展研究。

(2)根据实验学校的研究基础和研究意向,确定学校的研究项目,一校重点突破一项研究内容,学校就是这项内容的研究主体。

(3)在研究过程中,总课题组的研究人员与实验学校参与研究的教师组成研究型的学习共同体,共同学习脑科学理论,共同研讨,共同设计教学实践应用方案,以"教研修三位一体"的校本研修的组织形式实施研究。其价值取向是在实现研究目标的同时,提高教学效能,提升教师素养,促进学生发展的实际效果,通过研究达成"成就一群教师,成就一批学校"的目标。

综合运用演绎和归纳两种方法,完成一个从"理论实践化"到"实践理论化"的完整过程。

(二) 对进一步研究的思考

在基础教育领域,怎样创造"基于脑、适于脑、促进脑"的教学的课题研究,只能算是刚刚进入初始阶段,教育要真正成为脑科学的"学问用户",还有很多事情要做,还有很多问题要研究。

(1)"脑与学习"的知识普及不够,宣传滞后,进入这个领域研究的人员少,在教学实践中进行探索的更少,在这方面应该给予更多的鼓励与资助。

(2)用脑科学的成果改进教学,开发学生的学习潜能,提高学习效能,就是要使教学走在发展的前面,引导发展。按照维果茨基的观点,教学要创造"最近发展区",开发潜能的教学就是创造"最近发展区"的教学。"十一五"我们未能在这一研究方向展开研究,"十二五"争取有新突破。

(3)"基于脑的学习潜能开发"的核心问题应该是"脑与学习"的机制研究,如何建立基于脑的学习模式是今后要致力探索的。

(4)学习潜能开发的评价与反馈问题是亟待解决的一个难题。虽然我们

"十五"研究提出了评价的三个基本取向(评价角度多元化、评价标准个别化、评价形式情景化)和四个基本原则(激励性原则、民主性原则、差异性原则、潜在性原则),也移植开发了一些测评方法和测评方案,但受制于目前的考试制度和学业质量测评体系的制约,这是很难产生什么影响力的,也是无法回避的一个难题,必须组织力量,做些突破性的研究工作。

八、团队成员的相关研究

(一) 李金钊主持的上海市市级课题研究

在"十一五"期间,进行教育部重点课题研究的同时,2006 年 12 月开始,李金钊领衔研究上海市教育科研市级课题"科学提高中小学生学习效能的研究——基于脑与认知科学的新探索",一些中小学参与研究也取得很好的成果。2013 年 1 月出版专著《基于脑的课堂教学——框架设计与实践应用》(华东师范大学出版社出版)。该书以简明方式给教师呈现一些脑与认知科学的研究成果,提供了一个基于脑科学的教学实践框架,方便教师开展探索性和验证性的实践,引导教师关注脑科学研究成果,使中小学教师走上基于脑科学的教学探索之路——一条实证教学研究的道路。

(二) 唐军主持的上海市市级课题研究

2011 年 9 月,唐军主持的"知识可识化工具支持学生意义学习的实践研究"被立为上海市市级课题。课题以知识可识化工具为切入口,探讨信息技术深度融合课堂教学、技术,提升学生学习效益的实践应用,构建知识可视化工具支持学生意义学习的框架设计,开发出一些可供学校和教师借鉴的工具,总结出知识可视化工具支持学生意义学习的若干推进策略。研究成果形成一本专著《为意义学习设计:知识可视化工具教学应用》(华东师范大学出版社于 2020 年 9 月出版)。

(三) 魏耀发主持的上海市市级重点课题研究

"十一五"教育部重点课题"基于脑科学的学习潜能开发深化研究"结题以后,我已满 70 岁,不再申请课题,但研究还要继续。就是上面关于进一步研究的思考中提出的,教育要真正成为脑科学的"学问用户"还有很多问题要研究,还有很多事要做。2012 年 12 月,魏耀发老师领衔申请一个课题"构建适于脑的中小学生课堂学习模式的深化研究"。这正是上面提到的希望继续研究的四个方向的第三个问题。2013年9月,该课题被列为上海市教育科学重点课题,同时被确立为上海市哲学社会科学规划教育学项目。

该课题的课题组组长为魏耀发,课题组顾问为徐崇文、奚晓晶。主要研究人员有:

上海市黄浦区教育学院:魏耀发、李金钊、唐军、陈玉华、江欣怿。

上海市裘锦秋实验学校:倪玉琴。

上海师范大学附属卢湾实验小学:虞怡玲。

上海市黄浦学校:张宝琴。

上海市大同初级中学:张雷鸣。

上海市黄浦区北京东路小学:王燕萍。

上海市卢湾区瑞金二路小学:王平。

上海市第十中学:潘文光。

该课题于2017年9月结题,同年11月专著《适于脑的学习模式构建与应用研究》由上海三联书店正式出版,魏耀发任主编,李金钊、唐军任副主编。

该成果发挥重大作用。(1)系统梳理了适于脑的学习模式的内涵,提出适于脑的学习模式的"一三四"结构,阐述了学习模式的操作性成分由方法、策略与习惯整合而成的观点,为教师厘清了学习模式与教学模式、学习模式与学习方式的关系。(2)依据脑科学的有关理论,提炼出教师指导学生学习构建与应用学习模式的要求、方法,包括教师指导的步骤、策略、途径和方法。(3)构建了学校层面涵盖各门学科的学习模式,在实践的基础上形成了有效的适于脑的教与学的案例。(4)成果收集了众多学生自己构建的学习模式,并介绍了他们学习构建的过程,从情感、认知、元认知的角度展示了学生在模式应用中的经验与感悟,比较详细地介绍了教师在个别指导学生学习构建和应用学习模式的研究,以及学生成长的典型个案。

该成果是在我主持的"十一五"教育部重点课题成果的基础上进一步聚焦学习模式进行的深化研究,下面对适于脑的学习模式的内涵进行阐释。

1. 适于脑的学习模式的定义和特点

我主持的全国教育科学规划"九五"国家教委重点课题"义务教育阶段学生'学会学习'研究"成果中将学习模式定义为"对学习者的学习具有典型意义的、

相对稳定的系统化和理论化的学习结构的学习目标指向不同,应该应用不同的学习模式"。在这个基础上,课题组提出适于脑的学习模式的定义:根据情绪情感、记忆、注意、思维等大脑机制形成的规律,通过教师的指导,学生在学习活动中基于强烈的愿望和明确的目标所形成的相对稳定的学习结构和具体可操作的实践活动方式。基于这个定义的学习模式具有三个显著的特点:(1)脑与认知科学研究成果是学习模式构建的基本依据;(2)教师适于脑的教学是促进学习模式形成的必要条件;(3)学生学习的自主意识、创新能力和提炼归纳水平是学习模式构建的主体因素。

2. 厘清几对关系,进一步理解适于脑的学习模式的内涵

(1)学习模式和脑科学理论的关系。大脑是学习的承担者,学习要遵循大脑运行机制的基本规律,即"与脑相宜"。就教学与脑科学两者而言,教学必须以脑科学的学习研究为基础,因此,学习、教学与脑科学知识三者之间的关系可表述为:学习是教学与脑科学之间的中介,也是目标;脑科学知识是学习研究和教学研究的基础;学习模式的构建和应用要遵循"基于脑、适于脑、促进脑"的原则。

(2)学习模式与教学模式的关系。教学模式是教学理论在教学活动中的具体表现形式,它介于教学理论与教学方法之间,是教学理论的具体化和教学经验的抽象化。教学模式的结构一般包括主题、目标、程序、评价四个部分。学习模式一般也应该包括这几个部分,但它的应用主体不同,教学模式是教与学两方面同时存在于一个学习活动之中,而学习模式可以独立存在于学习者的学习活动中。

(3)学习模式与学习方法、学习策略、学习习惯的关系。课题组还研究了学习模式与学习方法、学习策略和学习习惯的关系,其结论是适于脑的学习模式应该在脑科学理论指导下,学习方法、学习策略和学习习惯的有机整合。

课题组共有来自 8 个区 16 所学校的 16 个子课题参加研究,研究取得了很好的成果,在《适于脑的学习模式构建与应用研究》一书中都有比较全面的介绍。

第十章　基于脑科学的学习潜能开发深化研究(二)

在"基于脑科学的学习潜能开发的深化研究"的成果中,我们有一本专著《创造适合脑的教与学》。在这本专著里,系统地整理、阐释了用于基础教育教与学的脑科学的研究成果,及我们在各类学校进行的实践探索,现分 8 个方面选择部分实践案例介绍于后。在本章最后简要介绍我国基于脑科学的教与学的现状。

一、脑突触发展的高峰期

(一) 脑科学研究成果

人的大脑约有 1000 亿个神经元,所有人类的行为都可以追踪到神经元的联结上。一个神经元的轴突与另一个神经元胞体树突之间的联结处叫作突触,见图 10 - 1。突触密度在出生后迅速变化。大脑突触生长最快的时期为儿童早期。4 岁左右的儿童,其大脑皮层各区的突触的密度达到顶峰,约为成人的150%左右。在整个儿童期,突触密度保持在远高于成年人的水平。到青春期,大脑皮层启动某种尚不清楚的机制,开始裁减突触数目,其突触密度逐渐接近成人的水平。这就是儿童时期大脑神经突触生长的倒 U 型理论。

图 10 - 1　突触结构模式图

（二）对潜能开发的启示与实践建议

（1）儿童突触生长高峰期是智力发展的最快时期，在学龄早期，脑的学习速度最快。在这个阶段刺激的新奇和重复（含气味、声音、景象、触摸等）对于脑发展和奠定以后的学习基础极其重要。因此，学生的早期学习、早期教育特别值得重视和研究，开发学习潜能应该从出生开始。但0—6岁幼儿的学习不应是学科化，应是玩中学，以游戏、玩耍、活动、摆弄、涂鸦为主要学习形式。

（2）0—2岁的婴幼儿，动作学习是主要内容，从翻身、移动、转头、甩手，到抓握、踢腿、两手交换物件，再到学爬、学坐、学站立、学行走，从大动作到精细动作。在婴幼儿自发、自主学习动作的过程中，家长要重视动作的协调性，给予及时的帮助，给予鼓励和赞赏。在动作发展的同时关注认知发展，特别要关注听觉、视觉的发展。注意婴幼儿的聆听、观察、模仿，使动作发展和认知发展相互影响，同步发展。家长要和婴幼儿一起玩耍、游戏、涂鸦、讲故事、唱儿歌、听音乐、读唐诗、猜谜语……重视婴幼儿兴趣、情感的培养，注重良好习惯的养成。

（3）3—6岁的幼儿在进入幼儿园后，仍要坚持玩中学，重视运动、语言的发展，特别要重视母语的学习。对于不同幼儿的特点，家长可以在幼儿园教师的指导下，制定个性发展的方案，但不要拔苗助长，不要热衷于参加社会上的各种培训班以及名目繁多的资格证考试，要让幼儿快乐成长。

（三）实践案例

案例1　上海市黄浦区威海路幼儿园"基于脑科学的幼儿早期阅读研究"

在幼儿3—6岁开展阅读活动，形成如下三个阶段培训活动：

第一阶段——前阅读阶段（3—5岁）。脑科学研究成果表明：人脑的信息约八成是通过视觉获得的，刺激对幼儿神经网络的发展至关重要。研究发现：阅读中枢的发育比说话中枢早，早期阅读是积极的视觉刺激，它通过图文材料给幼儿以积极的刺激，从而加快大脑发育与成熟，促进幼儿思维的发展，特别有利于幼儿语言的发展。

表 10 - 1　前阅读阶段幼儿阅读培训活动概述

脑科学的理论	1. 阅读中枢在大脑皮层后部，从大脑皮层的发育顺序来看应在说话中枢发育成熟之前
	2. 4岁前是幼儿对图像视觉辨认的最佳时期
	3. 脑能同时加工大量的颜色、形状、声音、情绪等信息

（续表）

幼儿阅读发展特点	1. 对图片、图书有翻看的兴趣,从喜欢和成人一起翻看图片、图书到带有独立意识地翻阅,从无意阅读逐渐向有意阅读发展 2. 特别关注自己熟悉或感兴趣的画面(或内容),指指认认讲讲 3. 喜欢观看有趣的、声画同步的动态媒体,乐意跟着模仿与表演 4. 对自己感兴趣的内容会问"为什么",结合自己经验初步迁移、想象
早期阅读阶段目标	1. 知道阅读时要安静,在成人引导下能有序、有目的地翻阅图书 2. 初步看懂阅读内容,能分辨主要角色 3. 能找出画面间的明显变化,认识常用符号 4. 尝试多感官、多通道阅读不同媒体材料,乐意模仿表演 5. 能带着问题有重点地阅读,愿意分享交流经验和情感
活动序列	认识图书结构——学习有序翻阅——分辨角色——认识符号,发现画面变化——重点阅读——动态阅读

　　第二阶段——前识字阶段(4—6岁)。幼儿早期接触汉字,可培养他们对汉字的情感和兴趣,在学习阅读的过程中能够真正成为热爱阅读的、不断发展的、趋于成熟的自主阅读者。当代脑科学研究成果中对教育最有价值的启示之一就是大脑发育关键期。在6岁前,幼儿识字往往是将文字作为刺激物和中介来激活大脑,建立快速通道,在脑中认识、记忆文字。为此,早期阅读活动要为幼儿创造更多非正式的与文字互动的机会,让幼儿在非正式的与文字的互动中逐渐过渡到书面语言,获得有关书面语言的经验。

表 10-2　前识字阶段幼儿培训活动概述

脑科学的理论	1. 通过环境的刺激、学习和经验构建新的突触联系 2. 幼儿掌握字形与实体的联系比掌握语音和实体的联系更容易
幼儿阅读发展特点	1. 对周围生活中的标记和文字符号逐步产生兴趣 2. 有图文对应的意识,会猜测一些文字或辨认象形字、重叠字 3. 对自己的名字具有较强的敏感性 4. 有根据图画推理文字的意识

（续表）

早期 阅读 阶段 目标	1. 能发现阅读材料及周围环境中较明显的文字 2. 学习辨识常见的图文标识及不同形式的印刷品 3. 能辨认图文对应的文字，喜欢识记重叠字和象形字 4. 能通过部分特征辨认一些常见字词
活动 序列	图文对应——图夹文阅读——了解象形字——感知字的结构——文字游戏——文字在生活中的运用

第三阶段——前书写阶段(5—6岁)。蒙台梭利早在20世纪初就发现学前儿童能学会读写，并从学习中得到极大的乐趣。法国教育与心理学院院长科思撰文提出，听说读写要从最小年龄得到发展，不仅能对幼儿语言发展起促进作用，而且还有助于幼儿智力、创造思维的发展。通过脑科学的研究表明，随着幼儿年龄的增长，其读写经验和能力逐渐增多，至学前期已具备了一定的基础。同时手指、手掌骨骼生长迅速，促进手部精细动作和协调能力的发展，具备了学习书面语言和使用各种学习工具的生理基础。

表 10-3　前书写阶段幼儿阅读培训活动概述

脑科 学的 理论	1. 书写中枢在大脑左半球额中回后部，在与手眼协调的相互作用中得到发展 2. 书写是另一种促进词汇习得的有效途径
幼儿 阅读 发展 特点	1. 涂涂写写画画的兴趣明显提高 2. 对一些与生活密切相关的简单标志标识产生辨识和描画的愿望 3. 会有意识地模仿描画一些类似文字的符号，有学写自己名字的愿望
早期 阅读 阶段 目标	1. 喜欢参加描画活动，对文字的笔画和结构有初步的了解 2. 能有目的地涂画，正确书写自己的名字 3. 乐意创造性地设计自己喜欢的标志和符号
活动 序列	标志和符号的认识运用——文字符号的认识运用——线条的练习——笔画偏旁的感知——书写空间感知

值得注意的是，以上三个阶段的发展是互相关联、相辅相成、互为递进的，

每个发展阶段的年龄划分仅以幼儿脑发育敏感期为参考拟定。对幼儿个体来说,必然存在不同的发展差异。因此,三个阶段的年龄划分及目标和序列并不是绝对的,它只是一种总体趋势上的参考指标、对照指标,幼儿可能出现超前或滞后的情况,所以在教育过程中应该进行适当的调整。

二、大脑发育的关键期与学习的敏感期

（一）脑科学研究的成果

（1）脑科学研究表明,脑功能发育过程中存在着关键期,在关键期内,某些脑功能的形成与发展比其他时期更容易、更迅速。这种学习更容易发生的阶段称为敏感期,例如语言学习的敏感期。

（2）最近几十年来,脑科学家对脑的关键期进行了大量的研究,得到了较为一致的认识:脑的不同功能发展有不同的关键期。例如视觉系统的早期发育过程中存在一个关键期。关键期内视觉经验的有无,以及视觉经验的丰富与否对于视觉功能的建立具有极其重要的意义。人的视觉发育关键期最敏感的是在出生后半年内,之后可达4—5年,甚至更长。

（3）研究表明,语言习得存在敏感期。但语言习得的敏感期出现在哪一个具体时间段,研究者有不同的观点,可有一点是确定的:在童年期（6—7岁）以后,语言习得的能力加速衰退,青春期以前没有接触正常语言环境者将不能获得正常的语言能力。对于第二语言学习的敏感期在哪一年龄段尚有争议。但是第二语言习得肯定受年龄的影响,这种影响既表现在口语水平又表现在语法和写作水平。

（二）对潜能开发的启示与实践意义

在适当的时间提供适宜的环境与教育,抓住学生发展和教育的最佳时期,开发学生的潜能,会收到事半功倍的效果。

（1）婴幼儿时期家长和学校要特别关注视力、听力、运动能力的发展,要注意保护视力和听力,避免负面的影响和损伤。

（2）重视幼儿语言的学习,探索早期阅读、开发语言潜能的方法。

（3）在学好母语的同时,在儿童早期（7岁左右）开始制造学习第二种语言的机会。

（三）实践案例

案例 2　上海市黄浦区瞿溪路幼儿园"基于敏感期的 2—6 岁幼儿故事表演开展的实践研究"

表 10‑4　基于敏感期的 2—6 岁幼儿故事表演序列表

年龄段	敏感期表现	故事表演序	故事表演素材	对潜能开发的实践建议
2—3 岁	1. 模仿。最早表现为模仿一个词，或应答，重复进行 2. 模仿动作	欣赏故事——模仿回应	《拔萝卜》 《小猫的铃铛》	调动多种感官刺激幼儿，使之对故事及角色敏感
3—4 岁	1. 出现句子，喜欢问"为什么" 2. 开始对句子表达的意思感兴趣，并重复或模仿他人的话 3. 对事物追求完美	欣赏故事——玩故事游戏——模仿对话	《小猪奴尼》 《小兔乖乖》 《小熊醒了》	创设一个或多个故事情景，充分满足幼儿玩故事游戏的需要
4—5 岁	1. 能用语言表达自己的情绪 2. 出现专注力 3. 喜欢化妆、爱美，开始对自我和环境有审美要求	欣赏故事——玩故事游戏——塑造角色	《三只蝴蝶》 《小猫钓鱼》 《狼和小羊》 《小蝌蚪找妈妈》 《昆虫本领秀》 《大狮子和小老鼠》	1. 提供丰富的装扮材料与道具，探索各种角色的特征 2. 创设讨论与学习的故事环境，进一步塑造和分享角色
5—6 岁	1. 喜欢自己编故事并讲述，理解故事的开端、进展与结尾 2. 对社会产生兴趣，喜欢遵守和共同建立规则，形成合作意识	欣赏故事——表演故事——创编故事	《金鸡冠的公鸡》 《没牙齿的大老虎》 《小熊请客》 《狐狸和兔子》 《白雪公主》 《演广告》	营造一个具有挑战性的表演环境，让幼儿成为主动参与者和创造者

　　简单介绍抓住敏感期开发幼儿故事表演活动的策略与方法(以 2—3 岁、3—4 岁为例)。

　　1. 发现 2—3 岁幼儿表演敏感的萌芽之旅

　　2—3 岁幼儿爱模仿别人,他们看见别人玩什么,自己也玩什么。在家里模仿大人的活动,在托儿所模仿小朋友、教师的行为。模仿的大多是一些具体的、简单的外部动作。喜欢重复是此年龄段幼儿显著的特点,喜欢重复摆弄物品,喜欢听教师重复讲同一个故事,喜欢重复做某个动作。根据这些年龄特征,结合敏感期表现,确定了 2—3 岁幼儿"欣赏故事——模仿回应"的故事表演序。

活动 1　表演始于敏感

　　《小猫的铃铛》这个故事已经讲了两个星期了,但孩子们仍然喜欢听。今天刚到讲故事时间,阳阳就问了:"老师,今天讲小猫的铃铛吗?"老师笑着问:"还想听吗?""嗯。"阳阳用力地点头。

　　可今天讲故事的时候,有点不一样了。老师带来了一个金灿灿的铃铛,藏在身后,开始讲故事。当讲到"走起路来叮当叮当响"的时候,老师晃动铃铛,配套发出了声音。这时,老师发现孩子们的眼睛马上亮了起来,几个不听课的孩子也被吸引了。最后讲到"小花猫多难为情呀,它低下头,拿下脖子上的小铃铛,说:'你们也戴戴小铃铛吧!'"的时候,老师拿出小铃铛,给身边的孩子戴上。孩子们马上激动了,戴上小铃铛的神气样子可一点也不输给小花猫。于是,老师马上笑着说:"哦,你们可真像神气的小花猫啊!"

　　之后,老师把铃铛放在了小舞台,孩子们可以在自由活动、表演游戏的时候随时摸摸听听玩玩戴戴。只要戴上小铃铛,神气的小花猫就会自动出现。

　　温馨贴士:

　　(1) 托班的故事表演素材应尽可能地简短有趣,重复性多,幼儿容易理解。故事角色应尽可能是幼儿特别熟悉的,为模仿提供方便,故事道具应尽可能是可以调动各种感官的。

　　(2) 一般一个学期投放一个素材,《小花猫的铃铛》在上学期投放,《拔萝卜》可在下学期投放。

　　2. 开启 3—4 岁幼儿表演兴趣的对话之旅

　　3—4 岁幼儿是语音发展的飞跃期,模仿性强,喜欢学故事中小动物有趣的动作和叫声,向别人表达自己的感受和需要时带有很大的情景性。根据这些年龄特点,结合敏感期表现,确定了 3—4 岁幼儿"欣赏故事——玩故事游戏——模仿对话"的故事表演序。

活动 2　游戏引发兴趣

欣赏完《小猪奴尼》,我们发现在故事表演中需要演一只时而贪玩、时而无奈找妈妈的小猪。幼儿对小猪虽有理性的认识,但是缺少感性的经验,让他们通过自己的肢体语言表演出来时就有一定的难度了,往往会刚刚表演完就流露出害羞、好玩的表情。于是,有一天……

温馨贴士:

(1) 教师适时扮演角色介入其间。如扮演"猪妈妈",创设真实生动的故事场景,引导和提醒幼儿说清楚对话,使他们在玩、演的同时学会表达。然后利用夸张的肢体来感染幼儿,通过互动,使游戏逐步向表演过渡,体现表演的价值。

(2) 根据不同的故事为幼儿创设一个或多个故事场景。如《小猪奴尼》可以创设小猪的家、泥坑、草地等多个故事场景,帮助幼儿理解在不同的场景里有不同的表演。而《小兔乖乖》这个相对故事场景不是很多的情况下,则可以创设两个小兔的家,充分满足幼儿相互模仿表演的需要。

三、大脑的可塑性

(一) 脑科学研究成果

所谓脑的可塑性,即脑可以被环境或经验所修饰,具有在外界环境和经验的作用下不断塑造其结构和功能的能力。脑的可塑性包括:(1)正常的脑的高级功能具有可促进性;(2)脑的高级功能障碍具有可改变性;(3)不良的环境刺激可能导致儿童脑的高级功能受到损害。脑发展先天遗传因素固然重要,但后天的环境和经验作用也需要重视,人的一生中脑都具有可塑性。

(二) 对潜能开发的启示和实践建议

(1) 脑的可塑性是中枢神经系统的重要特性,是人脑发展过程中对环境积极适应的特性,遵循"可修可塑,用进废退"的原理。

(2) 教育要充分利用儿童脑的高级功能发展中存在的巨大可塑性。我们要特别重视环境类型的变化、新的学习经验、具有挑战性的刺激等对于脑的发展和成熟的作用,要避免不良的后天环境刺激,去除消极刺激,如威胁、压力、指责、羞辱、讽刺挖苦,消除"习得性无助"。

(3) 脑的可塑性是学习记忆、语言、思维的基础。学习记忆形成经验的积累,促进语言、思维能力的发展,反过来促进脑的功能和结构的变化,这是一个周而复始的动态过程。

(4) 对于特殊儿童,要给予更多的关注、特别的关注,要采取个别化教育、融合教育、随班就读的方式开展丰富多彩的教育活动,要开展"医教结合"的教学活动,实施有针对性的、适当适合的康复治疗和教学活动,促进脑的发展。

(三) 实践案例

案例3　上海市黄浦区文庙幼儿园"学前特殊儿童全融合、半融合教育模式研究"

1. 研究内容

(1) 探索学前特殊儿童全融合教育模式。

(2) 探索学前特殊儿童半融合教育模式。

2. 研究对象

本研究的对象为我园就读的 12 名特殊儿童:5 名儿童患有不同程度自闭症,5 名儿童患有程度不同的脑部损伤,1 名是唐氏综合征患儿,1 名是言语障碍儿童。其中 9 名是男孩,3 名是女孩。将医生、教师的专业评估和家长的评定相结合,根据研究对象的评估结果,我们按儿童的残障类型和残障程度分别将 12 名特殊儿童安置于全融合(2 名)与半融合(10 名)两种模式中。

3. 研究成果示例

(1) 全融合教育模式

所谓全融合教育模式就是指将一些特殊儿童安置在普通儿童园正常班内,与正常儿童一起生活、学习,教师针对其残障类型、程度,在特定时间对其进行个别训练,补偿其缺陷。

脑科学研究成果指出,积极的环境会使发育中的脑产生物理上的变化,学龄前期脑的学习速度最快。当完完全全适应了周围的环境之后,它就以非常惊人的速度爆炸式地成长起来。刺激、重复和新奇对于奠定以后学习的基础极其重要。外在的世界是脑成熟的真实养料。全融合模式能促进边缘状态幼儿融入主流环境,为幼儿脑发育打造优质的环境。通过在园活动的每一个环节的丰富刺激,激发幼儿语言、动作和交往行为的产生。

在全融合的环境中,对特殊幼儿仍需要注重个别化教育指导,因此,我们突出了融合教育中的个别儿童教育,具体指:

① 普通班一日活动中的个别化教育

包括在区域活动、户外活动、集体教学和生活活动中进行个别训练和指导等,主要由普通班教师教育与训练,保育员与幼儿配合、协助,普通班教室为主要活动场所。训练指导的时间长短依据每个特殊幼儿具体情况而定。

② 有针对性地个别化教育

由特教班教师教育与训练,特教班教室及各资源教室为主要活动场所。每周3—4次,每次训练时间为15分钟。

③ 家长参与的个别化教育

由特殊幼儿家长教育与训练,特教班教师巡视并指导家长,特教班教室及各资源教室为主要活动场所。每天一次,每次训练时间为30分钟。

(2) 半融合教育模式

所谓半融合教育模式就是指普通儿童园内设置特殊班,将特殊儿童安置其中,在特定时间与正常儿童一起活动。脑科学理论显示,大脑的逐渐成熟是一个人的遗传特征与外部经验交互作用的结果。这一成果使我们加深了对教育开发人的潜能巨大作用的认识。我们通过丰富幼儿的活动环境刺激以促进幼儿脑部功能发育。对于特殊儿童而言,动作刺激显得尤为重要,特教班中的幼儿常年面对的环境比较单一,我们通过半融合的教育模式丰富幼儿的感知,半融合教育体现了对各类幼儿,包括特殊儿童人格的尊重,为不同幼儿的教育选择权提供了广泛的空间。

① 半融合为特殊儿童提供了不同的活动形式

对安置在特殊班中的幼儿,我们平时比较注重个别化教育中的特殊训练。我们安排了各种训练活动以刺激幼儿的脑发展。但同时让他们花部分时间参加普通班的教学活动,包括一些个别化区域活动、角色游戏活动等等,由普通班教师教育与训练,特教班教师观察与记录。普通班教室依据每个特殊儿童的评估情况确定这些特殊儿童的主要活动场所、每周具体训练的时间。

② 半融合为特殊儿童提供了合作学习的机会

在半融合活动中,特殊儿童可以接触到更多不同的幼儿,有不同年龄的,有不同能力。相比在特教班中的以个别化针对性训练为主的学习途径来说,半融合活动为幼儿提供了更多的合作学习的机会。所谓的合作学习是一种学习方式,它要求在一个由2—6名幼儿组成的小组中,彼此互助,共同完成任务。其实质是在伙伴之间建立积极、相互依存的关系。根据维果斯基的"最近发展区"理论,幼儿通过教师指导或与能力更强的伙伴合作,会表现出潜在的发展水平。融合教育中我们为特殊儿童安排几名固定的伙伴(一般选择大班幼儿),通过合作完成一项任务或者进行一项游戏,让特殊儿童在正常幼儿的支持下,获得成功的体验。

文庙幼儿园在俞丛晓园长的带领下,还研究了"医教结合背景下特殊幼儿课程园本化开发的实践研究",也取得很好的成果。

案例4　长宁区初级职业技术学校"基于脑科学的随班就读学生走向有效学习的实践探索"

长宁区夏峰老师带领一个特殊教育创新团队研究的"基于脑科学的随班就读学生走向有效学习的实践探索",也取得了很好的成果。他们在长宁区初级职业技术学校对小学、初中随班就读学生进行研究,开发实施了医教结合的五大类教育康复课程,效果明显。

1. 运动康复:让学生变得更强健

运动康复主要通过医教结合的形式展开,对随班就读学生的粗大动作运动机能(本体觉)、平衡协调运动机能(前庭觉)、手部精细动作运动机能(触觉)进行康复训练,达到对肌肉力量、耐力以及协调能力的康复,发现其运动潜能,提升学生整体运动能力。教师们在医生的指导下,对学生进行康复训练,听取医生的建议,家校紧密合作,使学生不仅在课堂上,也在课堂外得到充分的运动康复训练。

2. 语言康复:让学生自信地表达

语言包括理解(听理解、视理解)和表达(口头表达、书面表达、非符号性表达)两个方面,对随班就读学生的语言康复主要集中于这两点。语言康复主要针对随班就读学生在语音、词汇、语法、语用等方面存在的障碍特征,提供适切的康复训练,增强其沟通表达意愿与意识,提高其语言理解与表达能力,最终提升他们的人际沟通交流能力,适应未来的社会生活。

3. 认知康复:让学生聪明起来

认知康复是对特殊儿童现有的认知能力的一种改善,是强化和拓展特殊儿童对信息的处理能力,并使这一能力在日常活动中得到最大迁移。运用《特殊儿童认知能力评估表》对有认知训练需要的随班就读学生进行全面评估,了解其在注意、记忆、模仿、恒常性、概念学习、推理、问题解决等方面的认知水平,把握其认知发展需求,在此基础上选择相应的训练内容开展针对性的认知训练,从而促进随班就读学生认知能力的发展。

4. 心理康复:让学生充满阳光

随班就读学生在普通学校属于弱势群体,在他们身上有由于各种原因导致自信心缺乏、人际关系失调等的心理问题。随班就读学生的心理问题已经成为一个亟须关注和解决的焦点。心理康复采用团体和个体相结合的方式,从随班就读学生的心理康复需求入手,构建心理康复课程框架,开发心理康复课程内容。通过开展针对性的心理康复训练,实施以团体游戏疗法、箱庭疗法、艺术疗法为主要途径的心理康复训练,帮助学生放松心理、建立自信,让其掌握一定的人际交往技能,提升自我意识水平和环境适应的能力,增进随班就读学生心理健康,使其获得有效发展。

5. 作业康复:让学生变得心灵手巧

利用特殊学校较为丰富的职业教育资源,基于随班就读学生的现实需要,选择适合的职业教育项目作为作业康复的载体,对学生开展多种形式的作业康复训练,不同程度地提高随班就读学生的动手操作能力与生活自理能力,尤其是精细动作和注意力等方面的能力,同时为学生更好地适应社会生活与职业生活打下基础。

目前,已经开展了烹饪、食品工艺、面点、餐巾折花、园艺插花、陶艺等为载体的作业康复,同步开发出了相应的本位评估表,在评估的基础上对随班就读学生进行有针对性的训练。与此同时,为了避免作业康复枯燥乏味的弊端,在训练过程中增加了准备、放松、激励和复习等环节,不仅增加了趣味性,而且通过积极的评价使随班就读学生重建了自信。

四、环境对大脑发展的影响

(一)脑科学研究成果

丰富的环境刺激对早期大脑发展具有显著影响。研究证实:(1)大脑的生理变化是经验的结果,多姿多彩的环境刺激对大脑的发展至关重要。人的大脑逐渐成熟是基因(遗传)和环境交互作用的结果。(2)环境影响基因变化,基因决定环境的作用。(3)研究认为,环境丰富性的关键成分是挑战性、新异性和互动中的及时反馈。(4)构成丰富环境的资源是很多的:色彩丰富的、明亮的、安全的、舒适的学习环境(校园和教室)。(5)艺术(音乐、美术、舞蹈)是丰富学习环境的组成要素,可以激发脑的神经通路,促进语言发展,提高创造力。(6)通过运动、新异的动作刺激,如眼—手协调、旋转、跳跃、计数、翻跟斗等能促进大脑发展。

(二)对潜能开发的启示与实践建议

教育要努力为学生创设一个丰富多彩的环境,使学生的大脑得到足够的刺激。环境的适宜性、有序性、丰富程度是需要认真探索的,要研究教育刺激的性质和特点,以及对不同脑功能发展的作用。

(1)给予学生一个稳定的、积极的情感支持。

(2)创设一个宽松的氛围,缓解压力和焦虑,使之充满欢乐。

(3)在学生发展的不同阶段向他们提出难度适中的一系列新奇的挑战,组织他们参与复杂的、具有挑战性的问题解决活动。

(4)组织不同年龄、不同经验的学生间的合作、互动的学习活动和交往。

(5)从出生开始,重视语言阅读的训练,给他们讲故事,读词汇,探索早期阅读教育的方法。

(6)让学生运动起来,将丰富的、有趣的"玩耍"结合到课程中,创编适合不同年龄的健脑体操。

(7)营造一个快乐有趣的、充满艺术氛围的学习环境,鼓励教师将音乐带进学科教学,努力开发出好的艺术课程。

(8)要让学生成为丰富环境的主动参与者和创造者,而不是被动的观摩者、享受者。

（三）实践案例

案例5　上海市黄浦区宁波路幼儿园"丰富活动环境,促进幼儿思维发展的实践研究"

1. 研究内容：

（1）对幼儿思维活动环境特点进行探索,研究各年龄段富有特点的物质环境和心理环境的创设。

（2）探索思维活动环境促进幼儿思维能力发展的有效指导策略。

2. 研究成果：

（1）创设多样化、趣味化、差异化的物质环境。依据脑科学理论,幼儿的思维是在活动中发展的。物质环境包括场地、形式、材料和内容等。设立多种思维活动区域,如拼图区、小小动物园、迷宫、趣棋世界、俄罗斯方块游戏区、逻辑狗、水世界、玩沙区等等,这些为幼儿思维活动的有效开展提供了物质保障。同时,我们教师需要因地制宜、因人而异地努力将能促进幼儿思维能力发展的目标、经验蕴涵在丰富的物质环境中,巧妙地利用物质环境中各种教育元素,促使幼儿自由、自主地参与思维活动,在与材料互动中获取相关的认知经验。

活动内容多,材料丰富,呈现方式多样。幼儿可以自由选择活动内容、材料、玩伴,丰富多彩的物质材料与内容满足了各年龄段幼儿有差异的选择和活动需求,培养了幼儿专注思维的兴趣和习惯。

（2）营造宽松化、平等化和和谐化的心理环境。良好的心理环境有助于幼儿积极向上、乐观、自信品质的培养,也有助于幼儿认知水平和相关能力的发展。采用开放的大、中、小班幼儿混龄活动的组织方式,为幼儿营造一个宽松、自由的活动氛围,提供稳定、积极、平等的情感支持以及充分、和谐的互动时机。幼儿可以根据自己的兴趣在教师的指导下选择不同思维活动的内容。不同年龄段的同伴在活动中互动交流,小年龄段幼儿的积极思维得到激发。幼儿在自由宽松的氛围中动手动脑,交流情感,大班幼儿在指导小弟弟小妹妹的过程中增强了责任意识、自豪感和自信心。

活动1　逛逛活动室

思维分室大活动的音乐响起了,许多孩子都走进了自己想去的活动室选择自己喜欢的材料自由地操作探索着。

音乐声停了,走廊里还有两位中班孩子在门口张望。老师上前问:"你们怎么还在走廊里,不喜欢今天的活动吗?"他俩摇摇头,轩轩说:"这是我班新来的小朋友,我先带他看看,他喜欢什么,我带他玩。""噢! 你真棒,他选好了你就带他去玩吧。""好!"不多会儿,他俩推开了"趣棋世界"的门,走进去和其他小朋友一起玩起了"喜羊羊战胜灰太狼"的游戏棋。

分析:由于活动环境宽松,幼儿可以自由自在地选择。在规则驱使下,允许幼儿有个体差异需求,满足了幼儿各取所好的愿望,有利于幼儿主动参与,自主观察,了解活动规则,友好地与同伴合作玩耍。同时,也体现了师幼间的平等关系。

活动 2　方块变变变

"俄罗斯方块"游戏区里,由于材料颜色鲜艳,形状丰富,吸引了很多小班孩子进入,但是他们并不理解游戏要求,只是拿着一个个小方块摆弄。渐渐地,他们发现哥哥姐姐把小方块拼搭成了一幢幢高楼,有兴趣的孩子开始主动和大班的哥哥姐姐交流。在哥哥姐姐的"言传身教"下,他们更专注地投入到游戏中。最后,一些小班孩子也能独立完成作品。

分析:混龄活动中充分体现了同伴互助的效应。幼儿在自由宽松的氛围中,自主地向同伴学习,变无意摆弄为有意识地模仿,进而进行创造。可见,小年龄段幼儿积极思维兴趣得到了激发。同样,平等的交往环境也让大班幼儿的自豪感、责任意识油然而生。

五、杏仁核、边缘系统与情绪

(一) 脑科学研究成果

脑科学研究发现,杏仁核在情绪反应中起关键作用,它与大脑的边缘系统、新皮质等结构既相互独立又彼此互补,控制和调节着人的情绪反应。边缘系统又被称为"情绪脑"。美国哈佛大学的行为与脑科学专家 1995 年和 1996 年相继出版了《情感智力》和《情绪脑》两本书,强调情绪情感在学习中的重要作用。研究表明,情绪情感在人类学习中起着不可低估的作用。情绪是一把双刃剑,会使人产生不同的身心状态,能促进学习,也能妨碍学习。中间适度的情绪状态是最有益的。

(二) 对潜能开发的启示与实践建议

(1) 重视情感的作用。在学校教育中把情感列为发展教育目标,对学生的学习和发展有着举足轻重的作用。

(2) 强调开发学生的情感潜能(含兴趣、动机、情感、意志、性格)对学生学习潜能开发有着极为重要的意义。如教学中如何增强材料的意义,使教学过程情趣化;注意在课堂教学中投入更多的事件,调动培养良好的情绪;对每个学生都充满期望,努力让每个学生体验成功,分享关爱和友谊,远离威胁和恐惧,使他们有安全感;帮助他们调动良好的情绪,培养健康的情感,让他们学会反思,学会自我调适等,都值得在实践中去探索。

(三) 实践案例

案例6 上海市黄浦区南京东路幼儿园相关研究

上海市黄浦区南京东路幼儿园运用情绪记忆的原理,在幼儿一日活动中,科学培养幼儿养成良好的生活习惯,促进幼儿情绪情感健康发展,取得很好的成效。这里节选几个活动。

活动1 说说悄悄话——会说话的小手帕

今天在吃完点心后,孩子们都像往常一样,拿出口袋里的小手帕擦擦小嘴。可是,博博有点反常,他没有拿出小手帕,只是用他的小手背抹了抹自己的小嘴。于是老师便走了过去,问道:"博博,你今天是不是没带小手帕呀?"博博先是不吭声,紧接着就支支吾吾地说道:"我带的。"

令老师感到奇怪的是,平时说话很大声的博博今天似乎有些异常,于是老师很好奇地又问道:"那你的手帕呢? 为什么不用你的小手帕擦嘴呢?"被这么一问,只见他慢吞吞地从口袋里拿出小手帕,并回答道:"因为我喜欢这手帕,这是妈妈给我新买的。""哇! 这块手帕真的很漂亮,能让老师看看吗?"博博把手帕递了老师,从他的举动与眼神中,可以知晓孩子非常喜欢这块手帕,不擦小嘴是不想弄脏心爱的小手帕。此时老师便神秘地说道:"咦,小手帕好像要说话,让我来听听,它到底说了什么。"说完便有意识地将小手帕放到了耳边,模仿着小手帕的声音说:"小手帕说啊,今天它有些不开心,因为它没有帮助博博擦小嘴,它觉得自己很没用,所以它很伤心。博博你想不想让小手帕伤心呢?"博博不停地摇着头,只见他从老师的手中拿回了心爱的小手帕,在嘴上擦了又擦,嘴里还嘀咕着,我不要小手帕难过。此时老师又告诉博博:"其实当你们流鼻涕、小嘴、小手脏的时候,小手帕是很愿意帮助大家的,帮助大家是它的快乐。手帕脏了没关系,洗一洗便干净了。"听老师这么一说,博博似乎明白其中的道理。只见他亲了亲小手帕,悄悄地对手帕说道:"以后每次吃完点心一定会用你擦嘴,我们做好朋友吧!"

分析:教师借拟人化的情景与手段,借孩子喜欢小手帕的积极情感去改变自己错误的行为,起到了较为成功的教育效果。对于小班的孩子来说,情景性、故事性的互动语言不仅开发情绪记忆,而且深入到大脑最隐蔽的角落,让教师的教育起到事半功倍的效果。

活动 2　餐前介绍——上海闲话讲小菜

自由活动结束,离午餐还有 15 分钟,孩子们围坐在老师身边,餐前活动开始了。老师环顾了一下身边的孩子们,笑着说:"你们都听得懂上海话吧?"几个上海孩子笑着点点头,并附和着说:"听得懂"。有些外地孩子不好意思地跟着点头,还有的孩子皱皱眉头,好像在说:"老师,你想说什么呀?"老师接着说:"今天我就要考考你们,看你们到底能不能听懂上海话。"孩子们一下子提起了精神,个个看着老师,仔细地听。

老师笑眯眯地说:"先来两个简单的,我说上海话,你们用普通话说。青菜。"有些孩子立刻脱口而出:"青菜。"老师点点头。丁丁说:"这太简单"。辉辉也跟着说:"就是,太简单了。"老师说:"别急,难的在后面呢,听好喽!"

"珍珠米。""我知道,就是玉米。"

"洋山芋。""土豆。"

"番茄。""西红柿。"

"黄芽菜""黄芽菜。""嘿嘿,不对!"老师笑着说。"那是什么呀?"孩子们讨论了起来。安安举起了小手:"我知道,是大白菜"。老师故作惊讶地问:"你怎么知道的?"安安腼腆地笑了笑说:"我妈妈说的。"雯雯接着说:"哦,我想起来了,就是那种黄黄的,有点像卷心菜一样的,上次吃的汤里有的,还有粉丝。"老师随即竖起了大拇指:"你的记性可真好,那就是黄芽菜粉丝汤,也叫大白菜粉丝汤。""再来一个,怎么样?"老师问道。"好的,好的。"孩子们的积极性上来了,纷纷呼应道。

"香乌笋。""啊?这是什么东西啊?"孩子们你看看我,我看看你,大家都摇头。"嘿嘿,想知道是什么吗?"老师神秘地问,孩子们使劲地点点头。

"我们下楼一边吃一边猜,猜出来的小朋友吃完饭悄悄地来告诉我,看谁猜得出。"

"好。"孩子们个个跃跃欲试,怀着一颗兴奋和期待的心情跟着老师洗手,准备吃午餐。

分析:在这个案例中,教师用上海话介绍当天午餐的内容,引发了一系列有趣的语言互动。这是从幼儿的兴趣点入手开展的一段积极有效的师幼互动对话。在这个兴趣点上,教师始终让幼儿处于较强的兴奋状态,进而在与教师的互动对话中,产生了满意和愉悦等情感体验,进而有力地调动了幼儿对今天进餐内容的积极性。教师在对话过程中使幼儿大脑保持亢奋状态,以达到激发幼儿快乐进餐的情趣。

案例7 华东师范大学附属小学"润物无声模式研究"

华东师范大学附属小学张计蕾老师研究的小学语文教学"润物无声模式研究"的课题,提出了小学中高年级阅读教学的共情式阅读教学。

"共情式"阅读教学模式从小学语文课本教材出发,在阅读教学中创设一定的情境,运用"媒体辅助,身临其境,层层深入"等策略引导学生透过语言文字这一"思维外壳",去体验作者的生活,了解作者的观点,领悟作者所要表达的意蕴,提升审美。在获得间接经验的过程中,通过咬文嚼字来品出语言之味,悟得情感之美。当走进作者描绘的世界,身临其境般地理解、体验后,达到人与事、人与物、人与景、人与人的"共情"。

教师主要引导学生在体悟语言本身韵律之美的同时能深刻体验作者的心境和看待世事的价值取向。此模式教学从外显看来,可分为三个程度的"读",即通读梳理,细读感知,诵读品位。从深层次来讲,在读的过程中,带着问题思考,带着情感静读,从"千言万语齐入情"到"千丝万缕寻激情"再到"百转千回动真情",最后达成文字和情感的一体化的融合。

在"润物无声"教学模式研究中,她们还以兴趣和情绪调动为抓手,在作文教学中探索了"主题写作"模式。

"主题习作"是以兴趣和内容为抓手,从"写作前的体验、积累,写作中的情绪调动、知识与技巧的运用,写作后的激励促进"三个时空切入,将生活、积累、交流、评价和习作结合起来,根据学生的实际、兴趣爱好等特点,创造或确定一个练习写作的主题,调动学生多种感官,激发学生表达的欲望。在指导习作时,配合大量的生活积累、语言积累和情感积累,开展一系列的教学活动,让学生自由创编文字作品。

"主题习作"首先关注诱发和鼓励——情绪诱导产生创作愿望,肯定鼓舞则能达成持续发展的效应。其次注意大量的阅读,从而诱发已积淀的可用词汇。最后是恰当的习作选题,它是学生乐于写话的关键。我们为二年级学生设计了"读文学写""感官创写""童话创作"三个类型的习作主题。

表 10-5 二年级三个类型习作主题

二年级	"读文学写"主题		"感官创写"主题	"童话创作"主题
阅读或实践	读教材中的课文,包括韵文、寓言、童话等,开展"诵读积累"活动		1. 动手活动,用手指印创作	1. 课内阅读创编(转换课文语言)
			2. 认识自己活动	2. 读课外阅读作品
活动	让学生模仿写或者是拓展想象写		1. 采访家人了解名字的含义	3. 看图创作(单幅图或多幅图)
			2. 用图画绘出自己的名字	
			3. 体验季节	
			4. 品尝食物,享受美食	
写话内容	模仿写	想象写	1.《我们的指印画》	1. 童话《___与___》
	《写字》《稀奇歌》《风》《我的房间》……	这条小鱼在…… ……	2.《我的名字》 3.《秋之歌》 4. 享受…… ……	2. 小冰熊的遭遇 3.《芝麻开门》故事续编 4. 看图写 ……

六、脑与内隐学习

（一）脑科学研究成果

（1）脑科学研究表明，在非注意状态下，学生也可能对环境信息保持敏感，并逐步习得大量的知识、规则与行为方式、技能，这就是内隐学习。内隐学习是相对外显学习提出来的。

（2）内隐记忆是在无意识的情形下的记忆。研究表明，这种内隐记忆的容量是无限的。内隐记忆与外显记忆相比，神经细胞活动水平有着显著差异，内隐记忆参与的细胞数少，耗能少，信息加工效率高。

（二）对潜能开发的启示与实践建议

（1）在教育教学中要注意利用学生的内隐学习能力，在重视常规的有意注意学习的同时，还应当充分发挥脑的自动加工能力，为学生提供大量的直接活动经验，引导学生通过内隐学习获得发展。

（2）值得我们特别重视的是，学习潜能往往正蕴藏在无意识的内隐心理活动过程之中。在教学中要探索内隐学习的应用，重视内隐学习与外显学习的结合，注意无意识与意识的结合；要运用内隐学习占用注意资源少的特点，提高学习效率，在学生的思想道德教育、运动及动作技能学习和语言学习中，都有极好的应用前景。对于一些特殊群体，如自闭症儿童等的训练和康复，内隐学习也有很好的应用价值。

（三）实践案例

案例8 华东师范大学附属小学"小学语文教学'润物无声模式'研究——内隐学习初探"

华东师范大学附属小学张计蕾教师带领一个课题组，开展"小学语文教学'润物无声模式'研究——内隐学习初探"课题研究，取得丰富的成果，这里介绍部分典型经验及具体做法。

1. 内隐学习与语言知识的获得

下面结合《下雨啦》的案例教学实践，从内隐学习的理论出发，阐述如何实现语言和其他知识的传递、运用和理解。

(1) 外显策略教拼写

在《下雨了》一课中,对于几个目标词:下、雨、桃、花的拼写采取外显式的教学,例如教师在黑板上一笔一画地写出"下"字,让学生睁大眼睛仔细看,认真观察和模仿该字的写法。我们知道,虽然人们能够在经验中不知不觉地学到一些语言知识,并能够自动地运用于实践,但没有正确的、外显的引导和帮助,他们往往会发生一些错误,例如将"上"写成"下"字等。外显学习在这里充当了一个类似检察官的职务,它负责监督并检查拼写,以及拼写过程中可能发生的错误,并通过直接的知识传递来予以纠正。对于这些细节知识,外显学习可能是最便捷的方式了。

(2) 内隐策略教汉语

汉语中的词义总是遵循着相当复杂的规则,它与字形、字音相关,与不同的语境也密切联系。正是因为如此,汉语学习才特别适合内隐的加工方式。具体到教学,教师设计了三种策略将内隐学习应用于汉语的加工。

① 编儿歌

当前,儿歌已经成为学前儿童获得语言知识的主要途径,它具有生动、易懂、朗朗上口等优点。在课堂上以儿歌的方式阐释汉字的意义不仅更易于接受,而且能够开阔学生的思路,拓展他们的想象。将儿歌中蕴含的意义与生动的情境结合在一起,例如"雨"的儿歌,在"头上一片天,地上一间屋,隔着一扇窗,抬眼望雨落"中,既蕴含了雨的字形、字义,还包括了雨的意境,传达了在窗前静静看雨落的安逸心情。学生还可以根据自己的理解、自己的情感来主动编制儿歌,这时他们对于词义的理解就能更进一步了。

② 呈现实物

内隐学习的学习效果常常与学习材料的代表性、典型性密切相关。例如,如果学生只看到过江南六月左右的绵绵细雨,从未听说或看到过其他的"雨"种,那么他们对于"雨"的概念理解以及今后对"雨"字的运用都会受到限制。教师在准备课中,各种各样的"雨"声被录制成声音文件,在课堂上要求学生认真倾听、区分,学生辨识各类雨声,如淅淅沥沥的春雨、雷霆万钧的暴雨、飘飘洒洒的小雨……来自听觉的"雨"和来自视觉的"雨"共同构建了学生关于"雨"的信息库,在加强对"雨"编码的同时也易化了在各种情境下提取它的可能。

③ 展开想象

汉语的字形结构相当复杂,外显策略中单纯的观察、抄写和机械记忆可能会提高学生掌握汉语拼写的水平,却很难避免汉字与汉字之间发生字形或意义的混淆,例如"树""对""村"之间就可能因为字形的相似而造成语义的混乱。然而,人们通过内隐学习却能对知识进行自然的分类,例如当"树"常和它的类属词"杨树""柳树""樟树"等出现在一起,而"对"常和"错"一起出现在判断语句中时,人们就会自动将"树"和"对"字归在不同的语义类别下。因此,语文教学需要创造一个较为自由的空间,让学生充分接触有关这些汉字的语境,充分想象与该汉字相关的词句。

例如,在《下雨了》一课中,要求学生掌握"树"的概念。教师激励学生自己来扮演柳树、桃树,在春雨中朗读这些树木的感叹。学生把自己的身体作为树干,手臂作为枝条,时而下垂,时而高举。为进一步引出"叶"和"花"的概念,教师启发学生回答树上还长了什么。在扮演树木的实践过程中,学生不仅掌握了树的形状,而且也从汉字"树"到真实树的迁移中,从"柳树"和"桃树"的类比中不知不觉地发现了"树"与"木"的关系。

可见,语言的学习必须兼顾内隐和外显策略,一方面要重视知识的自然发生过程,另一方面要注重意识的提炼过程。只有在内隐学习和外显学习上付出同样的努力,才能为语文学习打下扎实的基础。

2. 内隐学习与"三情"的培养

"三情"的培养与行为关系更为密切,正如波兰尼(Polany)所说,我们对于自身行为的知识往往表现为"缄默知识",与之对应,我们对"缄默知识"的学习也通常体现为"内隐学习"。中国的教育研究工作者向来重视语文教学中人文情感、道德情操和审美情趣的培养。杨金鑫等人的研究结果发现,学生通过阅读量的增加、阅读材料的反复接触、感觉经验的逐步丰富,就可能形成虽不能言明却可以指导言语理解、体验和生成的内隐知识。具体来说,可通过出声朗读、集中阅读、情感表达等方式来促进学生"三情"的培养。

(1) 出声朗读

文学作家往往喜欢在写作过程中寓情于景,寓情于人。因此,学生在出声朗读过程中不仅要加工他们的文字,还要表达他们的思想和感情。对不同语境下情感类别、程度的掌握,使他们在体验相似情境时也会自动产生各类情感,从而丰富了他们的思想,为语言的组织、情感的表达奠定基础。

在讲述《下雨了》一课时,教师要求学生扮演树在雨中呼喊着:"下吧,下吧,我要……",想象其他植物和动物又会说怎样相似的话语。这样的情感体验不仅促使他们用"生动"的双眼来看待万事万物,还教会他们用感叹的语句来表达"感谢"。同样的,在聆听了各种各样的雨声后,学生也学会了在不同的季节、不同的天气下体验不一样的情感,产生不一样的联想。

(2) 集中阅读

内隐学习的关键步骤在于学习阶段的材料呈现。当包含统一规则的不同材料呈现时,被试并不主动寻找其内在规则,而是简单地观察、记忆,在信息加工过程中自动发现规则。在语文教学中同样如此。教师提供或让学生查找相关资料和相关作品,集中阅读,在阅读中整理自己的意会、感悟。

现代文学作品中常常蕴含了作者对人、对事、对物的深刻感悟,在阅读过程中建立同情,是培养人文情感的最佳方法。在这个过程中,教师让学生找出意象、领会意境,充分发挥联想和想象,对意境加强审美的体验,再转入内隐学习。以象形字的教授为例,我们把教材的序列作了重新的调整,将"语文快乐官1"中的象形字与准备课教授的象形字结合在一起,要求学生观察、寻找象形字和简体字的相似之处,并让他们从象形字的构造想象其情景,体验其美妙。例如,想象"田"字是怎样一片大地。在课外,教师要求学生收集其他象形字,并为每个象形字编故事。这样,学生不仅在学习过程中产生了乐趣,还开始培养他们对象形字的审美情趣。

(3) 情感表达

思考和表达是语言发展的主要目的。培养学生表达自己的思想、看法,抒发自己的情感,是促进他们与同学、与家人、与社会交流、理解的主要途径。语言表达虽然是"外显知识"的特征之一,但它在社会交互环境下却发挥着"内隐"的作用。例如,同学之间真诚的情感表达可能会不知不觉拉近他们的距离,对他人的积极语言评价可能会提高其自信程度等等。总之,情感表达可以是学生对语言知识的外显"运用",也可以是建立人际关系的内隐"桥梁"。

在《下雨啦》一课中,教师要求学生想象树木在经历了一个严寒干冷的冬天后喝到甘甜滋润的春雨,心情会怎样? 学生不仅对冬天的寒冷产生了"温觉",对春雨的甘甜产生了"味觉",还学会表达自己由衷的高兴,以及对春雨深刻的感谢。

在此过程中,学生与树产生了共情,对给予自己生命之水的春雨充满感激,迁移到自己的生活中,他们也会对一切给予自己美好生活的事物和人充满感激。

七、多感官、多通道信息输入与学习

（一）脑科学研究成果

（1）脑科学的研究表明,多感官、多通道信息输入可以使认知加工效率更高。眼、耳、口、手、体各种感觉通道同时应用,接受刺激,对大脑的发展有重要意义。

（2）人的感觉系统包括视觉、听觉、味觉、嗅觉、触觉、运动觉。一般来说,视觉具有加工容量大、速度快的特点,听觉信息输入具有加工程度相对较深的特点。每个人有相对偏好的感官通道,对于该通道的信息输入会更加敏感,信息加工会相对迅速。

（3）多感觉通道与多类型刺激、多样化的活动有助于积极调动脑的不同区域进行协同加工,提高认知加工效率,促进全脑开发。

（二）对潜能开发的启示与实践建议

（1）教育教学中要结合应用多种类型的教育刺激,注意调动学生多个感觉通道参与,充分利用现代化教学手段光、电、声、像、多媒体辅助教学,并且注意多通道信息刺激的强度及同向促进作用,避免异向干扰作用的产生,努力创造有利于学生学习同向促进的感官刺激环境。

（2）倡导体验探究学习,引导学生积极参与自主操作性的活动,重视为学生提供自身的主动活动进行建构性学习的机会,对于开发学习潜能有重要意义。

（3）让学生在做中学,使他们有更多的直接经历、经验和体验,从而产生更多更牢固的、持久的神经联结。

（4）对于幼儿,要开发有利于视觉、听觉、嗅觉、触觉等发育的游戏,使他们在玩中学。

（三）实践案例

案例9　上海市黄浦区重庆北路小学"营造活的课堂——小学多感官通道教学研究"

上海市黄浦区重庆北路小学校长程迎红带领教师研究的"营造活的课

堂——小学多感官通道教学研究"总结出多种有效的方法。

开展多感官、多通道教学的关键是要调动多种感官参与学习。学校探索了触摸摆放法、模仿体验法、情境置入法、质疑问难法、互动合作法等多感官教学方法,伴随着学生的动眼看,动耳听,动脑冥想、迁移、整合、创造,动手圈画、摆放、演示、写算,动口读、问、辩、答,整体培养学生的表达力、操作力、思维力。这里我们介绍其中三种方法。

1. 触摸摆放法

学生的思维活动往往是在实际操作中,借助触摸、摆弄物体而产生和进行的。触摸摆放是教师借助肢体、物体、学具等,通过学生动手触摸或摆放,促进概念表象的形成,让学生在做中学,使他们有更多的直接经历、经验和体验,从而产生更多更牢固的、更持久的神经联结,发展思维。

以五年级数学"推导三角形的面积公式"为例。教师安排学生自带两个完全一样的三角形,动手操作,用旋转平移的方法把两个相同的三角形拼成一个平行四边形或长方形,得出平行四边形面积等于底乘以高,所以三角形面积等于底乘以高的一半。学生就在操作摆放、思考概括中习得三角形的面积公式。知识的迁移同样让学生在做中学,教师又出了一题:请你用橡皮筋在自制的钉子板上,围出一个面积为 12 平方厘米的图形。学生经过思考、操作,围出多种图形,如长方形、三角形、梯形等等。看似简单的摆弄,学生不仅牢固掌握已学平面图形的面积计算公式,理解它们之间的内在联系,还进一步悟出了图形的共同本质特征:面积是两个相关长度之乘积。这样就把学生思维推向更高的层次。

三年级语文《田忌赛马》最后五分钟的拓展思维,教师每组发放一张纸、六匹学具马,让学生重新摆放,尝试用其他出场的顺序使田忌取胜。学生受到鼓励想成为第二个孙膑,动眼、动耳、动脑、动手、动口,群策群力,既加深对课文的理解,又拓展了思维,碰撞出智慧的火花。

评析:大脑两半球的功能既各司其职,又是互相配合的、协调的、统一的指挥中心。传统的教育偏重于阅读、逻辑等,多由左半球支配,左脑不断被强化,右脑相对被闲置,处于弱势。学生通过身体部位与事物的触摸、摆放,运用触觉、动觉认识事物,经历触觉感知、感知觉输入的阶段,活化了右脑,促进了左右脑均衡发展。

2. 模仿体验法

模仿体验就是教师建立在学生的认知发展水平和已有的生活经验上,组织贴近学生、贴近生活、贴近实际的动手、动口的模仿和体验。模仿是体验的起步,体验是探索的阶梯。经过学生自己的一番摸索,或略有领悟,或不得要领,或全盘皆错,这时聆听教师的点拨、引导、解惑,印入学生大脑和理解的程度就会比较深刻。

以四年级第二学期语文《鸟语》为例。教师引导学生模仿布谷鸟、喜鹊鸣叫的语音、语调,说一说它们报春、报喜的内容。学生的发散性思维得以激发,有的撅起嘴有韵律地说:"住在大树,爱吃谷物。"有的说:"勤劳刻苦,种田织布。"有的学生模仿喜鹊"报喜之声"说:"学习进步,身体健康。"有的说:"祝你好运,快乐幸福。"在动脑之后动口说,合理的想象在模仿体验中有效施展。

又如,英语四年级第一学期有教授职业名词的内容,教师就组织学生模仿各种职业特征的动作,学习新词。学"driver"做驾驶状,学"nurse"做打针状,学"teacher"做教书状,并让学生互问互答,巩固记忆。

评析:学生通过模仿体验,把许多动作一个个连接起来形成不同的"动作链",理解不同的"动作链"上每个动作的最终意图,以达到学习的目标。在模仿体验中,教师一方面指导学生动手,一方面引导学生观看、聆听、想象或讲述制作过程,从简单到复杂,从模仿到创造,既培养学生的动手能力和思维能力,还锻炼了聆听能力和口头表达能力。

3. 情境置入法

情境置入是教师通过故事、图片、道具、影像、经典、游戏、观念等,创设对话情境、生活场景、游戏意境、操作环境等有利于学生动眼看、动耳听、动脑想、动手做、动口说的情景,让学生身临其境,发挥情感态度的影响作用,调动学习积极性,体验学习情趣,闪耀思维火花。

以牛津英语二年级第二学期《Unit 6 Eating and drinking》为例。教师给本节课创设了一个大的情境,就是 Sam 和 Tim 在公园里举行野餐,他们带了很多食品和饮料,让学生根据画面说说他们都带了些什么,以此来复习已学的食品类、饮料类的单词,以及"They have got …"的句型,为接下来的新授作铺垫。然后围绕这个大情境,针对教学各个环节又置入了三个小情境:(1)通过媒体中的人物对话,引出新单词和新句子进行教学,拉近了课堂和生活的距离。(2)利用插图,让学生进行自编儿歌、快速反应等练习,让他们在特定的小情境中充分训练,达到巩固。(3)制作一个超市的画面,让学生指着琳琅满目的商品进行会话训练,便于学生动口、动脑,把所学知识灵活运用。

评析:学生的脑是最敏感的,具有极大的可塑性,丰富的环境会提高神经元联结的频率,有利于思维模块的构建。脑的意识活动容量是有限的,而无意识活动的容量是无限的,情境则为无意识记忆提供了源泉。采用情境置入法,通过优先接受情绪性信号,积极情感伴随着动眼、动耳、动脑、动手、动口,学生的学习效果倍增。

案例 10　初中语文:绘画再现诗歌,比较感悟情理(上海市金陵中学蔡玲)

诗歌中有大量写景、状物、山水游记、田园诗等,对大自然进行了钟情的描绘。然而,诗歌中的画都是带有作者主观情感的作品,这就要求学生能透过诗歌中的图景体会作者的情,理解蕴含的理。以《诗经·蒹葭》的教学为例,诗歌写了在深秋的清晨,诗人来到河边,不停寻找"伊人"却始终不得的场景。重点是要学生理解起兴手法的作用以及学会解读主题。教师在预习作业中设计了一道题:请展开想象,根据本诗描绘的场景画一幅画,并写一段描写性的文字。教师从中选取了四幅有代表性的作品问学生:"你觉得哪幅画最符合本诗的内容,为什么?"学生经过热烈讨论,增进了对诗歌的感悟和思考。

这是视觉手段在教学中运用的典型案例。从作业情况看,学生的兴趣和积极性被极大调动,虽然绘画的功底有差异,但几乎人人都非常认真地完成了绘画创作。在这样的设计下,不仅教师完成了教学的重难点,让课堂焕发了活力,而且学生也从中得到了审美的愉悦。视觉信息是学习中最多的感觉信息。视觉手段的运用最主要的方法是将学习内容文字化、图形化、表格化、实物化(具体化)、形象化、场景化、颜色化,有利于视觉记忆,达到满足视觉偏好者的学习需求。为此,用思维导图、绘制图表、用颜色标记、绘画等都是适合视觉偏好学习者的学习方式。

案例 11　幼教:科学绘本学习——味觉、触觉综合运用(上海市黄浦区温州路幼儿园谢佩玲)

《甜甜的蜂蜜》是以幼儿科学绘本为蓝本的认知活动,旨在让幼儿初步了解蜂蜜酿制的过程,感受蜜蜂与人的亲密关系。考虑到中班年龄的幼儿形象知觉发展最敏感,抽象、逻辑思维能力也开始发展,且用眼的协调性增强,他们需要通过感觉、知觉以及各种活动来探索世界,建立对周围环境的认识和概念,我们尝试让幼儿从运用品尝活动导入,让幼儿结合已有的生活经验说说蜂蜜水为什么是甜甜的,继而出示经过筛选的绘本图片,引导幼儿观察、发现、推理、讲述,了解蜂蜜的制作过程,并在最后的活动环节中让幼儿自己动手制作蜂蜜饼干,以达到验证的效果,同时也满足了中班幼儿情感的需要。

从现场活动的效果来看,整个活动中幼儿都被深深地吸引着,在引导幼儿观察绘本画面的时候,他们能够紧紧围绕教师的提问,结合自己在日常生活中已有的认知经验大胆表述,使得活动在一步步地观察、发现、推理、讲述中渐入佳境,将活动的探究气氛推向高潮,又在幼儿的满足中收尾,达到了活动的预设目标。

八、运动、艺术与大脑发展

(一) 脑科学研究成果

(1) 脑科学研究认为,运动以多种形式影响着人脑。在进行运动时,大部分的脑区都受到激活。在学生发育中,需要充分激活小脑——前庭系统。如果没有足够的激活,学习中就会出现注意缺失、阅读问题、情绪问题以及记忆力差、反应缓慢等问题。在2—6岁这个运动发展的黄金时段,要充分让幼儿运动起来,各种适合的运动项目、游戏活动都是极好的选择。

(2) 体育运动能够促进血液循环,促进细胞生长和激素分泌。开始运动时,脑把大量的神经冲动发送到适当的肌肉来产生运动,而每一个运动又返回来激活脑皮层区域。体育运动能够减轻压力,可以缓解学生普遍存在的焦虑,游戏性的体育活动对于学生情绪智力的发展有重要作用。

(3) 脑科学研究表明,艺术活动可以快速地对许多高级脑活动进行调动和促进,艺术学习与实践能够有效地促进认知系统和情绪系统的发展。

(4) 音乐刺激经过听觉中枢的加工传递到大脑后,激发了相关的脑区功能,再经过脑区之间神经突触的相互连接及两半球间胼胝体的作用,使大脑两半球众多脑区的神经网络得到广泛而反复的激活,大脑的整体思维功能将会得到增强。

（5）绘画是依靠视觉手段来表达信息，图解视觉或空间概念。学生在绘画时以直观形式，通过点、线、面和整体物象的构成，认识、建立和把握"部分"与"整体"的关系，并由两者的双向关系进入人类最基本的思维形式"综合"和"分析"，这两种人类最基本的思维运演形式对学生早期思维能力的发展具有重要的影响。

（6）舞蹈、戏剧表演等艺术可以促进脑皮质系统的成熟，因为表演涉及动作协调、新颖性、挑战性等要素，这些都有利于大脑发育。

（二）对潜能开发的启示与实践建议

（1）家长和学校要充分重视运动在学生身心发展中的作用。从出生开始，家长就要帮助婴儿动起来，促进其肢体动作的协调发展。在 2—6 岁运动发展的黄金时段，要保证每天不少于 45 分钟的户外运动时间。要让幼儿充分地动起来，有趣的游戏活动是最好的选择。学校要重视多种游戏的开发，与体育课、课外活动结合起来。让学生参加那些没有失败体验的、人人都能获胜的游戏，使活动充满乐趣，让学生有愉悦的情感体验。中小学要保证学生每天 1 小时的体育活动时间，而且以户外活动为主。

（2）学校要努力提高体育课的质量，按不同年龄段的学生的身心特点，创编出内容丰富，并富有趣味性、激励性、智慧性、挑战性的活动项目。这既使学生的身体各部位得到锻炼，又能减轻学生学习产生的压力，缓解普遍存在的焦虑，促进学生情绪智力的发展。

（3）学校要充分重视艺术学习与艺术活动对学生发展的重要意义和作用。要真正改变不考不教、不考不学的局面，除正常开好音乐课、美术课、艺术欣赏课外，学校要创造条件，开展丰富多彩的艺术社团活动，如文学社团、音乐社团（包括合唱、交响乐、民乐等）、美术社团、戏剧表演、舞蹈队等，让学生唱起来、跳起来、演奏起来，让学生在浓厚的艺术氛围里愉快成长，让学生在活动中表现自己，表达自己，让学生的天赋在艺术活动中精彩绽放。

（4）学校要重视艺术环境的创设，让学生参与艺术环境的布置，让学校的走廊和其他公共空间成为视觉艺术的天堂。在不同的时间、不同的场合提供高质量的背景音乐，让学生在与环境的互动中得到艺术的熏陶，提升审美情感和审美能力，进而促进创造力的发展。

（三）实践案例

案例 12　运动:让学生快乐健康成长(上海市黄浦学校科研室主任张英)

上海市黄浦学校是探索体教结合办学模式的九年一贯制学校。学校先后开设的体育拓展型校本课程有游泳、轮滑、球类(羽毛球、乒乓球、橄榄球、足球、篮球)、健美操、射击等,这些课程分为限定型拓展和自主型拓展。限定型拓展要求全员参加,旨在培养兴趣,打下基础;自主型拓展旨在发现并培养特长,对在限定型拓展中表现出运动天赋的学生鼓励其参加运动队,重点培养。下面通过几个活动加以说明。

活动 1　借助轮滑拓展课开发双侧肢体潜能(本案例由刘正强教师提供)

速度轮滑运动是一项广为学生喜爱的运动项目,具有较高的运动锻炼和潜能开发价值。充分利用学校有轮滑馆这一资源优势,结合各年级学生的体能特征在小学一至二年级开设了这一课程的限定型拓展课,在中学其他年级开设了自主型拓展课,并成立了学校轮滑队。

由于生活中学生习惯使用右侧肢体,出现普遍的右利现象,而在做轮滑动作时必须要做到平衡,这就要求学生左侧肢体要进行充分的运动,并保持左右肢体的协调。因而,通过轮滑课可以开发学生的左侧肢体潜能。左右肢体的协调训练,还能促进全脑的发育。所以,轮滑课的教学有助于学生运动潜能的开发和全脑的发育。

在实施轮滑扩展课的过程中,学校总结出如下的经验。

1. 强化左侧肢体的活动

在轮滑学习过程中,不只要求学生要学会右利手的技术动作,同时还要求他们学会左利手的动作方法,从而有效开发学生左半边肢体的运动潜能。我们知道,这样客观上也开发了他们的全脑潜能,于无形中提高他们全脑的学习能力。

2. 强化平衡性基础练习并开发小脑潜能

平衡能力和身体的协调能力是速度轮滑学习和训练的基础。因此,在每一批学生最初学习速度轮滑和各技术动作时,都会通过各种小的平衡性基础练习来提高学生的平衡能力。我们主要是采用循序渐进的方法,逐步让学生掌握平

衡,从手扶物体双脚滑行到徒手双脚滑行,再到手扶物体单脚滑行,过渡到徒手
进行单脚滑行,最后完成各种转向支撑等动作内容。研究表明,控制人体平衡
的主要是小脑,小脑发达的人肢体的平衡能力会比较强,因而,通过平衡性的练
习也会不断促进小脑的发展。这样,在学生学会轮滑基本动作的同时,也开发
了脑的潜能,从而迁移到其他内容上。

3. 多感官刺激开发学生学习潜能

在教学纠错过程中,通过看多媒体教学课件和比赛录像等方法同时刺激学
生的听觉、视觉,通过学练过程中滑行拿道具等方式锻炼学生的上下肢协调能
力、手眼协调能力。这些感官的刺激让学生的大脑兴奋起来,有利于大脑中各
回路的联系和贯通,使学生的信息加工速度加快,从而开发了智力潜能。

4. 利用放松术恢复体力

有研究表明,让学生听轻松音乐、平和呼吸、静坐均可以抑制一侧大脑半球
的过度活动,增强两半球之间的联系,使两半球同时发挥作用。因此,在每一次
轮滑训练结束之后,教师会带领学生在舒缓的音乐中进行瑜伽放松练习。这要
求学生注意力集中到呼吸上,同时利用音乐、冥想和放松等活动帮助学生恢复
体力,同时开发他们的大脑潜能。

活动2　在美中启迪学生的智慧(本案例由陈为为教师提供)

健美操是女生喜欢的一门自主型拓展课。下面是一节健美操课例。

1. 课的概述

• 健美操拓展课第9课时

• 教学内容:大众健身操2级规定动作第一组合、瑜伽练习

• 教学目标:

(1) 通过学练,使学生能够基本掌握本套路的技术动作。

(2) 通过学练,使学生能够在练习中保持较好的身体姿势,提高审美意识
和能力。

(3) 通过学练,发展学生的身体协调及平衡能力,开发学生的脑潜能。

2. 过程实施

(1) 热身活动:基本步法操

教师分别采用口令与音乐伴奏两种形式带领学生进行热身活动。练习时,

教师提醒学生每次练习时先进行左侧肢体的练习,再进行右侧肢体的练习,弥补常规的知识教学中对左侧肢体的忽略。尤其是对手部的精细化动作,例如手指操的练习更注重了这一方面。

(2) 主要内容:大众健身操 2 级规定动作第一组合、瑜伽骆驼式学习

① 大众健身操 2 级规定动作第一组合

第一步,教师利用多媒体录像进行该组合动作的完整演示,让学生在正式进入学习之前先形成一个完整、规范的技术动作表象,激发学生兴趣,引导其进入学习状态。第二步,教师一步步讲解、示范该组合的每一个动作要领和方法,先从脚步动作学起,学会之后再进行手臂动作的练习,最后再进行完整练习。同样,还是带领学生先从左侧肢体的练习学起,左侧肢体的动作学习完成之后,再由学生讨论、尝试着进行右侧肢体动作的合作学习,期间教师进行巡回指导,鼓励学生学练。第三步,教师带领学生慢口令进行集体练习。第四步,教师带领学生听音乐进行集体练习。练习的过程中通过关键字提醒动作要领,并提醒学生保持良好的身体姿势,例如挺、抬、笑。第五步,教师请优生示范,师生共点评。

② 瑜伽骆驼式学习

教师带领学生在舒缓的音乐声中放松。首先,通过瑜伽的腹式呼吸使学生的身体安静下来,集中她们的注意力,让她们把意识集中到有节律的呼吸上。接着,教师带领学生进行瑜伽冥想 3 分钟,利用提示语创设情境,把学生引入一个完全放松的想象空间,让她们在这个美好的情境中释放压力,舒缓情绪。随后,教师带领学生在音乐的节奏下分别从事左侧、右侧肢体的三角式、战士式、猫伸展式、树式、犁式等动作的练习。然后,教师带领学生学练瑜伽骆驼式。最后,在舒缓的音乐声中结束本节课的学习。

3. 课例分析

综观以上内容不难发现,本节课通过以下几个方面达到开发学生学习潜能的目的。

(1) 开发了左侧肢体运动

本堂课研究表明,教师都是带领学生先进行左侧肢体的练习,弥补大多数文化学科无法锻炼左侧肢体的缺憾,也不像在常规的体育教学中,体育教师教授运动技能时仅以一句"动作相同、方向相反"带过左利手的动作要领,开发了

学生左侧肢体的运动潜能。同时我们知道,右利手的人进行左侧肢体训练,对促进脑潜能的发展起着明显的作用。因为教师的教学始终关注先左侧再过渡到右侧肢体的练习,这不仅利于左侧肢体运动,同时利于全脑潜能的开发。

(2) 有助于脑潜能的开发

美国威斯康星大学心理和精神病学教授理察德·戴威森研究发现,冥想训练三个月后,大脑分配注意的能力就得到大大提高。他认为,冥想训练使实验者释放思绪的能力增强,从而使得大脑获得了快速更换所注意事物的能力,专业的冥想人员比一般人能够更好地把握快速改变的刺激。根据这一研究成果可以发现,青少年学生在冥想训练之后能够更好地集中有意注意,发展他们的注意力和记忆力。不难看出,本堂课教师通过冥想发展学生的想象能力,促进学生空间感觉的发展,这不仅能够促进他们动作技能的学习,更能促使他们在文化的学习中快速集中注意,跟随教师的上课节奏,从事高效的学习,从而提高他们的文化课学习成绩。

综上所述,本节课在融合了强化左侧肢体精细化活动、音乐、有节律地呼吸、注意集中训练、冥想等因素的基础上,让学生感受了美,启迪了智慧,开发了脑潜能。

案例 13　幼教音乐:以活动为载体开发幼儿音乐潜能

上海市音乐幼儿园承担的研究项目"幼儿音乐潜能开发的教育途径和方法",通过日常和特色音乐教育活动,提高幼儿音乐素质,发展幼儿的音乐潜能,取得较好的效果。

1. 在日常音乐活动中开发幼儿的音乐潜能

在正式音乐活动和非正式音乐活动中,教师积极创设条件,为幼儿提供了多元的与音乐接触的机会,并通过多种感官(视、听、唱、做、演等)感知音乐,了解音乐。即便是在其他的活动中,教师也十分注重音乐的渗透。随着对"二期课程改革"精神的不断学习和理解,大家思考着我们应该赋予幼儿园音乐活动哪些新的内容和理念来体现"二期课程改革"的精神? 于是,音乐主题活动应运而生,这也是我们在课程改革的背景下丰富幼儿音乐活动的组织形式,是促进音乐潜能开发的一种的新尝试。我们将主题活动、整合和音乐这三个关键词牢牢地串在一起思考构建,形成了以下的思路:(1)借助一个与音乐相关的内容为主题,开展以丰富音乐知识、培养音乐素质为重点的音乐主题活动,如音乐家的故事、小小乐器行、民族音乐、动画片插曲等。(2)在综合主题背景下,更多地通过音乐手段,融入音乐元素,整合与主题相关的经验,以此开发幼儿音乐潜能的主题音乐活动,如爱我中华、各民族儿童齐欢唱、成长的快乐、妈妈我爱你等。

2. 在特色音乐活动中开发幼儿的音乐潜能

我园具有得天独厚的优势,即在幼儿音乐潜能的开发过程中,每个幼儿将选择一门乐器进行学习。器乐学习不仅丰富了幼儿的生活,陶冶了幼儿的情操,也提高了幼儿的音乐素质。值得关注的一点是,教授器乐的教师都为外聘专业教师,具有音乐教育的专长和资格,其自身良好的音乐素质和教授方法都对幼儿起到了潜移默化的影响。与此同时,我们还开设了乐理游戏活动,采用生动、形象、游戏化的教学方法,充分运用幼儿的感官,将视、听、唱、做、演等相结合,将各种音乐符号变成了游戏,将枯燥的音乐知识变得浅显易懂,从而培养了幼儿的视唱、音准和节奏等基本能力。在形体律动中,我们让幼儿更多地接触音乐,将肢体动作与音乐节奏相融合,既使幼儿的动作发展协调,又使动作与音乐吻合,节奏和动作保持一致。

案例 14 创设艺术教育氛围,促进学生学习潜能开发

2007 年底,上海市长乐学校成为上海市学习科学研究所实验学校,确立了"艺术长乐、运动长乐、创新长乐"的办学特色。上海市长乐学校开展艺术教育的一个突出特点就是努力挖掘其开发潜能方面的功能。

1. 让学生在环境布置中触摸艺术

在校园走廊的一面墙面上,一路走来,就像在看一本立体的美术知识丛书:美术的分类、绘画的起源、中外美术大师介绍及他们的经典作品等。在另一面墙上则是放大版的学生绘画作品,既有平时的作业,又有参赛作品、获奖作品,每幅作品宽 1.5 米,长 2 米到 5 米不等,直接画在墙面上,画面给人以极大的视觉冲击。学生看到自己的作品被放大画在墙上,自信、光荣感油然而生。走廊的顶面也用小型激光灯照射上去,有学生设计的蕴含学校办学目标的标志图案。学校走廊的三维空间,巧妙地形成了学校的艺术天地。

2. 让学生在楼梯上作画

在上海市长乐学校的楼梯上,一群学生在轻松自由地绘画,这是一种创意

的独特的绘画课堂,让学生在这样的绘画中放飞思想。教师只提简单要求,不作示范,没有过多的限制,学生自由轻松地描绘自己喜欢的内容。一堂课画不完,下节课另一个班的学生在前一个学生绘画的基础上,按照自己的思路接着画。一幅画可能经过四五个学生才能画完。教师只作些指点,不作创意上的干涉。学生自由挥洒,灵感勃发。

长乐学校的经验可以概括为以下两点:一是充分展示艺术的魅力,让艺术赋予校园、走廊以生命,使学生置身于艺术环境之中,滋养着精神,愉悦着情感,促进脑潜力的发展;二是让学生以艺术为载体,与环境互动,学生既是环境布置的主人,又是艺术创作的主人,在与环境的互动中,激发自信、自尊、自强的动力。

九、我国基于脑科学的教与学的研究和发展状况

前面我只写了我们学习应用脑科学成果研究学生学习的一些探索。现在越来越多的教育工作者关注这方面的研究,本节介绍一些有关的信息。

1. 研究兴起

20 世纪 90 年代以来,随着国际上有关脑科学与教育相结合的研究日益受到重视,我国也开始重视这方面的研究。我们来看一张时间表。

1996 年,当时分管教育的李岚清副总理指出,素质教育与人脑的全面开发有着紧密的联系。脑科学的研究使人们对人脑发展和活动规律有了很多新的认识,为素质教育提供了许多重要启示。

1998 年,教育部重点课题"科学教育——开发儿童少年潜能研究"立项,李岚清副总理主持,教育部副部长韦钰任高级顾问,为期十年。该课题揭开了我国研究脑科学与教育关系的序幕。

1999 年 1 月 5 日至 7 日,脑科学家杨雄里牵头,在北京举办了"脑高级功能与智力潜能的开发"学术讨论会,来自教育部、北京师范大学、中国科学院生物物理研究所、香港中文大学、美国佛蒙特大学等 17 家单位的 40 余位专家学者参加本次大会。这些脑科学家、心理学家、教育学家、医学家对脑科学与素质教育进行了跨学科的探讨。关注的议题有:(1)脑科学发展趋势与新概念和方法学基础;(2)脑功能与智力活动;(3)学习记忆的脑机制;(4)脑与语言功能;(5)脑发育与个体心理发展;(6)教育实践中脑的潜能开发;(7)加强脑、心理科

学和教育学的综合研究。这些议题促进我国教育改革与发展。

2002年4月27日，韦钰副部长受邀组团参加经合组织在伦敦主办的"学习科学与脑研究"高层论坛。韦钰副部长在会上作了题为《我们为什么重视情绪的研究》的大会发言，开启了国际交流渠道。

2.国内主要研究机构

（1）北京师范大学脑与认知科学研究院。前身是成立于2004年7月北京师范大学的认知神经科学与学习研究所，拥有"认知神经科学与学习国家重点实验室"。实验室在语言认知、数学认知、社会认知、心理发展与脑发育等方面进行了科学研究。实验室与国际知名科研机构、科研院所开展了广泛、深入、持久的实质性合作。实验室在认知神经科学领域研究的国际影响力不断扩大。

2007年7月，我们曾组织基地学员和课题组成员去该实验室参观学习，北京师范大学校长、实验室负责人董奇亲自作了报告。

（2）中国科学院生物物理研究所脑与认知科学国家重点实验室。该实验室于2005年3月获准建设，2007年9月通过验收。实验室拥有许多知名专家，其中中国科学院院士2人。实验室立足于脑与认知科学的基础研究，同时开展相关领域的多学科交叉研究。该实验室陈霖院士2011年11月发起成立了中国认知科学学会，学会的挂靠单位就是中国科学院生物物理研究所。

（3）东南大学学习科学研究中心。该中心由韦钰院士发起成立，以生物医学工程、信息科学、教育学、神经科学为发展基础，开创了一条全新的多学科交叉的学习科学发展之路。该中心设有汉博网站及资源中心、儿童情感实验室、中国儿童情绪发展数据中心、"做中学"科学教育研究室等研究机构。该中心的目标是将国际先进的脑科学研究成果与中国教育实践相结合，研究儿童情绪发展与教养的关系，研究和推广基于动手做的探究式科学教育，推进公众对脑科学和学习科学的了解。

（4）华东师范大学教育神经科学研究中心。该中心成立于2010年12月，是教育科学、心理科学、认知科学、神经科学多学科综合研究机构。该中心成立时，我们研究的教育部重点课题"基于脑科学的学习潜能开发深化研究"即将结题，所以在研究过程中与该中心没有直接的联系。当该中心副主任周加仙从北京师范大学回来后，我们学习科学研究所与周加仙研究员有了较多的联系，她被选为上海市教育学会学习科学专业委员会副主任后，联系更多了。由于是同城,今后上海基础教育研究"脑与学习"方面的课题将会得到该中心更多的指导。

(5) 天津师范大学教育部人文社会科学重点研究基地:心理与行为研究院。该研究院在沈德立先生的主持下,较早进入脑与基础教与学的研究,沈德立先生团队"九五"期间研究了教育部重点课题"中小学生左右脑协调开发与学习效率提高研究",出版了研究成果《脑功能开发的理论与实践》。"十一五"期间,他们又研究国家级重点课题"基于脑科学的教与学效能研究",也取得了很好的研究成果。沈德立先生当时任天津师范大学副校长兼心理行为研究院院长。我们与沈先生团队有较多的联系。2000 年 11 月,我们参观了他们的实验室,听了沈先生的报告,我们的研究受到他们研究的很多启发,与他们团队的阴国恩教授、李洪玉教授保持着很好的联系,他们也是研究非智力因素的。沈先生 2013 年去世,他的团队主要成员白学军教授任天津师范大学副校长。2018 年 11 月,我们又在天津师范大学开了学术研讨会,白学军教授作了学术报告。

第十一章　区域教育科研的发展

前面十章主要介绍了我和我团队的课题研究,但这些研究主要是在本区域内展开的,是在区域的大环境下进行的,都是与区域教育科研的发展相联系的。

1986 年 9 月,我被调进黄浦区教育学院,任黄浦区教育科研评审学术委员会秘书长,负责黄浦区第二届教育科研成果评审的组织工作。以此为起点,我与区域教育科研发展建立了更直接的责任联系。

1989 年 6 月,黄浦区教育局决定成立教育科学研究室,我被任命为第一任科研室主任。对于区域教育科研的发展,我有了新的使命和责任,以至于在以后的岁月里,对于黄浦区的教育科研发展,我承担着策划、组织、管理、参与和指导的责任,而且我们的研究团队也在区域教育科研发展中贡献着、发展着、成长着。

一、区域教育科研的发展历程

黄浦区教育科研几乎与上海市教育科研发展同步,已经走过四十年的发展之路,这里重点介绍前三十年,大致可以分为以下几个阶段。

（一）第一阶段（1982 年 12 月—1983 年 12 月）

这是黄浦区教育科研起始阶段。1982 年 12 月上海市教育局教育科学研究所正式成立,黄浦区设立一名科研联络员,负责宣传教育科研的意义,开展调查研究,筹建科研组织。1983 年 2 月我在崂山中学开始研究初中生的学习兴趣。1983 年 12 月 24 日以黄浦区教育科研组成立为标志,第一阶段结束。

（二）第二阶段（1984 年 1 月—1987 年 1 月）

黄浦区教育学院科研组作为区教育科研机构正式开始工作。这一阶段的主要任务是普及教育科研知识和基本方法,组织全区中（职）小学、幼儿园开展教育科研工作。这三年时间,办了六期中小幼教师教育科研学习班。1984年9月东昌中学成立教育科研室,这是黄浦区第一个中学科研室,也是上海市最早的中学科研室。黄浦区教育局分别于1984年秋和1986年秋组织了两届黄浦区教育科研成果评选,并分别于1985年1月和1987年1月举行了第一、二届教育科研颁奖大会。在第一届颁奖大会上,我作为东昌中学科研室主任作了学校科研工作经验介绍。第二届我作为评审委员会秘书长,全程参与了成果评审的组织工作。

(三) 第三阶段(1987年2月—1989年6月)

这一阶段在继续做好普及指导工作的同时,把工作重点向课题研究和课题管理方面转移。1987年11月召开黄浦区第一次课题规划会议,首批规划了23个区级重点课题,其中我主持的"初中生非智力心理因素的发展与教育综合实验研究"和建平中学冯恩宏主持的"校园文化建设与学校整体改革"两个课题被上海市教育局列为上海市"七五"首批重点课题。1988年12月举行了黄浦区第三届教育科研成果评选。1989年上半年,我们举办了一个高规格的教育科研校长讲习班,请华东师范大学的刘佛年、杜殿坤、钟启泉,上海师范大学燕国材、柴崇茵等教授和上海市教育局副局长张民生等来作报告,大大推动了黄浦区教育科研和教育改革的发展。1989年6月黄浦区教育局成立教育科研室,我被任命为科研室主任。以区教育科研室成立为标志,黄浦区教育科研进入新的发展阶段。

(四) 第四阶段(1989年7月—1992年12月)

这一阶段是黄浦区教育科研全面快速发展的阶段,建立健全了教育科研发展需要的发展规划、规章制度等基础性工作,创办了教育刊物,创造性地举办了省市际学术研讨会。

1989年下半年开始研制《黄浦区教育科研"八五"发展规划》,12月黄浦区科研室被评为"上海市教育科研先进集体",我被评为"上海市教育科研先进个人"。

1990年3月成立黄浦区教育科研学术委员会,创办了铅印的《黄浦教育研究》季刊,5月黄浦区教育局颁布了《黄浦区教育科研管理条例》。

1990年6月上海市教育局在黄浦区召开"教育科研规划经验交流现场会",

我在会上做了教育科研发展规划经验介绍。黄浦区教育局公布《黄浦区教育科研"八五"发展规划》。

1990 年 7 月上海市市级重点课题"初中生非智力心理因素的发展与教育综合实验研究"第一轮实验结束,9 月"中学生学习方法指导的理论与实践探索"被批准为上海市市级课题,12 月完成黄浦区第四届教育科研成果评选。

1991 年 4 月成功举办"小学教育整体改革省市际研讨会"。

1992 年 1 月成立上海市教育科研情报站黄浦分站,创办《黄浦教育情报》(双月刊);3 月区科研室被黄浦区政府评为先进集体;4 月成功举办"学生非智力心理因素发展与教育省市际研讨会",同时成立了非智力因素研究省市际协作组,为后来成立全国非智力研究专业委员会打下了基础。

1992 年 12 月为帮助教师学习教育科研方法,我们组织编写的《教育科学研究方法基础 100 问》由天津教育出版社出版;黄浦区教育学院教育科研室被评为"上海市教育科研先进集体",魏耀发被评为先进个人;"初中生非智力心理因素发展与教育综合实验研究"第一轮实验成果在上海市第四届普通教育科学研究成果评选中获一等奖提名,被评为二等奖第一名。

(五) 第五阶段(1993 年 1 月—1995 年 12 月)

在上阶段全面高速发展的基础上,对前 10 年区域教育科研的发展经验进行总结,继续在普及和提高方面开拓前进。

1993 年初,黄浦区作为国家教委直接联系的城市教育综合改革实验区提出"上海市黄浦区城市教育综合改革的理论与实践探索"课题,1993 年 9 月被批准为上海市教育科研重点课题。该课题由时任黄浦区教育局局长谢俊后任课题组长,我任执行组长。

1993 年 7 月,我被任命为黄浦区教育学院副院长,分管教育科研、教师培训和教务管理,在兼任较短一段时间科研室主任后,由魏耀发接任。

1993 年 8 月,编辑出版黄浦区教育"争一流、创特色"经验选《耕耘录》一书,由时任教育局局长谢俊后任主编,陈家华和我任副主编,上海市教育局局长袁采为此书作序;为庆祝黄浦区教育学院建院 35 周年,编辑教育学院教师科研成果和论文集《拾穗集》,汪诚昌任主编,顾鸿达和我任副主编,上海市教育局副局长、上海市教育学院院长张民生为此书写序,两本书均由我组织科研室同志具体编写。12 月组织完成黄浦区第五届教育科研成果评选。

1994 年 3 月编辑出版《上海市黄浦区优秀教育科研成果选粹》，由谢俊后任主编，顾鸿达和我任副主编。9 月举办"市'黄金杯'中学生学习方法征文、知识竞赛"。

1995 年我们组织科研成果参加上海市第五届科研成果评选，"八五"将结束，开始筹划"九五"的研究方向和课题。

1995 年 12 月上海市教委发文推广十一项普教科研成果，"中学生学习方法指导的理论与实践探索"成果在列。

（六）第六阶段（1996 年 1 月—2001 年 12 月）

这一时期是"九五"期间，以研究教育部重点课题"义务教育阶段学生'学会学习'研究"为重点，围绕上海市教育科研基地学习指导研究所的工作展开全区的科研工作。

1996 年黄浦区教育局成立教育科研成果推广领导小组，时任黄浦区教育局局长张俊明任组长；黄浦区教育局颁发关于进一步加强"学习方法指导"和"学生非智力因素发展与教育"成果推广工作。

1997 年 1 月"义务教育阶段学生'学会学习'研究"被批准为国家教委重点课题，这是区域教育科研发展的一个标志性事件。

1997 年 4 月上海市教委批准在黄浦区设立教育科研基地——上海市学习指导研究所，这是首批命名的五个市级科研基地之一。

1997 年由我们发起成立了两个群众性学术团体：上海市教育学会学习科学专业委员会，中国儿童心理、教育心理研究会非智力因素研究专业委员会，秘书处都设在黄浦区教育科研室。

1997 年黄浦区成立"东方儿童潜能开发培训中心"，作为教育科研成果的中试和推广机构，助力课题研究。

1998 年 5 月市重点课题"上海市黄浦区城市教育综合改革的理论与实践探索"结题，通过专家鉴定。

（七）第七阶段（2002 年 1 月—2012 年 12 月）

我年满 60 岁，卸任黄浦区教育学院副院长职务，对于面上的教育科研我不再负有直接责任。我仍然任学习指导研究所常务所长、黄浦区教育学会会长，任"十五""十一五"教育部重点课题组组长,主持课题研究。这期间,黄浦区教育学会联合上海市教育学会、黄浦区教育基金会组织多次黄浦教育论坛。

2002年5月举办"教育理念与教育改革实践"论坛,邀请华东师范大学教育科学学院院长丁钢、上海市人民政府教育督导室常务副主任尹后庆、上海市教科院副院长顾志跃作报告。之后的2003年至2014年间举行多次黄浦教育论坛,分别以"聚焦课堂教学,关注学生差异""学业负担、教育质量和素质教育""办学生喜欢的学校、创学生喜欢的课堂""中小学生学习与成长"等为主题,邀请张民生、尹后庆、张华、顾志跃、郭思乐等专家学者在论坛上作主旨发言。这些论坛对全市各区开放产生很好的辐射效应,有力地促进了市、区教育改革与发展。

这一阶段,成果推广工作也上了一个新台阶。2007年9月魏耀发领衔成立"'学会学习'与'学习潜能开发'成果推广项目组",科研员和各学科教研员参加,在全区范围内推广两项教育部重点课题"义务教育阶段学生'学会学习'研究"和"义务教育阶段学生学习潜能开发研究"成果,探索科研成果,推广新模式。

这一阶段,年轻教师已经成长起来,他们在参加我主持的教育部重点课题研究的同时,已经可以独立主持课题研究。2006年12月李金钊主持的"科学提高中小学生学习效能的研究——基于脑与认知科学的新探索"被立为上海市市级课题,接着唐军主持的"知识可视化工具支持学生意义学习的实践研究"也于2011年9月被立为上海市市级课题。

2010年9月黄浦区"区域推进'办学生喜欢的学校'的行动研究"的课题被批准为上海市市级重点课题,时任黄浦区教育局局长王伟鸣任课题组长,同时以教育学院院长奚晓晶为课题组长的上海市市级项目"课堂教学中的教育公平问题研究"开始研究。魏耀发、邢至晖、李金钊、唐军等都是这两个课题的主要研究力量,我担任这两个课题的顾问。这两个课题也取得了很好的研究成果,有力推动了区域教育的改革与发展。

(八) 第八阶段(2013年1月—2022年6月)

我已年逾七旬,2014年3月黄浦区教育学会换届,由魏耀发接任黄浦区教育学会会长,我开始做名誉会长。随着我主持的历时五年的黄浦区第三期名师工作室于 2014 年 6 月结业,我承担的有具体责任的工作都结束了,基本上不再参加面上的教育科研活动了,在区里有时参加一些评审工作,有时参加黄浦区第四期名师工作室的一些活动,有时参加学习科学研究所的部分活动。此外,作为上海市市级专家组成员,我还参与上海市第三期名师工程的一些基地的指导工作。

二、实践经验的概括

黄浦区群众性教育科研前三十年的发展历程积累了丰富的经验,特别是经过"八五"期间的努力开拓,取得了较好的成绩,为以后的继续发展奠定了良好的基础,主要表现在四个方面。第一,领导和广大教师的教育科研意识有明显增强。区委区政府的分管领导重视教育科研工作,经常给予关心指导,黄浦区教育局领导带头参加教育科研,在教育改革实践中积极探索教育规律。向教育科研要质量,在教育科研中提高教师素质已成为领导和广大教师的共识。第二,教育科研组织管理系统及运行机构有新的发展和完善,教育科研基础知识和方法的普及率达 95％以上,教育科研骨干的素质有明显提高,数量有显著增加。第三,有组织、有规划指导的群体研究占据主导地位。研究内容表现出较强的针对性、应用性、系统性、先进性,成果的品位有较大的提高,成果推广工作有较大的发展,学生学习研究的区域特色已经形成。第四,教育科研的投入有较大的增加,效益有明显的提高。

实践使我们认识到,群众性教育科研必须抓好以下几方面的工作:

(一) 抓好规章制度建设

群众性教育科研要健康持续的发展,必须重视规章制度的建设。这是一项重要的基础性工作。在多年实践积累的基础上,经过上下多次讨论、修改,我们制订了一个比较全面、规范的《黄浦区教育科研管理条例》,于 1990 年 5 月由黄浦区教育局颁布实施。条例共 10 章 36 条,对"群众性教育科研的内涵和外延""科研机构、学术组织和研究人员""课题的申报与论证""课题经费的使用与管理""课题的申报管理""成果的鉴定与评奖""成果的应用与推广""科研先进集体与先进个人的评选""情报资料与档案管理"等各项工作的要求和管理制度作了全面阐述。条例的实施使黄浦区教育科研工作的管理进入到一个规范化、科学化的阶段,使全区基层学校的教育科研工作有了方向,有了章法,加快了黄浦区教育科研发展的步伐。

（二）抓好区域教育科研规划

只有全面规划才能全面发展。我们在区域教育科研的规划上是下了功夫的。我们于1989年10月组织一个由41人组成的黄浦区教育科研"八五"发展规划研制课题组,经过半年的努力,1990年4月研制完成了《黄浦区教育科研"八五"发展规划》(简称"'八五'规划")。这是上海市第一个较全面的教育科研发展规划,突破了原有的课题规划的框架。

这个规划对我区教育科研发展的指导思想、组织建设、队伍建设、学术活动、研究方向、课题选择、措施保证等进行了全面规划。"八五"规划第一次提出了群众性教育科研分类指导思想,确立了"立足现实,着眼发展;突出重点,兼顾一般;注意普及,奋力提高;分类指导,分片协调;统筹规划,分级管理"的四十字群众性教育科研发展管理原则。1990年6月18日,上海市教育局在黄浦区召开教育科研规划经验交流会,当时的国家教委督学、上海市教科所原所长陆善涛在讲话中指出:"一个总的印象是非常非常好！……从指导思想和课题的选择、力量的组织,一直到配套的一些制度都比较完整,上海教育科研从起步开始发展到今天,已经十年了。这十年来,可以说,我是第一次看到这么一个比较理想的科研规划。""八五"规划经过五年的认真贯彻实施,取得了很好的实际效果。后来,我们在"八五"发展的基础上,又研制颁布《黄浦区教育科研"九五"发展规划》。

（三）抓好科研组织和队伍建设

科研组织的建立健全是教育科研发展的关键。我们在实践中特别重视中小学科研室的建设,要求中小学有校长分管,有专人负责科研工作,幼儿园设立科研联络员,做到组织落实、人员落实、工作计划落实,全区已形成了完整的教育科研组织网络系统。

在队伍建设方面,我们在努力提高黄浦区科研室专职科研员的素质的同时,注意抓好基层科研骨干的培养。通过办教育科研学习班、研讨班、中小学校长教育理论讲习班、青年骨干教师科研通信班等形式普及科研知识,培养科研骨干。根据课题研究的需要,聘请一定数量的科研骨干为兼职科研员,组织他们学习,参加科研活动,充分发挥他们在区级以上课题研究中的作用,使兼职科研员成为基层教育科研的带头人。为了充分发挥中学高级教师在科研中的作用,我们区设立了中学高级教师科研奖励金,每年进行一次课题申报和成果评奖,要求每位高级教师必须申报课题,按课题分发奖励费。对于有较丰富教育经验、精力充沛的中青年教学骨干,引导他们结合教育教学实际总结教育经验,参加课题研究,在课题研究中促进中青年教师素质的提高。

通过多年的努力,黄浦区已经形成一支核心较为坚强、阵容较为整齐,专兼职科研员和广大教师三个结合的教育科研队伍。

（四）抓好区教育科研室的建设

黄浦区教育学院教育科研室是区级教育科研的专门机构,负责全区教育科研管理、普及指导、课题研究、科研培训等多项工作。科研室的工作对全区教育科研的发展有着决定意义。根据科研室的特点,我们提出了"团结、进取、求实、创新"的八字室风,"出经验、出成果、出人才、创特色"的十二字目标,"满负荷、快节奏、高效率"的九字要求。按照这些指导思想,多年来,区科研室在人手少、工作任务重的情况下,积累了很多行之有效的管理经验,主要可概括为以下三点:(1)工作有明确的指导思想、创新意识、进取精神和务实作风,并且切实体现在工作目标上和实现目标的过程中。(2)加强组织建设,提高全员素质。在管理上有章法、有制度、有原则,并协调好全区各种研究力量。(3)采取"多维并进、重点突出"的推进方式和"一石激起千层浪"的工作策略。抓好一项,辐射全局,引起"共振效应",以推动全局的整体发展。

当时,我区教育科研室的工作已经形成了完整的"2—5—2"系统工程。"2"即两项基础性工作:制订科研发展规划并组织实施,制订管理规章制度并贯彻执行;"5"即五项常规工作:普及指导、课题管理、档案管理、课题研究、刊物情报;"2"即两项制度性工作:每年一次的课题申报评审,每三年一次的成果评审授奖。黄浦区教育科研室已两次被评为上海市普教科研的先进集体。

（五）抓好科研基地建设

我们根据各基层学校科研基础差异较大、发展不平衡的特点,提出了抓点带面、分类指导的工作策略,于1992年在全市率先命名挂牌12个区教育科学研究基地。科研基地必须具备以下条件:领导重视科研工作;有教育科研的群众基础,有较强的科研骨干队伍;教育科研组织健全;有能力承担区级以上课题。教育局为基地提供必要的支持和帮助。基地不搞终身制,引入竞争机制,基地学校一季一次例会,每年一次小结,三年一次总结考评,根据考评结果和新的申请重新命名挂牌。实践证明,只要充分发挥基地在科研中的实验性、示范性和辐射作用,就能大大推动教育科研的深入发展。

（六）抓好课题研究和成果推广

课题研究是教育科研工作的中心,群众性教育科研也必须认真抓好课题研究和成果推广工作。在课题选择上,我们特别注意密切联系教育改革实际。在规划中,我们把"中小学教育综合改革的实践探索""素质教育的理论与实践研究"作为重要的研究方向,提出一批有较高实践价值和理论意义的课题进行了深入的研究,均取得了较好的成果。上海市市级重点课题"初中学生非智力心理因素的发展与教育"是以研究学生非智力心理因素发展为突破口,研究学生的学习心理和心理素质培养问题的课题,经过八年的艰苦研究,已取得了很好的成果。黄浦区已成为全国研究非智力心理因素的一个中心,中国儿童心理、教育心理研究会非智力因素专业委员会秘书处就设在黄浦区教育学院。课题部分成果已在全区范围内推广应用。该课题组研究编写的中学生心理发展指导用书《中学生心理发展常识》已在上海和全国部分省市学校推广应用。上海市市级课题"中学生学习方法指导的理论和实践探索"以提高学生学习能力为研究目的,经过多年研究已成为黄浦的特色,其成果已被市教委列为上海市重点推广的 11 个成果之一向全市推荐。课题组编写的学习方法指导用书《中小学生学习 32 法》已在全国十几个省市推广应用,反响很好。在这两个课题研究的基础上,我们提出的"九五"科研规划的龙头课题"义务教育阶段学生'学会学习'研究"被列为教育部"九五"重点课题。此外,我们还承担了上海市市级重点课题"上海市黄浦区城市教育综合改革的理论和实践探索",该课题的成果将对经济发达地区的教育改革与发展有较普遍的参考意义。除了上述全局性的大课题外,我们还与有关中小学合作,建立了与当前教育实际密切相关的多种研究课题,或根据该校特色确定研究课题。这些研究的滚动发展,大大推动了黄浦区教育教学改革的深入发展。

研究是为了应用,实践中我们特别重视成果的推广工作。我们区成立了教育科研成果推广领导小组,负责全区的教育科研成果推广工作。为推广成果先后召开了四次省市际教科研学术研讨会,举办了全市中学生的学习方法知识、征文竞赛,举办了成果推广现场经验交流会,举行了成果报告会等,推动了教育科研成果的推广应用工作。

三、对经验的再认识

"八五"期间,我区教育科研经历了快速发展时期,取得了较好的成绩。"九五"期间,又有了新的提高,区域教育科研再上一个新台阶,以上海市学习指导研究所成立为标志,确立学生学习研究的特色。经过认真分析思考,对于实践经验我们有了更深入的认识。

（一）坚持四个特点

群众性教育科研是整个教育科学研究系统的重要组成部分,是教育科学发展的重要基础,是教育理论与教育实践相结合的重要途径。群众性教育科研要健康发展,必须坚持四个特点:

（1）科研任务的服务性。要针对本区域教育发展、教育改革和教育教学实际中要解决的问题开展研究,为本区域教育改革服务,为提高师资队伍素质服务,为提高教育质量服务。

（2）研究队伍的群众性。广大中小幼教师中的教学骨干是主要研究力量,他们在教学第一线,有丰富的教育教学经验,熟悉学生,了解教育教学的矛盾和问题,只要有为他们创造学习教育科研理论知识和方法的条件和机会,他们就能成为很好的研究者。

（3）研究课题的应用性。以本地区教育改革、教育决策和教育实践中发现的问题或急需解决的矛盾为主要研究对象,研究目的是为了应用。

（4）研究课题的层次性。我们在《黄浦区教育科研"八五"发展规划》中提出了"攻关计划""攀登计划""星火计划"三个层次的课题,这是层次性的体现。课题的理论和实践意义、难易程度都有较大差异,表现出明显的层次性,其研究成果也应该分层次来评判。

（二）处理好五个关系

根据群众性教育科研的性质特点,在实践中必须处理好五个关系。

（1）普及与提高的关系。群众性教育科研要有坚实的群众基础，这就要大力进行教育科研的普及工作，要努力办好科研培训班、研讨班，办好区级刊物，办好教育论坛，以提高科研队伍的素质。在普及的基础上，建立科研的骨干队伍，开发一批既有一定的理论高度，又有重要实践价值的课题，努力提高研究水平和研究成果的层次。

（2）教研与科研的关系。群众性教育科研要以教研为基础，注意从教研的实际问题中选择研究课题，研究的成果服务于教研。专职科研员要关注教育教学中的实际问题，了解教研的动态，为教研提供理论咨询、情报信息和测试统计服务。教研在进行微观的教材教法研究和教学质量管理的同时，要从更高层次、更广视角应用现代教育学和心理学理论，去考察和探索教育教学工作；要努力创造一个科研与教研紧密结合的氛围，提倡科研、教研联合研究，协作攻关，发挥各自的优势，互相促进，共同提高。

（3）实践和理论的关系。群众性教育科研要建立在本地区教育实践的基础上，研究成果指导教育实践。群众性教育科研要成为教育理论和教育实践的中介，既要重视教育理论的作用，重视组织广大教师学习教育科学的基础理论，重视专兼职科研员教育理论水平的提高，又要在理论和实践的结合上下功夫，在开发研究、应用研究上下功夫。

（4）内部和外部的关系。在充分发动黄浦区学校干部、教师在教育实践中积极进行教育科研的同时，必须充分利用外部条件，争取外部的支持和帮助，主动争取各级领导的关心与支持，争取高校的指导和帮助，加强与兄弟区县的协作，加强和外省市的交流，使黄浦区的教育科研成为充满活力的开放系统。

（5）现实和未来的关系。群众性教育科研要立足于现实，又要着眼于未来，要研究当前教育改革和教育发展中迫切需要解决的问题，又要预测发展的趋势。教育科研要有超前意识，要在未来和现实结合点上选择课题，开展研究；要努力做到以发展趋势引导现实发展，促使现实向理想的未来转化。分管科研的领导和科研人员要站得高、看得远，对发展趋势要有敏感性，对教育宏观问题有较深刻的认识，对微观问题能准确把握，提出合理的探索研究方案；在指导思想上不能急功近利，不能为了评奖而研究；在课题规划上要注意长短线结合，以短线为主，努力指导学校开发一批周期短、见效快、针对性强的课题。

这里有很重要的一点就是连续性问题，未来和现实的连续性，研究课题的连续性,研究人员的连续性,这就需要坚持和传承两方面的因素作保证,选准研究方向,坚持深入研究,不能"打一枪换一个地方"。科研队伍要不断壮大,专职研究人员要相对稳定,并且要创造条件培养他们,促进他们健康成长,这是一个区域教育科研发展的重要保证。

四、1997 年,上海市学习指导研究所成立

1997 年 4 月 15 日,上海市教委批准设立上海市教育科研基地——上海市学习指导研究所。这是区域教育科研良性发展的标志性事件,是上海市教委根据当时各区教育科研发展状况和形成的成果特色和影响力,通过申请评审命名的。首批设立五个市级科研基地,另外四个分别是青浦实验研究所、愉快教育研究所、成功教育研究所、张思中英语教学法研究所。上海市教委要求科研基地要办成其各自研究领域的研究中心、信息中心、培训中心、推广中心,希望研究出在全国乃至世界有影响的科研成果,以推进教育改革的发展。

按照市教委把研究所办成"四个中心"的要求,我们作出了切实的努力。

(1) 研究方面。我们从 1997 年 1 月份开始,15 年时间,逐步深入地在学生学习领域做了三个教育部重点课题,全国有 300 多所中小学参与研究。在研究所成立之初,我们在上海首批就设立了 14 个研究实验基地,并专门举办了命名授牌仪式。为使研究落在实处,我们还设立了实验学校,研究所设在上海市裴锦秋实验学校里,实行所校一体机制。本书第五章开始所呈现的研究都是学习研究所成立之后的研究,实际上就是研究中心建设的历程。

(2) 培训方面。我们开展了两种类型的培训:(1)为课题研究进行的大培训。每个教育部重点课题在进程中都进行多次大规模培训,组织分课题、子课题人员学习课题研究的指导思想、理论基础、研究方法和具体要求,以提高参加研究的中小学教师研究素养,进而保证研究的规范实施和最终课题研究的质量。这样的培训不但客观上为子课题学校培养了教师,而且也壮大了群众性教育科研的骨干队伍。(2)以研究所为基地,以课题为载体进行名师后备、优秀青年骨干教师培养。在这种培训中,我们提出了"问题启动—课题驱动—专业引领—合作互动"的培训理念,与区市名师工作室、名师基地相结合,利用学习指导研究所的资源,创建学习型组织,也取得很好的效果。

(3) 创建学习研究的信息资料中心方面。一方面,我们多方购买有关学习

理论的图书资料,另一方面,我们创办《学习指导研究》(双月刊),既发表课题研究的成果,又编选专题情报。1999 年我们编选的专题情报有《教学模式》《教育教学模式范例》,2000 年编选的专题情报有《脑科学研究与儿童潜能开发》,2002年编选的专题情报有《关于多元智能理论研究》《个案研究法》《关于脑科学研究》,2004 年编选的专题情报有《行动研究法》,2007 年编选的专题情报有《脑科学与教育》,2008 年编选的专题情报有《关于教育叙事研究》。这些专题情报有几百万字,传播了有关理论和研究方法,大力推进了教育科研理论和方法的普及,促进了群众性教育科研的发展。

(4) 成果推广工作方面。我们边研究边推广,推广的过程也是深化研究的过程。学习指导研究所和上海市教育学会学习科学专业委员会、全国非智力因素研究会、全国学习科学研究会密切协作,通过学术研讨会、年会、培训会进行成果推荐,开展咨询活动。在全国 21 个省 300 多个子课题学校,这些地区的教育科研所、教育科研室既参与新课题研究的组织,又负责推广已有成果。1999年 7 月,我们与全国教育科学规划办合作,在大连举办全国的课题研究和成果推广培训活动,全国教育科学规划办两位副主任金宝成、赵学漱都在会上作报告,起到很好的推动作用。我们非常重视推广经验的总结,魏耀发执笔写了多篇成果推广的文章。我们是唯一连续两次得到上海市教育科研成果推广奖一等奖的单位。

为了使学习指导研究所的课题研究与学校的改革实践紧密结合,1999 年 5月黄浦区教育局决定,实行所校一体,上海市裴锦秋实验学校成为上海市学习指导研究所的实验学校,5 月 6 日举行了隆重的授牌揭牌仪式,上海市教委副主任张民生、上海市教育发展基金会秘书长周光明为实验学校揭牌。为揭牌发来贺信、贺辞的有北京师范大学林崇德教授、广东省学习科学研究会叶瑞祥教授、济南市教科所所长张金宝研究员、天津市河北区教育委员会、吉林省学习科学专业委员会、宁波市教育科学研究所、上海师范大学教育管理系、曲阜师范大学教育系等。现选编几篇于后。

上海市学习指导研究所揭牌贺辞

姚仲明同志、徐崇文同志、上海市学习指导研究所的同志们:

听到上海市学习指导研究所正式挂牌的消息,非常高兴,我代表北京师范大学心理发展研究所,中国儿童心理、教育心理学会,以朋友的身份向你们并通过你们向研究所全体同志表示热烈的祝贺!

黄浦区的同志在全国率先进行心理发展教育和学习指导研究,十几年如一日,取得了显著的成绩,并在全国产生了很大影响。你们的科学态度和执着精神令我十分钦佩。祝愿学习指导研究所为促进全国学习指导研究作出新的更大贡献。

你们的朋友

林崇德

1999 年 5 月 5 日

上海市学习指导研究所:

欣闻贵所成立之际,我们上海师范大学教育科学学院暨教育管理系谨致最热烈的祝贺。学习指导顺应了现代教育的发展趋势,实现了由"教"的背景下研究"学"转向在"学"的背景下研究"教"的重大转变,是推进以培养创新精神为核心的素质教育的一项核心内容,自主学习将成为未来教育的主旋律。愿贵所成为普教科研的前瞻阵地,不断取得科研成果。谨致崇高敬意!

上海师范大学教科院教管系

1999 年 5 月 4 日

上海市学习指导研究所:

欣悉贵所即于 5 月 6 日举行挂牌仪式,特表示热烈祝贺! 上海市学习指导研究起步早、影响大,已形成自己的特色和优势,特别是近期承担的国家教委重点课题"义务教育阶段学生'学会学习'研究"更是勇于探索,走在了全国的前列。衷心祝愿贵所在今后开拓进取,为我国教育事业的发展作出更大的贡献!

曲阜师范大学教育系

1999 年 4 月 30 日

我们的"学生学习研究"从 20 世纪 80 年代初期算起,已经 40 年了,几乎与上海市普教科研同步。学习指导研究所至今也已经走过 25 个年头。由于学业管理与评价研究所合并进来,2008 年后更名为上海市学习科学研究所,研究带动"四个中心"的建设仍是我们孜孜不倦追求的目标。

2012年12月，我们举办上海市黄浦区"学生学习研究三十年"纪念活动，我写了一首小诗，现转录于此。

学习研究——一段探索的历程

斗转星移，三十个春夏秋冬。

一程艰难的跋涉，一段探索的历程。

三十年的学习感悟，三十年的研究践行。

为了教育的理想，为了事业的传承，

在学生学习领域，我们结伴同行。

一个学习型团队，在教学研的实践中诞生。

我们一起学习研讨，我们一起感悟人生。

质疑与求证并行，困惑与希望共生。

三十个春夏秋冬，一段探索的历程。

从浦江两岸，到西川山城，

从南海之滨，到北国边境，

一路耕耘，一路播种。

从兴凯湖农家子弟稚气的抒怀，

到达斡尔少年的放歌豪情，

从水乡艾青后辈自豪的诗句，

到油田铁人子弟质朴的笑声，

我们体验着"改变"，我们收获着"提升"。

三十个春夏秋冬，我们不能忘怀，

一批批学校辛勤探索，一群群教师课堂验证。

一任任区局领导，一路关心，倾情支撑。

一届届教委领导，热情指导，高屋建瓴。

三十个春夏秋冬，我们不能忘怀，

崇德、国材……亦师亦友，指导点拨，一往情深。

斗转星移,三十个春夏秋冬。

一程艰难的跋涉,一段探索的历程。

为了教育的理想,为了事业的传承。

一代代薪火相传,老中青结伴同行。

无论是星光依稀,灯火阑珊,水复山重,

我们咬定青山,用心用情,从容淡定。

探索还将继续,研究还将前行……

五、教育科研推进区域教育的改革与发展

群众性教育科研的发展对于区域教育改革与发展起到很好的促进作用。

(一)"争一流、创特色",推进区域教育优质发展

20 世纪 90 年代,黄浦区教育在"争一流、创特色"的方面创造了很多佳绩,教育改革与发展呈现一片生机勃勃的景象。群众性教育科研方兴未艾,推动着学校教育改革深入发展,引起新闻媒体人的高度关注,连续出版了《枫叶似火》《秋高枫红》《樟叶留香》等多本报道黄浦区教育改革中涌现的先进人物、先进事迹的书籍。1993 年,时任黄浦区教育局局长谢俊后先后主编了《耕耘录》和《上海市黄浦区优秀教育科研成果选粹》等书。《耕耘录》是黄浦区教育"争一流、创特色"经验选编,上海市格致中学、上海市建平中学、黄浦区第一中心小学、上海市黄浦区北京东路小学等 31 所学校的教育改革的经验入选,另有冯恩宏、胡福臻、贾志民、钱伟康、郑谷兰等 12 名先进个人事迹入选。上海市教育局局长袁采为这本书作序,充分肯定了黄浦区在教育改革与发展中取得的成绩。现将袁采局长写的序摘编于后。

《耕耘录》序

谢俊后同志主编的《耕耘录》,收录了黄浦区各类学校在创办特色学校和进行教育改革的过程中积累的经验,值得一读。

黄浦区教育战线的同志在区委、区政府的领导下,工作中有强烈的一流意识,广大学校教师和领导在教育改革的实践中,敢干、敢闯、敢为天下先,不少学校办出了特色,在教育教学中取得了优异成绩,创造了很多好的经验,为上海市

教育改革和发展作出了贡献。在此,我对他们表示衷心的感谢。

一流城市要有一流教育。在发展社会主义市场经济,把上海建成国际经济、金融、贸易中心之一的大背景下,上海教育面临着艰巨的任务。不久前,上海市委、市政府召开了教育工作会议,这是开创上海教育改革和发展新局面的动员大会。我们上海的教育工作者要认清形势、抓住机遇、振奋精神、转变观念、真抓实干,为上海教育的新发展努力。

黄浦区作为上海的中心城区,金融、外贸、商业高度发达。在发展社会主义市场经济的过程中,20世纪末,黄浦区要率先实现现代化,达到第二世界国家城市的发达水平。黄浦区的教育必须主动适应本地区的经济发展,因此,在教育结构、教育布局、教育体制和运行机制等方面都要进行深入研究。我希望黄浦区能成为经济发达地区的教育改革的试验区、上海教育改革的示范区,在大面积提高质量的基础上,努力创出名牌学校,培养出一流教师,为上海教育的发展作出更大贡献。

最后,我衷心祝愿黄浦区广大教育工作者,在充满生机的教育园地里辛勤耕耘,创造出丰硕的成果,总结出更多更好的经验。

袁采

1993年8月3日

我为《耕耘录》写了后记,现摘编于后。

《耕耘录》后记

在这酷热的盛夏,我们挥汗编完了这本《耕耘录》,心情久久不能平静。在这里,我们看到了耕耘者的奉献和创造,看到了一流意识和开拓精神,看到了黄浦教育园地的勃勃生机……我们为之兴奋,为之鼓舞。我们向辛勤的耕耘者——广大教师和校长表示诚挚的敬意。

《耕耘录》是辛勤耕耘的成果;

《耕耘录》是心血和汗水的结晶;

《耕耘录》是教育教学实践的升华;

《耕耘录》是继往开来的宝贵财富。

上海市教育局局长袁采同志,在百忙中为本书写序,充分肯定了黄浦区的教育工作,也对我们黄浦区的教育寄予厚望,我们在此表示衷心的感谢。

一流城市要有一流教育。黄浦区作为上海这个国际大都市的中心城区,教育必须先一步、高一层、争一流、创特色。我们衷心希望全区的教育工作者继续发扬一流意识和开拓创新精神,为黄浦区的教育改革和发展创造出更多的佳绩,总结出更多更好的经验。

1994 年 3 月,我们编选完成一本《上海市黄浦区优秀教育科研成果选粹》,当时的黄浦区教育局局长谢俊后任主编,顾鸿达和我做副主编。谢俊后局长在题为"十年耕耘、十年发展,总结经验、开拓前进"的代序中指出,黄浦区教育科研经过全区广大教师十多年的辛勤耕耘,已经取得了令人鼓舞的发展。主要表现为以下八个方面:(1)形成了比较完整的组织管理系统和学术评议系统。(2)形成一支以广大教师为主体的教育科研基本队伍和科研积极分子队伍。(3)建立了完善的管理章程和制度,实施规范组织管理。(4)有了一个全面发展规划,并认真组织实施。(5)涌现出一批教育科研取得较好成绩的学校,命名了一批"黄浦区教育科研基地"学校,群众性教育科研方兴未艾。(6)有一批有较高实践价值和理论意义的课题和成果。(7)创办了有一定质量和一定影响力的两个区级刊物《黄浦教育研究》和《黄浦教育情报》。(8)成功举办了大型省市际学术研讨会,促进了课题研究,推动了教育改革。

我为《上海市黄浦区优秀教育科研成果选粹》写了后记,兴奋之情溢于言表。现收录于后。

《上海市黄浦区优秀教育科研成果选粹》后记

甲戌年春节前后,浓重的节日气氛笼罩在浦江两岸,到处是温馨祥和的景象。我们躲在黄浦区教育学院教科室的档案库里编选《上海市黄浦区优秀教育科研成果选粹》。面对油印的、手写的几十本教育科研成果汇编,崇敬、赞叹的心情由衷而生,广大中小幼教师日常教育教学工作是何等的繁忙劳累!但为了探索教育教学规律,他们在教育科学研究的崎岖山路上孜孜以求、艰苦攀登,取得如此丰硕的成果,怎能不令人钦佩!

这是 1500 多项、600 多万字的科研成果啊!真是卷帙浩繁!

1500 多项成果,是多少人心血汗水的凝聚!

600 多万字,是多少人苦苦求索的结晶!

1500 多项成果,留下了多少深深浅浅的脚印!

600多万字,记下了多少双专注冥想的眼神!

从这里我们看到了蕴藏在广大教师中无穷的智慧和创造能力,从这里我们看到了中国教育科学的希望。

考虑到本书的容量有限,我们只能从五届成果评选获得一、二等奖的优秀成果中选出42项,编成此书,以飨读者。

在春风拂煦的日子里,书终于编完付梓了,我们如释重负,心情格外轻松。

新春的气息升腾着,沁人心脾;改革的浪潮激荡着,催人奋进。

过去的成果是辉煌的,但未来的问题更需要研究。

为了我区教育事业的发展,为了中国教育科学的进步,让我们同心协力,抓住机遇,再创辉煌。

(二)"国家教委城市综合改革实验区项目"成果丰硕

"九五"期间,区域群众性教育科研有了新的发展,区域教育改革也进入一个新的阶段。黄浦区作为国家教育部直接联系的上海市唯一的城市教育综合改革实验区,从1993年年初开始,我们举全区教育各部门之力,花五年时间研究上海市市级重点课题"上海市黄浦区城市教育综合改革的理论与实践探索",课题研究的总目标是在《中国教育改革和发展纲要》的指导下,把教育纳入黄浦区国民经济与社会发展的人大系统中进行研究,通过研究基本了解黄浦区的经济与社会发展水平,认识黄浦区经济发展和教育发展的客观规律,并遵循这些规律,作出教育发展的科学合理选择,并在综合实践改革中不断总结经验,推进改革的发展,逐步使黄浦区教育在教育观念、教育体制、教育结构、空间布局、运行机制、教学内容和方法等方面达到综合优化,从而实现区域教育发展与社会发展的良性循环。

由于课题不仅涉及教育内部宏观、中观、微观的各类问题,还涉及教育外部的许多重大问题,研究内容分成8个子课题进行研究,分别为:(1)黄浦区的区域经济文化特征研究;(2)经济发展与教育发展的关系及教育投资研究;(3)黄浦区教育发展选择研究;(4)黄浦区学校德育研究;(5)黄浦区教育教学改革的实践与思考;(6)黄浦区教育科学研究的发展研究;(7)黄浦区师资队伍建设研究;(8)城市教育综合改革的方法论研究。由于课题涉及的问题多,范围广,难度大,制约因素复杂,研究中遇到很多困难。在研究和改革实践中,我们得到了国家教委领导的关心,每年一次的全国城市教育综合改革研讨会都会给我们很多启发。特别是 1997 年 10 月在长沙召开的"全国城市教育综合改革工作会议"期间,陈至立部长特地抽时间,邀约课题组的张俊明同志和我,听取了我们黄浦区教育综合改革实践和课题研究的汇报,并谈了她对上海教育综合改革的希望。课题组于 1998 年 5 月完成课题研究,出版了专著《挑战未来》一书。

1998 年 5 月,课题通过了由顾志跃任组长,王厥轩、尹后庆、苏忱、傅禄建为组员的鉴定专家组的鉴定。

"上海市黄浦区城市教育综合改革的理论与实践探索" 课题成果鉴定意见

专家组在审阅了研究报告和论著《挑战未来》之后,一致认为:

1. 本课题不仅涉及教育内部宏观、中观、微观的各类问题,而且涉及教育与区域经济、社会发展的许多重大问题,由此提出了黄浦区城市教育综合改革的目标、定位、教育结构布局以及体制、机制、投资、师资等问题。课题报告就这些重大问题得出了清晰的结论,既可为政府与教育行政机构提供决策依据,又可为同类研究提供可资参考的基础材料,因而极富价值和长远意义,对黄浦区综合改革将起长期作用。

2. 本课题自 1993 年立题至今已历时五年。整个课题研究过程注重理论与实践的结合,研究人员与教育行政人员、第一线校长、教师共同参与,把城市综合改革的战略研究与推进学校的改革结合起来,因而课题研究既有全区战略、规划和布局调整的研究成果,又有全区部分学校改革实践的成果(《耕耘录》《探索集》)。把研究与实践结合起来,推动了全区的教育改革实践。

3. 本课题采用比较先进的研究方法,得出了对黄浦区教育改革与发展起长期作用的规划思想。比如努力普及高中阶段教育,在 20 世纪末达到 95％以上的入学率;2010 年教育发展水平达到中等发达国家水平;普通高中与职业技术学校比例从目前的 4∶6 进而到 5∶5;教育管理体制的核心是还权于学校;扩大学校办学自主权;下一步改革的重点是教学领域的改革;等等。这些思想,无疑代表了上海实施"一流城市,一流教育"比较先进的观念。

综合所述,专家组认为,本课题的研究具有对区发展起长期作用的影响,具有较高的理论与实践价值。

鉴定组组长:顾志跃(上海市教育科学研究院副院长)

鉴定组组员:王厥轩(上海市教育科学研究院普通教育研究所所长)

尹后庆(上海市教育委员会基础教育处主任)

苏忱(上海市教育科学规划办常务副主任)

傅禄建(上海市教育科学研究院普通教育研究所副所长)

1998 年 5 月 15 日

这一课题使教育科研更直接地服务于区域的教育改革与发展,通过研究推动区域的教育改革与发展,效果是明显的。至此,在区域的教育事业"先一步、高一层、争一流、创特色"的大背景下,区域的教育科研也走上了良性发展的轨道。

进入 21 世纪以后,黄浦区经历了两次区域合并,新的黄浦区在更大的区域范围里,精心策划着,构建着"经典黄浦、精品教育""办学生喜欢的学校""创公平的课堂",进行着"创新教育"的探索,取得了很多骄人的业绩,区域教育改革有了更大的发展,国际大都会中心城区的现代化教育的架构已经形成。

(三) 大力开展"学习指导"研究,推进区域素质教育落到实处

姚仲明局长是学习研究所的第二任所长,他对这一主题有如下论述。

姚仲明局长关于"学习指导"研究的论述

"学习指导"在区域推进素质教育中有现实意义。

(1) 确立以"学习指导"为黄浦区推进素质教育突破口之一。十多年来,黄浦区教育科研工作者和广大教师在区教育局的支持下,从学生的学习态度和学习方法两个方面坚持不懈地边研究边推广应用,促进学生基本素质的提高。"开展学习指导,引导学生学会学习"已成为黄浦区中小学教育改革的一大特色。

"学习指导"是以学生发展为本,把培养学生的主体意识、引导学生积极主动地学习、培养学生的认识能力和创新精神、充分开发学生的学习潜能、指导学生"学会学习"作为目标,使教育价值观从"知识传授"转向让学生"学会认知""学会做事""学会共同生活""学会发展",为学生终身学习和持续发展打下坚实

的基础,这也正是素质教育的要义所在。我们全区各类学校都要以"学习指导"为抓手,使素质教育的理念转化为教师的课堂教学行为,探索新的教学模式,指导学生"学会学习",推进素质教育的新发展。

(2) 有利于实行"所校一体化"。抓好"学习指导"的实验基地校,充分发挥其实验性和示范性作用,形成以点带面,以研究促实践,以研究成果指导改革的格局,这对黄浦区推进素质教育具有方法论的意义。

(3)"学习指导"的研究与实践对全面提高教师素质有重要作用。教师要参与学习指导的研究和教学实践,就要学习新的学习理论,在新的教学观指导下探索新的教学模式,在课堂教学中指导学生学会学习,在学习和改革的实践中全面提高教师素质。教师素质教育的全面提高正是素质教育深入发展的关键所在。

(4)"学习指导"研究是教研、科研形成合力的最好结合点。在素质教育进课堂的攻坚战中,科研要面向实际,真正成为理论下得去、实践上得来的中介。教研要改变工作方式,提高层次,在教学研究上下功夫。我们认为,根据黄浦区的研究基础和实践经验,科研已有多年的研究基础,有了一些理论积累和概括,构建了学会学习教学模式。教研有较好的学科教学实践指导经验,教研、科研联手攻关,科研提供理论支持,教研提供实践指导,在研究和实践探索中为广大教师提供范型,提供咨询。在区域范围内开展素质教育科目化的研究,大大促进了素质教育的深入发展。

(四) 办人民满意的教育,办学生喜欢的学校

王伟鸣局长是学习研究所的第三任所长,他任黄浦区教育局局长期间提出"办学生喜欢的学校",他主持研究的"区域推进'办学生喜欢的学校'行动研究"于2010年9月被立为上海市市级重点课题,他在"十二五"开局之年有如下论述。

王伟鸣局长的相关论述

1. 突出一条主线:办学生喜欢的学校

"办学生喜欢的学校"是从以学生发展为本中引出来的一种办学理念。提出"办学生喜欢的学校",一是基于学生身心发展的特点——追求快乐是孩子的

天性;二是基于学校教育的本质——顺应孩子的发展天性,为孩子创造成长条件;三是基于党的教育现状——学生学习并不快乐十分普遍。实施"办学生喜欢的学校"就是为了让"以学生发展为本"的理念落实到办学目标上。

把"办学生喜欢的学校"作为黄浦区今后五年教育发展的一条主线,学校的各项工作都要围绕它展开。学校要加强课程建设,努力开发学生喜欢的课程,让学生有更大的选择空间;要不断改进教学方法,提高课堂吸引力;要精心组织各种活动,在活动中展示学生的生命光彩和个性特长;要更多地去关注学生,使每个学生的自信心得到提高,个性得到发展;要全力营造和谐融洽、民主活跃的教学氛围和团结互动、合作向上的学习氛围,同伴间形成尊重、信任、宽容、友爱的人际关系,使学生真正视学校为家园和乐园。只要抓住这条主线,"为了每一个学生的终身发展"的理念就能落到实处。

2. 把握两个支撑点:学情调研机制和质量保障体系

我们把学情调研和质量保障体系作为两个支撑点,是因为学生的实际情况是"办学生喜欢的学校"的本源和基础,只有倾听学生的心声才能使学校教育更符合学生的需要。质量监测和管理是"办学生喜欢的学校"的导向和反馈,只有科学的质量监测和管理,才能对"办学生喜欢的学校"的健康发展起保障作用。

我们把学情调研作为教学常态下的一项常规化、制度化工作,这样不仅是为了积累比较系统、完整的调研资料,建立数据库,对学生进行跟踪研究,更重要的是让学校领导和教师在调研过程中逐步增强关注学生的意识,时时从学生的角度思考和设计教育教学活动,使"以学生发展为本"的理念真正化为自觉的行为。

学情调研从两个层面进行。一是区级层面,主要是综合调查,包括跟踪调查和抽样调查。二是学校层面,要求每所学校结合课题研究进行专题调研,了解学生的实际情况和学习需求,把"以学定教"作为教师备课、上课和评课的基本原则,把沟通、分析学情列为教研组活动的必要内容,在校本研修中把学情调研方法作为研修内容,总结和表彰教师了解学生、关心学生的经验和事迹,在学校形成尊重学生、研究学生的良好氛围。

质量保障体系是由决策、目标、组织、评价、控制、信息等系统共同构成的有机整体,履行着确保教育质量持续改进和不断提高的功能。科学的质量保障体系能为学校教育提供准确有效的诊断和指导,是确保"办学生喜欢的学校"沿着正确方向发展的导航仪。这包括:(1)形成一套逐步完善的质量评价指标,以学业质量评价为切入口,不断增加学生终身发展和全面发展的内容,把学生是否喜欢作为评价的重要标准;(2)形成准确、畅通的反馈渠道,通过质量监测、学情调研,在深入分析的基础上,对教育教学的适切度有清晰的认识;(3)建立教育教学质量的调控系统,根据反馈信息及时调整和改进学校管理工作和教育教学工作;(4)建立外部支持系统,如搭建质量监测与调控的资源共享平台,加强校际间的沟通与协调,建立协调机制,对全区性的薄弱环节和重点关注学校加大专家引领和专业支持力度等。

3. 抓好三项引领性工作:队伍建设、课程与教学改革、网络平台建设

(1) 进一步加强教师队伍建设,提高教师的职业幸福感。"办学生喜欢的学校"需要高素质的校长和教师队伍,并且在实施这一办学目标的过程中提升校长和教师的专业素养。结合这一课题研究,组织"校长论坛",力图让更多校长在这个平台上阐述自己的办学思想,倾听别人的见解,参与交流和分享,在此过程中提升自己的办学水平。近几年来,我们通过名师工作室、学科带头人、骨干教师队伍建设,为一批优秀骨干的成长提供了平台。在"办学生喜欢的学校"的过程中,要创新多种培养方式,提高每位教师的理论素质和实践能力,成为学生喜欢的教师。

(2) 继续深化课程教学改革,创学生喜欢的课堂。学校要加强课程建设,建立丰富、多元而独具特色的学校课程框架,让学生有更大的选择空间;要根据学生的兴趣爱好增设新的实验项目和实验场所;要在创学生喜欢的课堂方面有较大突破;要重视教育科研在课堂教学中的引领作用,吸引、组织更多教师参加上海市市级课题"课堂教学中的教育公平问题研究";要坚持"以学定教",根据学生的差异进行教学与评价,最大限度地实现课堂教学中的教育公平。

(3) 推动网络平台的发展与应用,全区共享优质教育资源。充分发挥网络平台在"办学生喜欢的学校"中的技术支持作用,通过网络平台让更多学生获取他们喜欢的课堂、课程,走近他们喜欢的教师。加强网络教学资源库建设,一方面,在以各学科教研员为主的学教研网汇总各学科资源;另一方面,引进优质数字化教学资源,不断生成新的教学资源,为教学服务,建立开放灵活的教育资源

公共服务平台,使资源建设呈现生态化的良好态势。网络平台建设加快了学校管理信息化进程,促进了学校管理的标准化、规范化,推进了政府教育管理信息化,加强了动态监测,提高了管理效率,为"办学生喜欢的学校"提供了强大的支持和巨大的发展空间。

第十二章　教师学习与专业成长

　　上海市是很重视教师的专业发展的，20世纪80年代，上海就有非常健全的教师培训、教师学习进修的机构，包括上海市教育学院、上海市师资培训中心、各区(县)教育学院(或教师进修院校)、市区教研室。1990年，上海市政府就出台了《教师进修条例》，学历提升和岗位职务培训同时展开。我有幸参与了包括从1987年开始的上海市中小学教师职称"首评"在内的所有教师队伍建设的重要项目及有关工作。1986年之前，我做了20多年的数学教师，1986年之后，我专职做教育研究和教师教育工作。我的经历和专业发展过程使我对教师培训、教师学习与成长有较多的思考。由于做课题研究和主持名师工作室、名师基地，我有机会和年轻教师一起学习、研讨，加上我个人作为教师的人生体验，我对教师这个群体的学习与专业发展有了比较客观、全面的认知。

一、职称改革引起的思考

(一) 从上海市中小学教师职称"首评"说起

　　1987年对于上海中小学教师是值得记住的年份。这一年上海市教育局成立了职称改革办公室，开始筹划中小学教师职称评审工作，这就是后来通称的"首评"。1987年7月，我被借调到上海市教育局职称改革办公室，参加"首评"的材料审核工作，开始是筹备评审的有关工作，那时全市中小学教师都没有职称，当然也没有高级职称。"首评"的程序是先请高校的教授做评委，在中小学已经评出的特级教师或教学成绩突出的教师中先评出一批高级教师，如数学教师唐秀颖、曾容、夏明德、唐盛昌、顾鸿达等，语文教师徐振唯、卢元、高润华等，物理教师袁哲诚，化学教师季文德、刘正贤，德育教师于漪、冯恩宏等。这就是俗称的先评出一批种子。然后由这些新的高级教师再配一部分高校教授组成高级职称评审委员会（简称"高评委"），正式开始组织面上的申报评审。各区根据市里安排成立区级职称改革办公室和区中评委，负责组织本区教师职称的申报评审工作。中级以下由区中评委评审确定，申报高级教师职称的教师经区里通过后报上海市高评委材料组预审，符合条件的可送学科组评审。最后高评委审核投票决定是否通过。这就是当时的职称评审的全流程。

我刚开始负责的是审核黄浦区、川沙县（现在的浦东新区）和全市区教育学院进修部教师和化学学科的申报材料，评审分别在青浦石化宾馆和松江红楼宾馆进行，到 1988 年 6 月基本结束。由于基础教育从来没有设置职称，申请高级教师职称的人数很多，评审的淘汰率也是很高的。

我在审阅申报材料中发现，教师普遍的教学研究较为薄弱，很少有科研成果，教学论文正式发表的也较少，油印的、手写的居多。从专业发展的角度看，这是需要加强的。这为我们后来研究教师考核评价体系提供了依据。

在"首评"之前的 1986 年下半年，根据 20 多年在中学任教，并有近 10 年任教导主任的经历，我写过一篇《中学教师队伍合理结构刍议》的文章。文章开头引用著名心理学家皮亚杰的一段话："有关教育与教学的问题中，没有一个问题不总是与师资培养的问题有联系的。如果得不到足够数量合格的教师，任何使人钦佩的改革也势必要在实践中失败。"这篇文章在调查研究的基础上，试图建立一个中学教师队伍合理结构的数学模型及合理流动的框图。全文包括两部分。一是中学教师队伍现状分析。文中分析指出，20 世纪 70 年代末，教师队伍出现断层，年龄结构不合理，年轻教师占比不到 10%；工资待遇低、工资结构不合理、工作负担重使教师职业的吸引力很低。二是中学教师队伍合理结构的构想及其形成条件。文章提出了一个中学教师理想年龄分布的数学模型及其合理结构形成的条件，分别就来源问题、流动问题、工资待遇问题、工作量问题、学术地位和社会地位问题等提出自己的见解和建议。文中对于工资级别的划分，根据原来中学教师八级分级方法，我提出 8—6 级相当于助教，5—3 级相当于讲师，2—1 级相当于副教授，上面设三级相当于正教授的荣誉级。文章成文于 1986 年 11 月份，是职称改革之前。当时虽然已设立了教师节，但是从整体上说，中小学教师的学术地位和社会地位仍然较低，教育作为一门科学的地位没有真正确立，中小学教师往往满足于做个教书匠，很少给自己的工作赋予研究性质。我认为要提高中小学教师的社会地位重要的是提高其学术地位，要使中小教育作为一门科学的形象在人们心目中树立起来,确立其专业性质,鼓励中小学教师做学问,大力奖励他们的科研成果;为中小学教师创造学习、进修、研究的条件,给他们提供在职或脱产取得硕士以上学位或双学位的机会;办好区级以上各种教育刊物,以及青少年学科刊物、科普刊物,主要刊登中小学教师的作品,使教师有更多发表见解、成果及作品的机会。这样不但能够创造更好的教师做学问的良好氛围,而且能够丰富教师的知识结构,有助于提高中小学教师的整体素质,其教师群体的学术地位也将会得到社会的承认。这是我第一次写文章参加教育科研成果评选。这篇文章 1987 年 1 月获评黄浦区第二届教育科研成果三等奖,1987 年 12 月获上海市第二届科研成果鼓励奖。职称改革为中小学教师设立职称了,有了中学高级教师职称就相当于副教授。当时我的文章就提出了设正高的想法,直到 30 年后才真的有了正高,从职称角度来看,完全实现了我当时在这篇文章中提出的设想。

(二) 研制"任职条件具体要求"和"考核评价系统"

"首评"结束后,根据需要,上海市教育某机构有过调我之动议,但当时黄浦区教育局局长杨洋天坚持不放。作为妥协,让我一半时间留在职称改革领导小组办公室(简称"职改办"),一半时间回到黄浦区教育学院负责科研工作。中小学教师破天荒地有了职称,就应该有相应的专业要求。上海市教育局职改办组织研究制订分学科的《上海市中学高级教师任职条件具体要求》《上海市中学一级教师任职条件具体要求》《上海市小学高级教师任职条件具体要求》。当时分管人事的领导是许有方副局长,这项研究主要研究人员是沈志斌、倪江松、许象国和我。我主要负责理科各级教师的专业要求,许象国负责文科,形成初稿后请张扬之老师一起审核讨论,然后向分管领导许有方汇报。1988 年暑假几乎全部时间都在做这件事,许有方副局长也经常全天和我们一起讨论。制订完成后由上海市教育局颁发实行。这个中级以上各学科教师任职条件具体要求,对教师的专业发展起到了很好的指导作用,为后来研究教师考评系统打下了很好的基础。

接着,我加入"上海市中小学教师任职情况考核评价系统研究"课题组。在考核评价系统研究中,我主要负责评价技术路线的选择、指标体系的构建和权重的分配等工作。这个课题从 1989 年 1 月开始研究,1989 年 9 月开始第一轮试点,后又经过三次全市范围的试用和听取专家、校长的意见,作多次修改,于1992 年 2 月定稿。主要成果包括《上海市中小学教师任职情况考评系统的指标体系和参照标准体系》《上海市中小学教师任职情况考评系统实施办法(试行稿)》《教师考绩档案》等。指标体系中设置八个一级指标,包括政治态度、师德修养、学识水平和业务进修、教育工作(A)(班主任用)与教育工作(B)(科任教师用)、教学工作、教育教学研究与教育科研、培养指导教师、工作负荷。这是一个全覆盖的考评系统,考评指标和考评标准与中小学教师相对应。此外,还单独制订出幼儿园教师、少年宫、少科站教师、德研员、科研员、教研员的指标体系和考评标准以及相应的考绩档案。这真是一个大的系统。1992 年 5 月,上海市教育局正式发文,全市启用《教师考绩档案》。1992 年 9 月,上海市教育局发文实施《上海市中小学教师任职情况考核评价系统(试行稿)》。袁采局长为考核评价系统题词"加强考核,加强管理,建立考评制度是加强师资队伍建设的重要措施",张民生副局长的题词是"实施考核评价是加强教师队伍管理的重要环节"。张民生副局长是"首评"结束后从上海师范大学调任上海市教育局任副局长的,分管人事、师资、教研和科研。该成果于 1992 年 12 月获评上海市第四届教育科学研究成果二等奖。

这个课题结束,我就全职回到教育学院。但是由"首评"生发出的这一段经历使我和师资队伍建设结下了不解之缘。之后,我有幸参加了上海教师队伍建设所有重大项目的工作。

二、为教师学习创造更多的机会和条件

20 世纪 90 年代是上海教师教育大发展时期。1990 年,上海市政府颁布了《教师进修条例》,开启了上海教师在职进修学习的新阶段。上海市教育学院、各区(县)教育学院、教师进修院校都开展了创造性的工作。1992 年底,我全职回到了黄浦区教育学院。前几年两边兼做,工作任务确实非常繁忙,而且都来不得半点马虎。这一段紧张的工作经历对我也是一种历练,也收获了荣誉和成长。1989 年,我被评为"上海市教育科研先进个人",1991 年被评为"上海市园丁奖",同时被评为"上海市先进教育工作者"。1993 年 7 月,我被任命为黄浦区教育学院副院长,分管师训、科研和教务。我不仅要继续抓好全区的教育科研工作,还要在已有良好发展的基础上有新的发展,而且要把全区的教师培训工

作认真做好。这对我来说,是一项新的工作,我要把更多的精力放在这方面。
我有了如下一些工作经历:

（一）抓好职务培训工作,组织"240""540"课程开发

《上海教师进修条例》颁布以后,上海市规定中级及以下教师五年要参加
240课时的培训,高级教师要完成540课时的进修课程,区级教育学院要做好职
务培训课程开发,开发出足以供全区中小幼教师选择的课程、教务安排和学分
管理。这是全新的、有较大难度的工作。特别是没有现成的课程,要开发出受
广大教师欢迎又对提高教师素养有重要意义的课程,这不是一件容易的事情。
我们发动教研、科研、德研和师训部教师一起开发课程,把科研成果转化成课
程,几年来我们开发出了30多门课程,如"数学思想方法""中国传统文化纲要"
等课程,都有很好的质量,受到教师的广泛欢迎。我自己也开发了"初中学生非
智力因素的发展与教育""学习指导的理论与实践""教育科研方法论""教育科
研强化训练"等课程。我组织我们科研室同志编写的《教育科学研究方法基础
100问》(天津教育出版社于1992年12月出版)成为全市学习教育科研方法的
主要参考书。为了让高级教师完成540课时进修任务,我们举办高级教师研修
班;为能按时完成职务培训任务,我们还举办暑期教师职务培训班。这都极大
地促进了教师的专业发展。

（二）抓教育学院师训部教师队伍建设

这既要完成全区职务培训的任务,又要办提高小学幼儿园教师学历层次的
三结合大专班,任务是繁重的。原有师训部教师人数不足,学科也不健全。
1995年前后,我们引进了多名副教授和硕士研究生,充实了教师队伍,而且学科
也逐渐趋于完善。我在引进教师时特别注意跨学科背景,希望其知识面是宽
的,能够较快地适应教师继续教育工作的要求。

（三）办好"三结合"大专班和成人高考大专班

为了全面提升小学、幼儿园教师学历水平,教委师资处处长张玉华经过多
方论证,提出一个具有创新意义的"三结合"的办学方式,即面授教学、电视教
学、业余自考三种学习方式相结合的办学模式,得到分管师训工作的上海市教
委副主任张民生和副市长谢丽娟的支持,并多次向教育部师范司领导汇报,争
得他们的支持,最终使这一全新的办学模式在上海落地。1996年前后,我们学

院办有文史、数理、英语、音乐、学前教育五个专业方向十一个三结合大专班和一个成人高考招进的文史大专班,在校学生 400 多人。我们还和上海市教育学院合作办了八个英语业余大专班,在校学生 300 多人。在学籍管理、教务管理和服务上要求做到制度化、规范化,做到热心、细心、耐心;要处理好"三结合"大专班和职务培训班教学关系,努力提高两种培训的教学质量,做好招生、编班、学员管理、课程安排、考试安排、毕业、结业证书的发放等各项工作,以提高管理的规范化和提高办学水平和教学质量为目标。这些努力还是取得了很好的效果。

（四）办好研究生课程班

与华东师范大学、上海师范大学合作办学,先后办了多期研究生课程班。先与唐安国教授主持的华东师范大学教育科学研究所合作办了教育原理研究生课程班,后来丁钢教授任华东师范大学教育科学研究院院长后,我们又合作办了教育信息技术研究生课程班,还与华东师范大学中文系合作办了现当代文学专业研究生课程班,与上海师范大学教育科学学院卢家楣教授合作办了教育原理研究生课程班,与上海师范大学数学学院合作办了数学教育研究生课程班。这些课程班都有效地提高了教师的教育理论素养和学科专业水平。

三、与教师专业发展紧密相关的评审、评选工作,促教师专业发展

中小学、幼儿园教师有了专业职称就要有专业要求,有了专业要求就要有相关的评审、评价。从 20 世纪 80 年代中期任黄浦区教育科研评选委员会秘书长开始,我历任多届黄浦区学术委员会副主任,有幸参加区、市多种与教师专业发展和学校发展的评审工作,既了解了很多,又学习了很多。

（一）教育科研成果评审

上海市是全国最早设立教育科研成果奖的,黄浦区又是第一个召开教育科研成果授奖大会的区,1985 年 1 月 12 日召开第一次授奖大会。1986 年 9 月 25 日,上海市教育局举行首届教育科研成果授奖大会。1986 年 9 月以后,我作为黄浦区教育科研成果评委会秘书长,负责组织区第二届教育科研成果评审。1987 年 1 月 5 日,召开黄浦区第二届教育科研授奖大会。之后的 25 年,我作为黄浦区学术委员会副主任,参与了区里每年的课题评审和历届科研成果评审。1994 年 6 月,我

被聘为上海普通教育科学研究第二届学术委员会专业组成员,接着 1995 年又被上海市教委聘为教育科学研究专家评审委员会专业组成员。在上海市市级教育科研成果评审中,我对全市普通教育的科研发展状况有了较多、较全面的了解。我更多关注的是学生学习研究和教师教育和专业发展的研究。20 世纪 90 年代中期,这两方面的研究都比较少,以研究课程改革和教学改革为主要研究方向,但从研究趋势可以清楚地看到,已经开始从学生的角度来研究教的改革。例如当时著名的研究成果"学习困难学生教育的研究""愉快教学法""成功教育"都从学生的年龄特点、个性心理特征出发,从学生的智力、非智力、学习基础研究出发,研究如何进行教学改革,都取得很好的研究成果。这使我坚定地认为,研究学生、研究学生学习,从"以学定教"的角度去改革教学是需要认真探索研究的。

　　这一时期教师学习、教师专业发展的研究少之又少。我作为上海市教委聘任的教师继续兼职研究员,很关注这方面的研究成果。在上海市第五届教育科研成果评选中获二等奖的"中、美、英师带徒职初培训模式比较研究"是于漪老师任第二师范学校校长时领衔研究的。这个研究认为,骨干教师成长过程一般要经过"角色适应阶段—主动发展阶段—最佳创造阶段","师带徒"的模式就是以带教教师的经验为中介,促进新教师把教育理论、学科知识与教育教学实践结合起来,进行德、才、学、识融为一体的综合培养,师傅的人格力量和学识水平具有激发培养新教师内在精神品质的优势。该研究提出师徒带教的内容主要是职业意识、职业技能、职业人格,这包括教书育人的使命感和责任感,老教师的言传身教,以身作则,为人师表,引导青年教师把教师的人格规范变为自觉的选择,在教学实践中提高教学水平和教学技能,逐步成为成熟教师。实际上,在中外教育史上都有师带徒的传统和经验积累,现代高等教育中的研究生教育的导师制度应该也渗透着师徒制的内核。在师资队伍建设中,上海市教委和各区教育局于 2001 年以后实施的"名校长名师工程"和"见习教师规范化培训工程"都有师徒制的影子。但是,其内涵和外延都有了新的发展,对导师和学员都有明确规范的要求。这两项师资队伍建设的重大工程都取得了很好的成效。

　　(二) 高级教师职称评审、特级教师评审

　　作为上海市高评委委员,我参加多次教育心理学科的高级教师的评审工作。教育心理学科包括两个专业方向:教育科研和心理健康教育。我曾任上海市教师学研究会教育心理教师专业委员会主任,副主任有顾泠沅、刘京海、仇忠海、魏耀发。我和顾泠沅又是教育心理特级教师联谊会的召集人,对全市教育心理学科教师的状况比较熟悉。90年代中后期,高级职称评审要求很高,当时高级职称评审教育心理学科组还是很豪华的,陆有铨、卢家楣、杜晓新、顾泠沅、顾志跃、吴增强、吴锦骠、阮龙培、冯永熙、芮仁杰等都曾加入过教育心理学科评审组,在不同的年份我分别和他们一个组进行评审工作。后来也有新鲜血液进来,比如梅洁就是比较早的进入评审组的年轻教师。申报教育心理学科的教师有各区科研室的科研员,有心理教研员、中小学心理老师,也有中小学校长。评审中可以发现,相对于老一辈的科研员,科研员的学历层次逐年有提升,教育类和心理类专业的毕业生明显增加,但第一线教学实践经验相对短缺,从而导致其发现、揭示教育教学实践问题的敏感性和能力相对较弱,他们研究的课题及其成果在全市有一定影响力的也较少。心理教师以上心理课和心理辅导为主,其研究的意识和研究的能力需要加强和提高。校长申报教育心理学科,有的是在学校教育改革和发展中带领全体教师进行教育改革的实验研究,取得很好的研究成果,促进了学校的发展。但也有个别因为当了校长,管理事务很多,上课不多,原来的学科无法申报,只能选择报德育或者教育科研。

那时没有正高级职称,特级教师虽然是荣誉称号,但是是国家为表彰特别优秀的中小学教师而特设的一种既具先进性又有专业性的称号。特级教师应该是师德的表率、育人的模范、教学的专家。我先后参加过浦东新区、黄浦区、嘉定区、闵行区、普陀区的特级教师评审,也参加过上海市特级教师评审。特级教师评审三年一次,比例很低,各区分配到的名额有限,竞争激烈,各学科在一起比较,评审难度很大,能通过区里评审的都是区里的佼佼者。推荐到市里还要在一个大组里与不同学科及同学科的优秀教师比拼,在区内的排名在市的评审中也有一定参考意义。因此,最终评上特级教师的教师,可以肯定地说,确实是一位优秀教师。教育心理学科特级教师仍然是教育科研和心理健康教育两个方向,从近两次评审结果看,心理教师有明显增加,说明心理学科逐渐走向成熟。

(三) 实验性、示范性高中评审

1999年上海市开始建设实验性、示范性高中。上海市不同于外省级市的是其强调实验性，每个创建学校必须有体现办学思想和办学追求的实验项目，而实验项目的设计成了学校新的课题。建设过程要进行三次评审，第一次是创建规划评审，第二次是规划实施的中期评审，第三次是创建的终结性评审。我被聘为评审专家组成员，参加了全过程的评审工作。上海市实验性、示范性高中的评审工作从 1999 年一直持续到 2005 年。2006 年以后，各区又开始创建区级实验性、示范性高中，我又被聘参加了长宁区、普陀区、闵行区、嘉定区、浦东新区等区的区级实验性、示范性高中创建的评审。在这些评审中，我主要负责学校实验项目的评审，有时也参与教师队伍建设项目的评审。前后 10 多年的时间，我跑了全市近 200 所高中，听了 1500 多节课，开了 500 次以上座谈会，访谈了 600 多位有关教师，查阅学校创建的各种资料档案。创建上海市实验性、示范性高中的学校都是在上海办学历史悠久、有很高的办学水平和很好的社会声誉的中学。因此，评审的过程既推进学校的创建进程，也是评审者很好的学习的机会。我在听课、访谈、座谈、查看资料的过程中，确实学习到很多其他场合难以学到的东西，对不同学校的文化积淀、办学理念和办学特色有了很多新的认识。实际上评审的过程也是与学校一起总结经验，处理好继承与发展的关系，在新世纪创建出全新意义的、适应未来发展的、具有上海特点的实验性、示范性高中。

（四）教师专业发展学校、见习教师规范化培训基地评审

上海市教委从 2010 年开始启动教师专业发展学校暨见习教师规范化培训基地评审，旨在将职前培养与职后培训紧密结合，促进教师在实践中的成长与发展，通过采取教学、研究、学习三者合一的培养方式，提升教师教育的有效性，提高教师培养质量，促进教师岗位成才。这是继"名校长名师工程"之后又一重大工程。我带一个组负责浦东新区新一批教师专业发展学校和见习教师规范化培训基地的评审，连续几年负责浦东新区、徐汇区见习教师规范化培训实施情况的年检，主要考察这些学校教师专业发展方面的工作。

四、"名校长名师工程"，优秀骨干教师成长的平台

进入新世纪以后，上海市开始培养优秀青年校长和骨干教师的探索，实施"名校长名师工程""农村教师培训者研修班"就是重要的在全国领先的创新性

的探索。

（一）2002 年，黄浦区开启"名师工程"

2002 年 5 月，黄浦区政府召开启动名师工程大会，宣布成立五个名师工作室，我主持的"徐崇文学习潜能开发研究工作室"是其中之一。6 月底完成推荐、报名、面试、招生工作，第一期招收学员 14 名。他们是：

张宝琴，上海市敬业初级中学校长。

徐颖，上海实验小学副校长。

孙爱青，上海市教委装备部科长。

沈红旗，上海市第八中学科研室主任，正高级教师，特级教师，上海市第四期名师工程攻关计划主持人。

程迎红，上海市黄浦区重庆北路小学校长。

张琦，上海市黄浦区董家渡路第二小学校长。

林雁平，上海市黄浦区北京东路小学科研室主任。

王朝晖，上海市黄浦区第一中心小学党支部书记。

任晔，上海市大同中学语文教师，中学高级教师。

葛敬之，上海市市南中学副校长，已退休。

张英，上海市黄浦学校科研室主任，已退休。

周岚，黄浦区曹光彪小学数学教师。

方红萱：上海市格致中学化学教师，已调北京。

周显之：上海市裘锦实验学校教导主任，已退休。

9 月份新学年开始，工作室开始正式活动。第一期工作室学员到 2005 年底结业。2006 年第二期又招 14 名学员，他们是：

刘吉朋，上海市光明中学语文教师。

刘强，华东师范大学第二附属中学语文教师。

戴智，上海市敬业中学科研室主任。

朱菁，上海市光明初级中学党支部书记。

张建元，上海市黄浦区瞿溪路小学副校长。

孙琼，上海实验小学教导主任。

孙磊，上海市裘锦秋实验学校教导主任。

张建华，上海市格致初级中学心理教师。

葛晓娟，上海外国语大学附属大境初级中学教导主任。

吴晓芬，上海市黄浦区教育学院教科室科研员。

李玉琴，上海市黄浦区中华路第三小学副校长。

许琦，上海市黄浦区星光幼儿园党支部书记。

薛伟霞，上海市黄浦区报童小学副校长，已退休。

吴立云，上海市黄浦区教育学院《黄浦教育》编辑。

2009年6月再招第三期。第三期我与魏耀发共同主持，规定招收优秀骨干，且在前两期某个名师工作室学习过，每个工作室限招6位，重点培养。这一期我们工作室就招进6名学员，他们是：

吴照，上海市格致中学校长，特级教师，正高级教师。

邢至晖，上海市黄浦区教育学院副院长，特级教师。

李金钊，上海市教育科学研究院普通教育研究所舆情中心副主任。

张雷鸣，上海市大同初级中学校长。

程迎红：上海市黄浦区重庆北路小学校长。

朱菁：上海市光明初中党支部书记。

还有两位市优青项目的优秀青年教师：

俞丛晓，上海市黄浦区学前教育指导中心主任。

方华，上海市黄浦学校科研室主任。

黄浦、卢湾两区合并以后，又有两位学员进入工作室学习，她们是：

速婉莹，上海市黄浦区教育学院附属中山学校科研室主任。

刘金艳，上海市卢湾高级中学心理中心副主任。

担任工作室秘书的先后有两位，他们是：

唐军，黄浦区教育学院信息技术部主任，作为学术秘书，参加了第三期工作室前期的培训活动。两区合并后，他成为芮仁杰工作室的学员。

吴晓芬，黄浦区教育学院科研员，接替唐军，任工作室学术秘书。

第三期工作室2014年6月结业，历时五年。

第一、二期工作室运作期间，我正在主持"十五"教育部重点课题"义务教育阶段学生学习潜能开发研究"和"十一五"教育部重点课题"基于脑科学的学习潜能开发深化研究"。按照"问题启动—课题驱动—专业引领—合作互动"的理念,要求每个学员发现自己学校学生学习的问题,学习总课题的设计思想和理论,设计子课题,经申报批准后正式成为总课题的子课题。然后带着课题进行课题研究全过程的学习,既有教育学与心理学的理论、脑科学有关成果的学习,又有研究方法的学习应用。结业时每个学员都交出三份作业:一篇课题研究报告、一篇研究论文、一篇个案研究报告。第一期工作室出版了成果集《学习潜能开发:我们的探索》,这期学员还参加编写八本学习潜能开发丛书;第二期工作室出版了成果集《感悟—践行—超越》。

三期是以培养学校干部为主要目标的,在提升素养的基础上,要提高指导能力和管理能力,虽然培养活动仍坚持"读书—研究—实践"的模式,但是内容及活动方式有了新的变化。

(1)读书。工作室选定林崇德教授的《教育与发展——创新人才的心理学整合研究》作为学员重点研读的论著,采用逐章研读、学员轮流导读、主持研讨的方式研读,效果很好。

(2)蹲点。工作室先期按照教育局整体部署,选择上海市浦光中学和上海市黄浦学校为蹲点学校。工作室导师和学员要深入蹲点学校,调研听课,参加教研活动,帮助指导学校确立促进学校教育教学改革的龙头课题。经过几轮调研和与学校一起研讨,上海市浦光中学确定立了"普通完中开展'和谐导学'的实践研究",上海市黄浦学校确定"办学生喜欢的学校的实践研究"。学员全过程跟踪蹲点学校的课题研究,包括学校主要问题分析、课题选择的理论实践依据、研究方法的选择、课题申请书的撰写和研究的实施等。蹲点学校的全过程对学员的学校管理能力、指导能力的提升有重要的实践意义。

(3)研究。在蹲点指导研究的同时,每位学员还要结合自己工作实际,带领自己所在单位的团队一起研究课题,如邢至晖主持研究的"优质课程共平台及其导航系统的研究"(市级),吴照主持研究的"校本课程开发的典型案例研究"(市级),李金钊主持研究的"科学提高中小学生学习效能研究"(市级),张雷鸣主持研究的"基于微视频的初中生命安全的实践研究"(市级),朱菁主持研究的"积分竞赛式即时评价之实践研究"(区级),程迎红主持研究的"小学多感官通道教学研究"(教育部重点课题子课题),刘金艳主持研究的"高中生学校归属感现状与辅导方案研究"(上海市教科院课题),速婉莹主持研究的"初中思想品德学科以时政教育提升学生思维品质的策略研究",俞丛晓主持研究的"学前中重度智力残疾儿童教育课程开发与应用"，方华主持研究的"科学精神的评价实践研究"。这些课题不但取得了较好的成果，而且在研究中带出了一批教师，推进了学校的教育教学改革。

部分学员还参与了"区域办学生喜欢的学校的理论和实践研究"，其研究成果收入奚晓晶、魏耀发主编的《办学生喜欢的学校——让教育回归本原的探索》（广西师范大学出版社于 2012 年 8 月出版），成果集有《让学生对课程产生亲近感》（吴照）、《让课堂充满生机活力》（邢至晖）、《让学生成为活动的真正主人》（朱菁）、《让教师在学生心目中更有魅力》（李金钊）、《让班集体成为温馨和谐的大家庭》（张雷鸣）、《让校园环境体现人文关怀》（程迎红）。五年时间是漫长的，在与他们的相处中，我高兴地看到他们切切实实的成长，从他们身上也学到了很多。

从 2002 年开始，我连续主持三期黄浦区名师工作室，共招收学员 35 名，前后时间 13 年。学员除个别退休外，大都专业发展很好，成为所在学校的校长、书记、副校长、教导主任、科研室主任，成为学科带头人。

（二）2004 年，上海市开启"名校长名师工程"

2004 年，上海市教委开始启动"名校长名师工程"，我与唐盛昌、顾志跃等同志参与了启动准备的研讨和实施的筹备。2004 年 12 月 26 日发出第一个文件《上海市教育委员会关于"上海市普教系统名校长名师培养工程"的实施意见》（沪教委人[2004]106 号）。2005 年 6 月 8 日，上海市教委发布沪教委人[2005]35 号文件颁发的《上海市普教系统名校长名师培养工程实施方案》，这是宏大的系统工程。这两个文件颁布后，全市各区县开始选拔推荐名校长名师后备人选，并组织优秀教师申报名校长名师培养基地。这些工作又历经近半年时间，经过推荐、选拔、申报，评审于 2005 年 11 月 7 日公布 8 个名校长培养基地，并同时公布了 212 名校长后备人选和 1055 名名师后备人选。2006 年 1 月 5 日公布了 22 个名师培养基地名单，加上上海市教研室与于漪老师合作建立的名师培养基地，共 23 个名师培养基地。接着就是双向选择，即学员报名选择基地，基地主持人从已报名本基地的名师后备中挑选学员。但由于学员多、基地少，每个校长基地限招 10 人左右，名师基地限招 14 人，能够进入校长基地的不到 100人，能进入名师基地的只有 300 多人，有 100 多名校长后备和近 800 名名师后备进不了基地。在基地招生结束后,未进入基地的后备人选分学科进入高级研修班学习。所有培训在 2006 年上半年正式开始培训活动。第一期培养工程历时一年半,于 2007 年底结业。

2008 年 5 月,在总结第一期培养活动经验的基础上,上海市教委于 2008 年 5 月 30 日发出关于开展第二期"上海市普教系统名校长名师培养工程"的通知,开始实施第二期培养工程。经过申报、评审,第二期共设校长基地 10 个,加上聘请人大附中刘彭之校长在北京建一个基地,共 11 个校长基地。名师基地 45 个。2008 年 11 月 8 日举行开学典礼,经过三年导师与学员的共同学习,取得了很好的成果。2011 年 11 月 17 日举行隆重的结业典礼,出席典礼的有上海市人民政府副市长沈晓明、上海市人民政府副秘书长翁铁慧、中共上海市工作委员会书记李宣海、中共上海市教育卫生委员会秘书长谢一龙。沈晓明副市长在讲话中充分肯定了第二期"双名工程"所取得的巨大成绩和作出的重要贡献,希望广大教师要做弘扬师德的模范、改革创新的能手、学生的良师益友,希望大家心不烦、气不躁,踏实工作,真正成为社会认可的名师、名校长。上海市"名校长名师工程"是沈晓明副市长任上海市教委主任时启动的,他对这一工作充满感情。结业典礼结束后,他与李俊修主任一起和项目组的全体同志合影留念。

上海市"名校长名师工程"第一、二期,我都是项目管理组组长兼做教育心理名师基地主持人。第二期结束,我已满 70 岁。第三期我不再做名师工程的管理工作和基地主持人,而是作为第三期教育心理基地的导师团成员参与教育心理基地活动,作为上海市市级专家组成员参与一些指导性工作。

图 12-1　上海市第一期教育心理名师基地学员、导师合影

图 12-2　上海市第二期教育心理名师基地学员、导师合影

五、农村校长、教师培训者研修班,促教育均衡发展

按照上海市教委沪教委人[2010]18 号文件的部署,为了促进教育的均衡发展,提高远郊农村教师的专业素养,于 2010 年 5 月至 2011 年 6 月、2013 年 6 月至 2014 年 6 月我主持办了两期教育心理学科"培训者研修班"。这个项目俗称"种子教师培训"。两期共招收学员 65 名,其中黄浦区心理教研员、心理教师、德育室研究员 50 名,黄浦区科研室科研员 15 名,都是区骨干教师,大都来自浦东新区、宝山区、崇明区、嘉定区、闵行区、松江区、青浦区、金山东区、奉贤区等九个区。培训内容包括理论与方法、师德与人文素养、课题研究与学术研讨三个板块九个专题,分教育科研和心理健康教育两个专业方向进行培训,培训方式沿用名师基地的培养方式。导师团成员有燕国材、卢家楣、顾泠沅、吴增强、王洁、沈之菲、魏耀发、冯永熙、杨敏毅等。第二期我还成立一个由 20 人组成的"师友助学团",成员包括名师基地学员、第一期种子班的学员等,与第二期种子班学员一起研讨,收到了很好的效果。

我组织学员参加我主编的《中小学教师校本研修丛书》书稿的撰写。第一期拿到结业证书的学员都参加了编写,11 位学员与李金钊、王天蓉、祝庆东一起参与《中小学教师教育研究读本》的编写,15 位学员与王震、杨敏毅一起参与《中小学教师心理健康教育读本》的编写,并请王洪明、梅洁讨论,修改书稿。经过反复地修改、研讨、打靶训练,让学员在结业后仍然从课堂延伸出来,在读书、写书、研讨、做学问的氛围中成长。两本书在 2014 年 11 月由上海教育出版社正式出版。第二期全体学员与黄浦区的部分幼儿园老师一起编写了《家庭教育

100 问》,这本书我请魏耀发做主编,王震、王拴柱、张晓冬做副主编。这是一本从学前段到高中段的家庭教育问题大全的书,2015 年 11 月由上海教育出版社出版,是《中小学教师校本研修丛书》的第三本。"培训者研修班"涌现一批优秀教师,如浦东新区的张晓东,嘉定区陆正芳,金山的马美珍、王拴柱,奉贤的张珏,松江的王银花、张忠山,崇明的金香、刘伟超等。

从这个与郊区农村教师培训项目延伸出去,上海市教师学研究会与以胡锦星为理事长的增爱慈善基金会于 2017—2018 年合作推出送教下乡项目,让我做这个项目的负责人,项目组成员还有奚晓晶、魏耀发。项目用教师学研究会各专业委员会特级教师的资源,送教下乡,为郊区培养骨干教师。学会领导于漪、李骏修、陈军、俞玲萍和基金会领导胡锦星、施秋平领导一起指导这个项目的实施。被送郊区的教育学院院长和师训部主任按项目组要求,组织项目在本区的实施。一期培训一年时间,安排培训课程 80 课时,可按通识大班与分学科小班相结合的方式实施培训。第一期主题是"培养农村骨干教师,促进教育均衡发展"。开始送教崇明区、青浦区、松江区三个区,第二年增加奉贤区、金山区两个区。各区第一期都安排高级教师全员培训。项目实施的第二期主题是"提升骨干教师专项能力,促进农村教育优质发展",主要指向科研能力、心理辅导能力。第三期主题是"全面提升骨干素养,助力农村强校工程",主要指向初中骨干教师。项目目前已进入到第五个年头,先开始的三个区已完成三期送教培训任务,金山区、奉贤区目前正在实施第三期送教项目。项目受到郊区教师的欢迎,对郊区教师素质的提高产生了积极的影响。这两年虽然受到疫情影响,但仍然克服困难,采取线上线下相结合的方式进行。

六、一段幸福的伴随

我从 2002 年开始主持教育心理学科"名师工作室""名师基地",黄浦区名师工作室做了三期,第三期与魏耀发老师一起主持,共招收学员 38 名。上海市名师基地做了两期,第一、二期教育心理基地共招收学员 28 名,第一期导师团成员 11 人,第二期我请魏耀发做副主持,导师团成员 16 人(含五名一期重点培养对象,一名学术秘书),主持了两期"农村校长、教师培训者研修班",招收学员 65 名。我在名师工作室和名师基地以及培训者培训的培养活动中,坚持一个重要的理念,努力创建和谐的、充满生机的学习共同体,充分发挥每一位学员、导师的积极性、主动性，导师和学员既是学习者，又是学习资源。学员和导师共同学习、共同研讨、共同培养民主的、积极向上的学习氛围，青年人从老者身上学习认真、执着、尊重人、提携人、不浮躁、不计较、从容淡定、不急功近利的精神，老者从年轻人身上感受到热情、活力、期待、仰望星空的兴奋，理解他们挫折时的困惑与彷徨，分享他们成功时的喜悦与快乐。这就是我理想的学习型团队，一个老中青结合的、知识结构和经验互补的、充满智慧和情趣的、和谐的学习共同体，也是上海市教育心理学科高端人才集聚的一个高地。

工作室、基地培训和种子教师培训都采用"读书—研究—实践"的学习模式，学习内容设计共三大板块九个专题。三大板块是专业理论、人文素养、课题研究。九个专题分别是：(1)问题启动，揭示实践问题，选择设计课题；(2)理论提升，研读理论专著，厚实专业基础；(3)方法引领，学方法、方法论，悟研究之真谛；(4)修身养性，提高人文素养，提升人生境界；(5)聚焦课堂，研究课堂教学，丰富实践智慧；(6)拓宽视野，参加学术研讨，广识专家学者；(7)著书立说，研讨文库选题，指导论著撰写；(8)访学巡展，专题展示观摩，名校考察访学；(9)总结考评，学习交流汇报，成果结集出版。

九个专题形成一个比较系统完整的课程框架，目标指向全面提升学员的专业素养，特别重视"识"的提升。对于高端人才来说，"识"是具有引领意义的。正如清朝诗人袁枚的诗中所说："学如弓弩，才如箭镞。识以领之，方能中鹄。"在基地培养过程中，希望学员努力做到"善学邯郸，莫失旧步；善求药方，不为药误；我有禅灯，独照独知；不取亦取，虽师勿师"。每个专题都有明确的目的要求，有配套的书目及活动，有责任明确的专家引领与指导分工，有学员学习作业要求。

例如第一专题的学习目标是引导学员揭示基础教育发展与改革中的问题与困惑，分析其形成的原因，探寻问题转化为课题的可能。联系自己工作实际和已有的研究基础，选择适合自己研究的课题，精心设计优化课题方案，从而提高发现问题、揭示问题、分析问题、界定问题、选择课题、设计课题的能力。专家们结合自己课题研究的经历和专业成长之路，分别介绍研究问题的发现、研究领域的确定、研究课题的设计过程以及坚持在一个研究方向上深入研究、精耕细作的成功经验，激发学员的问题意识和研究冲动。我们请张民生教授以教育部教育科学规划课题评审专家的身份,就高层次、高级别课题的设计、评审要求等作报告,给学员很多教益。在导师一对一的指导下,每位学员根据自己已有的基础,都确定了自己的研究课题,设计了研究方案。接着选择学员的课题方案在全体导师和学员大会上交流,每位导师和学员均可点评,发表自己的观点,指出其优劣,方案设计者可解释和申辩。这种以鲜活的典型案例进行案例教学的方法,被形象地称为"打靶练习",整个学习过程中我们多次采用,效果很好。经过导师点拨,交流点评,反复琢磨,反复修改,学员课题设计能力有了极大提高。

在黄浦区名师工作室和上海市名师基地,我们组织多次专题研讨活动,在这种活动中,学员是主角,学员主持,学员报告,学员展示成果,学员导师共同研讨,氛围和谐热烈。这是一种"专题研讨,范例引领"的"行动学习"方式。活动中有导师的诊断、分析、指导、激励,有同伴的赞许、质疑、对话、建议,导师与学员共同建立一种"行动学习"的机制。活动可以对区域中小学有关教师群体开放,有较好的示范辐射效应。

教师职业道德是教师职业素养的核心,是教师发展之魂,而人文素养、人生境界是教师成长的根基。我把这方面的学习贯穿工作室和基地学习活动的始终。

第一期基地的第一堂课请全国师德模范标兵、著名心理学家林崇德教授讲一讲,这一天是 2006 年 5 月 1 日,我请黄浦区名师工作室的学员一起来听。我们还请全国育人楷模于漪特级教师来报告,请本基地导师燕国材教授、陈泽庚教师结合自己经历讲怎样对待工作,怎样对待事业。此外,我们还组织学员学习张民生教授、于漪老师主编的《教师人文读本》,请张民生教授讲理科教师如何提高人文素养,请上海教育功臣顾泠沅、刘京海来基地作研究和专业成长的报告,请华东师范大学的郑金洲、马庆发、吴刚等教授作教育理论和研究方法的报告,都收到了很好的效果。

我充分运用多种资源,让学员参加高层次学术会议,广识专家学者,助力学员健康成长。比如利用我们组织的全国非智力研究学术会议和访学活动,使他们有更多与名师大家面对面的机会,让他们聆听更多名师大家的报告。请林崇德、朱永新、袁振国、沈德立、张民生、尹后庆等专家学者在学术年会上作报告,请董奇、申继亮专门为基地作报告,组织学员参观访问教育部重点人文学科基地天津师范大学心理与行为研究院、国家级重点实验室北京师范大学认知神经科学研究中心，这都使学员增长了见识，拓宽了视野。

指导学员研究课题、著书立说是我们工作室和基地的重点工作。我们鼓励学员积极申报名师工程专项课题和成长文库，做到每个学员都有课题；组织学员为学生、教师学习而写书。第一、二期名师工程共为学员出版成长文库39本，我们基地立项出版了八本，占五分之一。这八本书是《中小学教师专题反思研究》（吕洪波）、《教学中的心理效应》（陈德华）、《思辨与感悟——来自中学化学课堂教学的案例和思考》（王兰桢）、《思想政治课激活式教学导论》（姜兰波）、《成为智慧的学校心理教育者》（梅洁）、《做一个幸福的班主任》（王洪明）、《让心灵自由——90后青少年心理问题及辅导》（詹惠文）、《冲突与转变：教师课政行为研究的一个新视角》（李彦荣）。十几年来，我组织学员参加编写了两套丛书，一套《学习潜能开发丛书》，由上海三联书店出版；一套是《中小学教师校本研修丛书》，由上海教育出版社出版。参与这两套丛书编写的学员有百人之多，真正做到了让学员在研究中学习研究，在写书中学习著书立说。

在名师基地和名师工作室的培养活动中，我特别注意发挥"滚雪球"效应和情感激励的共振作用，我们曾组织两次大型的活动。

第一次是2009年9月12日，举办以"感悟、践行、超越—提升人文素养，促进专业成长"为主题的专题研讨会，参加活动的人员是黄浦区工作室一、二、三期全体学员，上海市基地一、二期全体学员、全体导师以及尹后庆主任在任浦东新区社会发展局局长时委托我办的骨干校长班的学员。研讨会由学员主持，学员、导师就研讨主题发表见解。黄浦区名师工作室一期学员沈红旗深有体会地说："名师引领我们更快成长，名师激发我们潜在的自信。从质疑的勇气到独立的思考，从点滴的想法到连贯的思想，从众长的博采到特色的形成，我们不断走向成功，走向卓越。"第二期基地学员朱连云充满感情地说："慢慢我逐渐悟到，要想成为一名好教师，就要以他们（导师）为榜样，把个人的价值和祖国的命运与教育事业紧紧联系起来，志存高远；就要以他们为伍，找到自身的不足，找准发展方向，明确目标，进德修业，明理至善，尽可能地缩短与他们的距离。"于漪老师出席并讲话，她从中国优秀传统文化学习与传承谈到人文精神、人文素养对于教师的重要性，谈到教师的责任、教师的成长与发展，语重心长，催人奋进。

第二次是2015年5月8日，活动名称是"探索——为了教育的理想：上海市双名工程教育心理名师基地 10 周年巡礼"，参加活动的人员有黄浦区工作室一、二、三期全体学员，上海市名师工程一、二、三期教育心理基地全体学员和导师，还有教育心理一、二期种子教师班全体学员。活动请于漪老师、林崇德教授、李骏修主任出席。这种活动学员是主角，学员主持，学员论坛，学员展示成果。然后基地导师讲话，于漪老师讲话，林崇德教授讲话，李主任讲话。第二天还有一天的学术报告，请林崇德教授和吴刚教授作学术报告，林教授关于核心素养的研究就是 2015 年 5 月 9 日第一次在我们组织的这个学术报告会上在上海发布。

图 12 - 3　上海市双名工程教育心理名师基地 10 周年巡礼于漪老师、林崇德教授、李骏修主任作报告

在第二期基地结业时，我写了一首诗为《一段幸福的伴随》，是我十几年和年轻朋友一起学习的真实感受。现录于后。

一段幸福的伴随

一段幸福的伴随
年轻的朋友，
在你们成长的道理路上，
我们一群教师队伍中的老兵，
完成了一段伴随。
这是一段幸福的伴随，
这段伴随永远在我的心中。
年轻的朋友，
在成长的伴随中，
我们共同培育学习型团队，
一起读书，一起研讨，

一起认识社会,一起感悟人生。

争论、碰撞、切磋、琢磨,

为了教育的理想,

为了事业的传承。

探索与求证并行,

困惑与希望共生。

年轻的朋友,

成长是生命的延展,

成长是生命的律动,

成长是"学"的积淀,

成长是"才"的绽放,

成长是"识"的提升。

年轻的朋友,

成长是经验的概括凝练,

成长是阅历的积累丰盈,

成长要超越自我、超越世俗、从容淡定,

成长要咬定青山、不悔不弃、用心用情。

年轻的朋友,

教育是为了未来的事业,

教育孕育着新的生命,

教育成就着希望和憧憬,

一代一代,

薪火传承。

年轻的朋友,

在你们成长的道路上,

我们完成了一段幸福的伴随,

在未来的岁月里,

伴随还将延伸、延伸,

伴随将永远在我们心中……

教育心理基地一、二期学员在上海市名师培养的平台上,通过自己努力,都有了很好的发展。

第一期学员(14 名):

王钢,上海市静安区教育学院院长,特级教师,曾任静安区政协副主席,上海市第三期名师工程教心基地主持人。

陈德华,原上海市闸北区教育学院干训部主任,特级教师,已退休。

吕洪波,上海市长宁区教育学院主持工作的副院长,特级教师,正高级教师。

祝庆东,原上海市普陀区教科室主任,现任上海市教育科学研究院培训部主任,特级教师。

王洪明,上海市松江区科研室、德育室主任,正高级教师,特级教师,上海市第四期名师工程高峰计划主持人。

陈玉华,上海市黄浦区教科室主任,正高级教师。

张琦,上海实验学校小学部主任,特级教师,正高级教师。

姜兰波,上海市闵行区莘庄中学科研室主任,特级教师,正高级教师。

蒋敏然,上海交通大学附属中学优秀政治教师,已退休。

王兰贞,华东师范大学第三附属中学优秀化学教师,华三光启创新学院负责人,高级教师。

徐宏亮,上海第二工业大学附属龚路中学校长,高级教师。

韩海玲,上海市浦东教育发展研究院心理发展中心主任,副教授,已退休。

李彦荣,上海市浦东教育发展研究院区域发展中心主任,副研究员,博士。

俞定智,上海外国语大学附属大境中学教导主任,特级教师,正高级教师,上海市第四期名师工程高峰计划主持人。

第二期学员(14 名):

朱连云,上海市青浦区教育学院科研中心主任,青浦实验研究所常务副所长,正高级教师,特级教师,上海市第三期名师工程教心基地副主持人,上海市第四期名师工程高峰计划主持人。

梅洁,上海市卢湾高级中学副校长,特级教师,上海市第四期名师工程攻关计划主持人。

王天蓉,上海市宝山区问题化学习研究所学术领衔人,正高级教师,特级教师。

杨珊,上海市松江第二中学心理教师,正高级教师,特级教师。

毛燕青,上海市浦东新区梅园小学校长,中学高级教师,心理咨询师。

严红,上海市浦东教育发展研究院学校发展中心科研员,中学高级教师。

马天宇,上海市浦东教育发展研究院教师发展中心师训部教师,中学高级教师。

詹惠文,上海市延安中学心理教师,中学高级教师,学科带头人。

李正刚,上海市静安区德育室主任,学科带头人,中学高级教师。

明德璋,原上海市长乐学校、汾阳中学校长,现任上海枫叶国际学校校长。

徐晶,上海市杨浦区开鲁新村第二小学校长,心理教师,中学高级教师。

王震,上海市宝山区教育学院心理中心主任,心理教研员,中学高级教师,学科带头人。

朱宏英,上海市崇明区教育学院小学部主任,中学高级教师。

鞠瑞利,上海市七宝中学校长助理,教师发展中心主任,正高级教师,特级教师,上海市第四期名师工程攻关计划主持人。

第十三章　尾声：一切经历都是学习

我 1965 年 7 月毕业于安徽大学数学力学系数学专业。毕业后，按当时的政策规定，被分派到大别山区的六安地区参加"四清"运动，与贫下中农同吃同住同劳动。两年后，我被分配到地处皖北的固镇中学任教。在安徽工作 17 年，夫妻分居 15 年。为落实政策，解决夫妻分居问题，我于 1982 年暑假调回上海，至今 41 年，可以说我的人生经历是丰富多彩的。"文革"期间教过小学"戴帽"初中，带学生学工学农，去过工厂、下过农村，教过初中、重点高中，教过电视大学高等数学，当过教育学院老师、专职教育科研员，有迷茫、有彷徨、有焦虑、有惆怅、有憧憬、有希望，有学习、工作挑战的辛苦紧张，也有坚持、探索、问题解决后的轻松舒畅，有"柴米油盐"，也有"诗和远方"。

分居的生活，我无家务负担，但有家不能回。妻子一个人在上海带两个孩子，当班主任，教两个班数学课，还要带学生去工厂、下农村，学工学农，这岂是一个"忙"字了得！李清照在《一剪梅》中写道："花自飘零水自流。一种相思，两处闲愁。"我们却是"一种相思，一处闲愁，一处忙愁"。现在想想，还有一件最不可思议的事。两个孩子出生时，我都没能陪在妻子身边，而且妻子生大孩子时还难产。那年头谁也不能请假，我只能在千里之外默默地焦虑和思念，浓浓的乡愁笼罩在心头。正是"此情无计可消除，才下眉头，却上心头"。

德国 18 世纪浪漫诗人诺瓦利斯给哲学下过这样一个定义："哲学原就是怀着一种乡愁的冲动，到处去寻找家园。"这里所说的家园当然是精神家园。白居易诗云："心泰身宁是归处，故乡何独在长安？"那时，皖北一个小县城的中学，入夜校园一片寂静，我有大把的时间可以打发，读书就是最好的寻找精神家园的方法。幸好学生时代的读书生涯培养了我读书的兴趣和习惯，这也许是环境所致，也可能是性格使然。"心安是归处"，读书以慰乡愁，让心安顿下来，这就是初衷。17 年，这是多长的一段时光呀！这就养成了我夜读的习惯，进一步强化了读书学习的兴趣,有了知识积淀,有了享受"书卷多情似故人,晨昏忧乐每相亲"的内心体验。这也许就是我提出"学会享受学习"的发端。

后来,"十年动乱"结束,科学的春天来了,我开始了为教学而学习,为研究学生学习而学习的历程。乡愁的冲动就升华成了有目标的追求。我逐渐感悟到,当你顽强地追求新知,你会感到一天一个新"我"。当这些新知识转化为创造力,为教育的发展、社会的进步作出一定贡献时,你就会感到一种难以抑制的兴奋和冲动,你的精神就会得到新的升华。"粗缯大布裹生涯,腹有诗书气自华",社会多一点书卷气,就多一点文明和纯粹,少一点野蛮和市侩。

我有一张我自己很看重的荣誉证书,就是1994年1月由上海市委宣传部、上海市总工会、共青团上海市委、上海市妇女联合会四单位联合颁发的"学知识、学科学、学技术"的"上海市'三学'状元"证书。这是对我以往的学习的肯定,并激励我更加一如既往地认真学习,努力研究学习。当时上海市教卫系统只有三个人荣获这个称号,其中体育一人、卫生一人、教育一人,我是其中之一,我感到荣幸。

图 13-1 上海市"三学"状元证书

我和我的团队从20世纪80年代初开始研究学生学习,在多年的教学实践和研究中,我们得出一些基本的认识和概括,在第八章中已有陈述。从教师角度可以再强调几条。第一,教育是一门大学问,基础教育大有学问,要不断地进行学习和深入研究。因此,教师是一种终身学习的职业。第二,教学是以学生学习为基础的,离开学生的学习,教学就失去了意义。因此,教师要学会研究学生的学习。第三,学习是以学习者积极主动为基础的,学习者应当在学习中培养自己的学习兴趣和对知识的好奇心,激发自己的学习动机。教师也应努力培养自己的好奇心,不断提升自己学习的内驱力。第四,教学就是教学生学,教学生学会学,教学生学会享受学。因此,教师首先应该学会学习,学会享受学习。

我写过一篇《我们要学会享受学习》的文章,现摘编于后。

我们要学会享受学习

古人云:"书山有路勤为径,学海无涯苦作舟。"学习到底是艰苦的还是快乐的? 我觉得这个问题不能简单地回答是苦或者是乐,如果你学会享受学习,学习就是一件充满快乐的事。

我们先来看几个享受学习的例子。

我国著名作家王蒙,1934 年生于北京,1958 年被错划为右派,在新疆农村劳动多年,1979 年平反后,任国家文化部长、中国作家协会副主席。他说:"学习是我的骨头,学习是我的肉(材料与构成),学习是我的精气神,学习是我的追求、使命、奋斗,学习也是我的快乐、游戏、智力体操,学习是我的支撑,学习是永远不可战胜的堡垒……"他又说:"学习语言是一种享受,享受大千世界的丰富多彩,享受人类文化的全部瑰丽与相互作用,享受学而时习之的不尽乐趣,享受多种多样而不是单一的,相互区别甚大而不是大同小异的不止一种人生。"

俄罗斯文学家高尔基说:"我觉得,当书本给我讲到闻所未闻、见所未见的人物、感情、思想和态度时,似乎每一本书都在我面前打开了一扇窗户,让我看到了一个不可思议的新世界……书籍使我变成了一个幸福的人,使我们的生活变成轻快而舒适的诗……"。

海伦·凯勒是美国著名作家、教育家,她一生只拥有 19 个月的光明和声音,但她以顽强的意志克服常人难以想象的困难,成为一名学识渊博,掌握英、法、德、拉丁和希腊五种文字的著名作家和教育家。

他们都是学习的成功者,又是学习的享受者。他们坚守着"学无涯,思无涯,其乐也无涯"的信条,在困难中拼搏,甚至在黑暗中前行,翻越一道道障碍,成就一片片风景,成为后学者的楷模和榜样。

要学会享受学习,一是要使学习情趣化。美学大师朱光潜先生说得好:"人可以分为两种,一种是情趣丰富,对于很多事物都觉得有趣味;另一种是情趣干枯,对于很多事物都觉得无趣味,也不去寻求趣味……情趣愈丰富,生活愈美满。所谓人生的艺术化,就是人生的情趣化。"对于现代人来说,学习是人生的重要组成部分,人生的情趣化应该包含学习的情趣化。我觉得学习应该是人生交响曲中的一个华彩乐章,这个乐章是否精彩,是否美妙动人,要靠自己去谱写、去演奏、去聆听、去体验,并在其中追寻无穷的情趣。

好奇心和求知欲是学习兴趣的源头。我国数学家华罗庚先生有一首诗写道:"人类识自然,探索穷研,花明柳暗别有天。谲诡神奇满目是,气象万千。"带着好奇心去观察自然、了解社会、探索宇宙,去读书学习,去揭示未知世界的奥秘,你就会感到学习有无穷的乐趣,你就会有一种激情在胸中涌动,你就会期盼一个更加有情趣的、新的黎明的到来。

二是要戒浮躁,去功利,排除一些快餐文化的干扰,静下心来读点书,既读与本学科教学有关的书,也要读点闲书,读点诗歌、散文等文学作品,读点传记类作品。

三是在学习过程中享受学习。学习内容奥妙无穷,学习的形式方法也是丰富多彩的。借助自己读书,听专家讲座,参加读书沙龙活动,讨论、争论、辩论,网上资源学习,与学生一起参加社会实践考察,游历名山大川等方式,在不同的学习方式方法中学习,体验学习的快乐。华罗庚先生特别推崇我国古代科学家祖冲之的学习方法:搜拣古今。"搜"是搜索博采前人的成就,广泛地学习研究;"炼"是提炼,把各式各样的主张拿来对比研究,进行消化提炼,完成由薄到厚,再由厚到薄的学习、积累、消化、提炼的完整过程。要在不断的学习过程中找到适合自己的学习研究方向和学习方式方法,培养自己读书学习、做学问的习惯和乐趣。

四是在学习结果中享受学习。当你为了一道难题探索穷研,百思不得其解时,你可调个角度,换个思路,后退一步,中断习惯性思路,暂时放下,摆脱羁绊先向前,可能就会灵光闪现,问题得到解决,你就能体验到"山重水复疑无路,柳暗花明又一村"的激动和兴奋;当你在学习探究中提升了学养,增长了才干,就越发有更强烈的学习欲望;当你做学问有所发现、有所创造,教学取得了优异成绩,有研究成果发表、获奖,得到同伴、学生的赞扬的时候,你就会有成就感,有成功的喜悦。

教师是终身学习的职业。只要我们有梦想、有追求、有对生命的热爱,有兴趣、有信心、有对学习内容和方法的探求,我们就能在学习中享受无穷的乐趣。

作为一名从教 57 年的老教师,多年来,我努力践行这些基本认识,在学习、工作和研究中,遵循十个字的座右铭"多学习,和为贵,有点精神",这也许就是我的修炼之道。我想分享给大家。

第一是"多学习"。古人云:"读万卷书,行万里路。"这说出了多层含义,一是量多,二是学习内容类别、方式方法多。作为教师,我们可以根据自己的学科专业背景、兴趣爱好,选择学习内容和学习方式,在循序渐进地学习中,不断强化自己的求知欲望和学习意识,养成良好的学习习惯,向书本学,向实践学,向同事学,向学生学,努力做到学而不厌、诲人不倦。

我的体会是,高品质的学习就是感悟、践行、超越。感悟,就是要用心学,用心读书,用心体验,用心思考。"学而不思则罔",学习不能浮光掠影,不能浅尝辄止,要从字里行间、从细微处、从经历中悟出精妙的大道理,看到脱俗的大境界。践行,就是要实践,要行动,知行统一,学以致用。实践是学习的重要组成部分。孔子主张"博学、审问、慎思、笃行",就强调要用学到的知识去实践。我们现在提倡的"读书—研究—实践"研修模式,就是理论和实践相结合的模式。"纸上得来终觉浅,绝知此事要躬行",要在践行中进一步感悟。超越,一是要乐学,学会享受学习。子曰:"知之者不如好之者,好之者不如乐之者。"我的亦师亦友的燕国材先生、林崇德教授等,他们既是学习的成功者,又是学习的享受者,他们坚守着"学无涯,思无涯,其乐也无涯"的信条。民国时期有很多学者,只问耕耘,不问收获,以生命的诚恳换学问,翻过一道道障碍,成就一片片风景,成为我们后学者的楷模和榜样。二是要坚持。要有"衣带渐宽终不悔,为伊消得人憔悴"的毅力,要"咬定青山不放松",在学习中追寻工作生活无穷的情趣。三是要从容淡定,不浮躁,不计较,不为名利所累,努力做到"板凳要坐十年冷,文章不写半句空","精神到处文章老,学问深时意气平"。

第二是"和为贵"。"和"是我国优秀传统文化一个重要的价值取向。"和"是协调和谐的总称,既强调人与自然、人与社会、人与人的和谐共生,又坚持和而不同;既顺应自然、社会、时代的要求,又不放弃原则,不随波逐流。"和"的最高境界是儒家思想中的中庸,其核心理念就是寻求言行适度、适当,不偏激,主张以礼节情。

在我的教育生涯中,努力做到以仁爱之心对待同事、对待学生,以诚、以礼、以宽待人处事,有原则,更有谦让宽容。在日常生活工作中,坚持严于律己,己所不欲,勿施于人;在团队建设中,努力创建学习型组织,注重和谐,维护整体,提携青年,共同进步。在我主持的多期上海市名师基地、名师工作室和种子教师高级研修班中,在"和"文化的氛围里,完成一期又一期幸福的伴随。在我主持的多个上海市、教育部重点课题组里,我都努力践行"和为贵"的理念,团结团队成员，一起学习一起研究，取得了很好的成效和成果。"和"是我追求的人生境界，它已铸刻在我的气质里、性格里、灵魂深处，与同事关系融洽，与学生亦师亦友，我为此感到欣慰。

第三是"有点精神"。一是要有自强不息、积极进取的精神。在认识自我的基础上，在人生的路上，不断有新的目标、新的追求。二是培养热爱教育事业的情感和终身奉献教育事业的精神。三是培养坚强的意志，锤炼坚毅的精神，不惧困难，勇往直前。在工作中，在专业上，选择一个方向，确定一个课题，不断地学习、研究、探索、实践，努力提高自己的专业素养和学术水平。我从 1983 年开始研究学生的学习，主持研究上海市"七五""八五"重点课题"初中生非智力心理因素发展与教育综合实验研究"，主持研究国家教委"九五"重点课题"义务教育阶段学生'学会学习'研究"，主持研究教育部"十五"重点课题"义务教育阶段学生学习潜能开发研究"，主持研究教育部"十一五"重点课题"基于脑科学的学习潜能开发深化研究"。三十多年，我和我的团队坚持着"有点精神"的追求，一路前行，享受着学习、研究的艰辛、快乐和幸福。

"多学习，和为贵，有点精神"，三者相辅相成，最终还是要落实到超越上，超越自我，超越前人，超越世俗，追求大境界，追求"海到无边天作岸，山登绝顶我为峰"的大气概。有对生命的热爱，有对天地的敬畏，有对美好的憧憬，生命就会得到一次次升华，人生就会完成一次次超越。这就是我们新时代教师应有的情怀。

教育是为了未来的事业，教育孕育着生机，教育成就着希望。一代代薪火相传，为了教育的未来，为了祖国的未来，为了更加美好的明天，让我们携手向前。

附　录

行走纪事 | "同框修行"中的共同体(上)
——徐崇文和他团队的五项修炼

一、引言:行走中的感悟与上海教师经验的超越

教育,在今天还有多少自己的发言权,身处一线的工作者应该感受最深。减负,课改已经持续喊了三十多年,未来还在路上,但对于一线教师来说,疲劳的应该不只是一减再减的审美;PISA 的引入未尝不可以成为静心自我反思和总结的一个契机,唯演变为故事体,诚不知是机智还是机巧。于此,上海教师作为一个符号已是命数。

如同上海教育,上海教师名曰上海,实乃中国教师之典范,是近代以来集举国教育人才之精华于沪上一地,在漫长的岁月里所积淀形成的中国教师风范,这才是研究上海教师的特殊意义。恢复教育秩序以来,沪上中小学校名师荟萃,不乏大家耳熟能详的名家,其间独有一位闻名而清静的长者——徐崇文,他和他团队修炼的风格引发了我们行走的兴趣。

学习行为最初发生在共同的生活中,在面对共同的生活场景时,人们相互影响,协力完成任务,修正个体经验,促进共同体的凝聚。本文将这一现象称之为"师生同框",即师生在共同的学习生活中相互影响、共同成长。这里,"同框"有表里两层含义:表层为共同的生活,里层则表现为特定的结构。徐崇文自 20世纪 80 年代起就和他的团队开展教育科研实践,取得了显著的成果。进入 21世纪,他带的团队不仅突破了一地,影响了几代人,至今还成为引领上海乃至全国教育科研的风向标杆。鉴于教师教育研究的滞后,既往徐崇文的成果只是被

视作教育科研的典范,随着我们行走的延展和认识的加深,"同框修行"浮在我们的脑际,它映射了徐崇文和他的团队修炼共同体的场景,也彰显了传统中国的文化特征。

教师的学习有别于普通人的学习,学用结合,解决实际问题,是教师学习的基本旨归。就是说,教师的学习除了在一般意义上提升文化知识,更重要的是解决"教—学"的效能问题,提高指导学生学习的能力和水平,因此教师的学习属于专业活动。问题是,如何组织教师的学习才有助于专业成长,这不仅是一个世界性的难题,也是回应教育专业属性的重大挑战。徐崇文和他的团队以学习科学研究所为载体,在实践、研究的过程中进行了五项修炼:找到真实的问题;形成必要的学习规范;保持学与行的有效互动;持续不断地思考和探索;构建进取、亲和、民主的学习文化。五项修炼,构成了徐崇文团队同框修行的基本结构。

二、第一项修炼:找到真实的问题

职业学习,是职业人面对职业问题而进行的认知活动;教师学习,则是教育者针对授业活动而展开的"知—行"互动,一般包括授业目的、授业内容、授业形式、授业成效的评估、授业对象特点等。由于授业活动的影响因素比较复杂,不仅各因素多是变量,且没有一个变量不会受到其他变量影响,造成授业成效的巨大差异,可以说不同时期出现过的各种经验、法则、理论等都是对上述变量的不完全总结,其临床表现既不会全然无效,也不会决然有效。这是教师职业专业属性引发质疑的根本原因。因此,要使教师学习趋于专业,首先需要找到授业活动中存在的问题。这原本是学校教育科研的初心,本文暂且按下不表。

(一) 问题的中心是"疑"与"难"

我国学校教育科研肇始于 20 世纪 80 年代,涌现出像李吉林的情境教育研究等一批成果。上海就是在那个时候命名了"青浦实验研究所""愉快教育研究所""成功教育研究所""张思中英语教学法研究所"以及"上海市学习指导研究所"五大研究所,其中的"上海市学习指导研究所"就是当年由徐崇文开创并建立起来的。这些研究成果不仅产生了较大的影响,也对学校教育科研的发展起到了重要的引导作用。随着学校教育科研的制度化、形式化、大众化,原初意义上的问题意识渐趋模糊,甚至丢失。今天,课题申报与评审中的各种缺憾莫过于教育问题的迷失最为突出。

从教者都有体会,"高考成绩""教学质量",这些是我们在教学实践中经常会遇到的问题,但对于这些"问题"的理解认识却可能大相径庭,进而引发截然不同的应对方案,"激发兴趣"和"一课一练"可以说就是两种极端认知的典型。其实,考试成绩、教学质量是直到今天国际上都极其重视的学业质量问题。需要注意是,这里所说的"问题",确切地说是"难题",有别于我们通常所理解的"话题"。根据亚里士多德的观点,所谓问题,就是在探索事物的时候,探索者根据对事物的先前把握,以"是"与"否"的方式,在自己面前就事物所提出的疑问。即是说,问题有三元素:主体实践;是与否的判断;疑问。陈桂生提出,"中文里问题就两个含义,一个是疑题;一个是'成问题',就是难题"。据这样的标准来看,我们在教育研究中有多少真问题? 又有多少无病呻吟?

徐崇文是怎么找到研究中的问题的呢?

(二) 对问题的洞察、发现、诊断与界定

徐崇文说,当时上海教师学历不合格的人较多,教学秩序混乱,教学水平参差不齐,教学质量不高。学生不要学,没有动力。所以他们就研究学习兴趣、动机、意志力等非智力心理因素,研究学习方法,这就有了后来的学习指导研究所。

那时的研究自由度较大,研究取决于领衔人对现实问题的把握。1987 年 5 月,上海市教育局公布了首批重点教育科研课题,全是自由申报的,徐崇文主持的"初中生非智力心理因素的发展与教育综合实验研究"就是其中一项。20 世纪 90 年代教育科研还是有较好的发展。教育科研没有大的框架限制,考验的是研究者对教育改革与发展趋势的敏锐洞察力以及发现问题、诊断问题和界定问题,进而形成课题的能力。以徐崇文的研究为例,他们一个团队 20 世纪 80 年代开始研究学生学习问题,包括学习心理的课题 1987 年被立为首批上海市重点课题,后来又申请一个学习方法的上海市市级课题,一直做到"八五"结束的 1995 年,十年磨一剑。1996 年,他们在前面研究的基础上,把学习心理和学习环境、学习方式方法手段技术综合一起,申请教育部重点课题,即徐崇文主持的"义务教育阶段学生'学会学习'研究",被批准立项为"九五"教育部重点课题。这是零的突破。这个课题研究成果获得上海市教育科研成果一等奖。接着徐崇文主持研究了"十五"教育部重点课题"义务教育阶段学生学习潜能开发研究"和"十一五"教育部重点课题"基于脑科学的学习潜能开发深化研究"。这些研究既紧密结合上海的课程改革,在学习方式变革方面进行探索,又学习运用多元智能理论和脑科学研究成果,开发学生的学习潜能。连续三个五年计划研究教育部重点课题,直到2011年结题,通过鉴定,研究成果也获得上海市教学成果一等奖。

（三）问题的分解和与时俱进的深化

徐崇文从学生"不要学""没有动力"这些表象出发,发掘出学习者在学习兴趣、动机、意志力等非智力心理因素方面存在的问题,进而思考研究学习方法,并将其作为学习指导研究所一以贯之的使命。我们不妨回顾一下学习指导研究所成立以来剖解问题的路径:

从20世纪80年代初开始研究学生的学习问题,"七五""八五"用十年时间研究上海市重点课题"初中生非智力心理因素的发展与教育""初中生学习指导的理论与实践"。

"九五"期间,研究了国家教委重点课题"义务教育阶段学生'学会学习'研究"。

"十五"期间,研究了教育部重点课题"义务教育阶段学生学习潜能开发研究"。

"十一五"期间,研究了教育部重点课题"基于脑科学的学习潜能开发深化研究"。

近年来又持续研究上海市重点项目"适于脑的学习模式构建与应用研究""为意义学习设计——知识可视化工具教学应用"。

从非智力心理因素入题,到学习指导,再到学会学习,进而是学习潜能,随即是脑科学和适于脑的学习模式等,徐崇文和他的团队对于新时期以来我国基础教育面对的学业质量问题,始终扣住"学习"这条主线,思考问题,提出假设,解决问题,不断深化对问题的认识和处置能力。可以说,这是他们不断修炼的成果,也正是通过这样的修炼,使他们对教育问题的领悟更具穿透性。作为第一线的教育工作者,长时间以来徐崇文和他的团队能够持续不断地获得国家级、省市级教育科研课题并不断获得优秀成果,就是这种修炼的证明。

在这样的环境熏陶下,以研究所为基地培养了一批优秀的教育科研人员。在我们行走中,由徐崇文、魏耀发等带教指导的成员吕洪波、梅洁、王天蓉等,每到一处都可以看到一堆又一堆的研究成果。目前,宝山区的问题化学习研究项目和青浦区的深度学习研究项目呈现出良好的发展态势,总结了系列研究成果,不仅对团队成员的研究形成了示范,还对区域内外的教育实践起了引领作用。

为了促进成果的推广,这些年来,学习指导研究所编写出版《学习指导与评价》刊物 18 期,刊载论文 100 多篇,合计编撰作品逾 80 万字。其中,选编了《核心素养》《学生自主学习》和《创新教育》三个专题情报,出版"学生学会学习与潜能开发"成果推广丛书以及绘本《我是小学生了》(上、下册),为幼小衔接提供了学习指导材料。

三、第二项修炼:形成必要的学习规范

学习活动并不是人类的专利,有机体有记忆功能,不少哺乳动物有初步的学习机能,这些都与学习活动有关。人类的学习更高级,表现在更有目的性、更具系统性、更有机动性。从广义来说,生活着的人们都处于某种特定的学习状态中,某种食物好吃、某个机构有衙门作风、乖巧卖萌可以得到赏赐或赞美、宠物狗一般不咬人……这样的学习常常是自发的,多半是随机的,然后慢慢转化为人们生活中的经验。比较而言,专业性的学习目的更清晰、内容更有针对性、形式更有成效。教师的学习被认为是专业活动,殊不知,在这条专业化的进程中充满着不确定性的挑战。

(一)教师专业学习中的变量

教师职业的构成元素比较复杂,包括授业内容和方法、作为教育对象的学生、国家的教育要求、所在学校的办学文化,等等。这些元素多是变量,且相互影响,因此它们的关系十分复杂。限于篇幅,试举一二以说明。

先说学生,作为对象的学生既是单数概念又是复数概念。作为单数概念的学生是具体的,张三李四每个都不同,有个体差异,有地域文化差异,还有时代特征;作为复数概念的学生是群体的,群体无时无刻不以自己的方式影响着个体,引导着个体的内在价值和外在行为。法国社会学家古斯塔夫·勒庞就认为,广场上的个体并非人们所看到的在表达理性诉求,而是受到群体控制的一种非理性的乱暴,他甚至不惜以"乌合之众"来冠名他的发现和学术成果。这是

群体操控个体的一种典型。回到教育中,第一个发现学生群体对学生个体产生影响的教育学者是苏联教育家马卡连柯,因此他倡导需要对学生集体进行教育。虽然我们认识到了这些问题,但是如何有效地培养集体、引导个体在集体中健康成长,迄今以来的教育理论和实践经验都十分有限,因为其中的变量太多且难以有效控制。

再以教育目的为例,教育有外在目的和内在目的,杜威还提出教育没有目的。说教育没有目的是因为杜威认识到强调目的容易引发目的和手段的错乱,其思辨原理和老子的"圣人出有大伪"进而主张"绝圣弃智"是一个道理。纵观世界各国教育还都声称有一定的目的,有的以"目的"形式宣称,有的以"政策"形式颁布,有的由政府下达,有的在民间传播,这些都属于外在目的。"学会数理化,走遍天下都不怕"是这样,"以德育为核心,以创新精神和实践能力为重点"同样如此。所谓内在目的,是实际教育教学活动中所传递的价值。凡行为都有价值,区别在于取值及大小。表扬乖巧既是引导秩序,也是鼓励听话;包容出错既可能纵容缺点,也可能引导创新。外在目的多是一种"宣称",内在目的则是行为的"流淌"。在校园里四处张贴"一切为了学生",这是一回事,要求学生配合表演以应付检查是不是"为学生"或者"为了学生的什么",那是另一回事。根据马克思的观点,在阶级社会中各种社会行为都会被打上阶级的烙印,就此可以确认的是,无论主张何种教育目的,在今天都必定会受到政治因素的支配,如此对于近年来越发受到关注的各种内卷现象以及对补习机构的整顿就不难理解了。

上述一番若即若离的论述可以帮助我们理解,为什么教师专业化命题提出多年却困难重重,甚至不乏受到社会的质疑。教师在面对如此复杂的职业局面中,学习是必不可少的,甚至是伴随整个职业生涯的。问题在于,如何规范这样的学习,徐崇文在他的团队实践中尝试"'打靶'+任务驱动"的模式。

(二) 集思广益、相得益彰的"打靶"训练

我们知道,在高校研究生培养环节一项重要任务是论文的撰写。根据论文写作要求,上来先要进行一项"开题"训练。学生把准备研究的内容和研究方法等做一个系统的汇报,随即由导师团队对该研究从概念、命题到方法等提出意见,以规范论文的写作。其间,各种批评、质疑甚至否定性意见不断,开题者的

心理从一开始的自信满满,到开完题之后的近乎崩溃,有师生借用射箭运动的直观形式把这样的训练方式戏称为"打靶"。"打靶"的好处是聚焦任务中心,汇集各种意见,有利于解决问题,达成任务。这种训练制度最初是从高等教育成熟的西方社会引进的,事实证明它对提升学术研究的规范和成效起到了积极作用。初期我们还不时能听到师生之间在"打靶"过程中尊重知识、维护独立意志的各种轶事趣闻。

徐崇文很好地发挥了高校开题中的"打靶"经验,把它跟在职教师的研究、成长衔接起来。相较于大学的开题,徐崇文在前期引导和内容指导上更为深入。具体而言,研究所在前期会先给教师提供一般性的学习讲座,教师结合各自的成长经历,根据平台的要求申报一些项目课题。这些课题作为"靶子",会受到来自专家、学员、同行炮火般的批评与质疑,并且相较于大学,这里的意见会更加注重实践,更接地气。在徐崇文的研究所接受过培训的教师都忘不了"打靶"的经历。

【徐崇文】在主持上海市名师基地的过程中,我和我的团队特别注意提升学员的学养和研究能力,要求每位学员都要认真研读指定的书籍,并结合教学实践中的问题申报课题。每位学员的课题立项申请书要在基地的学习会上,向全体导师、学员报告,大家一起研讨点评。这被学员们称为"打靶练习",大家集思广益、相得益彰,收获良多,也取得了极为显著的成果。

【魏耀发】"打靶练习"的主要活动方式是由一名学员先进行汇报交流,如汇报课题方案,然后由导师和学员共同质疑提问并给出研究建议。汇报的内容是一个"靶子","打靶"过程是对学员的理论素养和研究能力的检验和提升,受益者不仅是汇报者,还有"打靶"者。

案例:2012 年 7 月 2 日全天,第三期"双名工程"教心基地二组的学员和导师济济一堂,在进才实验小学会议室开展了深入的课题选题交流。

学员吕萍和陈媛分别介绍了自己的选题。来自浦东教育发展研究院的吕萍选择了"儿童科学前概念的临床分析与应用研究"作为自己的选题方向,她详细介绍了选题缘由、核心概念以及前期的资料梳理,显示了她深厚的研究功底和饱满的研究热情。来自市东中学的陈媛选择了"积极心理学在班级文化建设中的应用研究",从实践意义与理论价值、国内外研究现状、研究目标、研究内容等方面进行了详细汇报,体现了她多年的实践基础和对现实问题的敏感性。

汇报后,数位基地导师针对两位的课题方案进行了深入的点评与指导。针对吕萍的课题方案,张才龙老师指出,科学概念很重要,如何引导学生从"前概念"往科学概念靠拢,可能存在一个重要的中间地带——准科学概念,需要做更多深入的研究。吕洪波老师希望进一步明确是理论性研究还是实践性研究,更关注文献、数字背后的结论,还是更关注孩子如何掌握概念。李彦荣老师指出,"临床"与"应用"可能存在重复,建议进一步思考"前概念"与"临床分析"的关系处理问题。王洪明老师则希望明确本课题是儿童心理研究还是儿童教育研究,弄清与皮亚杰的临床法的区别。

针对陈媛的课题方案,李金钊老师建议方案中多介绍一些"积极组织系统"的内容。张才龙老师指出,"积极心理学"还不是很成熟的学科,结论不一定可靠,提醒大家在引进西方理论时,要注意本土化过程中的变数,同时肯定这一选题接地气,希望用拿来主义精神做好这个课题。王洪明老师觉得题目太大,缺少操作性定义,建议缩小为"行为文化",并提醒作为非班主任老师,操作和推进过程中可能存在困难。吕洪波老师认为,课题方案中积极心理学与班级文化还是两张皮,建议要建立起内在联系,重点应该放在班级文化上,题目可改成"基于积极心理学的班级文化建设"。祝庆东老师介绍了普陀区一所学校开展的民主型班级课题研究,已经有专著,可以作为参考资料,关于积极心理学的三个层面、九个特质也有大量的研究资料,希望能加强文献综述,在研究目标和内容的表述上再下点功夫。

这样的训练,让学员们当时就留下了深刻的印象。

【吕萍】我印象比较深的是教心基地的"打靶",被当作"靶子"实训了一下。在进入基地不久,导师就提出每个学员要进行选题,找准研究方向,每个人要被"打靶",这着实给了我一个很大的挑战。为了应对,我精心准备。因为准备比较早,也比较充分,就先行一步,申报了上海市教育科学研究项目,后来被立项为上海市教育科学研究市级项目。同时,也在学员中第一个被"打",导师们提出的意见给了我非常大的启示,为我进一步深入研究提供了非常好的意见和建议。

【陈媛】在基地的学习过程中,让我收获最大的是"打靶"式的交流指导。一年里,我们进行了课题研究方案和个人专业发展规划的交流,交流中导师们的一一点评给了我们最直接的帮助。在课题方案的交流中,我以"积极心理学在班级文化建设中的应用研究"为题进行了详细汇报。针对我的课题方案,导师们的点评帮助我突破了自己个人思维的局限,打开了研究思路,更增添了研究的信心。

【杨海燕】我选择的课题是"合作学习的课堂分析"。本来我对这个选题还比较满意,因为这是我比较感兴趣的一个课题。在与中小学老师一起合作研究的过程中,我们围绕小组合作学习进行课堂研究,并采用一些课堂分析的技术,对学生的学习状态、进步度等开展实证研究,力图通过分析学生的学来影响教师的教。但在我汇报完选题之后,好几位专家都认为这个课题选题意义不大,因为合作学习的相关研究太多,要取得突破和进展比较困难。听了专家的点评,我也一直在反思,这个选题的价值和定位究竟何在? 如何为课题寻找到一个新的研究视角,或者寻找一个国际上比较常用的课堂分析的技术手段来为课题增加亮点和新意,这些都是我在今后的研究中需要重点考虑的问题。

【杨娇平】在课题选题与方案的设计上,不同导师对不同课题的看法和指导建议就是不同的视角和思路,既丰富了对问题认识的全面性和独特性,又促进了思维方式的改进和融合。多次的讲座,不仅了解了专家介绍的某一领域的专业知识,也了解了专家的研究路径和思维方式。

【梅洁】在基地里我们每个人都要报选题,谈自己的研究方向,谈自己是怎么确定选题、怎么选择研究方向的。在选题之前我们会有一些辅导,包括上课或者专家报告,但关键是我们自己确定的题目,选完以后,每个人要去汇报,每次台下都会有一批老专家,包括燕国材、谢利民教授等。这些专家指导团不是就听你作一个报告,除了作报告以外,在我们学员谈各自的课题和研究方向的时候,在每个人介绍完之后,他们都会给你建议,同时也有学员提出意见。我们那时候管这叫"打靶",就是对你这个课题提问题、提建议,在这个过程当中帮助你丰富自己的思维,帮助你优化研究方法。其实因为每个课题在做的时候一定会有很多很多的困惑,在"打靶"的过程当中一方面可以分享成果,另一方面专家又会给你提建议,帮你完善。

【王天蓉】其实我当时在基地学习的时候,徐老师就把我当"靶子",他说把你的课题拿出来,我们要做打靶练习,然后他也会请很多专家过来给我们打靶。对于我自己的课题,我记得当时很多专家提了很友善的建议,他们说天蓉你这个课题如果要真的搞到学科里去,是要自己给自己找棺材睡的;你就搞一个语文也够累的对吧?那要搞那么多学科是搞不下去的。他说,还是建议你从教师专业发展这个角度去切入。但是后来我觉得不行,我觉得还是要走学科的。因为在区县一级的教育学院,我们再不走学科、不搞课堂的话,这东西是没生命力的。

"打靶训练"反映了徐崇文团队对于研究方法和方法论的重视。另外,在给学员们传授要领的时候,十分注重方法论,在这里不是单纯地开设讲座,而是开展了一个很系统的训练。

【梅洁】大家有自己的学科领域,有自己的研究方向,但是在徐老师的教心基地中,他会把你的学术方法和方法论的功底这一块做得很扎实。徐崇文老师很注重的一块就是方法与方法论,比如说怎么做质性研究。当时请到上海的专家团队可能有20多个,他们有时候上午一个讲座、下午一个讲座,有时候上午讲座、下午学员分享。当时在方法与方法论这一块,我们基地有一个系列课程,徐老师做了一系列的安排。所以大家可能来自各个学科,但是从方法论入手,我们老师都能受益,都能和自己的专业结合起来。

【王天蓉】我以前也很纠结,作为一个科研员的话,其实我们很容易陷入那种纯方法论中,我们很难深入不同的学科中去,这是我们很多科研所遇到的一个很大的瓶颈。因为我们本来受自己的这种知识结构的局限,哪怕你在学校教授过某一个学科,你也很难有底气去说我要在不同的学科中深入下去。

所以徐老师说一辈子做研究,中小学大有学问,教学就是教学生怎么学习,在科研方法论上他是讲究科学人文主义的。教育学科是蛮复杂的。一门学科它不是什么自然学科,也不仅仅是社会学科,它的学科性质本来就比较复杂。苏霍姆林斯基说:"把我们所有的心灵都献给孩子。"作为人文学科难以定性,它的研究范式也就比较复杂。所以徐老师多次带我到上海教科院下面的一个科研骨干教师的培训班,他在上面讲方法论,然后再给我一段时间讲具体的做法。其实我在这个过程中也是一边学习理论,一边知道自己具体应该怎么做,这些都是在基地里面两位导师给我们的一些好的影响。

(三)任务驱动——在教师教育探索中引航

学习的发生是在目的、任务的驱动下,有结构的一种认知体悟。"比起其他生物来说,人生来就是一个灵活的学习者、主动获取知识和技能的行动者。人学到的很多东西并不是从正规的教学中得到的,而是通过高度系统的、有组织的信息系统学来的——阅读、数学、科学、文学以及一个社会的历史——需要接受正规训练,通常这种训练在学校中进行。随着时间的推移,科学、数学和历史知识不断增长,内容越来越复杂,这给学习带来了新的问题。学校中所教知识的价值在应用到学校以外的情境中时其适用性开始受到质疑。"为什么"学校中所教知识的价值在应用到学校以外的情境中时其适用性开始受到质疑"?这与其中提到的"社会的历史"有关。正规教学中所获取的各种知识需要接受社会实践的检验,而这样的实践是需要训练的,因此在英语国家,强调"知识的建构",这也构成了社会学和认知心理学的一个基本概念。中国古人没有"建构"一说,却十分注重"体悟",突出主体认知的地位,注重认识活动中"知—行"的互动与贯通,在"体认""参悟"的背后强调的与其说是思维,不如说是智慧。这是中国式的生命哲学,也是徐崇文以任务驱动其团队学习的经验。

2004 年上海市教委开始筹划"名校长名师工程"。徐崇文、顾志跃、唐盛昌被上海市教委人事处招去一起研究上海市"双名工程"的实施方案和操作流程。2005 年成立了上海市"双名工程"办公室和项目组,各区县推荐选拔优秀学员作为名校长名师后备人选,推荐申报名校长名师基地主持人,上海市教委组织专家评审,最后第一期选出 1200 名学员,评选出 23 个基地。接着就是学员报名进基地,由于规定一个基地最多只能招 14 名学员,最多只有 300 多人可以进基地学习,没有进入基地的 800 多名师后备后来都进了高级研修班。徐崇文当时被选为教育心理学科基地主持人,招了 14 名学员,同时还兼任办公室项目管理组组长,负责办公室的日常管理。

上海市"双名工程"提出的目标是出人才、出经验、出成果,教委成立了"双名工程"办公室,人事处处长兼办公室主任,以项目组的形式进行管理。项目管理组负责日常管理,由徐崇文负责。分设校长基地管理组唐盛昌任组长,名师基地管理组顾志跃任组长,文库出版组顾鸿达任组长,课题管理组苏忱任组长。第一期工程到 2007 年底结束。

【徐崇文】第一期教心基地的学员王钢、吕洪波、祝庆东、俞定智、陈德华、姜兰波、王洪明被评为特级教师。这些老师都是各区的骨干力量,出人才的目标达到了。

第二期"双名工程"从 2008 年开始到 2011 年结束,我请魏耀发做我的副主持,又招了 14 名学员。和第一期一样,我的教育部重点课题仍在做,他们在学习过程中也参加一些我的课题活动,要求他们自己根据自己的研究方向报课题,立题后就享受上海市市级课题待遇。

第二期基地学员一半是教育科研教师,一半是心理健康教育教师。教育科研教师如朱连云、王天蓉,他们都带着区里一批科研员、教研员和中小学教师一起研究,推进本地区的教育改革发展,成效卓著。心理教师如梅洁、鞠瑞利,他们也是带领本地区的心理教师一起研究,把读书、研究、实践结合起来,做得很有成效。基地就是一个学习型组织、学习共同体,大家一起听专家讲座,一起研讨交流,一起争论质疑,并且组织听课评课,到展示活动现场学习研讨,调动多种资源,开展形式多样的活动,取得较好的效果。第二期的学员现有朱连云、王天蓉、梅洁、鞠瑞利、杨珊被评为特级教师,现已有多名被评为正高级教师,在第三期"双名工程"中成为基地主持人,成为攻关计划、高峰计划领衔人。

上海市前两期"双名工程"与上海教育出版社联合为学员设立了优秀成果精选"成长文库"出版专项。经过严格的申报、评审、立项和书稿审评,全市 100 多个基地和高级研修班,2000 多名学员,共选出 39 本书由上海教育出版社正式出版,其中有徐崇文基地的八本,占近五分之一,这是团队共同努力的结果。

不难发现,徐崇文和他的团队延伸并活用了学术研究的基本规范,使那些原本局限于理论研究的学术规范延伸到了教师教育实践进程中。可贵的是,徐崇文不仅弘扬了学术研究的基本规范,并且坚持了问题从实践中来到实践中去的原则,使其团队的研究避免了常见的学究式的闭门造车。纵观徐崇文和他的学习指导研究所几十年研究所积累的成果,之所以能够取得今天的成绩,他们在学习活动中所形成的"'打靶'+任务驱动"的学习模式,为徐崇文和他的团队在分解问题、解决问题、梳理经验、锻炼队伍等方面找到了切实有效的路径,说它是徐崇文和学习指导研究所的成果没有疑问,说它是上海优秀教师成长的秘籍也不为过,它为我们超越故事真正研究上海教师成长的足迹保留了生动的素材。

(作者:吴国平、杨瑞萌、张良禹,摘自《上海教师》第四辑)

行走纪事｜"同框修行"中的共同体(中)

——徐崇文和他团队的五项修炼

一、第三项修炼：保持学与行的有效互动

（一）认识学习共同体

近年来,学习共同体话题日益受到关注,于是难免引发教育界的热情,似乎又可以在一连串新理念之后续写教育新话题。"共同体"最初是作为社会学概念由斐迪南·滕尼斯(Ferdinad Tonnies)于 1887 年提出的,指"忠诚的关系和稳定的社会结构"。不难发现,共同体这一概念着眼于考察社会结构及其构成关系,此后很长时间,它都是社会学研究中的一个基本命题。

20 世纪 80 年代,彼得·圣吉(Peter Senge)从组织功能角度提出了"学习型组织"(Learning Organization)的理论,受到学术界内外广泛的关注,其目的在于引导一种"学习型"而非"控制型"的组织机制,从而帮助人们适应复杂的、相互依赖又不断变化的社会,其视野依然落在社会学中,突出了组织行为的学习特征。1995 年,欧内斯特·博耶尔(ErnestL·Boyer)第一次使用了"学习共同体"(Learning Community)这一表述。博耶尔随即解释称,学习共同体是所有人因共同的使命而朝着共同的愿景一起学习的组织,共同体中的成员共同分享学习的兴趣,共同寻找通向知识的旅程和理解世界的运作方式。博耶尔进一步拉近了"组织"与"学习"的关系。此后,克拉克(Paul Clark)、霍得(Shirley M. Hord)、罗伯茨(Sylvia M. Roberts)等研究者把这些思考引入学校组织中,发现学校中的教师和领导作为教育教学的专业人员,开展合作互惠的团队学习才是实现学校向学习共同体转变的关键因素,由此他们提出了"专业学习共同体"这一新命题,意在通过学校的变革促进教师的专业发展。

综上所述,学习共同体作为教育领域新出的一个概念,其形成反映了学校组织顺应时代发展的要求,对教师专业发展产生了积极的影响。事实上,不仅是英语国家,我们注意到就在我们的周边,日本的佐藤学以及我国台湾的众多学校,在学习共同体的理论与实践探索方面都取得了不同凡响的成果,可以想象学习共同体在未来还会持续受到关注。

（二）从"三人行"到"师徒带教"

现在的疑问是，学习共同体真是一个新生事物吗？此前，在中国本土的教育实践中似乎没有"学习共同体"这么一套说辞，中国究竟有没有"学习共同体"的实践呢？

制度化教育是近代西方的产物，这是我们向西方学习逐渐建立起来的一套教育制度，起于 1905 年的新学，至今还在不断调整的进程中。在这套制度里边，确乎没有"学习共同体"的理论，也缺乏必要的实践经验。由于中国古代的教育形态在西学东渐的过程中日趋式微，几近于濒危，我们也就很难系统地来进行考察。但是通过一些日常生活和历史文献的考察，或可发现一些端倪。

孔子说："三人行，必有我师焉。"作何理解？这里"行"与"师"是对举关系。行，言行、举止；师，效法、仿效。在几个人的小范围内，人们都会有可以向别人学习的地方，那不就是相互学习吗？这样的仿效学习难道不会有助于更好的言行举止吗？反之，"独学而无友，则孤陋而寡闻"，离开了共同学习，离开了相互切磋，学习的成效就会有问题。所以孔子才会发出"有朋自远方来，不亦乐乎"的感叹。不仅如此，他还主动向郯子、苌弘、师襄、老聃学习。在古代中国，善于向众人学习，善于向不同的人学习，这是成为圣人的特点，韩愈把这种不断向他人学习而成长的经验概括为"圣人无常师"。

虽然我们不必牵强把孔子所处的时代与专业相连，自给自足的田园经济尚不具备专业分工的生产基础，但是一个人能够做到三人行中必仿效，想来足可匹敌今日的专业精神了吧？可见，这句影响了中国人两千多年的儒家经典，几乎每个小学生都能诵读的名言，践行起来不就是一种学习者的共同体吗？

在我国的中小学里，普遍存在着一种现象：初任教师会跟随有资历的老教师边学习边实践，这种现象被称为"师徒带教"。应该如何理解这样的师徒带教呢？在师徒带教过程中，徒弟作为缺少教学经验的一方，可以从有经验的师傅那里学到很多临床教学的技能、方法，这是最为大家认同的一面，也是师徒带教成为中国学校教育符号的一个重要原因。

其实，带教过程中的师傅也有从中获益的专业成分。带教过程中的师傅，一般会对带教、指导、展示的教育教学内容进行一些准备，带教过程中还要面对徒弟各种意想不到的提问，这些准备和应对都为教师的专业反思创造了条件，很多内化的经验就此被放置在理性思维的解剖台上,从而有可能获得系统化、结构化的外显认知。经常带教徒弟的师傅多有一个体验:承担过一段时间的带教任务之后,与曾经跟自己相仿却没有带教过徒弟的同伴相比,专业能力上拉开了距离,带教过程中逼迫自己作专业反思和总结是一个重要的原因。

近年来,随着数字技术的迅猛发展,教学过程中应用技术手段的要求日益提高,这常常是令师傅困扰的一项能力,在师徒带教中却成为作为"数字原住民"一代的徒弟展示才华的一面,很多时候它成了师徒情感的增稠剂、润滑剂,"非正式组织"也好,"组织中的社群"也好,那一刻找到了真实的脚注。所以,"师徒带教"的经验其实是"师徒互动",可以被看成是学习共同体的简单形式。

(三) 教师专业能力的习得来自实践

教师的专业能力可能从什么地方获得? 一种认识是通过相关知识的传授并辅以一定的技能训练,另一种认识是强化基于临床的实践训练。前者主要是师范教育的课程设计,后者是日益受到国内外关注的职后教师培训。由于上文提到的各种困难和挑战,目前职后教师的培训缺少必要的、权威的经验,以至于有人会把昨天的教研组记忆幻想为今日的国家经验,不能不说是认错了时代,讲歪了故事。

如果说通过知识传授可以解决教师的专业能力,那么只要有师范高校就可以了,既可以为职前师范生传授知识、展示微格教学功能,又可以对职后教师演示知识、讲解育人技能。不无遗憾的是,师范高校整体的式微或许以另一种方式宣告,基于知识系统的教师培养这条路走不通。知识对于教师专业素养来说是必要条件,却不够充分,就教师的胜任结构而言,技能权重或许更为突出。问题是,教师的技能如何构成? 何以实现? 这就引出了临床实践的问题。"纸上得来终觉浅,绝知此事要躬行",几乎所有关于专业问题的讨论最后都离不开实践的问题,不妨说,与"专业"对举的不是"非专业",而是"实践"。面对纷繁复杂的职业元素,教师需要不断锤炼实践智慧,这些智慧只能在岗位上习得——边实践、边学习、边收获。徐崇文的经验就在于他为我们演示了临床实践的精彩。徐崇文的指导过程不仅注重问题从学员自身实践中来,还注重解决问题的思路得以在实践中检验,总结形成的经验具有实践指导迁移功能。

(四) 名家引领的"读书—实践—研究"

徐崇文的学习科学研究所汇聚了一批鼎鼎有名的专家团队,燕国材、林崇德、叶澜、张民生、顾志跃……不同时期、不同领域的优秀专家领导都经常出现在学员的临床指导活动中。在这批学科顶尖大家的指导下,学员们不仅能接触到不同领域最前沿的研究资讯,更是在与大家的近距离接触中感受到了专家是如何成长的,他们是怎样做学问的。这种收获体会,对于一名教师学员而言,可能比他在这一过程中真正学到什么具体知识更能使其受益。

【梅洁】徐老师能够把全国各地(而不仅是上海)在教育心理领域最核心的一批专家都带到我们的基地,可以讲,我感觉到在当时所有的"双名"基地当中,我们的这个专家团队是最宏大的,而且徐老师请的这些专家跟他也都是一类人,都是扎扎实实做学问的。你想,燕国材教授,他那个时候已经80多岁了,每一次做活动的时候,燕教授就跟着一整天,活动从早上开始,他也从早上赶过来,一个一个汇报听过来,然后给我们一个一个去做点评。他有一次大概是胰腺炎动手术,手术后不到一个星期,又坐到会场给我们讲课,一讲就是一天。我觉得就是这种对学术研究的敬业精神,对我们这些学员的影响更大。其实你想他研究非智力因素,然后他用非智力因素感染大家,包括他自己也以对学术的这个热情在不停地研究。徐老师每次都会把大家集中在一起,然后还会把一些教育领域的灵魂人物、重要人物,比如谢立民、张民生这些人都请过来,让他们谈自己的成长经历。在工作室其实就是让我们感受到了一批大家,他们是怎么一步一步成长起来的。在跟这些名师面对面的过程当中,会让你感觉到学习的魅力、研究的魅力和专业成长的魅力,你就不会去想其他的东西,而是专心研究。

在我们的行走中,不止一位老师向我们感叹,现在的很多专业培训活动其实让基层教师十分苦恼,因为"科研让我们搞课题,教员让我们上课,培训班让我们搞培训"。而且,在培训过程中一线教师会从教学实践中带来很多特别丰富的一线经验,一些很好的做法,但是专家听不明白,他不能理解教师,不知道做这个有什么意义。同样地,教师有时也不能理解专家抽象的理论介绍,不能理解谈这些对于自身的教学有什么帮助。而专业活动的要义正在于承担"桥梁"的作用,帮助对接教师的实践经验和专家的专业理论,把专家所讲的内容转化成教师能够听得懂、能够下手去做的事。

"读书—实践—研究"是老师们对徐崇文学习科学研究所的总结概括,所谓教育科研,上要能联结抽象化的理论,下要能与教育实践结合,指导、改善教师的教学活动。作为一种专业的教学具有极强的实践性,作为教学专业的从业者,教师的专业发展也就必须指向教学专业实践的改善。

【吕洪波】这边(学习科学研究所)学习的是一种理论上的东西,但是这种东西跟你原来在学校里是不一样的,因为每天他讲的一个东西,我马上就跟我们工作结合了,我觉得收获很大,所以自从进入徐老师这个基地之后,我就觉得是一种全新的感觉。

燕国材教授一直在这个指导团队里面,所以他就一直是把这些作为指导他研究的内容。那我就想这个没问题,这个肯定是我们任何一种研究超越不了的,而且这个神经学的研究,国际也好,国内也好,都是特别领先的。另外我发现,他在做一件事情,就是把这种新的研究成果转化成我们教育教学上可以借鉴的一些内容,这个太重要了。有一次他带我们到北京师范大学去,当时他们有一个研究,在实验室里有个很高规格的国际先进的器械,特别开眼界。然后我就在想他们研究的课题,如果直接让我们一线的老师来看,没用了,没办法用了,看也看不懂,对吧?但是经过徐老师他们的转化之后,我们的老师就知道怎么做了。

所以我就在想,区县的这个科研室或教育学院的工作也应该是这中间的一个桥梁。我在工作中也特别注意这一点。我们的一个老师他要做课题研究,那学校可能也请了高校的专家,然后也请了我们区县科研室的老师,那么我们区县科研室做什么呢?我们有很多老师去了以后,就说感谢学校给他一个学习的机会。对呀,那肯定是个学习的机会,你有了这样的机会,你学到了专家教授的一些观点,对吧?但是你不只是一个学习者,你要思考这个东西怎样和你的工作结合。我发现很多次,专家们在那讲得特别好,我们基层的一线老师在这听,听完以后谢谢他们。换句话来讲,我们一线的老师讲了很多特别丰富的经验和很好的做法,但是我们的专家听不明白,他不能理解你,不知道你做这个有什么意义。所以我就说我们科研员要起中间桥梁的作用,你要把专家所讲的转化成我们老师能够听得懂的,要做这件事情。

(五)师生同框,"信"在其中的修行

若论专业修行的最高境界,想来莫过于专业自觉了。在另一些场合,我们也会议论学术信仰。两者说辞有别,所论其实是同一件事——当事者对于自己所奉行的职业准则或学术理论的信任程度。坚信自己的职业认知,就表现为专业自觉。布鲁诺临刑前高声宣称:在真理面前半步也不后退,就是学术信仰。在社会科学领域,学术信仰的缺失必然使学术沦为宣传,职业准则的丧失必然使专业沦为表演。所以,古人把"笃行"视为"学—思—行"的最后归宿。今人称"专业自觉",西人谓"学术信仰",古人倡"笃行",这些都是最难的职业与学术修行。

　　"信"的问题怎么修?这是苏格拉底遭遇的疑题——道德可教吗?尽管苏氏给出的答案明确,可两千多年中答对的并不多,这不仅是苏氏的执念有别于《中庸》的智慧,最根本的是缺少了生活的锤炼。"心中的律令"靠得住吗?娜拉可以义无反顾地出走,但是鲁迅的深刻在于,走了,还要回来。走,可以痛快;回,总是无奈。面包不可能从丰满的理想中掉下来,"信仰"的确立不是一觉醒来完成的,而是在生活的炼狱中被千万次地拷打锤炼而成的。我把中国古人解决这个问题的经验称为"师生同框",就是师生在共同的学习生活中相互影响、共同成长。其实,这也是教育的本源。古人把早期的学校叫"序""庠",孟子说:"夏曰校,殷曰序,周曰庠,学则三代共之,皆所以明人伦也。"用今天的话来说,学校就是教学生学会做人的地方。可见,古时候的学校不仅是教导未成年人的处所,也是敬养尊老的地方。据《礼记·王制》记载:"有虞氏养国老于上庠,养庶老于下庠。夏后氏养国老于东序,养庶老于西序。殷人养国老于右学,养庶老于左学。"庠分上下,序分东西,学分左右,原来都是"养国老"的地方。至于养国老的目的,孔颖达说:"养老必在学者,以学教孝悌之处,故于中养老。"在庠和序中生活着的长者,在照料孩子的过程中,通过展示成熟的社会生活经验,引导未成熟的个体成长,帮助他们更好地融入社群中,教育就是这么形成的。当年孔子亲驾马车携一众弟子周游列国,游说王臣诸侯,可谓一种示范。宋明以后,师生同框的经验被书院较好地保留了下来,为知行合一的"笃行"修炼提供了制度化的保障。反观古今中外被人津津乐道的教育经验,无论是西南联大,还是伊顿公学,师生同框是共同的风景。道理其实不复杂,大学的本义就是师生联合体。当师生同框日渐成为一个远去的记忆的时候,徐崇文和他的团队为我们作出了生动的诠释,在这个同框的镜头中,他不仅身先士卒开垦出了学习科学的系列成果,也引导了一批可畏的后生。

　　【吕洪波】你会感觉到基地就像是一个大的家,你也认认真真地在那儿学习,在这些过程里,你都会学到、体悟到。比如说我们前面那些老师,有的时候他们的一些活动我们也参加,我们在活动过程里还跟那些老师交流沟通,这个就是那种我想不到用什么样的语言来表达,就是那种氛围,那样的一种环境营造的那种课程。隐性的课程,对吧,他就在影响着你,我觉得这也是一种课程。

【梅洁】(跟着)徐老师学习的那个年代,有一点比现在好,就是我们每次在一起活动的时候,徐老师会把我们的生活安排得特别好,就像父亲一样。他到一个地方就会关注那里什么最好吃,他很讲究生活的情调、品位。而且他邀请我们去吃一样东西之前,他会自己先体验一下,好的话他才带我们去。因为经常有活动,有活动大家就都在一起,学员的凝聚力就很强。现在你带学员完全不会这样,开完会你就走了。

他会为我们创造这种场景,比方喝茶,很多东西就是在这个时候交流碰撞出来的,重要的是在生活场景中。你在学术交流会谈的都是事先准备好的、一本正经的,但思想的火花往往都是在生活场景中无意间碰撞出来的。

他还会把我们带到各种地方,比方说带到哪个博物馆去参观。其实在出去的过程中,更让我感受到他对你的影响是一种视野的打开。我觉得这个不光是参观,那个时候我们都能够坐圆桌,大家在圆桌上就会谈自己的想法,谈自己的研究,谈自己未来的规划,在这种情况下就能看见“真实在河道里面游泳”的那个场景。

与现在过于制度化、职业化的教师培训不同,徐崇文的学习科学研究所更类似于中国传统的书院,在这里师和生之间的情感联系更为密切,在“打靶练习”“圆桌聚餐”“文化之旅”这些生活场景当中产生影响。学员中有一大半出生在 20 世纪 70 年代,而徐崇文本人当时已年逾七旬,所以他经常跟那些学员开玩笑:“我们是‘70 后’伙伴。”这些“70 后”伙伴就常常聚在一起切磋讨论教育问题,一同考察历史文化景点,一同享受有情调的美味,也一同完成各项具有挑战性的任务。

《学习报》的“教师专业发展版”就是在徐崇文牵头下由学习科学专业委员会和学习报社合作的项目,每一期都是徐崇文组织学员自己组稿、自己编撰、自己主持,至今已经出版超过百期。如今,已届八十高龄的徐崇文依然每一期都会对他们的工作进行指导,脑际跳出他乐此不疲的神情,浮出他的那些学员们热情高涨的身影,令人羡慕,也不由得会联想到孔子和他的弟子们生动交流的场景。毋庸讳言,这样的影响要远远超过简单的专业化的正式指导。

二、第四项修炼:持续不断地思考和探索

上文已经详细分析了在授业活动中寻找问题、思考问题的重要性,也分析了教育问题的复杂性因素。可以说,教育中遇到的真问题多半不好解决,对这些问题的认识需要进行持续不断的思考和持续不断的实践,众所周知的学困生问题是如此,德育问题是如此,授业效能问题同样如此。学习科学就是一个与授业效能密切相关的问题,徐崇文和他的团队是如何进行持续不断的研究的呢?

(一) 咬定青山不放松的执着

"咬定青山不放松"是受访老师都提到的一句话,这也是徐崇文老师一直提到的一句话。所谓"咬定青山",就是要找到一个"进入得了各门学科,又能够超越各门学科"的真问题持续深入地研究。研究型教师,不是整天追逐新兴热潮,"东搞一耙西搞一耙",而是要真正找到属于自己的、稳定的、适合研究的点做深、做透。"教育研究是一辈子的事情",徐崇文不仅是这样教导、要求教师的,学习科学研究所近 40 年来聚焦于学生学习的历史也同样是这么践行这一理念的。

【吕洪波】我刚才一直讲一句话叫"咬定青山不放松",徐崇文老师也一直讲这句话。这个咬定青山不放松,他这些年里一直在这样做。1982 年开始,他就一直持续不断地做,他越做越感觉到有东西可以做,那这样子的话就一轮一轮地做下来了。徐老师如果没有这种(精神)的话,我相信那个时候写完那一本书就结束了。当然了,这个现在看好像还没有什么,但是真正当你咬定青山做的时候,你就会发现问题越来越多,你可研究、可思考的东西越来越多。

研究什么呢? 有的时候,今天这个(热点)来了,明天那个热点来了,应接不暇的,所以我就一直想,就是说你作为一个区县的科研员,首先应该是研究型教师,研究型教师的研究点在哪里,或者说自己的专长在哪里,这个要搞清楚。

【梅洁】徐老师身上有一种品格魅力,感染我们的就是他对教育研究的执着、专业和淡泊名利,你从他身上感受到的就是这种学者的品格。我觉得我们跟他在一起,就会心很静,很淡泊,因为他就是很纯粹的一个人,他身上的那种

纯粹又能够感染和带动我们。徐老师这么多年就强调两点,第一强调学习研究,第二强调学生研究。所以他从"九五"一直到现在,一轮轮沿着学生研究、学习研究这条线索,执着于专业的研究,这对我们有很大的感染和影响。也就是说,我们自己就能很专心地去做我们专业领域的研究,不像人家东打一枪西打一枪。

现在我们承担的工作常常不纯粹,常常很杂,包括我自己,既有学校科研管理的任务,又有心理健康方面的工作,还要承担民盟等社会工作。但是你会感觉到你在所有这些工作当中,有一条你自己的线索,在多头的工作当中肯定不能忘记自己的专业方向,我觉得这一点是从徐老师那里学来的。

【王天蓉】徐老师说他一辈子就这么三句话:第一句话是教育科研就是搞学问的;第二句话是中小学是大有学问的,不要瞧不起中小学,中小学教育教学是大有学问的;第三句话是搞研究要咬定青山不放松,不要老是东搞一耙西搞一耙。

有一次徐老师给我们看他们三个人(怎么做研究),让我们学习。每一份课题方案都打印出来让我们看,魏老师帮我们解读。我们就看在这个过程当中怎么一步一步深入地发展,从学习指导开始,然后再慢慢地变成脑科学,再到学习科学这个领域。对我们来说其实就是一个示范,之前可能谁也没有跟你说过搞研究就是要搞一辈子的,要搞就好好搞一个,不要东搞一个西搞一个,对吧?徐老师就说,大家每个人都要找到一个稳定的专业发展方向。

有别于个体自发的学习活动,教育中的学习活动与授业行为关系密切,如何发挥授业活动的效能,这是教育中的学习科学需要正视的命题。

徐崇文从自己20余年的教学经验中注意到,教学质量不高与学习方法不当之间存在因果关系,他把问题聚焦到学习兴趣、动机、意志力等方面,这在非智力心理因素研究中是重要的内容,构成了他的"学会学习"研究的主题。随即他把注意力集中到了"学习潜能的开发"方面,继而是"脑科学对于学习潜能的影响"。此后研究所在继任的魏耀发带领下不断地把思考深化下去,相继关注并研究了"适于脑的学习模式"以及"知识可视化工具的应用"。受到这些熏陶的影响,学员在各自的实践中持续深化着对这些问题的思考,如王天蓉的问题化学习和朱连云的深度学习,不仅都获得了国家优秀教学成果奖,而且通过实践研究不断壮大着队伍。

　　为了给中小学教师开展教育研究提供帮助,徐崇文准备编撰一本指导书。但编写这样一本书有两个挑战:一是讲教育研究方法的书已有不少,怎样做到有突破;二是怎样贴近中小学教师的实际,帮助他们解决在教育研究中的实际困难和问题。分析问题的症结,徐崇文认为问题有三个:一是教师在揭示教育教学中的问题方面存在困难,二是有问题怎样变成课题,三是如何选择合适的研究方法。归根到底,就是要解决为什么研究、研究什么和怎样研究的问题。

　　基于这样的思考,他们对该书的编撰框架有了思路,概括来说突出以下三点:突出问题情境,突出实例分析,突出研究思想。在问题情境中,列出重要研究领域,对相关领域的问题进行聚焦分析,打开教师的研究视野,帮助教师将自己的问题与相关研究领域建立联系。在实例分析中,对于每个研究领域给出两三个研究实例,并从研习立场出发,选取一个或几个角度进行分析,引导教师仔细揣摩案例结果的教育价值以及案例研究方法的学习价值,揣摩编者的用心,真正发挥教材的作用。在研究思想中,有一些拓展学习资料,包括教育和心理理论,也包括研究方法和方法论介绍。这样的持续深入思考让徐崇文和他的团队感到非常兴奋,于是全书八个章目形成了:

　　第一章,中小学教师教育研究的定位,介绍了教师的教育研究特点、为什么要进行教育研究、教育研究的出发点与归宿。

　　第二章,中小学教师教育研究的基本过程,主要从教育研究的一般过程出发,介绍和分析了问题、专题与课题的区别和联系,明确了课题研究计划的制订、实施与成果表述的方法。

　　第三章,教师怎样研究学生发展,介绍研究学生的意义和条件,该领域的一些重要研究视角以及相应的研究方法与具体案例。

　　第四章,教师怎样研究学生学习,介绍了学习研究的理论和研究取向以及一些重要的研究视角和方法。

　　第五章,教师怎样研究教学,介绍了课堂教学研究的取向以及一些重要的研究视角和方法。

　　第六章,教师怎样研究课程,介绍了课程与教材研究的基本内容以及一些重要的研究视角和方法。

　　第七章,教师怎样研究教师发展,介绍了教师发展研究的基本内容以及一些重要的研究视角和方法。

第八章，教师怎样研究学校发展，从学校发展规划的研究、学校实验项目的研究和学校特色文化的研究三个方面进行了专题介绍。

这就是徐崇文主编，王天蓉、李金钊、祝庆东副主编的《中小学教师教育研究读本》的由来。延续着对这些问题的思考，近年来王天蓉和她的伙伴合作编撰了《问题化学习：教师行动手册》，继而是《学会追问》《合作解决问题》《小学数学问题化学习课堂实践手册》《小学语文问题化学习课堂实践手册》《中学语文问题化学习课堂实践手册》。王天蓉固然是徐崇文培养的众多学员中十分出色的一位，但是受徐崇文影响，无论是学习科学研究所的研究人员，还是从学习科学研究所走出去的众多学员，都在各自的研究领域继承并发扬了持续深化地思考和探索的品质。

（二）引导团队成员申报课题、著书立说

当我们走进学习科学研究所，面对着满满一桌子的出版成果，在兴奋之余更多的是感叹。其中不乏教育部和上海市教学成果一、二等奖，也不乏国家和上海市不同时期的重点课题，这些成果拿到哪个师范高校的学科评审中都毫不逊色。这些成果的取得，既是徐崇文和他的团队勇于进取、不断创新的结果，也是他们在共同体中鼓励和引导成员申报课题、著书立说的结果。

【徐崇文】我2002年初卸任上海市黄浦区教育学院副院长，便开始做黄浦区第一期名师工作室的主持人。2002年暑假前完成学员推荐选拔工作。黄浦区第一期名师工程设立五个名师工作室，都以主持人名字命名，分别是顾鸿达数学名师工作室、徐崇文学习潜能开发研究名师工作室、万永富小学语文名师工作室、黄静华班主任工作名师工作室、邵黎柳幼儿教育名师工作室。我的工作室从报名的50多名教师中选了14名学员，暑假前完成了组班工作，9月开始活动。

名师工作室主要还是培养人。我的工作室学员的学习方式是跟着我做教育部的重点课题，采用"读书—实践—研究"的方法，每人报一个子课题，在自己学校带一批老师一起做。我分专题，从课题设计开始，到开题论证、研究方法的选择、研究过程中的资料数据的收集积累、定性定量分析处理方法，直到结题报告的撰写，进行全过程指导。

在此基础上，徐崇文鼓励团队成员把个人研究的成果整理成书稿，公开出版。要知道,这在 20 年前一名一线教师出版专著是多么稀缺的景观,意味着著述者不仅需要付出勇气,还需要对个人经验进行多次总结和反思。在团队成员共同努力下,他们取得了怎样的成绩呢? 让我们来回顾一下:上海市教委"双名工程"项目与上海教育出版社联合为前两期学员设立了优秀成果精选"成长文库"出版专项,经过严格的申报、评审、立项和书稿审读,全市 100 多个基地和高级研修班,2000 多名学员,共遴选出 39 本著作由上海教育出版社正式出版,其中徐崇文团队计有 8 本,占总数的五分之一。它们是:

吕洪波:《中小学教师专题反思研究》

李彦荣:《冲突与转变:教师课改行为研究的一个新视角》

陈德华:《教学中的心理效应》

王洪明:《做一个幸福的班主任》

梅洁:《成为智慧的学校心理教育者》

詹惠文:《让心灵自由——90 后青少年心理问题及辅导》

姜兰波:《思想政治课激活教学导论》

王兰桢:《思辨与感悟——来自中学化学课堂教学的案例和思考》

除了医疗手术台和庭审法院等少数场所,"专业"大概是今天最容易吓唬外行的一个称谓了,连地铁站外坐在小板凳上为手机贴膜的小哥都以"专业"为自己招揽生意。在教师授业活动中加入专业修饰,想法很丰满,尤其是当"阿尔法狗"都学会了"计算"的今天,骨感十足的授业活动难免被要求一会儿加入一点进课堂,一会儿减少一点在课堂,却从来未听见什么"专业"的嗓子出来发声。问题是,教师授业活动中的专业成分几何,迄今为止议论纷纷却难见定理,也少见原理,大概不错的还是常理。其中持续不断的思考、持续不断的实践,应该是教师进入专业反思、提升专业能力的一般常识,也是徐崇文和他团队修炼的一条重要经验。

(作者:吴国平、黄得昊,摘自《上海教师》第五辑)

行走纪事 | "同框修行"中的共同体(下)
——徐崇文和他团队的五项修炼

一、第五项修炼:构建进取、亲和、民主的学习文化

我们在行走中多次听到一个词——生态。根据《辞海》的解释,生态有三层含义:(1)显露美好的姿态;(2)生动的意态;(3)生物的生理特性和生活习性。显然,组织机构意义上的生态表现为一种"生动的意态"。这种意态主要反映在两个方面:一是组织成员之间的相互影响,二是个体与环境的互动关系。它们一起构成了组织的共同体。可见,组织意义上的生态就是一种共同体,这样的共同体有清晰的奋斗目标,有充分的成长空间,有亲和的情感互动,有强大的精神引领,这些构成了同框专业修炼的文化要素。

(一) 锤炼共同的目标和价值

在团体内营造具有引领性、感染性的学习氛围,每个成员都可以在这样的氛围中自发自觉地向好向善,提升与突破自我。徐崇文作为团队的灵魂人物,其学术修为与人格魅力在很大程度上奠定了组织的特性和品质。

"多学习,和为贵,有点精神"这 10 个字是徐崇文的座右铭,是他从教 57 年的真实写照,也是他和团队同框修炼之道。教师的职责决定了他首先是一个学习者。徐崇文倡导的是多学,高品质的学习。多,表现为量和类、途径与方法;品质,反映在感悟、践行、超越。和,既是中华优秀传统文化的一个重要价值取向,也是徐崇文宽以待人、严以律己、处事有度的个体生命体认。我们在行走中,无论是他常年的合作伙伴还是那些学员,都对徐崇文身上展现的"和为贵"的道德人格表现出极高的敬重。精神,既反映为个体外在的精气神,更是追求理想的不懈动力。可见,不落俗套的"学"与"和"的追求,是徐崇文和他的团队同框修行的核心价值。

在回顾总结自己和学员同框修行的经历以后,徐崇文留下了"感悟·践行·超越"为主题的心路历程,充分彰显了这个学习共同体的价值追求,兹录如下:

一个教育战线的老兵和一群朝气蓬勃的年轻教师一起读书,一起研讨,一

起参加学术活动，一起经历两个新的生命的孕育和诞生……探索和求证并行，未来和希望共生。

古人云："读万卷书，行万里路。"现代心理学认为，学习是经验引起的知识和行为的相对持久的变化。也就是说读书是学习，经历也是学习。其实高质量的学习就是感悟、践行和超越。感悟就是要用心，用心读书，用心体验，用心思考。"学而不思则罔"，要从字里行间，从细微处，从经历中悟出精妙的大道理，看到脱俗的大境界。

践行就是要实践、要行动，知行统一，学以致用。孔子主张博学、审问、慎思、笃行，"纸上得来终觉浅，绝知此事要躬行"，都是说实践是学习的重要组成部分，要用学到的知识去实践。我们现在提倡的"读书—研究—实践"的研修模式，就是要理论和实践相结合，在实践中进一步感悟。一群年轻人有理想、有热情，在教学实践中建功立业。他们中有的已成为教学骨干，有的已成为学科带头人。我为他们的努力而高兴，为他们的发展、他们的进步而骄傲，更期盼他们的超越。

超越就是要乐学，要学会享受学习。子曰："知之者不如好之者，好之者不如乐之者。"在学习过程中，我们零距离地接触那些名师、专家教授，如燕国材教授、林崇德教授等。他们既是学习的成功者又是学习的享受者，他们坚守着"学无涯，思无涯，其乐也无涯"的信条，在困难中拼搏，甚至在黑暗中摸索前行，以生命的诚恳换学问，翻越一道道障碍，成就一片片风景，成为我们后学者的楷模和榜样。

超越就是要坚持，要始终不懈，要有"衣带渐宽终不悔，为伊消得人憔悴"的精神，咬定青松不放松，在学习中追寻生活的无穷乐趣。

超越就是要从容淡定，不浮躁、不计较，不急功近利、不为名利所累，摆脱名利的羁绊，"精神到处文章老，学问深时意气平"。

超越就是要认识自我、超越自我、超越世俗，追求大境界，"海到尽头天作岸，山登绝顶我为峰"。有梦想、有追求、有对生命的热爱、有对天地的敬畏，生命就会实现一次次超越，得到一次次升华。

教育是为了未来的事业，教育孕育着生机，教育成就着希望，一代一代，薪火相传。

感悟、践行、超越，为了教育的未来，更为了祖国的未来！

　　在徐崇文的感召下,团队的成员学会了以不断改进、不断提升为行动导向,努力将专业的提升作用到课堂和学生成长中。在故事体的神话和宣传体的大话里,我们习惯了成功背后没有私利、与功名无关的传说,而这恰会成为思想开始的地方。离开了与个人的羁绊,人们行为的动力会从天而降吗? 这是马克思的历史唯物主义和辩证唯物主义教会我们认识世界的方法。徐崇文的真实与可敬在于他自信、有成就感,却又能够保持淡泊名利。行走中几位老师多次提到徐崇文对教育科研淡泊且崇高的追求,展现出中国传统学者风范与人格魅力,跟随他的学员们直言获益匪浅。同框修行中他们逐渐学会了确定研究领域,找准一个问题,咬定青山不放松,下苦功夫,朝着潜心专注于自我提升的方向保持初心与本色修炼。这里真有一种雕琢和打磨的精神在里面。

　　【王天蓉】他(徐崇文)就在坚持这个东西,他就坚持要对学生好,要把工作做好,不讲教师的浮名,(名利)不是本质。我觉得如果最后回到中国自己的共同体来讲(这是什么),那就是共同体的出发点和价值观。我们还是有一群不计名利、不计成本地去做自己热爱的东西的人……不是为了去拿一个什么荣誉奖项,而是为了自我改进、自我提高。

　　(二)持续的专业激励

　　"集体中的个人""由个人组成的集体",这是共同体中很有意思的一对关系。看不到个人的集体难免平庸,看不到集体的个人必定狭隘。如何保持共同体的活力,这是组织行为中的一门艺术。学习共同体,有别于一般组织,是致力于学习的联合体,个体主要是为了学习的目的而聚合在一起,理论上它应该表现为杜威所说的"在自己以外没有目的",这么说是因为在真实世界中也少不了有人为了评审和奖项而混圈的学习表演。因此,用什么原则推进共同体,其结果是大相径庭的。事实正如我们所看到的,清者自清,徐崇文和他的共同体就是如此。那么,徐崇文靠的是什么呢? ——是专业激励。有人会说,那不是理所应当的吗? 是的,这在徐崇文、魏耀发那里是如此,然而现实的无奈是,在另外不少地方理所应当不是如此,不然斯隆引用的那句话"别让现任者指定继承人,否则你得到的只能是二等复制品"就不会引起人们的共鸣。

　　共同体的权威可以来自行政、世俗伦理、道德、专业,学习共同体的权威可以沿着这些路径来取得。徐崇文的经验是弱化行政和世俗权威,突出专业权威,注重专业激励。前文说到的实施"打靶练习"、鼓励专业出版等都属于专业激励,此外还有组建专业的指导团队、真实地发挥专家作用、营造民主的学术氛围、种子学员的连续培养,等等。

【徐崇文】我就是把每一期的学员视为一起学习的伙伴,大家共同利用这难得的机会,一起读书一起研讨,也就是一个学习共同体。每个人都是学习者,又是学习资源。我充分发挥我的朋友资源,助力基地和工作室的学习研究活动,把北京师范大学、华东师范大学、上海师范大学、天津师范大学以及上海市教委、教科院的领导专家请来做基地导师,或作讲座,一起研讨,让学员领略名家学者风范,开阔学术视野,取得较好的效果。

【吕洪波】那么这样相互之间,有的时候我们在活动过程里面还跟那些老师交流沟通,就是那种我想不到用什么样的语言来表达,就是那种氛围,那样一种环境营造的那种课程。隐性的课程对吧,它就在影响着你,我觉得这也是一种课程……

【王天蓉】所以等于是坊主有一个生态,就是工作坊由品牌教师来担任。如果他一个人的力量不足,我们还可以设置双坊主。工作坊还可以有导师,我让学员自己选择跟谁,也会给他们建议,然后导师有的是教研员,有的是高校的教授,几种生态都要有吧……他能够把全国各地最核心的在教育心理领域的这一批专家都带到我们这个基地。

与常见的以"期"做分隔的"双名"培训不同,徐崇文会在每一期中挑选出具有潜力的"种子学员"继续参加下一期的培训,既以学员的身份继续深入学习研究,又充当小导师辅导下一批学员。这种做法与陶行知倡导"小先生制"的智慧十分类似,是一个很好的经验与传统。从团队学员名单中我们可以清晰地发现,不少优秀学员连续几期跟随基地学习,前一期的学员会成为后一期助理、秘书,甚至一起参与主持工作,形成了种子学员连续培养的经验。

【梅洁】徐老师的学习指导研究所有一个很多地区没有的特点,就算做工作室的,他(学员)可能一期就毕业了,就结束了。因为我原来也在别的工作室待过,然后做别的工作也是,就是一期结束基本上就结束了。但是我们在徐老师那个地方,真的感受到你进入了他的工作室,他就多年连续培养。我们是有一套机制的,就是你出了工作室(结束了一期培训),但其实还在跟着他做事做研究。我当时是第二批,第二批当中就有第一批的几个学员,他们以重点学员的身份进入我们第二期,继续培养。在第二期当中,这个从第一期进来的人,他有两个角色,既是学员的身份,又是第二期的导师身份。

成就共同体中的每一个人,就需要营造支持性的环境。支持性环境体现在组织中对教师在身心发展、专业成长等方面的支持,包括对教师在为人处世方面的指导、请学术圈内的专家进行学术指导等。

【王天蓉】后来徐老师这么提示,(其实)他是点醒,之前可能谁也没有跟你说过,搞研究就是要搞一辈子的,要搞就好好搞一个,不要东搞一个西搞一个。后来我们就知道了,他说你们进来每个人都要找到一个稳定的专业发展方向,那么他给我们做了示范,我们就知道了,问题化学习我就坚持搞下去。

不得不强调的一点是,在林林总总的共同体中,徐崇文的"这一个"烙上了鲜明的中国符号。在给杨敏毅等学员所著书的序言中,徐崇文提出:"对于教师的'情商'修炼,不可忽视我国优秀传统文化的地位和作用,诸如儒家经典中倡导的'仁、义、礼、智、信''温、良、恭、俭、让''格物、致知、诚意、正心、修身、齐家、治国、平天下'等道德准则、伦理规范。我们在学习心理学知识的同时,要从优秀传统文化传承中吸取精华,提升自己的文化底蕴和修养境界。"徐崇文不仅是这么思考的,他和他团队的骨干魏耀发也是这么被我们所认知的。这也是为什么我们在行走的一开始就强烈地感受到,中国本土的学习共同体有着更为深刻的历史渊源和更为生动的表现形态。

(三) 亲和的情感互动

行走中王天蓉提到了一个词——黏合度,这是由个体而形成共同体必备的因素。组织系统中的黏合度,主要指成员之间的情感纽带,它既是用来描述团队成员协调互动的状态,又反映着彼此之间在共同学习生活中建立起来的心理依赖状况。黏合度的强弱和特征,决定了学习共同体的品质和功效。我们行走到的所有成员都提到,他们至今一直和徐崇文、魏耀发两位师长保持着紧密的联系,并且他们相互之间也保持着密切的互动。"等徐老师回来我们肯定会第一时间就聚会的。"他们几乎不约而同地都说了这句话,在现场你能感受到那不是一种期待,而是一股暖流通遍全身。

【吕洪波】我觉得徐老师和魏老师还营造了一个比较好的一种氛围,就是我们师兄弟姐妹之间的这种其乐融融的氛围。

彼得·德鲁克曾经说过,组织的目的是使平凡的人做出不平凡的事。组织有神力,这似乎是毋庸置疑的,如果不能使个体的力量壮大,那么使人们组合起来的理由也就消失了。而环视身边,台上的始终在抱怨,台下的不是在看笑话就是正在笑谈中,有多少正式组织处在这种滑稽状态却不自省,组织的神力变成了组织的神话。徐崇文和他的共同体跟那些正式组织不可同日而语,却为我们很好地展示了团队的魅力,让我们领略了共同体的活力、凝聚力和归属感。

【王天蓉】(对问题化学习研究所活动)张民生主任讲过这样一句话,他说,教师个体活力和团队活力的生成与持续机制具有重大的理论和实践价值,同时也为基础教育研究成果的深化与推广提供了榜样。

我觉得教师的这种底层活力是需要被激发的,我们既需要自上而下的规定性动作,也需要教师的专业自觉,自己想要研究的冲动,去做一些他真正感兴趣的事情。我能做的事情就是把这些活动机制化,把一些会议活动制度化下来。哪怕疫情我们也搞,去年疫情我们在线搞了23场,有8000多人参与进来,都是自己来的,我没有硬性规定。他们自己来,因为我们有这种黏合度。

活力和凝聚力是共同体最为珍贵的品质。在这些品质的保障之下,团队中的个体可以充分爆发"自己的小宇宙",源源不断制造出活水来,交流碰撞之中也能出现灵感和顿悟。随之,在自我实现的过程中形成了对共同体的归属感。在我们行走中,多位成员提到了学习过程中所经历的"圆桌文化""文化之旅"等活动,给大家留下了深深的印记,而真正难以忘怀的是共同体中传递着的情感。

【王天蓉】我觉得从管理学的角度来讲,一个人他能够自我决定是很重要的,如果都是我帮他规定,他会不开心的。

徐老师工作室原来的这种模式,现在是不可复制的,我们现在也不行。我现在感觉如果要给学员去布置什么,完全就是工作式布置,就是专家级的课堂,大家来学习。那个时候在徐老师工作室,我们除了有一种学习的欲望,还有一种"没见到很期待"的情感连接。

不只是说他作为导师跟我们之间的关系,而是他所营造的一种学术的平等和主体间性的一种交往方式,影响到我们自己在带团队的时候,你怎么看自己和下面(学校)老师的关系,以及你怎么让他们成为真正的学习共同体,而不仅仅是你跟他的师徒关系。如果仅仅是师徒关系,这个其实是不可持续的,这样的团队是不可持续的。

不是说我来制订好一个（方案），然后你们去执行。不是的，让他们对自己负责，让他们来决定，然后我们能够做的是什么，是根据我们的身份对他们在学术上做引领，资源上做支持，有一定的评价和机制，让他们运转起来。

顺便一提，和谐传承是徐崇文和他的共同体持续发展的外在特征，又是其通过情感维系团队不可或缺的内在秘诀。

【徐崇文】邢至晖作为青年骨干时，我是他的签约指导老师，他又是区名师工作室三期的学员。魏耀发老师一直和我在一起的，1988年他刚从教管系（上海师范大学）毕业，借调到科研室，我做科研室主任，他是科研员；我做副院长，他开始做科研室副主任，然后主任；我做区教育学会会长，他做秘书长；现在我做名誉会长，他做会长。学习指导研究所也是如此，上海市重点课题、教育部重点课题也是一起做，名师工程也带他一起做。他比我小十岁，从1988年到现在没有分开过。

（四）注入灵魂的领军人物

一个好的学习共同体都有一种特殊的品质，这种品质是由这支团队组建时的首任核心人物的性格和气质决定的，是他给这支团队注入了灵魂。

谦和雍容的儒者风范，是徐崇文留给大家的共同印象。这或是因为，儒者是两千年来的文化留给读书人的历史记忆。尽管徐崇文是学数学出身的，但就像在他的名字里所嵌合的那样——敬崇文化，他既接续了古代儒者形象，又展示了现代文人风采，可以说，谦和雍容是他的精神写照。谦和，在他那里表现为"温而严"；雍容，在他那里表现为"博雅睿智"。

【徐崇文】我喜欢静静地做自己喜欢的事，喜欢与学生、朋友一起探讨一些教育的问题，一起学习一起研究，其乐融融。我一直跟他们说，教育是一门大学问，中小学教育大有学问，我们要学着做学问，努力做一个学者型教师。

在引导团队和学员的过程中，一方面，徐崇文扮演着"吹集合哨"的角色，用他的人格魅力将教师们凝聚在这个团队之中。宽以待人、严以律己是徐崇文给学员们的第一印象，他不会给学员任何压力，但是在学术研究上却又容不得半点马虎。在徐崇文潜移默化的影响下，一批又一批的优秀学员在这个共同体中获得了自己的专业成长。而另一方面，他也依靠自身的人格品德，将一位位鼎鼎有名的学科领域的专家汇聚到学习指导研究所之中，为教师搭建了宝贵的学习平台。

【吕洪波】去了（学习指导研究所）以后，老先生们一坐着，就跟我们像聊天一样娓娓道来，说说这件事情是在做什么，然后准备怎么做，你们今后怎么样，等等，你就觉得特别亲切。我记得当时我一开始是坐在后排，但是我就不自觉地有那种特别想坐到前面去的感觉。（这种感觉）从来没有过。最后就觉得（来学习指导研究所）来对了，知道自己的突破点在哪里了。

【王天蓉】我们到了徐老师那里，徐老师说话慢悠悠的，但是他有的时候不经意说的一句话，是会让你受益终身的。我就记得徐老师带我们去美兰湖，我（当时）正在那里写东西，然后他说："你写的东西花了点功夫，但是教学是什么，还要重新思考一下。"他接着说："一般来说，我们对教学的定义就是理解为教和学这样双边的活动。陶行知说教学就是教学生怎么学，但是所有教师要做的就是研究学生怎么学，是吧？"然后我就知道错了，就回去把它（书稿）全部否定，等于这一章就全部白写了，就是说实际上我写的全部都错了。徐老师不会具体地跟你说，他就是给你一个方向。但是，如果我们遇到困难的时候，去问他，他会很耐心地跟你探讨，帮你把握方向。

【梅洁】徐老师很慈祥，他对你的期待让你没有压力，因为压力的时间长了，有的人就可能撤退了，你就会感觉在他的这种关爱之下，你是自觉地就朝着他为你引领的方向去奔跑。

其实徐老师是有他自己的准则要求的，他是很严的。从他对待工作的严谨，你就能感觉到他严在哪里，但是他的严不是对你的训斥，他从不训斥别人，他只是点出问题。而且他给你指明错误的时候，会用那种不紧不慢的语气跟你娓娓道来。

【吕洪波】受徐老师的影响，就是踏踏实实地做事情，自己心里面就是一种淡定……但是我们遇到困难的时候会问他，他会很耐心地跟你来探讨，他（帮你）把握方向，还教你怎么做人。徐老师跟魏老师都是这样的，严以律己，宽以待人，你在那边不会觉得有太大的压力，没有那种压迫感。

谦和雍容的儒者风范，不仅成就了徐崇文打造共同体的文化底蕴，使得团队中名师辈出，并且修炼得专业有成、各有风格，更可贵的是营造了一种进取、亲和、民主的学习文化。团队成员中有我们熟识的多位行家里手，个性鲜明，正如上面几位在交流中所感叹的，不要说他们在学习中没有受到过压制，连压力都很少感觉到。识者可能会觉得,为尊者讳这是人之常情,也是中国文化的特点,但是见识一下在徐崇文团队学习过的人员名单,你才可能真正领悟什么叫雍容。

从 2002 年至 2016 年,徐崇文共主持三期黄浦区名师工作室。

第一期学员:

张宝琴,上海市敬业初级中学校长。

徐颖,上海实验小学副校长。

孙爱青,上海市教委装备部科长。

沈红旗,上海市第八中学科研室主任,正高级教师,特级教师,上海市第四期名师工程攻关计划主持人。

程迎红,上海市黄浦区重庆北路小学校长。

张琦,上海市黄浦区董家渡路第二小学校长。

林雁平,上海市黄浦区北京东路小学科研室主任。

王朝晖,上海市黄浦区第一中心小学党支部书记。

任晔,上海市大同中学语文教师,中学高级教师。

葛敬之,上海市市南中学副校长,已退休。

张英,上海市黄浦学校科研室主任,已退休。

第二、三期学员:

朱菁,上海市光明初级中学党支部书记。

张雷鸣,上海市大同初级中学校长。

刘强,华东师范大学第二附属中学语文教师。

刘吉朋,上海市光明中学语文教师。

吴照,上海市格致中学校长,特级教师,正高级教师。

吴立云,上海市黄浦区教育学院《黄浦教育》编辑。

吴晓芬,上海市黄浦区教育学院教科室科研员。

速婉莹,上海市黄浦区教育学院附属中山学校科研室主任。

俞丛晓,上海市黄浦区学前教育指导中心主任。

孙琼,上海实验小学教导主任。

孙磊,上海市裘锦秋实验学校教导主任。

方华,上海市黄浦学校科研室主任。

张建华,上海市格致初级中学心理教师。

张建元,上海市黄浦区瞿溪路小学副校长。

许琦,上海市黄浦区星光幼儿园党支部书记。

葛晓娟,上海外国语大学附属大境初级中学教导主任。

刘金艳,上海市卢湾高级中学心理中心副主任。

李金钊,上海市教育科学研究院普通教育研究所舆情中心副主任。

戴智,上海市敬业中学科研室主任。

邢至晖,上海市黄浦区教育学院副院长,特级教师。

上海市第一期名师工程教育心理基地主持人徐崇文,学员发展情况如下:

王钢,上海市静安区教育学院院长,特级教师,曾任静安区政协副主席,上海市第三期名师工程教心基地主持人。

陈德华,原上海市闸北区教育学院干训部主任,特级教师,已退休。

吕洪波,上海市长宁区教育学院主持工作的副院长,特级教师,正高级教师。

祝庆东,原上海市普陀区教科室主任,现任上海市教育科学研究院培训部主任,特级教师。

王洪明,上海市松江区科研室、德育室主任,正高级教师,特级教师,上海市第四期名师工程高峰计划主持人。

陈玉华,上海市黄浦区教科室主任,正高级教师。

张琦,上海实验学校小学部主任,特级教师,正高级教师。

姜兰波,上海市闵行区莘庄中学科研室主任,特级教师,正高级教师。

蒋敏然,上海交通大学附属中学优秀政治教师,已退休。

王兰贞,华东师范大学第三附属中学优秀化学教师,华三光启创新学院负责人,高级教师。

徐宏亮,上海第二工业大学附属龚路中学校长,高级教师。

韩海玲,上海市浦东教育发展研究院心理发展中心主任,副教授,已退休。

李彦荣,上海市浦东教育发展研究院区域发展中心主任,副研究员,博士。

俞定智,上海外国语大学附属大境中学教导主任,特级教师,正高级教师,上海市第四期名师工程高峰计划主持人。

学术秘书,李金钊。

上海市第二期名师工程教育心理基地主持人徐崇文,副主持魏耀发。学员如下:

朱连云,上海市青浦区教育学院科研中心主任,青浦实验研究所常务副所长,正高级教师,特级教师,上海市第三期名师工程教心基地副主持人,上海市第四期名师工程高峰计划主持人。

梅洁,上海市卢湾高级中学副校长,特级教师,上海市第四期名师工程攻关计划主持人。

王天蓉,上海市宝山区问题化学习研究所学术领衔人,正高级教师,特级教师。

杨珊,上海市松江第二中学心理教师,正高级教师,特级教师。

毛燕青,上海市浦东新区梅园小学校长,中学高级教师,心理咨询师。

严红,上海市浦东教育发展研究院学校发展中心科研员,中学高级教师。

马天宇,上海市浦东教育发展研究院教师发展中心师训部教师,中学高级教师。

詹惠文,上海市延安中学心理教师,中学高级教师,学科带头人。

李正刚,上海市静安区德育室主任,学科带头人,中学高级教师。

明德璋,原上海市徐汇区长乐学校、汾阳中学校长,现任上海枫叶国际学校校长。

徐晶,上海市杨浦区开鲁新村第二小学校长,心理教师,中学高级教师。

王震,上海市宝山区教育学院心理中心主任,心理教研员,中学高级教师,学科带头人。

朱宏英,上海市崇明区教育学院小学部主任,中学高级教师。

鞠瑞利,上海市七宝中学校长助理,教师发展中心主任,正高级教师,特级教师,上海市第四期名师工程攻关计划主持人。

学术秘书,李金钊。

看着这一串长长的名单,不禁令我回忆起吕型伟曾经跟我说起的一个教育现象。他说,上海的好学校有两种:一种是校长很出名,教师不出名,像某中学;另一种是好教师层出不穷,校长却默默无闻,像某附中。显然,在吕型伟看来,出好教师的学校才是真正的好学校,这一判断跟我们的经验印证相一致。反观近年来各领风骚多少年的办学神话,只见识著名校长不听闻优秀教师的现象不限于上海,各地或更有甚者。徐崇文则不然,在他的职业生涯中没有办学的经历,以往在教育科研话语体系里边,他只是做了一项有成效的工作,我们的行走确认了徐崇文与他团队的探索属于教师培训,具有教师教育实践性质,他培养名师几十年,实际上是另一种办学。按照吕型伟的标准,徐崇文作为引领者不仅自己成果丰硕,他团队的成员同样优秀出色。在教师教育学科建设中,我们一直在思考教师的专业品质应该如何锻造,其实教育者专业品质的修炼离不开一定的文化氛围,这也是吕型伟那段谈话的要义。历史经验表明,优秀教师也好,专业发展也好,缺少了自由、包容无异于缘木求鱼。徐崇文的可贵,不仅在于他创造了第三种可能,自己优秀,同时帮助学员跟自己一起优秀,同样优秀,还在于他把自由、包容的文化传递到了学习指导研究所,延递到了他共同体的成员身上。徐崇文和他的学习共同体为我们展示了上海中小学教师同框修行的精彩。

二、后记

我国教师教育的不足主要不在实践,而在于理论认识和研究的严重滞后,这一观点会不会成为高等师范院校冷静反思的起点不是本文感兴趣的。在我们看来,徐崇文团队代代辈出的人才,本身足以证明本土教师教育实践的能力和水平,问题是很长时间我们只看到科研,很少关注教师专业,以至于对于同一个实践对象,我们只衍生出了科研话语而没有发展出教师教育理论,从遴选什么样的人,到学习什么材料,如何组织材料,如何理解教育,引导怎样的职业追求,等等。那天我们去学习指导研究所看着摆放了一桌子的成果,听了魏耀发还只是侧重于工作历程的简单介绍,更加确信我们的行走纪事走对了。收笔之际,该向魏耀发致谢,他不仅是徐崇文的主要合作者、继任者,也在团队的修炼中发挥了重要的作用,从接到我们的行走请求电话之后就全程协助我们,提供各种资料,并且帮我们安排好每一次行走计划,在私淑情义之外再一次领受到了上海教师学习共同体的温度。

徐崇文有夫子之功,跟过他的学员都记着他说的话,描摹着他的神情和语调。"我们中午吃什么呢?肯德基?肯德基……原来你们喜欢垃圾食品啊!好吧,你们就吃你们的肯德基吧。""今天中午我带你们去吃一样好吃的……"在吕洪波的叙述中,谦谦一君子翩然而至,这不禁让我回忆和怀念起很多前辈,如沐春风。

　　行走期间,徐崇文都在国外,原计划八月份回国,七月底起德尔塔的威慑陡然飙升,令人不安,也不知道徐崇文能不能如期归国。不过,谦谦一君子,默默一典范的形象,不仅落在了我们的纸上,也深深地印在了我们的记忆里。徐崇文治学研究要语不烦,更重要的是一种生命哲学意义上的提炼,质朴而有穿透力。

　　徐崇文,一位上海教师,培养了很多优秀教师,影响着数不过来的教师,故事很多,只是他不讲,因为他的精彩不靠故事。在走近他的过程中,我们感受到了上海教师的专业品质。

　　　　　　　　　　　　　(作者:吴国平、宁彦锋,摘自《上海教师》第六辑)

后　记

　　《学习研究协奏曲》这本书定稿了。这是一本记录我和我的团队40年研究学生学习过程的书，是一段经历，是一段学习研究的历程。

　　2021年9月30日下午，在陕西北路500号4号楼会议室，我参加了上海市教育学会尹后庆会长主持召开的《上海教育丛书》编委会组稿会议。会议决定让我写一本关于学习研究的书作为2022年《上海教育丛书》中的一本，对于我这个已经80岁的老人来说，这是一项具有很大挑战性的任务。

一

　　由于疫情，国际航班停航，我在国外探亲滞留了20个月，2021年8月15日回到国内，9月7日解除21天的隔离。回来后有不少事情要处理，一些市第四期名师基地的活动要去参加。9月16日受邀到上海市师资培训中心，上午参加教学成果申报咨询会，下午与《上海教师》编辑部吴国平老师、宁彦锋老师一起讨论，组织"教师学习与专业发展专题论坛"的有关事宜。在构思这本书的内容和结构的同时，我还要参与这个论坛的筹备和组织工作。事实上，这个论坛与本书有着重要的联系。

　　关于我们团队的学习研究，吴国平老师先前走访了一些老师，认为有些经验值得总结。他写了一篇《"同框修行"中的共同体——徐崇文和他团队的五项修炼》长文在《上海教师》上连载（见附录）。上海市师资培训中心周增为主任等领导希望开一个专题论坛，就教师学习问题作比较深入的研讨。这便是"教师学习与专业发展—让教师享受学习"专题论坛的由来。

　　说起这个论坛的组织过程，也是好事多磨，感慨颇多。

　　论坛从 2021 年 10 月开始筹备。2021 年 11 月 2 日，我们几位参与筹备者，再次开会讨论论坛筹备工作的细节事项，10 日发出第一次邀请函，定于 11 月 24 日开会，结果由于疫情防控未能开成。2022 年 2 月 21 日再发第二次通知，定于 3 月 17 日开会，但 3 月初上海疫情暴发，全市封控，论坛再次推迟。2022 年 9 月 30 日发出第三次通知，时间改在 10 月 13 日，又因防控要求，第三次改期。这时候我的书稿已经完成了，论坛仍未能开成。也就是说，这个论坛筹备组织贯穿我写这本书的全过程。

　　2022 年 11 月 6 日，发出第四次通知，定于 11 月 15 日下午 1 点 30 分在上海市师资培训中心召开。这个论坛历经一年时间，终于成功召开。真是难为了宁彦锋、魏耀发几位做具体组织工作的老师！所有应邀参会者也是多次调整工作日程，给他们带来了很多的不便。

二

　　真正开始写这本书，已经是 2022 年春节后了。

　　三月初，上海疫情暴发了。我居住的小区于 3 月 11 日开始封控，出不了门了，办公室去不成了。在这种情势下，团队力量借助不成了，我只能静下心来，用我自己书房中存有的资料，用我的"E 人 E 本"手写平板开始写这本书。这本 22 万字的书稿就是在上海封控期间写出来的。6 月底完成第一稿 12 章的书写，9 月底经过修改，增加一章尾声：一切经历都是学习，并完成了珍贵资料照片的选配，请佳友文化科技公司董事长陈宁宁老师帮我编辑打印装订成册，报送《上海教育丛书》编委会和上海教育出版社。

　　《学习研究协奏曲》是我们团队 40 年坚持在中小学生学习研究领域耕耘播种的记录。从 1983 年研究初中生学习兴趣开始，研究初中学生非智力心理因素的发展与教育，研究义务教育阶段学生学会学习，研究学习潜能的开发，研究"基于脑、适于脑、促进脑"的教与学。在学习中研究，在研究中学习，一个学习型的团队在学习研究中诞生。最早参加研究的有姚仲明、俞敦华、魏耀发、章胜华、顾麟祥、徐松柏。随着研究的深入和规模的扩大，队伍也在不断壮大，谷勇仁、曾友苏、李金钊、唐军、王科音、徐蓓珍、肖燕萍、高信伟等加入了研究团队。团队成员在学习研究中团结协作，在和谐的氛围中结伴同行，共同成长。

　　学习研究既是我们学习研究所和课题组的主旋律，也是我主持的名师工作室和名师基地以及骨干校长研修班、培训者(种子教师)高级研修班的主旋律。在学习研究的共同体中，大家协调一致，共同演奏一曲曲华彩乐章。在"读书—研究—实践"的学习研究过程中，努力创造平等、和谐、温馨的学习氛围，学员与导师间在学习研讨中建立起一种亦师亦友的关系，让团队成员、学员在学习研究中有愉悦的情感体验，使他们在潜移默化中学会享受学习。

我认为高品质的学习就是"感悟—践行—超越"。我竭力引导我们团队追求这种境界。

感悟就是要用心，用心读书，用心体验，用心思考。"学而不思则罔"，要从字里行间，从细微处，从经历中悟出精妙的大道理，看到脱俗的大境界。

践行就是要实践，要行动，知行统一，学以致用。孔子主张"博学、审向、慎思、笃行"，陆游有诗云"纸上得来终觉浅，绝知此事要躬行"，都是说实践是学习的重要组成部分，要用学到的知识去实践。我们现在提倡的"读书—研究—实践"研修模式，就是将理论和实践相结合，在实践中进一步感悟。

超越就是要乐学，要学会享受学习。子曰："知之者不如好之者，好之者不如乐之者。"我们零距离接触那些著名专家教授，如燕国材教授、林崇德教授等，他们既是学习的成功者，又是学习的享受者。他们坚守着"学无涯，思无涯，其乐也无涯"的信条，在困难中拼搏，甚至在黑暗中摸索前行，翻越一道道障碍，成就一片片风景，成为我们后学者的楷模和榜样。

超越就是要坚持，要始终不懈，要有"衣带渐宽终不悔，为伊消得人憔悴"的精神，"咬定青山不放松"，在学习中追寻生活的无穷乐趣。

超越就是要从容淡定，不浮躁、不计较、不急功近利、不为名利所累，努力做到"精神到处文章老，学问深时意气平"。

超越就是要认识自我、超越自我、超越世俗，追求大境界，"海到尽头天作岸，山登绝顶我为峰"，只要我们有梦想、有追求、有对生命的热爱、有对天地的敬畏，生命就会实现一次次超越，得到一次次升华。

三

斗转星移，四十个春夏秋冬，一段艰难的跋涉，一段探索的历程。一个学习型团队在教学研实践中诞生。我们一起学习研讨，一起感悟人生。质疑与求证并行，困惑与希望共生。四十个春夏秋冬，一批批学校砥砺探索，一群群教师课堂验证。我们在学习研究中体验着改变,共同收获着提升。

斗转星移,四十个春夏秋冬,为了教育的理想,为了事业的传承,我们老中青结伴同行。无论是星光依稀,还是灯火阑珊、水复山重,我们咬定青山、从容淡定、用心用情。

在我们学习研究的历程中,我们一直得到上海师范大学燕国材先生、北京师范大学林崇德先生的倾情指导,林先生在百忙中还为我这本书写了序,我为有这样师友骄傲,我由衷地感谢他们。而令我们悲痛的是,燕先生却在今年1月20日沪上疫情严重时离开了我们。愿燕先生安息。

在我们学习研究的历程中,我们始终得到上海市教委领导的关心指导,特别是上海市教委张民生副主任、尹后庆副主任、科技处苏忱处长等,他们高屋建瓴,一以贯之以朋友的情谊关心指导,在此衷心地感谢!

在我们学习研究的历程中,我们一直得到历届黄浦区教育局领导的关心和支持。他们是杨洋天、谢俊后、张俊明、王世虎、姚仲明、王伟鸣、姚晓红、郭金华,在此表示衷心的感谢!

在我们学习研究的历程中,历届黄浦区教育学院领导给予更多更直接的关怀、关照,甚至亲力亲为,参加研究。他们是汪诚昌、周丹枫、顾鸿达、王伟鸣、姚仲明、奚晓晶、魏耀发,在此一并表示真诚的感谢!

在我们学习研究的历程中,我们团队的研究成果、名师工程的成果书系得到了上海三联书店及陈宁宁编辑的支持,在此表示朋友的感谢!

在我们学习研究的历程中,我主持的市教育心理名师基地有八部著作列入上海教育出版社编辑出版的"成长文库",我主编的《教师专业发展丛书》在上海教育出版社出版发行,得到了原社长包南麟和王耀东副总编的精心策划和指导,在此致以朋友的敬礼和感谢!

在这本书的写作过程中,得到上海师范大学吴国平教授的多次指导,并且他同意将自己的大作作为附录收入本书,在此致以衷心的感谢!

在这本书的编辑过程中,至今尚未谋面的本书责任编辑蒋文妍女士,花费了很多心血,她的认真雕琢使我这本手写出来的书稿逐步成型,达到可以付梓的程度,我真诚地感谢她的辛勤付出!

我还要感谢我的团队成员、我的学员朋友,是他(她)们的共同努力,谱写并演奏了一部部乐章,成就了我们的《学习研究协奏曲》。

　　最后,我要感谢我的家人,是他们的默默支持才有了我的坚持、我的从容……

　　斗转星移,又到了春暖花开的季节,最美人间四月天啊! 教育是为了未来的事业,为了教育的理想,一代代薪火传承。我们的学习研究还将继续,研究探索的脚步必将前行。

徐崇文

2023 年 4 月 16 日

图书在版编目（CIP）数据

学习研究协奏曲 / 徐崇文著. — 上海：上海教育出
版社，2023.4
（上海教育丛书）
ISBN 978-7-5720-1964-7

Ⅰ.①学… Ⅱ.①徐… Ⅲ.①学习方法 Ⅳ.①G442

中国国家版本馆CIP数据核字(2023)第065792号

责任编辑　蒋文妍　李　玮
封面设计　王　捷

上海教育丛书
学习研究协奏曲
徐崇文　著

出版发行　上海教育出版社有限公司
官　　网　www.seph.com.cn
地　　址　上海市闵行区号景路159弄C座
邮　　编　201101
印　　刷　上海展强印刷有限公司
开　　本　700×1000　1/16　印张21.5　插页3
字　　数　341千字
版　　次　2023年4月第1版
印　　次　2023年4月第1次印刷
书　　号　ISBN 978-7-5720-1964-7/G·1765
定　　价　54.00元

如发现质量问题，读者可向本社调换　电话：021-64373213